GEORG LEBER

Vom Frieden

Seewald Verlag
Stuttgart

Schutzumschlag und Einband: Franz Wöllzenmüller. Gesamtherstellung Hieronymus Mühlberger, Augsburg. Printed in Germany
ISBN 3 512 00571 3

INHALT

An der Spitze des Verkehrsministeriums

Wechsel in das Verteidigungsministerium

Frieden in einer gespaltenen Welt

VORWORT

Die Entwicklung der Bundesrepublik Deutschland zu einer in der ganzen Welt beachteten und geachteten freiheitlichen Demokratie wird vor allem in der jüngeren Generation nicht selten als etwas Selbstverständliches angesehen. Es wäre sicher falsch, diese Tatsache allein mit dem Hinweis auf politische Interessenlosigkeit abzutun. Sie hat ihre Ursachen zum Teil auch darin, daß mannigfache Quellen, Vorgänge, Zusammenhänge und Begründungen, die alle zusammen zu dem bisher Erreichten geführt haben, vielen heute lebenden Mitbürgern offensichtlich unbekannt geblieben sind.

Meine Generation hat die Jahre der Diktatur und den total geführten Krieg mit allen seinen Folgen miterlebt. Ich gehöre zu denen, die die Chance hatten, am Aufbau unserer jungen Demokratie mitzuarbeiten, und ich bekam die Gelegenheit, in verantwortlichen Funktionen in Staat, Gewerkschaft und Partei zu wirken.

Für dieses Buch habe ich den Titel *Vom Frieden* gewählt. Der Frieden, von dem hier die Rede ist, das ist ein Frieden in Freiheit. Nur in ihrer unauflöslichen Verbindung erlangen beide Begriffe ihren für das Zusammenleben der Menschen im Staat wie auch für das der Völker untereinander so herausragenden hohen Rang.

Krieg zwischen zivilisierten Völkern ist in unserer Zeit keine Alternative zum Frieden. Unter den heute gegebenen Voraussetzungen ist Krieg auch nicht mehr die Fortsetzung der Politik mit anderen Mitteln. Mit dem, was die technische Entwicklung den industrialisierten Mächten an Mitteln der Zerstörung in die Hände gegeben hat, wäre Krieg zwischen ihnen das Ende nicht nur der Politik. Deshalb muß unser Hauptinteresse der Sicherung des Friedens und dem Leben in Frieden gelten.

Der Frieden, um den es uns geht, der bedeutet weder im Inneren der Völker noch in den Beziehungen zwischen ihnen ein Leben in windstiller Atmosphäre. Soweit sie die Möglichkeit dazu haben, findet in ihrem Innern vielmehr ein ständiges Ringen der von der Freiheit entfachten und freigesetzten Kräfte statt. Wenn daraus etwas Gutes werden soll, muß dieser Auseinandersetzung immer auch der Wille zum Miteinander beigegeben sein. Das gilt auch für das Zusammenleben der Völker.

Der Bürger darf nicht die ganze Sorge um seinen Frieden in Freiheit und die Verantwortung für die Bewahrung dieses Friedens nur denen aufbürden, an die er mit seiner Wählerstimme die Aufgabe der Führung delegiert hat. Der Staatsbürger hat die Pflicht zur Wachsamkeit und trägt Eigenverantwortung, die aus seiner bürgerlichen Freiheit erwächst.

Alle von mir in diesem Buch angeschnittenen Probleme und alle dargestellten Überlegungen haben mit dem Frieden in diesem Sinn zu tun. Soweit es sich um militärische Fragen handelt, habe ich sorgsam darauf geachtet, daß ich nichts preisgebe, was gehütet werden muß. Ich bin aber andererseits bei der Behandlung wichtiger Fragen bis an die Grenze des Schutzbedürftigen herangegangen, weil das Mitdenken der Bürger ohne Mitwissen nicht möglich ist. Ich habe in keinem Falle amtliche oder vertrauliche Akten herangezogen, sondern mich sorgfältig auf das gestützt, was in meiner Erinnerung präsent ist. Ich hoffe, daß mir bei der Darstellung von Vorgängen oder Ereignissen Irrtümer nicht unterlaufen sind. Meine politischen Einschätzungen und Folgerungen entspringen meiner unabhängigen subjektiven Überzeugung. Sie sind offen für eine hoffentlich auch kritische Auseinandersetzung.

Noch ein persönliches Wort zum Schluß: Ich hatte nicht den Vorzug, eine systematische wissenschaftliche Ausbildung zu absolvieren. Mein Weg hat nach dem Kriege auf dem Baugerüst begonnen. Meine politischen Einsichten sind mir deshalb auch nicht in den Schoß gefallen: Sie sind mühevoll erarbeitet oder sie sind mir als Lektionen vom rauhen Wind der Praxis ins Gesicht geblasen worden.

Ich habe mich wie viele meiner Generation den Aufgaben gestellt und zu dienen versucht. Ich bekenne gern, daß es mir im Gewirr tagespolitischer Ränkespiele nicht immer leichtgefallen ist durchzuhalten. Der Gedanke an die Bedeutung der Sache, der wir zu dienen hatten, und die Solidarität mit denen, die gleicher Gesinnung waren, ohne in den Rahmen nur einer Partei eingeordnet zu sein, haben mir immer wieder Mut gemacht, auf dem beschrittenen Wege weiterzugehen. In der Öffentlichkeit bin ich oft als ein Mann des Ausgleichs bezeichnet worden. Ich habe mich in der Tat bemüht, Wege der Verständigung zwischen den Menschen und den politischen und sozialen Gruppierungen zu suchen. Wenn es aber darum ging, Kräften entgegenzutreten, die den inneren oder äußeren Frieden verachten oder ihn gefährden, habe ich es an Festigkeit nicht fehlen lassen. Ich habe dann auch hart zugepackt, wenn ich diesbezüglich einen begründeten Verdacht hatte.

Ich habe mich bemüht, kein parteiisches Buch zu schreiben, und hoffe, daß mir dies auch gelungen ist. Vielleicht kann sein Inhalt über das Interesse hinaus, das es dem Zeitgenossen abzugewinnen vermag, der künftigen Geschichtsschreibung ein wenig mit als Unterlage dienen. Ich selbst wollte nicht Geschichte schreiben.

Georg Leber

Anfang in der Gewerkschaft

1. KAPITEL

In den Trümmern

Unser Land war bis in seine Fundamente zerstört. Viele seiner Wohnungen und Werkstätten, Kirchen und Schulen, Straßen und Brücken hatte der Sturm des Krieges abgerissen. Die Bauleute, die vorne in den Trümmern standen, sollten nicht die gleichen Häuser wiederaufbauen, die der Krieg vernichtet hatte. Sie sollten neue Häuser nach neuen Erkenntnissen und neuen Plänen errichten. So sollten auch in einem neuen Gemeinwesen möglichst viele gute Ideen und Ideale verwirklicht werden: Der Staat sollte auf Freiheit und auf Recht gegründet sein, und wir wollten in Frieden leben können. Frieden, das ist das Leben ohne Krieg und ohne die Gefahren, die von außen her über ein Volk kommen. Wir verstanden darunter mehr. Wir wollten auch den inneren Frieden.

Wir wollten unser Leben nach unseren eigenen Vorstellungen gestalten und leben können. Weil wir eine freie Gesellschaft anstrebten, wollten wir nicht etwa eine Gesellschaft, in der es keine Spannungen gibt; das Ziel war eine Gesellschaft, die den Willen hat und sich Mühe gibt, Spannungen auszugleichen. Im Ringen um den Ausgleich in der Gesellschaft sollte nicht der Kampf gegen den anderen das Leitmotiv sein, sondern das Streben nach Gerechtigkeit. Wir wollten einen Frieden unter uns, in dem es keine Unterdrückung, keinen Hochmut einer Schicht über die andere und keine Unterwürfigkeit gibt. Auch wenn nicht alle Menschen gleich sind und wenn man auch nicht versuchen darf, sie gleich zu machen, so sollten doch alle in gleicher Würde als Menschen aufrecht, mit erhobenem Kopf gehen können, und die Kinder in den Wiegen sollten nach ihren Talenten gleiche Chancen für ihr Leben haben.

Das war die große Hoffnung, die wir hatten, als wir noch jung waren und gerade in den Trümmern überlebt hatten.

So gleich wie in den Trümmern war sich unser Volk noch nie gewesen. Wieso sollte daraus nicht auch etwas Gutes wachsen können?

Als wir darüber nachdachten und darüber sprachen, rührte sich natürlich auch ein anderer Gedanke. Wir wurden gebraucht, und die Arbeiter und Unternehmer wußten, daß sie gebraucht wurden und daß sie nicht zu ersetzen waren.

Sie wußten, daß sie den langen Arm eines Hebels in der Hand hielten. Das gab Spielraum für die Gedanken und für heiße Debatten. Es lag auf der Hand, daß die Gewerkschaft, von der Richtung und Ziel wesentlich beeinflußt und bestimmt wurden, dabei eine entscheidende Rolle spielte, und daß sie zugleich angesichts der Lage des ganzen Volkes eine große Verantwortung trug, von der viel für die Zukunft abhängen würde.

Die Lage der Bauarbeiter

Im Juli 1952 wurde ich, nachdem ich mich in der Gewerkschaftsarbeit der IG Bau-Steine-Erden in Limburg an der Lahn warm gelaufen hatte, in den Hauptvorstand nach Frankfurt am Main berufen.

In Limburg hatte ich eine Einführung in die Probleme erfahren, die mich in meiner neuen Aufgabe im größeren Rahmen beschäftigen sollten. In einer relativ engen Region hatte sich dort vieles widergespiegelt. Um Limburg herum, in den Dörfern des Westerwaldes und in den Taunusgemeinden waren einige tausend Bauleute zu Hause. Dort, wo sie wohnten, konnten sie aber keine Arbeit finden, sondern sie mußten in der Regel täglich weite Wege zurücklegen, um auf ihren Arbeitsplatz und wieder zurück zu gelangen. Nicht wenige konnten nur das Wochenende bei ihren Familien verbringen. Und das war schon ein Fortschritt, denn früher, als die Verkehrsmittel noch nicht so entwickelt waren, hatten viele von ihnen den ganzen Sommer über von ihrer Familie getrennt gelebt. Zu Hause gab es nur für einen Teil von ihnen Arbeit in den Steinbrüchen, das war schwere und harte Arbeit für einen damals sehr kärglichen Lohn.

Dort hatte ich Erfahrungen sammeln können und hatte auch manchen harten Strauß ausgefochten. Die Unternehmer in der Steinindustrie waren so hart und so schwer zu bewegen wie die großen Steine in ihren Basaltbrüchen. Als alles andere nichts half, kam es zum Streit. Damit hatte niemand gerechnet. Die Arbeiter hatten sich, soweit man zurückdenken konnte, immer mit einem kärglichen Einkommen begnügt. Sie hatten ja nur die Wahl zwischen dem Wenig in den Steinbetrieben und der Arbeit in der Fremde, die mit weiten Wegen, oft mit der Trennung von der Familie verbunden war. Nun war einer gekommen und hatte eine Auseinandersetzung organisiert. Das war neu!

Das Ergebnis brachte uns voran. Es brachte mir persönlich aber auch eine Fülle von Debatten und kritischen Auseinandersetzungen in den Gremien der Gewerkschaft ein. Ich hatte an geheiligte Grundsätze gerührt und eine Reihe von Tabus verletzt, ohne die grundsätzliche Bedeutung voll zu übersehen. Wir hatten zum Beispiel durch einen Tarifvertrag für die Steinindustrie ein Kindergeld eingeführt. Damals kannten die Arbeiter in der gewerblichen Wirtschaft noch nicht einmal diesen Begriff. Um unser Vorhaben zu verwirklichen, wurde auf jede geleistete Arbeitsstunde eine Umlage erhoben, die in eine Ausgleichskasse abgeführt wurde. Diese Kasse hatten wir zusammen mit den Unternehmern der Steinindustrie ins Leben gerufen und verwalteten sie auch mit ihnen gemeinsam. Damit hatten wir dogmatische Streitigkeiten bis in die Spitzenorgane der Gewerkschaft ausgelöst.

Es war ohnedies seither schon immer darum gerungen worden, ob man dem Zeitlohn oder dem Leistungslohn den Vorzug geben solle. Und nun kam ein junger Mann daher und erschwerte die Auseinandersetzung noch dadurch, daß er eine dritte Variante hinzufügte, den Familienlohn. Dazu kam: Wir hatten uns zwar mit den Unternehmern gestritten, als das Wort »Streik« für viele noch etwas Ungewohntes war; aber wir hatten uns danach mit ihnen an einen Tisch gesetzt, mit ihnen gemeinsam eine Kasse gegründet und verwalteten sie auch noch gemeinsam. Das war für viele ein schwerer Sündenfall; denn das roch nach »Arbeitsgemeinschaftlerei«, und dieses Wort hatte einen schlimmen Ruf. Aber obwohl mein Renommee auf diese Weise etwas zweifelhaft geworden war, wurde ich nach Frankfurt in den Hauptvorstand geholt. Mir wurde der Auftrag erteilt, in einer Untersuchung herauszuarbeiten, welche Aufgaben mit welchem Schwergewicht und in welcher zeitlichen Rangfolge von der Gewerkschaft in Angriff zu nehmen seien.

Das, was ich untersuchen, klären und für die Entscheidung reif machen sollte, hatte Wirkungen, von denen die Entwicklung über einen langen Abschnitt beeinflußt wurde. Für die Arbeit, die mir übertragen worden war, hatte ich kaum Hilfen zur Verfügung. Damals gab es noch keine Planungsstäbe, nicht einmal Archive, in denen man »graben« konnte.

Das Ergebnis, das in monatelanger Arbeit zustande kam, lautete nicht:

»Die Bauarbeiter sind unentbehrlich. Ihre Löhne werden demzufolge, soweit wie möglich, in die Höhe getrieben!« Dem hätte sich in der damaligen Situation niemand mit Erfolg entgegenstellen können! Möglich wäre das also gewesen, und viele wollten es, weil es erzwungen werden konnte. Es hätte nicht einmal schlecht zu der damals fast zu einem religiösen Bekenntnis hochstilisierten Formel, wonach Angebot und Nachfrage den Preis bestimmen, gepaßt. Warum sollte das nicht auch für die Arbeitskraft gelten, besonders wenn sie am langen Hebel ist?

Natürlich mußte auch für angemessene Löhne gesorgt werden. Unsere Folgerung griff aber weiter: Wie und auf welchen Wegen kann man dem Beruf des Bauarbeiters die »Mängel« nehmen, die ihm anhaften? Wie kann man die schwere Arbeit leichter, wie kann man die Bauberufe wirtschaftlich stabiler machen und sie in sozialer Hinsicht besser strukturieren? Es ging dabei konkret um das soziale und wirtschaftliche Schicksal von fast zwei Millionen Menschen, nicht gerechnet ihre Familien. Und es ging zugleich darum, ob es möglich sein würde, den gigantischen Aufbau eines bis auf seinen Baugrund vernichteten Landes in einer zwar nicht spannungsfreien Atmosphäre, aber möglichst ohne große Störungen, leisten zu können.

Das Baugewerbe galt als Saisongewerbe, die Bauarbeiter galten als Saisonarbeiter. Damit wollten wir uns nicht abfinden! In den Monaten mit guter Witterung waren die Tage lang, und die Arbeit konnte nur mit Mühe bewältigt werden. Wenige Tage vor Weihnachten aber wurden – wie nach einem Naturgesetz – Jahr für Jahr Hunderttausende Bauarbeiter entlassen. Das geschah, obwohl es Arbeitsmangel in den Jahren des Aufbaus für dieses Gewerbe nicht gab und obwohl auch das Wetter in der Regel das Arbeiten erlaubt hätte.

Aber es war immer so gewesen, so lange man zurückdenken konnte. Vor Weihnachten wurde gekündigt – es war doch Winter!

Man muß dabei zugute halten, daß die Feiertage oft ungünstig mitten in der Woche lagen, so daß die Arbeit auf einer Baustelle, die eröffnet und geschlossen werden mußte, sich an einzelnen Tagen zwischen Feiertagen und Sonntagen nicht lohnte. Das Zerreißen der Arbeitswoche durch die Feiertage und die Pflicht zur Bezahlung der Feiertage regten die Kündigung an – auch wenn schlechtes Wetter nicht immer dazu zwang. Es war billiger und praktischer, die Baustelle zu schließen. Wenn aber erst einmal gekündigt war, dann wurde in aller Regel die Arbeit nach den Feiertagen nicht sofort wiederaufgenommen. Man konnte ja nicht sicher sein, daß nicht am folgenden Tag schlechtes Wetter einbrechen und so eine erneute Unterbrechung der Arbeit eintreten würde mit Kosten für das aufwendige Öffnen und Stillegen einer Baustelle.

Früher hatte dieses Stillegen der Bauarbeit im Winter oft zu bitterer Not in den Familien geführt, denn Unterstützung für »feiernde Bauarbeiter« im Winter gab es nicht, sie waren ja Saisonarbeiter. In den Schulbüchern standen ergreifende Lesestücke und Gedichte, die von Kindern handelten, deren Väter im Winter arbeitslos wurden und die mit ihrem Atem die Eisblumen an den Fenstern zum Tauen brachten, sie hatten Hunger und mußten in kalten Stuben wohnen.

Für den Betrieb selber entstanden keine wesentlichen Belastungen, denn Bauarbeit war überwiegend Handarbeit. Die Steine, der Mörtel und der Beton wurden auf den Bau getragen.

Dann begann auch auf den Baustellen die Technisierung und Mechanisierung. Der Kapitaleinsatz wurde höher. Damit entstand auch für den Unternehmer eine neue Lage. Das Stillegen einer Baustelle im Winter war nicht mehr nur eine Sache mit sozialen Folgen für den Arbeiter. Es löste auch tiefgreifende Wirkungen auf den Betrieb und das Unternehmen aus. Für Arbeiter, die man nach Hause schickte, gab es neuerdings Unterstützung, für stillstehende Maschinen nicht. Das Unternehmen mußte also im Sommer mitverdienen, was das Stillstehen der Maschinen im Winter bei steigendem Kapitaleinsatz kostete.

Weichenstellung in der Gewerkschaftsarbeit

Die Problematik hatte sich wesentlich verändert, und hier ergaben sich auch für uns gedankliche Ansatzpunkte für neue Strukturen des Baugewerbes, dieses großen und alten Wirtschaftszweiges.

Wir mußten uns entscheiden, welchen Weg wir gehen wollten. Sollten wir die Ausfälle im Winter durch hochgeschraubte Saisonlöhne im Sommer auszugleichen suchen?

Das hätte bedeutet, daß wir uns über der Spitze der Lohntabelle hätten plazieren müssen, um in der guten Jahreszeit ein Einkommen zu erreichen, mit dem die Lücke, die im Winter gerissen wurde, ausgeglichen worden wäre. Das wäre sicher vertretbar gewesen; es wäre exakt die gleiche Haltung gewesen, die von den Bauunternehmern für ihren Teil eingenommen wurde; und schließlich lebt ja auch der Bauer von dem, was er in der guten Jahreszeit sät und erntet. Warum sollte es unmoralisch sein, die gleichen Regeln für die Arbeitnehmer im Baugewerbe anzuwenden?

So dachten viele Gewerkschaftsmitglieder, die sich in gewohnten traditionellen Geleisen bewegten. Das war vor allem aber der Kurs, den die radikalen Teile der Arbeitnehmer gehen wollten, denn eine solche Lohnpolitik treiben, das bringt Leben und Unruhe in die Reihen der Arbeiter, es führt zu Störungen in den Betrieben und zu fortwährendem Streit mit den Unternehmern. Ob das der zweckmäßigste und auch dem Arbeitnehmer wirklich dienende und nützende Weg gewesen wäre, ist eine andere Frage. Ein solcher Kurs aber hätte die kämpferische Haltung der Arbeitnehmer verstärkt und die Gräben zum »Klassenfeind« offengehalten.

Wir wollten dagegen keinen Weg gehen, der die Baustellen in einem zertrümmerten Land zur Arena gemacht hätte – mit der Folge, daß die Ausgebombten, die Heimatvertriebenen und die arbeitsplatzlosen Millionen lange, lange ohne Hoffnung zwischen Wohnungsämtern und Arbeitsämtern und wahrscheinlich auch Wohlfahrtsämtern hin- und hergestoßen worden wären. Es war unsere Absicht, eine Rolle zu übernehmen, bei der die wirtschaftlichen und sozialen Interessen der Arbeitnehmer zwar obenan standen, die aber auch die wirtschaftlichen Belange des Betriebes mit in die Betrachtung einbezog.

Das war neu und damals für die traditionelle gewerkschaftliche Sozialpolitik unerhört. Wir verlangten nicht höhere Löhne für den Sommer, um die Lücken und Ausfälle des Winters auszugleichen, was wir in der Lage, in der wir waren, ohne großen Kraftaufwand hätten durchsetzen können – wir verlangten Arbeit im Winter!

Probleme der Mechanisierung

Mit Arbeit im Winter sollte der Einkommensausfall des Arbeitnehmers vermieden, der Saisoncharakter des Gewerbes überwunden und auf Saisonlöhne im Sommer verzichtet werden.

Zugleich sollte der neuen Situation, dem kapitalintensiver werdenden Betrieb, entsprochen werden, denn der Einsatz neuer Maschinen in der

Bauarbeit würde auch die harte Knochenarbeit leichter machen. Das mit modernen Maschinen ausgestattete Unternehmen würde rationeller und produktiver arbeiten, wenn seine Maschinen nicht nur acht oder neun Monate, wie die Arbeiter bisher, sondern ganzjährig eingesetzt werden könnten, und einem solchen Unternehmen würden sich eher soziale Leistungen abverlangen lassen. Dazu waren wir auch entschlossen.

Neuorientierung gewerkschaftlicher Sozialpolitik

Mit solchen Vorstellungen und auf dem Weg zu solchen Lösungen entfernte sich die Gewerkschaft davon, im engen und überkommenen Sinne nur Interessenvertretung der Arbeitnehmer zu sein. Sie wandte sich auch dem Betrieb zu und bezog ihn in ihre Überlegungen und ihre Mitverantwortung ein.

Sie zog damit den Arbeitnehmer auf eine andere Ebene, und sie drängte zugleich auch den rückständigen Unternehmer, sich neuartigen betriebswirtschaftlichen Forderungen zu stellen. Sie zwang ihn, nicht nur auf das Geldverdienen in der guten Jahreszeit, sondern auf ganzjährige Produktivität mit ganzjähriger Beschäftigung zu achten und sich neuartigen wirtschaftlichen und sozialen Überlegungen zu stellen.

Es war zu vermuten, daß solche Absichten nicht nur bei einem Teil der Arbeiter, sondern auch im Unternehmerlager Widerstand auslösen würden. Für die Unternehmer stand wahrscheinlich die Frage obenan: Was gehen die Gewerkschaft die Betriebe an? Das ist Unternehmersache, das ist unsere Sache allein! Die Gewerkschaft soll sich gefälligst um ihre Obliegenheiten kümmern, das sind vor allem Lohntarifverträge, damit wir wissen, womit wir und die Konkurrenz zu kalkulieren haben, und sie soll dabei bleiben!

Unternehmer sind ihrer Natur nach nicht solidarisch, sondern untereinander zunächst Rivalen. Sie denken auch nicht so häufig über die eigenen Interessen hinweg und über den Horizont des Betriebes hinaus, wie gern vorgegeben wird. Sie sind deshalb auch nicht leicht unter einen Hut zu bringen. Das ist zudem besonders schwierig, wenn die Unternehmen so unterschiedlich sind wie in der Bauwirtschaft. Zu den Bauunternehmern zählten sowohl einige hundert große industrielle Betriebe, wie einige zehntausend Klein- und Kleinstbetriebe.

Um so wichtiger war es, deutlich zu machen, daß das, worum es ging, auch den unternehmerischen Interessen der kleinen und großen Betriebe entsprach, wie es auch den Belangen der Arbeitnehmer gerecht wurde, und es war entscheidend, daß sich in den Verbänden der Unternehmer genügend engagierte Männer mit Weitblick und Verantwortungsbewußtsein die Türen frei machten, mit uns neue Wege zu gehen.

Auf der Arbeitnehmerseite war es ähnlich, wenn auch die Motive etwas anders lagen. Die Fragen, die erörtert wurden, lauteten: Soll man sich mit den Unternehmern überhaupt an einen Tisch setzen und über andere Dinge mit ihnen reden als über Lohnerhöhungen, Urlaub und ähnliches? Darf man sich mit ihnen einlassen, ohne fürchten zu müssen, daß die Gewerkschaft ihre Fähigkeit verliert, wenn notwendig, gegen die Unternehmer zu kämpfen?

Ist es darüber hinaus nicht besser, vom Staat zu verlangen, daß er tätig wird? Dann bleibt man mit sich selber im reinen, man riskiert seine proletarische Unschuld nicht am Tisch mit Unternehmern, und man kann obendrein an Regierung und Parlament Kritik üben, wenn von dort nichts unternommen wird oder wenn nicht alles so vollkommen wird, wie man es sich für den Idealfall gewünscht hat. Das aber wäre der Weg gewesen, der mit dazu beigetragen hätte, die erste deutsche Demokratie auszuhöhlen.

Deshalb waren Entscheidungen notwendig, und es mußten Weichen gestellt werden, um Neuland betreten zu können. So wie unter Aufbau nicht verstanden wurde, alle Häuser wieder so aufzubauen, wie sie einmal waren, so sehr war es nötig, daß neue Gedanken eingeführt wurden, die auf neuem Grunde tragfähig waren.

Die Periode zwischen 1918 und 1933 ist von einer Fülle sozialer Fortschritte gekennzeichnet. Es waren überwiegend Gesetze des Staates, die sie bewirkten, und viel zu selten Schritte, die aus der freien Initiative von Unternehmern und Gewerkschaften getan wurden. Man hatte soziale Autonomie, aber man beschränkte sich vor allem auf das Lohntarife-Machen und schob dem Staat das viele andere, das oft noch Wichtigere als das Höhere-Löhne-Machen zu. Was der Staat auch immer tat, es wurde nur selten geschätzt. Was man ihm abgerungen hatte, wurde nicht als Erfolg gefeiert. Man hatte in der Weimarer Republik den Staat viel zu sehr zum Lastesel gemacht, und für das, was er tat, mußte er sich oft noch mit Vorwürfen bewerfen lassen.

Ihren Höhepunkt fand diese Entwicklung schließlich in der Berufung staatlicher Schlichter in der Lohnpolitik. Unternehmer und Arbeitnehmer einigten sich nicht mehr, und sie wollten es auch häufig nicht mehr. Warum eigentlich selber den Kopf hinhalten und geradestehen? Der Staat sollte eben staatliche Schlichter einsetzen, das war doch viel bequemer: Wenn man sich nicht einigte, setzte der Schlichter die Höhe der Löhne fest. Damit war man selber aus der Verantwortung heraus, und Unternehmer wie Arbeitnehmer konnten in schöner Eintracht auf den Schlichter schimpfen. Im Schlichter aber wurde der Staat gesehen!

Wer zu viele soziale Anliegen durch den Staat entscheiden lassen will, Anliegen, die als Aufgaben auch ohne Staat bewältigt werden können, läuft Gefahr, ihn zu überlasten und gibt Freiheitsraum auf!

Der Staat kommt dabei in Verruf, und der Graben zwischen ihm und dem Bürger wird breiter. Das hat der ersten deutschen Demokratie geschadet, es hat zu ihrer Aushöhlung beigetragen. Der Staat war zum Kuli gemacht worden und wurde teils unbedacht und teils mit Absicht über Jahre hinweg mit politischer Salzsäure bespritzt, weil er nicht alles erfüllen konnte, was ihm zuviel an Hoffnungen und Erwartungen aufgeladen wurde, bis er schließlich so weit war, daß er von denen, die ihn nicht wollten, eingerissen werden konnte.

Und noch etwas: Der Bürger im Weimarer Staat war nicht genug zur Erfüllung seiner Pflicht dem Staat gegenüber angehalten worden. Der freiheitlich verfaßte Staat widersprach nicht der Vorstellung, daß Freiheit vor allen Dingen als »Frei-sein von etwas« zu verstehen sei. Freiheit kann nicht erhalten werden, wenn sie nicht zugleich auch als Pflicht zur Fürsorge und zur Verantwortung des Bürgers für das Gemeinwesen verstanden wird.

Der freiheitlich verfaßte Staat ist auf die Fürsorge und auf die Treue seiner Bürger angewiesen, die aus freier Überzeugung für ihn einstehen. Er unterscheidet sich dadurch von der Diktatur, in der die Untreue unter Strafe gestellt und Unterwerfung und Gehorsam befohlen werden.

Darüber dachten wir damals in unseren Zusammenkünften nach. Wir wollten nicht nur Sozialpolitik treiben, sondern auch »Staat machen«, und wir wollten helfen, seinen Bau auf neuen Fundamenten tragfähig zu machen.

Gewerkschaftstag

Ich war damals unter den führenden Kollegen an der Spitze der Gewerkschaft weitaus der Jüngste. Aber sie beauftragten mich, die konzeptionellen Überlegungen anzustellen und über einen speziellen Aspekt dieser Fragen auf dem Gewerkschaftstag 1953 einen einführenden Vortrag zu halten.

Mit meiner Auswahl als Redner war eine Art Vorentscheidung über die Richtung angedeutet. Die Verantwortung, die mir damit übertragen war, habe ich in ihrer ganzen Tragweite erst viel später richtig übersehen.

Das, was zur Debatte stand, hatte ich mit all seinen Details erarbeitet und den Kopf voll davon. So ging ich in freier Rede an das Pult, wie ein Artist, der sich ohne Netz auf ein Trapez begibt.

Meinem Vortrag folgte eine gründliche Debatte. Dabei wurde augenfällig, wie in den rund dreihundert Männern, die als Delegierte den Kongreß bildeten, vieles aufgerissen worden war und sich gegeneinander bäumte: alte und neue Ideen, das Verhältnis zum Staat, das Verhältnis zum Unternehmertum, die Fragen, ob man den privaten Kapitalismus überwinden oder im Unternehmer auch einen Partner sehen sollte, der Charakter und die Rolle einer freien Gewerkschaft, die Stellung der Arbeitnehmer in einer freien Gesellschaft und viele andere Gesichtspunkte.

Am Ende wurde abgestimmt. Das Tor nach vorn wurde aufgemacht. Trotz des zum Teil heftigen Ringens und der Grundsätzlichkeit der Auseinandersetzung entstanden kein Riß und kein Graben in der noch jungen Gewerkschaft. Wir hatten uns gefunden. Wir, das war eine Mehrheit, die ausreichte!

Wir hatten uns zum Ziel gesetzt, den Saisoncharakter des Baugewerbes zu überwinden und einem großen Zweig der Wirtschaft neue wirtschaftliche und soziale Strukturen zu geben. Das wollten wir, aber wir hatten noch keine klaren Vorstellungen über viele Einzelheiten. Wir wußten auch, daß das, was wir anstrebten, sich nicht von heute auf morgen verwirklichen lassen würde. Wir mußten deshalb auch damit rechnen, daß es dann, wenn es um die praktische Verwirklichung unserer Ideen ging, erneute Auseinandersetzungen geben würde.

Anfangserfolge und ihr Nachhall

Nach langen Bemühungen gelang am 6. Februar 1955 ein erster Schritt. In zäh geführten Verhandlungen für einen neuen Lohntarifvertrag wurde eine Neuerung eingeführt. Es wurde vereinbart, daß die Arbeitgeber für jede geleistete Arbeitsstunde zusätzlich zum Stundenlohn einen Betrag von vier Pfennigen aufzubringen hatten.

Mit diesem Geld sollte ein Grundstock gebildet werden, aus dem die witterungsbedingten Arbeitsausfälle im Winter ausgeglichen werden konnten. Bei der Zahl der geleisteten Arbeitsstunden wurde damit eine Summe von mehr als hundert Millionen Mark im Jahr mobil gemacht. Diese »Pfennigbeträge« waren an eine neu zu bildende Lohnausgleichskasse abzuführen, die den Auftrag bekommen sollte, mit den ihr aus den Vierpfennigbeträgen zur Verfügung gestellten Geldern den Arbeitern im Winter eine Unterstützung zu gewähren.

Wir hatten einen ersten Erfolg erzielt. Das, worum es uns ging, war erstmalig Gegenstand eines Tarifvertrages geworden. Das hatte Bedeutung!

Bedeutung hatte außerdem, daß Unternehmer und Gewerkschaften sich nun gemeinsam dazu bekannten, eine Lösung anzustreben, die wir wollten, und daß die Unternehmer in einem Tarifvertrag die Verpflichtung übernahmen, dafür Geld zur Verfügung zu stellen, und sich außerdem verpflichteten, eine von beiden Seiten gemeinsam getragene Einrichtung ins Leben zu rufen.

Das war gewiß ein Erfolg! Wir waren uns aber bewußt, daß wir nun erst recht herausgefordert waren, diesen auszubauen, denn wir hatten nur einen ersten Schritt getan, der beileibe noch nicht als Lösung bezeichnet werden konnte. Wir merkten auch unverzüglich, in welchem Ausmaß wir uns mit diesem ersten Erfolg neue Probleme und Schwierigkeiten eingehandelt hatten. Wir spürten, daß wir mit diesem ersten Schritt erheblich von dem Wege abgekommen waren, den wir vorher so fest ins Auge genommen hatten.

Mit der zusätzlichen Unterstützung, mit der die Folgen der Arbeitsausfälle im Winter gemildert werden sollten, hatten wir etwas erreicht, wodurch das Problem sich noch verschärfte. Mehr Unterstützung im Winter ohne nachhaltige Regelungen, die das Weiterarbeiten im Winter förderten, das konnte leicht zum Gegenteil dessen führen, was wir eigentlich wollten. Statt zu einer Verminderung der winterlichen Ausfälle, konnte es zu einer Verstärkung der Ausfälle kommen.

Ich weiß heute, daß wir viel Glück hatten mit dem, was wir in guter Absicht getan hatten. Mit der zusätzlichen Unterstützung hatten wir das Nichtarbeiten im Winter attraktiver gemacht.

Die Beschäftigung in den Wintermonaten nahm nicht zu, sie nahm zum Glück aber auch nicht ab. Das zeigte die Arbeitslosenzahl. Sie erreichte im ersten Winter nach der Regelung so wie vorher durchweg weiter eine Höhe von sechshunderttausend und darüber.

Da standen wir nun mit unserem »Erfolg« in verstärktem Maße unter Zugzwang. Bei den Unternehmern hatte sich in der Zwischenzeit eine stärkere Bereitschaft zur Zusammenarbeit angebahnt. Wenn sonst nicht leicht etwas einen Unternehmer zu bewegen geeignet ist, Geld bewegt ihn immer. Mit dem Abkommen vom Februar 1955 wurde Geld aufgewandt, und wir hatten uns zusammen auf etwas eingelassen, was nun in vernünftige Bahnen gebracht werden mußte. So dachten zwar nicht alle Unternehmer, aber zumindest doch diejenigen, die für sie das Wort führten und von denen ich den Eindruck hatte, daß sie oft wie mit der Laterne der Unternehmergefolgschaft in beträchtlichem Abstand vorausliefen.

So ähnlich war es auch auf unserer Seite. Hier war uns leider aber noch eine Fehleinschätzung unterlaufen, für die ich in besonderem Maße persönlich verantwortlich war.

Im Endstadium der Verhandlungen 1955 standen zwei Möglichkeiten zur Wahl: Wir hatten uns darüber verständigt, daß die vier Pfennige von den Unternehmern für eine Schlechtwetterregelung zusätzlich aufgebracht und in eine Ausgleichskasse eingezahlt werden sollten. Es war geklärt, daß die Betriebe den Betrag abzuführen hatten. Aber wessen Geld sollten diese vier Pfennige rechtlich sein? Das hing von der Formulierung des Vertragstextes ab. Es war möglich, die vier Pfennige zusätzlich über den Lohn hinaus vom Unternehmen aufbringen und an die Kasse abführen zu lassen, so wie der Betrieb den Arbeitgeberanteil zur Sozialversicherung abführt. Dann wären die vier Pfennige logischerweise Arbeitgebergeld gewesen. In diesem Falle war wohl damit zu rechnen, daß die Unternehmer einen entsprechenden Einfluß auf die Führung der Kasse verlangen würden, in der das Geld – ihr Geld – zusammenfloß. Es war aber auch möglich, den Bruttolohn des Arbeitnehmers zusätzlich um die vier Pfennige zu erhöhen, diesen Betrag dann aber wieder vom Lohn abziehen zu lassen und ihn durch den Betrieb an die Kasse abzuliefern. Dann wäre es formal Arbeitnehmergeld gewesen. Das wollten die Unternehmervertreter natürlich nicht, aber ich wollte es. Ich wollte, daß wir ein gehöriges Wort in der zu errichtenden Kasse zu reden hatten.

Wir konnten am Ende den Unternehmern in den Verhandlungen ein Ja abringen. Ich habe aber selten etwas mehr bereut als diesen Erfolg, und ich war selten tiefer enttäuscht als über den Streit, der sich aus diesem Erfolg entwickelte. Auf den Baustellen begann es bald zu gären!

Die Unruhe wurde aus mannigfachen Quellen genährt. Die einen kritisierten den Vertrag, weil er noch nicht den großen und vollkommenen Wurf gebracht hatte. Das konnte er gar nicht. Wir waren selber mit unseren Vorstellungen noch nicht so weit und durften nicht übersehen, daß der Meinungsbildungsprozeß im Unternehmerlager und in gewissen Fragen auch im Parlament und in der Bundesregierung seine Zeit brauchte.

Der Hauptwiderstand entwickelte sich aber in unseren eigenen Reihen über den Abzug vom Lohn. Wir waren gerade so stolz gewesen, und nun kamen über viele Monate die heftigsten Vorwürfe: »Unser Geld wird uns vorenthalten!«, und wie die Vorhaltungen alle lauteten.

Wir waren der Entwicklung zu weit vorausgeeilt und hatten den Grad der eigenen Reife, neue Wege außerhalb eingefahrener Geleise zu gehen, überschätzt. Ich hatte meine Enttäuschung erlebt und meine Lehre erhalten. Was uns eingefallen war, hatten wir versucht zu verwirklichen, es hatte nichts geholfen. Die Bauarbeiter wollten Geld, sie wollten ihr Geld, sie wollten es sofort und nicht erst im Winter!

Wie leicht hätten wir es gehabt und wie sehr hätten wir uns auf Kongressen darauf verlassen können, Zustimmung zu erhalten, wenn wir die Finger von solchen Ideen gelassen hätten und wenn wir mit dem ganzen Rückenwind unserer besonderen Stellung in der Aufbauphase die Löhne vor uns her in die Höhe gejagt hätten!

Wir blieben trotzdem auf unserem Kurs. Die Verträge wurden geändert. Dort stand dann für jedermann zu lesen, daß das Geld zusätzlich von den Unternehmern aufgebracht wurde. Damit waren die Diskussionen um diesen Punkt zu Ende.

2. KAPITEL

Auseinandersetzungen mit den Kommunisten

Bevor wir uns nun an die weitere Arbeit machen konnten, mußten wir uns noch einem anderen schwierigen Problem stellen, das seit der Gründung der Gewerkschaft im Jahre 1949 von Jahr zu Jahr mehr hervorgetreten war und das sich immer mehr in seiner vollen Bedeutung ausgeprägt hatte. Es war der Einfluß der Kommunisten in den verschiedenen Funktionen und Einrichtungen der Gewerkschaft.

Es gab keinen Zweifel, daß die Mehrzahl der Arbeiter und Angestellten und die Gewerkschaftsmitglieder keinen radikalen Parolen von links oder rechts zugänglich waren. Die Mitgliedschaft der Industriegewerkschaft Bau-Steine-Erden setzte sich im wesentlichen nicht anders zusammen als die Mitgliedschaft anderer Gewerkschaften, und diese wiederum wichen in ihren radikalen Anteilen nicht wesentlich von dem ab, was sich bei allgemeinen Wahlen als radikaler Stimmenanteil zeigte.

Für ein Auftreten rechtsradikaler Kräfte hat es in den Gewerkschaften seit ihrer Gründung nach dem Zweiten Weltkrieg nie ernst zu nehmende Anzeichen gegeben.

Aber die Kommunisten, auch wenn ihre Zahl gemessen an der Gesamtheit der Mitglieder nicht groß war, bildeten bald feste Gruppen, die auf Veranstaltungen, Kongressen, bei Abstimmungen und Wahlen ins Gewicht fielen. Sie waren zwar nie in der Mehrheit, aber sie traten einheitlich auf und erlangten Bedeutung, wenn die Mehrheit geteilt oder verzettelt war. Sie wurden so ein Faktor, mit dem eine Gewerkschaftsführung rechnen mußte.

Mir fiel diese Entwicklung zuerst auf, als ich spürte, mit welcher Voreingenommenheit und mit welchem Abstand die kommunistischen Funktionäre der Gewerkschaft unseren Kollegen begegneten, die sich in Berlin von den Kommunisten Ost-Berlins gelöst und in West-Berlin eine freie, unabhängige Gewerkschaftsorganisation gebildet hatten. Die politische Gegnerschaft wurde auch in den Debatten und Auseinandersetzungen um gewerkschaftliche Sachfragen nicht verborgen. So besonders, als es am 16./17. Juni 1953 zum Aufstand der Bauarbeiter in Ost-Berlin kam.

Es ist nicht uninteressant, dieses Ereignis und seinen eigentlichen, vielfach gar nicht bekannten Ursprung aus dem Abstand von über fünfundzwanzig Jahren, mit dem Blick auf unsere damalige Arbeit, heute zurückschauend in seinen wesentlichen Phasen zu betrachten:

Der 17. Juni begann nicht als das politische Ereignis, als das er in die Geschichte eingegangen ist. Dieser Tag hat Wurzeln in einem Vorgang in West-Berlin.

Abstimmungskonflikte in Berlin (West)

Dort kam es ein paar Wochen vorher zu einem Streik der Verputzer und Stukkateure. Sie verlangten eine Erhöhung ihrer Akkord-Richtsätze. Die Akkord-Richtsätze waren in Zeiteinheiten festgelegt. Für einen Quadratmeter Deckenputz zum Beispiel bekam der Verputzer eine festgelegte Zeit bezahlt. Je geringer die Zeit war, die er tatsächlich benötigte, um die Arbeit auszuführen, desto höher wurde sein Akkordlohn. Wurde nun die Zeitvorgabe erhöht, so erhöhte sich bei gleicher Leistung natürlich auch der Lohn, den man zu erwarten hatte.

Die Westberliner Verputzer verlangten im April und im Mai 1953 eine solche Erhöhung. Die Unternehmer weigerten sich. Die Position der Verputzer war nicht günstig. Ihr Akkordlohn war im Verhältnis zu den im Zeitlohn arbeitenden Bauarbeitern schon gut, aber die Auftragslage war in dieser Zeit in Berlin noch so schlecht, daß die Unternehmer sich eine ablehnende Haltung leisten konnten.

Die Verputzer traten in den Ausstand, und die Arbeit ruhte. Der Hauptvorstand in Frankfurt hatte sich geweigert, wegen der Erhöhung der Akkord-Richtsätze einen Streik zu genehmigen, weil damit die Kluft zwischen den Zeit- und den Akkordverdiensten, die bis dahin schon erheblich war, noch größer geworden wäre. Das hätte zu Unruhen bei den Zeitlöhnern führen müssen.

Die Berliner Verputzer streikten also zunächst »wild«. Der Hauptvorstand mußte sich aber um die Sache kümmern. Er mußte versuchen, zu einer Lösung und damit zu einer vertretbaren Beilegung des Streiks zu gelangen. Es wurden Verhandlungen mit den Unternehmern in Berlin aufgenommen, und es kam auch zu einem Zugeständnis, das die Verputzer als einen Erfolg ansehen konnten. Der Hauptvorstand glaubte jedenfalls, eine Empfehlung zur Annahme des Verhandlungsangebotes geben zu können.

Wir wurden nach Berlin geschickt, der damalige zweite Vorsitzende, Hermann Kochmann, ein geschickter, erfahrener und beliebter Mann, und ich. Die Versammlung wurde in der Ostpreußenhalle am Funkturm abgehalten. Die Halle ist nicht klein, aber sie war voll besetzt.

Zunächst wurde eine Darstellung des Verhandlungsergebnisses vorgetragen. Daran schloß sich eine Wertung und eine Empfehlung des Hauptvorstandes an. Es wurde empfohlen, das Ergebnis anzunehmen.

Es entzündete sich eine lange Debatte. Am Anfang hatten wir noch Hoffnung, die Versammlung würde unserer Empfehlung entsprechen und die Annahme beschließen.

Aber mit jedem Redner aus den Reihen der streikenden Stukkateure, der sich gegen den Vorschlag erklärte und für eine Fortsetzung des Streikes eintrat, wurde unsere Hoffnung geringer. Es war dann schließlich keine Frage mehr, daß wir bei der Abstimmung unterliegen würden.

Unsere Betroffenheit war aber doch groß, als wir hörten, mit welcher großen Mehrheit das Ergebnis der Verhandlung abgelehnt wurde. Betroffen waren wir auch wegen der Stimmung und der Atmosphäre, in der dieser Beschluß in der großen Halle gefaßt wurde. Kochmann und ich hatten dafür zunächst keine Erklärung, wir fanden sie aber bald im Gespräch mit den Berliner Kollegen. Was war geschehen?

Der kommunistische Gewerkschaftsbund in Ost-Berlin hatte ein Interesse an einer Störung der Arbeit und an unruhigen Arbeitern in West-Berlin. Das war ein hervorragender Schöpfbrunnen, aus dem man die Propaganda im Osten speisen konnte. Also hatte man sich einen schlauen Plan einfallen lassen. Die Grenze zwischen Ost- und West-Berlin war damals noch so gut wie offen. Die Bauarbeiter in der Stalinallee bekamen einen freien Nachmittag und den Auftrag, in die Ostpreußenhalle nach West-Berlin zu gehen und dort den Westberliner Verputzern in einer Abstimmung gegen die »ausbeuterischen Kapitalisten« zu helfen und für die Fortsetzung des Streikes zu stimmen.

Die Ostberliner Bauarbeiter kannten ihre Arbeitskollegen in West-Berlin zum Teil persönlich. Warum sollten sie ihren Kollegen in West-Berlin – wenn es schon erlaubt war, daß sie in den Saal durften und daß alle, die im Saale waren, auch abstimmen durften – nicht helfen, einen Beschluß zur Fortsetzung des Streikes zustande zu bringen? So war es in Ost-Berlin eingefädelt worden. Wir unterlagen bei der Abstimmung, aber die Sache sollte bald schwerwiegende Folgen haben.

Eine Woche nach der Abstimmung wurde erneut verhandelt. Die Westberliner Bauunternehmer schätzten die Lage nun richtiger ein und machten ein weiteres Zugeständnis. Es wurde erneut zu einer Versammlung der streikenden Verputzer in die Ostpreußenhalle gerufen. Dieses Mal aber nicht ohne Lehren aus der vorangegangenen Versammlung zu ziehen. Am Eingang wurden Ausweiskontrollen vorgenommen. Eintreten durfte nur, wer in West-Berlin arbeitete und am Streik beteiligt war. Das Ergebnis wurde erläutert, und es kam zu einer Aussprache. Dann wurde in guter Stimmung abgestimmt. Eine große Mehrheit entschied sich für die Annahme und damit für das Ende des Arbeitskampfes. Das war im Mai! Dann kam der Juni 1953.

Aufstand der Bauarbeiter in Berlin (Ost) am 16. Juni 1953

Seit einigen Wochen war im Osten wieder einmal die Propaganda zur Steigerung der Leistung in Gang gebracht worden. Diese Propaganda hatte etwas Teuflisches an sich.

Durch monatelanges Trommeln durch offizielle Sprecher, in Massenmedien, in Zeitungen, in Versammlungen und überall, wo eben eine Gelegenheit dazu war, wurde eine Lage geschaffen, in der Menschen aus Gründen und Triebkräften, die mit dem einfachen Verstand kaum zu erfassen sind, zu etwas fähig werden, wozu sie unter normalen Bedingungen nicht bereit sind. Es ist nicht leicht zu verstehen, daß unter dem Einfluß, dem Druck und der Nötigung solcher Kampagnen Bauern, die an ihrem Grund und Boden hängen, der seit Generationen im Besitz ihrer Familie ist, plötzlich bereit sind, ihr Eigentum an eine Kolchose oder eine Genossenschaft zu übertragen und sich selber dort als Landarbeiter zu verdingen.

So ähnlich ist es wohl, wenn Arbeiter so weit gebracht werden, plötzlich laut und öffentlich eine Verschlechterung ihrer Normen zu propagieren. Das heißt, ein Mensch fordert öffentlich, für eine Arbeit schlechter bezahlt zu werden, und er verpflichtet sich, seine Arbeitsleistung zu erhöhen, um dann bei höher geschraubter Leistung den gleichen Lohn zu verdienen wie früher. Das wollte der kommunistische Staat, das vertraten die Gewerkschaften in Ost-Berlin im Frühjahr 1953.

Man mutete den Bauarbeitern zu, mit einer Verschlechterung ihrer Normen einverstanden zu sein und das auf diese Weise verminderte Einkommen durch eine abermalige Steigerung ihrer Leistung wieder auszugleichen. Das waren die gleichen Arbeiter, aus deren Reihen man nicht lange vorher eine Anzahl in die Ostpreußenhalle nach West-Berlin geschickt hatte, um die dortigen, angeblich nicht ausreichenden Verbesserungen abzulehnen, obwohl die Arbeiter in Ost-Berlin wußten, daß die Löhne und die Effektiveinkommen in West-Berlin erheblich über ihren eigenen Löhnen in Ost-Berlin lagen, von dem, was man sich dafür kaufen konnte, ganz abgesehen.

Wie weit wagt sich eigentlich eine Diktatur vor, bis ein Mensch dazu fähig wird, wie ein eingebundener Untertan eine solche Zumutung widerspruchslos hinzunehmen?

Die Bauarbeiter in der Stalinallee nahmen 1953 im Juni nicht widerspruchslos hin, was ihnen von oben zugemutet wurde. Sie hörten die Parolen von der Leistungssteigerung und die Aufforderung zu einer Verschlechterung der Normen, und als es dann plötzlich so weit war, da brach es aus ihnen heraus. Sie standen auf!

Es gibt darüber kein Protokoll, und es gab gewiß auch keine Absprache oder gar eine Regie. Es gibt auch kein Foto davon, wie sie ihre Kelle und ihren Hammer hinlegten und vom Gerüst gingen. Es waren mehr als sechzig Männer, die so, wie sie auf dem Baugerüst gestanden hatten, auf die Straße gingen. Sie gingen hundert Meter, vorbei an anderen Baustellen, da wurden es ihrer einige hundert.

Wenn in diesem Augenblick jemand gekommen wäre und sie gefragt hätte: »Wo wollt Ihr hin?«, dann hätten sie wahrscheinlich keine Antwort gegeben, weil sie in diesem Augenblick wohl selber noch nicht richtig wußten, wohin sie wollten. Wenn man sie gefragt hätte: »Was hat das für einen Sinn, was Ihr da gerade begonnen habt?«, dann hätten sie vielleicht keine Erklärung geben können – aber sie gingen! Wenn sie einer nach der Gefahr gefragt hätte, in die sie da gingen – vielleicht hätten sie geantwortet, daß sie darüber nicht nachgedacht hätten. Sie gingen aber!

Sie trugen ein Transparent, das einer von ihnen in der Eile des Aufbruchs bemalt hatte. Auf der Rückseite stand noch zu lesen: »Aus Anlaß des 1. Mai hat Block 40 freiwillig die Normen um 10% erhöht.«

Das war mit zorniger Hand durchgestrichen, und auf der Vorderseite hieß es: »Wir fordern die Herabsetzung der Normen!« Dafür zu stimmen, hatte man sie nicht lange vorher nach West-Berlin geschickt. Was dort, wo der Kapitalismus doch angeblich Blut aus den Arbeitern sog, erlaubt und richtig war, das konnte man hier im Arbeiter- und Bauernstaat doch nicht in das Gegenteil verkehren!

Es dauerte nur wenige hundert Meter auf dem Wege und ihre Zahl war größer. So wurden es bald zweitausend. In der ganzen »ersten sozialistischen Straße der Welt«, wie man die Stalinallee damals nannte, schöpfte bald keiner mehr Mörtel, und eine halbe Stunde später setzte keiner mehr einen Stein auf den anderen.

So kamen sie zum Alexanderplatz. Ein paar Vopos und Funktionäre des »Freien Deutschen Gewerkschaftsbundes« (FDGB), die sich ihnen in den Weg stellten, zogen ab. Die Leute, die am Rande der Straße standen, wußten sich wohl auch nicht zu erklären, was da vor sich ging, was die da wollten, die da auf der Straße gingen. Sie hatten noch Kalk an den Hosen und den Zollstock oder die Wasserwaage in der Hand.

Sie kamen vorbei an der Wallstraße, in der der »Freie Deutsche Gewerkschaftsbund« seinen Sitz hatte. Niemand zeigte sich, niemand rührte sich! Es waren gut viertausend Arbeiter geworden, die auf dem Wege waren. In Sprechchören riefen sie: »Wir fordern Herabsetzung der Normen« und »Kollegen reiht euch ein, wir wollen freie Menschen sein!« Sie marschierten und standen plötzlich vor dem Haus der Ministerien. Sie begehrten Einlaß für eine Delegation, die ihre Anliegen vortragen sollte. Sie wollten ihre Sorgen wegen der Arbeitsnormen vorbringen. Einer versuchte, zu ihnen zu sprechen. Er wurde beiseitegeschoben, und ein Arbeiter erklärte: »Hier geht es jetzt nicht mehr um Normen und Preise, es geht um mehr! Hier stehen nicht nur die Bauarbeiter der Stalinallee, hier steht Berlin und die ganze Zone ... Wir fordern freie, geheime Wahlen! Nieder mit der Regierung!« Da wurden die Eisen und die Gitter der Tore heruntergelassen, und es wurden Maschinenpistolen sichtbar. Das war am 16. Juni 1953 nachmittags.

Am 17. Juni gingen sie nicht auf ihre Baustellen. Die Bauarbeiter waren nicht mehr allein. Die Metallarbeiter aus Henningsdorf kamen dazu, und es waren viele, die sich ihnen anschlossen. Statt mit den Arbeitern zu reden, rief die Sozialistische Einheitspartei Deutschlands (SED) russische Panzer herbei. Es wurden Maschinengewehre aufgestellt, und im »Staat der Arbeiter und Bauern« wurde auf Arbeiter geschossen, die bis dahin niemand etwas zuleide getan hatten. Bald lagen Tote und Verletzte auf den Straßen, und es waren nicht wenige, die noch lange leiden mußten, weil sie es gewagt hatten, zu marschieren und etwas zu fordern.

Viele von den Bauarbeitern aus der Stalinallee, die nicht eingekerkert wurden, hatten für ihren Aufbruch noch lange zu büßen. Es wurde ihnen untersagt, im Akkord zu arbeiten. Die Zeitlöhne waren dort so niedrig angesetzt, daß es für einen Arbeiter einer schlimmen Strafe gleichkam, dafür arbeiten zu müssen. Aber das System hatte wieder Ruhe. Die Panzer der Besatzungsmacht hatten ihren Beitrag dazu geleistet.

Solidaritätserklärungen

Die Nachrichten über die Vorgänge in Berlin eilten um die Welt. Sie ließen nicht nur die Politiker aufhorchen, sondern vor allen anderen auch die freien Gewerkschaften in der westlichen Welt. Aus vielen Ländern kamen Telegramme und Zeichen der Verbundenheit bei den Gewerkschaften in West-Berlin an. Die amerikanischen Gewerkschaften, an deren Spitze George Meany und Walther Reuter standen, schickten Delegationen, um ihre Solidarität mit den Berlinern und den Gewerkschaften in West-Berlin zum Ausdruck zu bringen.

Der Deutsche Bundestag beschloß in der Stimmung, die damals herrschte, den 17. Juni zum gesetzlichen Feiertag zu erklären.

Dieses Aufbegehren der Arbeiter und die Hintergründe, die dazu führten, sind heute schon fast in Vergessenheit geraten und von den Ereignissen eines Vierteljahrhunderts mit den ungeheuren Veränderungen, die es gebracht hat, fast zugeschüttet worden, wenn man von den von Amts wegen abgehaltenen Gedenkstunden einmal absieht.

Wachsender Einfluß der Kommunisten

Das, was im Juni 1953 in Berlin geschah, warf seine Schatten auch auf unsere Arbeit in der Bundesrepublik.

Der Einfluß der Kommunisten war gewachsen. Sie traten selbstbewußt und selbstsicher auf. Bezeichnend für die Bedeutung, die sie bis 1953 erlangt hatten, ist es, wie die Baugewerkschaft in der Bundesrepublik Deutschland die Vorgänge, in die ihre eigenen Arbeitskollegen in Ost-Berlin so sehr verflochten waren, zur Kenntnis nahm und wie sie reagierte. Die Antwort darauf ist kurz und schlimm: Überhaupt nicht!

Aus vielen Ländern der westlichen Welt wurde Solidarität bekundet, die Gewerkschaft Bau-Steine-Erden in der Bundesrepublik nahm so gut wie keine Notiz davon. Das kam auch auf dem Gewerkschaftstag, der vier Monate danach, vom 12. bis 17. Oktober 1953 in Hamburg abgehalten wurde, zum Ausdruck.

Im Geschäftsbericht des Hauptvorstandes, in dem über die zurückliegende Zeit zu berichten war, ist kein einziges Wort von den Vorgängen im Juni in Berlin enthalten. Auch die mündlich vorgetragenen Berichte der Vorstandsmitglieder erwähnten das Geschehen in Berlin nicht.

Im Wortprotokoll über den Kongreß ist dagegen vermerkt, daß Hans Böck, ein Gast aus Österreich, in seiner Grußansprache den Stolz der österreichischen Bauarbeiter über den Aufstand der Bauarbeiter in Berlin zum Ausdruck brachte, »... daß es hier in Deutschland wieder die Bauarbeiter waren, die in erster Linie den Kampf gegen Unterdrückung und Tyrannei geführt haben...«

In dem Wortprotokoll ist außerdem ein Diskussionsbeitrag eines Berliner Delegierten vermerkt, der auf die Rede eines kommunistischen Delegierten antwortete.

Er sagte: »... und wenn Kollege W. von der Freiheit und Einheit Deutschlands sprach, so möchte ich hier betonen, daß die Bauarbeiter Berlins am 16. und 17. Juni die Freiheit gefordert haben von der Regierung, die sich Arbeiterregierung schimpft. Aber wir Bauarbeiter, die sich diesem Volksaufstand anschlossen, wurden niedergeknüppelt, mit Panzern und Kanonen niedergeschossen und durch Panzer zermalmt. Hätte man diesem Willen der Arbeiter Rechnung getragen und keine Erklärungen in Ostberliner Zeitungen veröffentlicht, dann hätten wir wahrscheinlich jetzt schon ein einiges Deutschland.

Und hier bedauere ich es außerordentlich, daß sich der Hauptvorstand der Industriegewerkschaft Bau-Steine-Erden dieses Aufstandes nicht genügend angenommen hat. Alle Organisationen Deutschlands und der internationalen Welt haben zu Solidaritätsaktionen aufgerufen. Die Gewerkschaft Bau-Steine-Erden hat hier meiner Ansicht nach einen wichtigen Moment verpaßt . . .«

Das hatte sie gewiß und vielleicht noch etwas mehr. Aber wie kam das alles und wie war es zu erklären?

Im Vorstand der Gewerkschaft Bau-Steine-Erden

Ich gehörte noch nicht dem Hauptvorstand an. Ich war dessen Angestellter, bis ich im Oktober 1953 in den Hauptvorstand gewählt wurde. Ich hatte konkrete Aufgaben wahrzunehmen, die mir übertragen wurden. Der erste Vorsitzende, Jakob Knöss, war ein redlicher, überzeugter, freier Gewerkschaftler und ein Mann, dessen persönliche, gewerkschaftliche und politische Lauterkeit vielen von uns Jüngeren, auch mir, Vorbild gewesen ist. Er war eine aus der Mitte der Arbeiterschaft herausgewachsene Persönlichkeit. Er war 1933 aus seinem Gewerkschaftsamt entlassen worden und hatte sich und seine Familie mühsam über die Jahre gebracht.

Jakob Knöss war alt geworden und in seiner Arbeitsfähigkeit von einem Schlaganfall beeinträchtigt. Viele der im ersten Glied stehenden Kollegen gehörten seiner Generation an. Sie wollten aufbauen und arbeiten, aber sie wollten auch wiedergewählt werden. Ein Teil der Delegierten wollte einen jüngeren Vorstand. Hätte man in dieser Situation die offene Auseinandersetzung mit den Kommunisten geführt, hätte das unter Umständen die Wahlchancen dieser Kollegen verdorben. Sie machten kein Hehl aus ihrem Widerspruch zu den Kommunisten, aber sie mieden die offene Auseinandersetzung mit ihnen und arrangierten sich schweren Herzens mit der Lage, indem man ausklammerte, was zur offenen Auseinandersetzung hätte führen müssen. Dazu hatten sie selber zum Teil auch nicht mehr die physische Kraft.

Hier zeigte sich auch, daß die mittlere Generation vor allem durch die Kriegsereignisse stark gelichtet worden und damals erst dabei war, sich auf wichtige Aufgaben vorzubereiten. So wurde der 17. Juni auf dem wenige Monate danach abgehaltenen Gewerkschaftstag, wo man die Berliner Ereignisse wegen ihrer politischen Bedeutung für das Wesen freier Gewerkschaften eigentlich in die Mitte der Tagung hätte rücken müssen, ausgeklammert.

Kommunistische Unterwanderungsmethoden

Mit ihrer Partei hatten die Kommunisten in der Bundesrepublik kein Glück. Es war aus ihrer Sicht daher logisch, daß sie Erfolg in den Gewerkschaften suchten, um dort Einfluß zu gewinnen.

Die Verwaltungsstellen unserer Gewerkschaft waren in vielen Städten unterwandert. Viele Vorstände setzten sich in der Mehrheit aus Kommunisten zusammen, und dementsprechend waren auch Kommunisten als Geschäftsführer eingesetzt worden.

Von Mainz bis zur holländischen Grenze waren im Rheinland zwei Drittel der Verwaltungsstellen fest in der Hand von Kommunisten.

Uns war klar, daß sich hier etwas entwickelte, das in seiner Wirkung nicht nur auf die eigene Gewerkschaft beschränkt bleiben und das, ähnlich wie in einigen anderen europäischen Ländern, weiter Terrain gewinnen konnte.

Für Kommunisten ist Gewerkschaftsarbeit nicht einfach Arbeit für die sozialen und wirtschaftlichen Interessen der arbeitenden Menschen. Gewerkschaftsarbeit war und ist für sie ein wichtiger Teil ihrer politischen Arbeit und dieser zugeordnet. Vor diesem Hintergrund wurde im September 1955 in München der dritte Gewerkschaftstag abgehalten. In der Rede, die ich zu halten hatte, wurden die anstehenden gewerkschaftlichen Aufgaben umrissen.

Zu mehreren Punkten gab es heftige Auseinandersetzungen, und es war eine Freude zu erleben, wie die aus altem Holz geschnitzten Delegierten am Rednerpult stritten. Die Kommunisten stellten sich der Auseinandersetzung, aber sie blieben – auch wenn sie Gewicht hatten – in allen Fragen in der Minderheit. Diejenigen, die bisher ohne festen Standort hin und her geschwommen waren, spürten, daß von nun an von ihnen eine klarere Position gefordert würde.

Ich wurde zum zweiten Vorsitzenden der Gewerkschaft Bau-Steine-Erden in der Bundesrepublik Deutschland gewählt.

Nun waren wir vor zwei Aufgaben gestellt, denen nicht auszuweichen war: die Auseinandersetzung in der Gewerkschaft und die Auseinandersetzung mit den Unternehmern über den sozialen Inhalt der Bauwirtschaft.

Nach dem Willen unserer Satzung konnte ein Kommunist der Gewerkschaft angehören und auch Funktionen in ihr bekleiden. Er durfte sich in der Gewerkschaft aber nicht als Gehilfe und ausführendes Organ der Kommunistischen Partei mißbrauchen lassen. Die Gewerkschaft mußte auf ihre Unabhängigkeit achten.

Wir hatten schon lange Hinweise dafür, daß die KPD ihren Mitgliedern Anweisungen für deren Arbeit in der Gewerkschaft gab. Wir hatten auch Beweise dafür, daß die Funktionäre sich diesen Anweisungen ihrer Partei nicht widersetzten, sondern sie ausführten.

Die Kommunistische Partei schien sich ihrer Sache um diese Zeit schon sehr sicher zu sein. Als im September und Oktober 1955 im Ruhrgebiet jugendliche Kommunisten festgenommen wurden, ließ die Kommunistische Partei in Düsseldorf erklären: »Polizeiaktion gegen junge Gewerkschaftler.«

In Wirklichkeit berührte das, was ihnen vorgeworfen wurde, die Gewerkschaft überhaupt nicht. Die Kommunisten hielten ihre Position in der Gewerkschaft für so stark, daß sie glaubten, die Gewerkschaft in ihre eigenen Affären hineinziehen zu können, statt enge Verbindungen in die Gewerkschaft hinein zu leugnen und sie mit Rücksicht auf deren Unabhängigkeit von den Parteien zu vertuschen.

Durch dieses Hineinziehen in die Sache der Kommunisten wurde die Gewerkschaft wochenlang im Zusammenhang mit der KPD in der deutschen Presse zitiert. Mit der Nähe zur KPD, die ihr auf diese Weise öffentlich angehängt wurde, setzte eine öffentliche Diskussion ein, in der erörtert wurde, ob die Gewerkschaft noch im Besitz ihrer Unabhängigkeit gegenüber der Kommunistischen Partei sei. Das war von den Kommunisten provoziert und wohl auch gewollt.

Aber die Kommunisten wagten sich noch weiter vor. Im Oktober 1955 wurde zum Beispiel am Niederrhein ein Angestellter der Gewerkschaft von einer Kreisleitung der KPD zu einer Besprechung in das Parteibüro geladen. Als dieser der Einladung in das Büro der Kommunisten nicht folgte, erschienen Vertreter des Parteivorstandes der KPD bei ihm. Sie machten ihm klar, daß er sich an die Weisungen der KPD zu halten habe, wenn er Angestellter der Gewerkschaft bleiben wolle. Es wurde ihm eröffnet, daß die KPD ausreichenden Einfluß auf die Personalpolitik der Gewerkschaft habe. So »tolerant« sind Kommunisten, wenn sie sich stark genug fühlen. Dreister und selbstsicherer konnte sich eine Partei wohl nicht mehr benehmen.

Im Oktober 1955 erhielten wir Nachrichten über ein Vorhaben der

Kommunisten, das zunächst unglaublich schien: Die KPD erwäge in ihrer Zentrale in Düsseldorf den Plan zu einem Bauarbeiterkongreß an der Ruhr. Die Informationen verdichteten sich allmählich so, daß wir keinen Zweifel mehr haben konnten. Die Kommunisten waren sich der politischen Bedeutung eines solchen Unternehmens voll bewußt. Sie fühlten sich stark, wollten nach Möglichkeit bei der guten Ausgangslage vermutlich aber unnötige Risiken ausschließen. Sie hatten deshalb noch keinen konkreten Zeitpunkt für den Kongreß genannt, wahrscheinlich wollten sie mit der Veranstaltung aber Aufsehen erregen, und es war wohl zwangsläufig, daß damit der offene Kampf eingeleitet und zu einem Zeitpunkt, den die Kommunisten bestimmt hätten, eröffnet worden wäre.

Die Kommunisten strebten also die offene Machtprobe an und bereiteten sich sorgfältig darauf vor. Das war ein Vorgang, der die Wandlung der kommunistischen Politik sichtbar machte und die eigentliche Gefahr zeigte, die bei einem Gelingen des Vorhabens weit über die Industriegewerkschaft Bau hinausgereicht hätte.

Die Kommunisten hatten der Arbeit in den Gewerkschaften schon in der Zeit der Weimarer Republik für die Erringung politischer Macht hohe Bedeutung eingeräumt – und nur darum ging es ihnen in Wirklichkeit.

Zum Parteitag 1925 war bereits bei den deutschen Kommunisten ein Brief des Exekutivkomitees der Kommunistischen Partei aus Moskau eingegangen. Darin hieß es unter anderem:

> »Es gibt ein Gebiet, auf dem die KPD noch außerordentlich weit zurückgeblieben ist. Das ist das Gebiet der Gewerkschaftsarbeit. Hier ist die Achillesferse der KPD. Das ist das Glied, an das die KPD sich klammern muß, um die ganze Kette (Lenin) der wirklichen Bolschewisierung herauszuziehen.«

Der Vertreter Moskaus, der diesen Brief der russischen Kommunisten auf dem Parteitag der deutschen Kommunisten damals erläuterte, sagte dazu wörtlich folgendes:

> »Die wichtigste Frage ist die Gewerkschaftsfrage. Ich erkläre hier ganz offen und brutal, wenn die Partei in den nächsten Wochen nicht ganz schroff eine Wendung macht, wenn die Partei und jeder einzelne Genosse nicht einsehen wollen, daß von der Arbeit in den Gewerkschaften das Schicksal des Kommunismus abhängt, dann gehen wir trotz der günstigen politischen Situation zurück. Die Arbeit in der Gewerkschaft ist eine Lebensfrage der Partei.«

Zu diesem Thema nahm auf dem gleichen Parteitag auch der damalige Führer der Kommunistischen Partei, Ernst Thälmann, Stellung. Was er sagte, hat Bedeutung über den Tag hinaus:

»Solange das Fundament der sechshunderttausend sozialdemokratischen Proleten in der Gewerkschaft bestehen bleibt, ohne daß wir das Fundament zu unterwühlen, zu unterhöhlen beginnen, solange wird auch die Gewinnung der 85 Prozent Parteilosen auf gewaltige, große Schwierigkeiten stoßen. Deshalb müssen wir versuchen, diesen SPD-Apparat zu unterminieren, um die sozialdemokratischen Arbeiter von ihren Führern loszureißen. Unsere Gewerkschaftserfolge hängen in erster Linie von zwei Faktoren ab:

1. von unserer politischen Arbeit gegenüber der SPD,
2. von der politisch-organisatorischen Kraft unserer Fraktionen in allen Kartellen, Verbänden, Ortsausschüssen und Zahlstellen des ADGB (Allgemeiner Deutscher Gewerkschaftsbund).

Unsere Genossen müssen endlich verstehen lernen, daß sie mehr Wert auf die gewerkschaftliche Tätigkeit in den Betrieben und auf die Fraktionsarbeit in den Gewerkschaften legen müssen. Es ist notwendig, Fraktionen zu bilden, um von diesen Fraktionen aus politische Arbeit zu leisten und dadurch den Kreis des Walles der Sympathisierenden zu erweitern. In jeder Gewerkschaft, in jedem Betrieb, in jeder Ortsgruppe ist es notwendig, die Gründung von Fraktionen auf schnellstem Wege und sofort vorzunehmen, wo solche noch nicht bestehen. Auch in bezug auf die Zusammenfassung der Gewerkschaften durch rote Kartelle muß unsere Fraktionsarbeit besonders verschärft werden«, usw.

Nach diesen Erklärungen wurden vom Parteitag der KPD für die Tätigkeit in den Gewerkschaften Richtlinien herausgegeben, deren wichtigste Stellen folgendes besagen:

»1. In den Gewerkschaften, Betriebsräten, auf Kongressen und Konferenzen sind kommunistische Zellen und Fraktionen zu organisieren.
2. Ihre Aufgabe ist zähe und dauernde Arbeit zur Eroberung aller Funktionärsposten und damit der Gewerkschaft selbst.
3. Die Kandidaten für alle wichtigen Funktionärsposten werden nur mit Zustimmung der Parteileitung der KPD aufgestellt.
4. Jede Frage, die in der Gewerkschaft erledigt wird, muß vorher in der Fraktion erörtert werden; die Fraktion bestimmt den Redner, faßt

Beschlüsse, und alle Mitglieder der KPD haben in der Gewerkschaftsversammlung geschlossen aufzutreten und abzustimmen.

5. Die Fraktionen sind nicht selbständig. Sie sind Organe der Partei und Befehlen der Partei unterworfen. Die Parteileitung entsendet in die Fraktionen Mitglieder nach Belieben, ruft Fraktionsmitglieder ab und überführt Fraktionsmitglieder von einer Fraktion in die andere.
6. Wer gegen diese Regeln verstößt, den treffen die Disziplinarmaßnahmen der Parteiinstanzen.«

Das waren Weisungen aus dem Jahre 1925. Es ist bemerkenswert, wie alle sechs Ziffern fünfundzwanzig Jahre später für die Arbeit in der Industriegewerkschaft Bau-Steine-Erden beachtet wurden und mit welcher Strenge auch die Ziffern vier bis sechs in der künftigen Auseinandersetzung, die noch zu beschreiben ist, beachtet und gehandhabt wurden.

Und ebenso bedeutungsvoll und aussagefähig ist die Wandlung im konkreten Fall gegenüber den Anweisungen und Praktiken von früher.

Daß es der Kommunistischen Partei im Kampf um die politische Macht nicht darauf ankam, ob mit der Wahrheit Schindluder getrieben wird, sondern das angestrebte Ziel jedes Mittel heiligt, hatte schon Lenin erklärt. Er hatte gesagt:

»Man muß es verstehen, all den Widerstand zu leisten, sich durchaus zu jedem Opfer zu entschließen und – sogar alle möglichen Listen – Schlauheit, illegale Methoden, Verschweigungen und Verheimlichung der Wahrheit anzuwenden.«

Das galt nun in der Auseinandersetzung in der Baugewerkschaft nicht mehr. Die Kommunisten arbeiteten nicht mehr still im Untergrund mit List, Verschwiegenheit und Schlauheit. Sie fühlten sich stark genug, offen und öffentlich die Kraftprobe zu suchen und bereiteten sich darauf vor, die Eroberung der Gewerkschaft mindestens im Ruhrgebiet zu vervollständigen. Entsprechend der Ziffer zwei der Richtlinien von 1925 hatten sie in einem geschlossenen und so wichtigen Kernbereich wie dem Rheinland und dem Ruhrgebiet die wichtigsten Positionen in der Hand.

Wie war es so weit gekommen, wie war es möglich gewesen, daß die Entwicklung dahin treiben konnte?

Entstehen der kommunistischen Infiltration

Die Gewerkschaft war nach dem Ende des Zweiten Weltkrieges von unten herauf gewachsen. Sie war in der ersten Phase das Ergebnis lokaler Aktivität. An vielen Orten, vor allem in vielen großen Städten waren die Kommunisten von Anfang an aktiv mit zur Stelle. Sie packten an, und in der Situation unmittelbar nach Kriegsende traten die Differenzen und die Vorbehalte der sozialdemokratisch und christdemokratisch orientierten Arbeitnehmer ihnen gegenüber zurück. Auch für die alliierten Besatzungsmächte war die Welt recht einfach zu überschauen: sie bestand aus Faschisten und Antifaschisten. Die ersteren mußten entdeckt und zur Rechenschaft gezogen werden. Daß die Kommunisten über jeden Zweifel erhabene Antifaschisten waren, darüber gab es bei den Alliierten keinen Zweifel.

Sie hatten sich überall sehr frühzeitig zu Wort gemeldet, waren zur Stelle und genossen nicht nur in der sowjetischen Besatzungszone das Wohlwollen der Besatzungsmacht. In der ersten Zeit, auf die es so entscheidend ankam, verhielten sich in den drei westlichen Besatzungszonen Briten, Franzosen und Amerikaner den Kommunisten gegenüber nicht anders. Sie begegneten ihnen mit Wohlwollen, wenn nicht gar mit pfleglicher Fürsorge, auch wenn diese Haltung oft nichts anderes war als der Ausdruck besonderer Naivität westlicher Besatzungsoffiziere und Beamter auf der unteren Ebene.

Die aus der Zeit von vor 1933 wieder aktiv gewordenen Gewerkschaftler aus den ehemals freien und christlichen Gewerkschaften wußten zwar, was sie von den Kommunisten zu halten hatten, sie waren aber auch nicht frei von den Einflüssen der Welt und der Umwelt, in der sie ihre Arbeit begannen. Um sie herum war ein totales Trümmerfeld, das der totale Krieg hinterlassen hatte. Hier mußte man doch zusammenarbeiten, miteinander anpacken, aufbauen und wollte inmitten der Trümmer nicht sofort schon wieder damit beginnen, wegen parteipolitischer Differenzen gegeneinander zu kämpfen. Man hatte zum Teil auch in den gleichen Gefängnissen gesessen. Dazu kam, daß eine junge Generation herangewachsen war, die noch keine Erfahrungen mit Kommunisten gemacht hatte.

Und um das Bild vollständig zu machen und Fehlurteile und ungerechtfertigte Vorwürfe zu vermeiden, muß man noch wissen, wer damals in diesen entscheidenden Jahren auf den Baustellen in der Bundesrepublik anzutreffen war. Das war keineswegs nur der kernige Stamm von Bauarbeitern mit seinem rauhen Zug und seinem freiheitlichen Wesen. Vom früheren Generalstabsoffizier, der keinen Generalstab mehr hatte, über den Beamten, der kein Amt, den Angestellten, der keinen Schreibtisch mehr hatte, bis zu denen, die noch nicht durch die Mühlen der Entnazifizierung geschleust worden waren und daher nichts Besseres tun konnten, als auf einer Baustelle eine Schaufel in die Hand zu nehmen, bis zu den vielen Heimatvertriebenen, die irgendwo zupacken und beginnen mußten und auch wollten, war dort alles vertreten. Das waren keine Männer, die ihr Leben immer auf einer Baustelle zu verbringen gedachten. Das waren überwiegend ehrenwerte Leute, die sich dort in einer für sie fremden Umwelt zusammenfanden, in der sie – ohne zu wissen wie lange – wohl eine Zeitlang würden leben müssen.

Nun kam jemand auf sie zu und war hilfsbereit und freundschaftlich. Das tat wohl in der Lage, in der man selber war. Als Vertrauensleute zu wählen waren, wählte man natürlich jemand, den man kannte, der sich von einer guten Seite gezeigt und einem schon einmal geholfen hatte.

Natürlich hatte man irgendwo gehört, der Mann sei Kommunist – was war das schon? In den Trümmern eines geteilten und von Besatzungsmächten beherrschten Landes sah das ein wenig anders aus. Die Prioritäten lauteten für viele ganz einfach: Überleben, etwas zu essen haben, ein Dach über den Kopf bekommen, ein wenig Holz oder ein paar Kohlen zum Heizen zu haben und was es noch an Bedürfnissen gab, die auf der Haut brannten. Dahinter trat vieles zurück.

In dieser Zeit entwickelte sich auch die Gewerkschaft der Bauleute. Aus den lokalen Zusammenschlüssen wurden Bezirksverbände. Dann entstanden Zonenorganisationen, die für die ersten Jahre nur lose Kontakte miteinander hatten.

1949 wurde dann für die drei westlichen Besatzungszonen zusammengefügt, was sich seit dem Ende des Krieges lokal und regional nach eigener Prägung entwickelt hatte. Die erste Sorge nach den Zusammenschlüssen galt der gerade gefundenen Einheit. Sie mußte gestärkt werden, das war eine der Lehren von früher.

Über die Frage, wie sich das entwickelt hatte, was nun vor uns stand, gab es keine Unklarheiten. Für das, was in Zukunft zu geschehen hatte, hatten wir zwischen drei Möglichkeiten zu wählen:

Wir konnten die Lage im Grunde unverändert lassen und den Versuch machen, in einer ununterbrochenen Auseinandersetzung den Einfluß der Kommunisten zunächst einzudämmen, um ihn dann vielleicht zurückzudrängen. Das wäre bei der Stärke, die sie schon gewonnen hatten, in unserem Falle sehr schwierig geworden. Die Kommunisten hätten auf nichts Rücksicht zu nehmen brauchen, schon gar nicht auf die Atmosphäre, die nötig war, um die Riesenarbeit des Aufbaues zu Ende zu führen. Sie waren erfahren in der Agitation und durchaus fähig, nicht nur kleine Brände, sondern auch größere Feuer zu entfachen und so die Unruhe zu produzieren, in der sie selber sich am besten entfalten konnten. In einem wichtigen Teil der Gewerkschaft hatten sie alles fest genug in der Hand, worauf es ankam. In vielen Großstädten hatten viele von ihnen die Hände an den Hebeln, auch wenn sie noch nicht, wie am Nordrhein und an der Ruhr, eine geschlossene Fläche beherrschten. Dort im Revier war der Herd – die Metastasen im Lande aber wucherten schon.

Eine große, innergewerkschaftliche Auseinandersetzung wäre unvermeidlich gewesen, wenn wir nicht sehenden Auges in die Abhängigkeit von den Kommunisten geraten wollten. Nach unserer Überzeugung wäre die Auseinandersetzung im Rheinland schon nicht mehr zu gewinnen gewesen. Die Kommunisten hätten alles eingesetzt und uns gezeigt, daß sie Herr der Lage waren. Eine solche Auseinandersetzung hätte sich über viele Jahre hingezogen und viele Kräfte verzehrt. Sie wäre schließlich zu Lasten der Arbeiter selber gegangen, weil viel Energie im Gegeneinander verbraucht worden wäre, und die Rechnung hätten am Ende wohl auch die vielen mitbezahlten müssen, die noch notdürftig untergebracht waren und auf eine Wohnung oder einen Arbeitsplatz warteten. Niemand hätte vorhersagen können, was in einem solchen Ringen alles hochgespült worden wäre.

Die zweite Möglichkeit, mit der wir hätten rechnen müssen, wäre die Abspaltung der Kommunisten zu einer eigenen Gewerkschaft nach französischem und italienischem Vorbild gewesen. Auch wenn ein solches Gebilde zunächst von der Mitgliederzahl her mit dem Deutschen Gewerkschaftsbund nicht zu vergleichen gewesen wäre, so wäre eine solche Kommunistische Gewerkschaft doch fähig gewesen, die große freie Gewerkschaftsbewegung in einen lange währenden Kampf zu verwickeln und viel von ihrer Kraft in einer solchen Auseinandersetzung zu binden.

Es war zu vermuten, daß die kommunistische Seite sich dazu nicht vorschnell entschieden hätte, weil man auf Macht und Einfluß auf das Ganze aus war. Aber die Absicht, in Nordrhein-Westfalen gegen den Willen der Gewerkschaftsführung einen Bauarbeiterkongreß auf eigene Faust anzusteuern und diesen wahrscheinlich auch abhalten zu können, das war doch wohl ein deutliches Zeichen, das wir ernst nehmen mußten.

Unsere dritte Möglichkeit bestand darin, den Landesbezirk Nordrhein und daran grenzende Verwaltungsstellen aufzulösen und alle Vorstandsmitglieder, Geschäftsführer, Angestellte und auch alle ehrenamtlich tätigen Funktionäre ihrer Ämter und Funktionen zu entheben. Das Recht dazu hatten wir nach dem Wortlaut der Satzung, wenn die Unabhängigkeit der Gewerkschaft von der Kommunistischen Partei nicht mehr gegeben war. Das war der Fall. Ein solcher Weg war unter den sich bietenden Möglichkeiten sicher der wirkungsvollste, aber gewiß auch der spektakulärste und gefährlichste Weg.

Entscheidender Schlag gegen die Unterwanderung

Das alles hatten wir im kleinen Kreis verantwortlicher Kollegen bedacht. Wir waren einig in der Einschätzung der uns zur Verfügung stehenden Möglichkeiten und unserer Risiken.

Ich war gerade zum zweiten Vorsitzenden gewählt worden und hatte mit Jakob Knöss, meinem ersten Vorsitzenden, ein enges und freundschaftliches Verhältnis, das auch in einer schwierigen Situation nicht zu erschüttern gewesen wäre. Aber Jakob Knöss war sechsundsiebzig Jahre alt, er war gesundheitlich angeschlagen und konnte keine Strapazen mehr durchstehen. Die Last lag also wesentlich auf mir.

Was wäre wohl geworden, wenn die Kommunisten ihr Spiel weitergetrieben und noch an Einfluß gewonnen hätten? Wenn wir uns nicht zu Opportunisten gewandelt und nach ihrer Pfeife getanzt hätten, wie einige es schon taten, so würden sie uns bei einer ihnen passenden Gelegenheit zu einem späteren Zeitpunkt kaltgestellt haben. Jetzt waren Verantwortung und Macht zum Handeln noch bei uns und bei den Kollegen, auf die ich mich in jedem Fall verlassen konnte. Wir waren uns an der Spitze der Gewerkschaft einig.

Der nächste Schritt war ein gründliches Gespräch mit dem Vorstand des Deutschen Gewerkschaftsbundes, mit Walter Freitag, Georg Reuter,

Matthias Föcher, Willi Richter und Albin Karl. Was uns bedrückte, wurde dort genauso gesehen und in seiner Gefährlichkeit hoch veranschlagt. Noch mehr! Dem Vorstand des DGB lagen Beweise darüber vor, wie stark die Kräfte waren, die von den kommunistisch beherrschten Vorständen der Baugewerkschaft schon hinein in andere Gewerkschaften wirkten und dort Boden gewannen. Die Kollegen an der Spitze des DGB sprachen sich übereinstimmend für ein Vorgehen aus, durch das ausgeschlossen würde, daß die Kommunisten in den deutschen Gewerkschaften einmal so viel Fuß fassen könnten, daß sie diese Organisation für ihre politischen Zwecke zu mißbrauchen in der Lage sein würden.

Wir waren uns einig: Die Gewerkschaft hatte weder den Willen, noch das Recht, ein Mitglied deswegen zu benachteiligen oder zu maßregeln, weil es der Kommunistischen Partei angehörte. Es war aber ebenso unstreitig, daß wir die Pflicht hatten, parteipolitischen Einfluß auf die Gewerkschaften – von welcher Seite auch immer – zurückzuweisen.

Eine freie Gewerkschaft muß sich mit allen Mitteln wehren, wenn sie in der Gefahr ist, daß eine politische Partei Einfluß auf ihre Organisationen, ihre Aufgaben, ihre Ziele und ihre Entscheidungen nimmt oder zu nehmen versucht. Ein solches Verhalten einer politischen Partei überschreitet die Linie, die zwischen freien Gewerkschaften und politischen Parteien gezogen bleiben muß. Was darüber hinausgeht, rührt an ihre Existenz und stellt ihre Eigenständigkeit in Frage.

Dem DGB war bekannt, daß in Bonn Überlegungen angestellt wurden, die KPD für verfassungswidrig erklären zu lassen. Ein solches Vorgehen hielten wir für schlecht und für falsch. Es sollte erlaubt sein, Kommunist zu sein. Wir mußten in der offenen Konfrontation mit den Kommunisten fertig werden, in der Auseinandersetzung mit ihnen wachsen und ihnen, die den freiheitlichen Staat untergraben wollten, zeigen, daß wir die Mehrheit waren und uns nicht von einer Minderheit beherrschen ließen. Das schafft der Freiheit Fundamente.

Nach einem Verbot ihrer Partei würden wir nicht einen Kommunisten weniger im Lande haben. Mit einem Verbot würden sie nur in die Anonymität getrieben. Das würde die Auseinandersetzung mit ihnen erschweren. Für den Fall des Verbotes hätten sie in der Industriegewerkschaft Bau-Steine-Erden oder in einem geschlossenen, von dieser Gewerkschaft amputierten Teil eine geradezu ideale und funktionierende Zweitorganisation zur Verfügung gehabt.

Wir kamen im Dezember 1955 von Düsseldorf zurück und hatten volle Einigkeit für unser Vorhaben mit den führenden Männern des Deutschen Gewerkschaftsbundes erreicht. Ich wußte aber zugleich, daß wir von dort nicht viel mehr als eine gute Kontrolle über die Logik der eigenen Gedankengänge und einen guten moralischen Rückhalt erwarten konnten.

Nun war die Basis so weit abgeklärt, wie man bei der Notwendigkeit, Vertraulichkeit zu wahren, überhaupt gehen konnte.

Wir hatten klare Vorstellungen von der Tiefe des beabsichtigten Einschnittes und mußten damit rechnen, daß er beträchtliches Aufsehen auslösen würde. Wir mußten unser Vorhaben mit großer Umsicht planen und hofften, alles zum guten Ende führen zu können, wenn wir zum richtigen Zeitpunkt mit dem Vorteil, der sich aus der Überraschung der Kommunisten ergab, handeln und den Gewerkschaftsmitgliedern ebenso wie der Bevölkerung eine verständliche und einleuchtende Begründung geben konnten.

Anfang November 1955 bat ich Gerhard Horseling zu einem Gespräch zu mir. Er war Bezirksleiter in dem Bezirk, in dem die Kommunisten am stärksten waren. Er hatte vor 1933 noch eine kurze Zeit als kommunistischer Abgeordneter dem Deutschen Reichstag angehört. Er war ein kämpferischer, routinierter Mann, aber kein Rabauke. Ich hatte den Eindruck gewonnen, als sei er zuletzt nicht mehr so sehr der Tonangebende gewesen, jedenfalls hatten einige versucht, ihm an Aktivität den Rang abzulaufen. Ich hatte bei Horseling außerdem den Eindruck, daß er mindestens nicht mehr einfach eine Art verlängerter Arm der Kommunistischen Partei in der Gewerkschaft war, sondern daß er auch darum kämpfte, als Gewerkschaftsmann redlich zu sein, der bei dem, was seine Partei ihm abforderte, nicht immer im Gleichgewicht mit sich selber sein konnte.

In dem Gespräch konfrontierte ich Horseling mit den Nachrichten, die mir vorlagen. Daraus ergab sich, daß die Kommunistische Partei unsere Gewerkschaft nicht mehr still und schleichend zu unterwandern und zu beeinflussen suchte, sondern sie öffentlich und bewußt herausforderte. Dadurch wurde das Ansehen der Gewerkschaft geschädigt, ihre Unabhängigkeit angezweifelt, sie verlor auf diese Weise Gewicht für die Erfüllung ihrer eigentlichen Aufgabe. Das wußte sicher auch die Führung der KPD und sie mußte das wohl beabsichtigen.

Ich erbat von Horseling eine persönliche Einschätzung der Lage. Ich spürte, wie schwer die Antwort dem Manne wurde. Er empfand gewiß auch, welche Bedeutung sich hinter meinen Fragen verbarg. Als er zugestand, durch das Vorgehen der Kommunistischen Partei werde der Gewerkschaft ein Verlust an Ansehen zugefügt, das sie für ihre Arbeit dringend brauchte, kam meine zweite Frage: »Was würden wir beide übereinstimmend wohl für notwendig halten, wenn nicht die Kommunistische Partei, sondern eine andere Partei die Gewerkschaft so mißbrauchen würde?« Auch diese Antwort kam nicht sofort, sondern nach einigem Zögern. Sie lautete: »Wir müßten uns dagegen wohl zur Wehr setzen.« Damit waren wir an dem entscheidenden Punkt.

Wir redeten offen miteinander. Ich mußte es als zweiter Vorsitzender für meine Pflicht halten, darauf hinzuwirken, daß wir nicht mit einem Schlepptau an die Kommunistische Partei angehängt wurden. Der Bezirksleiter des Bezirkes Nordrhein war zugleich Mitglied des Hauptvorstandes. Er mußte mir jetzt sagen, wie er sich zu verhalten gedachte. Wollte er weiter dulden, daß die KPD in seinem Bezirk im Widerspruch zu unserer Satzung solchen Einfluß ausübte oder würde er sich dagegen zur Wehr setzen, so deutlich, daß die Bauarbeiter auf den Baustellen das wahrnehmen konnten? Ich verlangte eine öffentliche Erklärung, mit der die KPD unmißverständlich zurückgewiesen wurde.

Horseling hatte verstanden. Er rang mit sich. Ich spürte, wie nahe ihm das ging, was von ihm verlangt wurde. Er war seit dreißig Jahren Kommunist, aber seit einigen Jahren auch gewählter Bezirksleiter der Gewerkschaft und so der Gewerkschaftssatzung verpflichtet. Ich verlangte Loyalität.

Seine Antwort lautete schließlich: Der Hauptvorstand müsse doch wissen, daß die kommunistische Parteiführung das nicht hinnähme, wenn sie von jemand aus den eigenen Reihen öffentlich zurechtgewiesen würde. Wenn er, der er ja nicht irgendein Mitglied der Kommunistischen Partei sei, sich öffentlich gegen seine Partei wende, werde das als schlimme Disziplinlosigkeit aufgefaßt, die die KPD nicht hinnehmen werde.

Ich antwortete ihm, das könne so sein. Der Hauptvorstand der Gewerkschaft Bau müsse von seinem Bezirksleiter, der von den Bauarbeitern gewählt sei und von ihnen bezahlt werde, aber verlangen, daß er sich entscheide, ob er den Arbeitern und der Gewerkschaft gegenüber oder nach welcher Seite hin er loyal sein wolle.

Horseling bat um Bedenkzeit. Er müsse das alles reiflich überlegen. Er könne aus dem Stand keine Erklärung abgeben. Dafür hatte ich Verständnis. Wir trennten uns und kamen zwei Tage später wieder zusammen.

Horseling hatte das, was von ihm verlangt wurde, mit allen Konsequenzen, auch für sich persönlich, bedacht. Er war eher eine zierliche Erscheinung, jetzt merkte man, daß er litt. Er hatte sich entschieden und erklärte sich zur Auseinandersetzung bereit. Er wollte die KPD auffordern, selber eine Erklärung abzugeben, mit der sie sich korrigierte.

Er formulierte eine Erklärung für die Presse, die er anläßlich einer Versammlung in Mülheim/Ruhr, die für den 8. November vorgesehen war, öffentlich abgeben wollte. In dieser Erklärung setzte er sich unzweideutig mit der KPD auseinander und warf ihr u. a. vor, sie »betreibe eine Politik, die sich in nichts von der Politik dieser Partei vor 1933 unterscheide und die sich so nachteilig für die Arbeitnehmerschaft ausgewirkt habe ... damit sei die KPD in die Fehler von vor 1933 zurückgefallen ...«

Horseling teilte in dieser Versammlung außerdem mit, daß der Geschäftsführer der Gewerkschaft in Mülheim und zwei weitere ehrenamtliche Funktionäre von ihm im Auftrag des Hauptvorstandes beurlaubt und von ihren Funktionen vorläufig entbunden worden seien.

Die Wogen in der Versammlung gingen hoch, die Kommunistische Partei war schockiert und tobte in ihrer Presse los: »Rüstungspolitiker legen Hand an IG Bau.«

Die Antwort der Kommunistischen Partei kam unverzüglich. Ohne langes Zögern wurde Gerhard Horseling am 11. Januar 1956 aus der Kommunistischen Partei ausgeschlossen. Die Begründung für den Ausschluß wurde veröffentlicht. Im letzten Absatz dieser Erklärung hieß es:

»... unsere Partei verlangt von ihren Mitgliedern kompromißlosen Einsatz für die sozialen und nationalen Interessen der Werktätigen und für die Stärkung der Gewerkschaftsbewegung. Wer sie dabei im Stich läßt und sich auf die Positionen ihrer Gegner begibt, hat in den Reihen der Kommunistischen Partei Deutschlands keinen Platz mehr.«

Die Ziffer fünf der Richtlinien von 1925 lautete: »Die Fraktionen ... sind Organe der Partei und den Befehlen der Partei unterworfen ...«

Und entsprechend der Ziffer sechs: »Wer gegen diese Regeln verstößt, den treffen die Disziplinarmaßnahmen der Parteiinstanzen«, war verfahren worden.

Was hatte der alte, treue Kommunist Horseling verbrochen?

Er hatte am Ende nichts anderes getan, als sich als Gewerkschaftler dagegen gewehrt, daß seine Partei sich offen in die inneren Angelegenheiten der Gewerkschaft eingemischt und sie für ihre Zwecke mißbraucht hatte.

Aber die Partei kannte keine Gnade, sie steht über allem, und jeder hat sich ihr unterzuordnen. Der Mensch ist Verfügungsmasse und Eigentum der Partei mit einem Anspruch auf ihn und über ihn, wie es in manchen mittelalterlichen Orden nicht strenger gewesen sein kann. So ist es bei den Kommunisten bis auf den heutigen Tag.

Nun war der Kampf voll im Gange. Wir wußten, daß wir gefordert waren, seit wir ihn aufgenommen hatten. Und Zeit war auch keine mehr zu verlieren.

Für den 14. Januar 1956 wurden Hauptvorstand und Beirat der Gewerkschaft ohne Ankündigung einer Tagesordnung zu einer Sitzung eingeladen. Wir hatten die Schule des Deutschen Gewerkschaftsbundes in Hattingen an der Ruhr als Tagungsort ausgewählt. Dort waren wir unter uns und doch nahe am Ort der Auseinandersetzung. Die beiden führenden Kommunisten im Beirat waren nicht zugegen. Einer von ihnen war an diesem Wochenende in Ost-Berlin. Das war ein Beweis dafür, daß die KPD nicht damit rechnete, daß wir schon zum Handeln entschlossen wären.

Alle Anwesenden waren sich der Bedeutung der Sache bewußt, derentwegen sie zusammengerufen worden waren. Aber die wenigsten hatten mit so durchgreifenden Anträgen des Hauptvorstandes gerechnet, die jeden Anwesenden herausforderten. Es wurde in der Tat von allen Teilnehmern in der Sitzung erwartet, daß jeder nicht nur am Ende mit seiner Stimme ein Votum abgab, sondern in der Debatte wurde jeder aufgerufen, seine Meinung zu sagen. Die Aussprache dauerte fast zwei Tage.

Der Hauptvorstand drückte seine Besorgnis aus, daß die Kommunistische Partei seit längerer Zeit einen verstärkten und nachhaltigen Einfluß auf Organisation und Politik der Gewerkschaft im Rheinland und im Ruhrgebiet ausgeübt und nicht nur versucht hatte, wichtige personal-, sozial- und wirtschaftspolitische Entscheidungen der Gewerkschaft im Sinne der Politik der KPD zu beeinflussen, sondern daß die KPD bestrebt sei, das innere Gefüge der Gewerkschaft in ihrem Sinne zu gestalten.

Es wurde beschlossen:

»Bezirksvorstand und Bezirksleitung der Industriegewerkschaft Bau-

Steine-Erden im Bezirk Nordrhein werden mit Wirkung vom 16. Januar 1956 aufgelöst.
Desgleichen werden mit diesem Zeitpunkt die Verwaltungsstellen Düsseldorf, Duisburg, Duisburg-Hamborn, Mülheim, Essen, Wuppertal, Niederberg, Moers und Mönchengladbach aufgelöst.
In den Auflösungsbeschluß sind alle Vorstände, Jugend- und Fachgruppen einbezogen. Das Dienstverhältnis aller Angestellten der Gewerkschaft in den aufgelösten Verwaltungsstellen ist mit Wirkung von diesem Zeitpunkt zu kündigen. Am gleichen Tage werden in den genannten Orten neue Verwaltungsstellen gegründet. Der Hauptvorstand wird beauftragt, bis zur Durchführung ordnungsgemäßer Wahlen in den neugebildeten Verwaltungsstellen und zur Leitung des Bezirkes provisorische Vorstände zu bilden, die ihre Tätigkeit solange im Auftrage des Hauptvorstandes ausüben, ...«

Nach Kenntnis der Vorgänge hatte der Beirat den in der Satzung vorgesehenen Tatbestand des Notstandes, durch den die Leistungsfähigkeit und der Bestand der Gewerkschaft in Gefahr gerät, für gegeben angesehen. Er war zu dieser Beschlußfassung berechtigt, nachdem er sich davon überzeugt hatte, daß im Rheinland eine Lage eingetreten war, in der es nur im Ermessen der kommunistischen Funktionäre lag, ob und inwieweit ordnungsgemäß zustande gekommene Beschlüsse der Organe der Gewerkschaft oder aber die von der Kommunistischen Partei gegebenen Weisungen befolgt wurden.

Am Morgen des 16. Januar 1956 mußten die gefaßten Beschlüsse durchgeführt werden.

Die Beauftragten des Hauptvorstandes waren morgens bei Arbeitsbeginn in allen Büros. Ich begab mich mit drei Mitgliedern des Hauptvorstandes in das Büro der Bezirksleitung in Düsseldorf und übernahm nach der Auflösung der Büros von dort aus die zentrale Leitung der nun folgenden Operation.

Unsere Vorbereitungen waren vertraulich geblieben. Wenn das nicht der Fall gewesen wäre, hätten wir wohl vor jedem Gewerkschaftshaus mit Demonstrationen zu rechnen gehabt, die uns den Weg in die Büros versperrt hätten.

Nach einer Mitteilung an den Bundesvorstand des Deutschen Gewerkschaftsbundes und an die Hauptvorstände der anderen Gewerkschaften wurde in den besetzten Büros allen Funktionären ihre Amtsenthebung mitgeteilt. Eine gründliche Darstellung des gesamten Sachverhaltes in vielen Zehntausenden von persönlichen Briefen wurde den Vertrauensleuten der eigenen Gewerkschaft zugesandt. Sie sollten am Morgen des 17. Januar, wenn sie die Zeitungen in die Hand bekamen, auch eine Erklärung des Vorganges von ihrem Hauptvorstand besitzen.

Um elf mußte ich mich in Düsseldorf einer Pressekonfernz stellen. Unser Vorgehen war für die Presse eine Sensation. Davon, wie die Darstellung vor der Presse gelang, würde in hohem Maße abhängen, wie unsere Sache in der deutschen Öffentlichkeit und vor allem von den Arbeitnehmern verstanden werden würde. Ich hatte damals noch keine besondere Erfahrung im Umgang mit großen Pressekonferenzen und mir war mitgeteilt worden, daß große Teile der Bundespressekonferenz von Bonn nach Düsseldorf angereist kämen, so daß ich nicht schlecht unter Dampf stand.

Bevor ich mich auf den Weg begab, kamen die ersten Telegramme. Ziemlich obenauf lag ein Telegramm: »Herzlichen Glückwunsch zum entschlossenen Vorgehen – in voller Solidarität – Vorstand der IG Metall – Otto Brenner.«

Solidarität, das war das, was wir jetzt notwendig brauchten. Diese ersten Telegramme taten wohl. Sie halfen über schwierige Tage hinweg und zeigten, daß wir uns in den Fragen von elementarem Gewicht aufeinander verlassen konnten.

In der Pressekonferenz wurde ich vor allem von den Journalisten kommunistischer Zeitungen, die es damals noch gab, und von dem bekannten englischen Journalisten Sefton Delmer besonders hart bedrängt.

Beide, der konservative Delmer und die Kommunisten bissen sich an der gleichen Stelle fest und stellten fast die gleichen Fragen: Wir würden die demokratischen Regeln über Bord werfen, eine zusammengeraffte Mehrheit habe sich über eine starke Minderheit hinweggesetzt und sie in einer Art gewerkschaftlichen Staatsstreiches an die Luft gesetzt.

Daran war einiges richtig und einiges falsch. Richtig war, daß wir uns einer Methode bedient hatten, die den Ausdruck »Attacke« verdient hätte.

Aber gab es nicht auch eine ausreichende Legitimation dazu?

Natürlich war die Mehrheit der Bauarbeiter auch in diesen Städten nicht kommunistisch, aber sie folgten ihren Funktionären, die sie gewählt hatten. Die kommunistischen Funktionäre gaben sich als die entschiedensten und radikalsten Vertreter der Arbeiterinteressen aus. Wer ihnen entgegentrat, wenn sie ihre parteipolitisch eingefärbten Aufgaben verfolgten, der wurde von ihnen als Leisetreter, Arbeiterverräter oder Kapitalsknecht abgetan. Da es ihnen in der Hauptsache auf die Erhaltung und die Stärkung ihres Einflusses ankam, scheuten sie sich natürlich nicht, auch jedes Mittel der Demagogie und jeden Kniff anzuwenden, der ihrem Zweck entsprach. Das führte zur Solidarisierung der Arbeiter mit ihnen. Mit den Möglichkeiten demokratischer Regeln war gegen die von ihrer Partei geführten Kommunisten nicht mehr anzukommen. Waren wir in dieser Situation verpflichtet, uns an die üblichen demokratischen Regeln zu halten? Konnten wir nicht sicher sein, daß die Kommunisten sich dieser Regeln nur solange bedienten, wie sie ihnen Vorteile brachten, um sie dann, wenn sie den Zeitpunkt für richtig hielten, zu ignorieren oder gänzlich außer Kraft und ihre Vorstellung von Demokratie an ihre Stelle zu setzen? Oder mußten wir zusehen, wie die Unabhängigkeit unserer Gewerkschaft begraben wurde, weil wir keine Chancen sahen, uns unter Wahrung üblicher demokratischer Regeln gegen die Kommunisten zu wehren?

So gehen Demokratien in der Auseinandersetzung mit Radikalen und Demagogen unter, wenn sie sich an solche engen Regeln festgebunden fühlen, während die anderen jedes Mittel eines politischen Freistilkämpfers einsetzen, das ihnen Erfolg gegen die Demokraten verspricht. Mochte Herr Sefton Delmer also in Gottes Namen in England schreiben, wir hätten einen Staatsstreich im kleinen verübt. Das war mir persönlich lieber, als wenn er hätte schreiben können, in Deutschland sei wieder die Gefahr einer Diktatur im Entstehen, dieses Mal aber nicht von rechts, sondern von links, und sie habe unter den für den Aufbau Deutschlands so wichtigen Bauarbeitern bereits begonnen.

Wir hatten für unser gewiß ungewöhnliches Vorgehen doch auch eine gute Legitimation auf unserer Seite. In unserer Satzung, das war ja unsere gewerkschaftliche Verfassung, war die Unabhängigkeit der Gewerkschaft von den politischen Parteien als eine Grundlage für die Existenz der Gewerkschaft überhaupt festgelegt. War es nicht erlaubt, weil wir uns auf andere Weise gegen die Gegner unserer Verfassung bestimmt nicht mehr hätten behaupten können, daß wir diesen Weg gingen, um die in unserer Satzung vorgeschriebene Unabhängigkeit der Gewerkschaft von den Kommunisten zu wahren?

Wir mußten uns Tag für Tag und Abend für Abend in einer Vielzahl von Veranstaltungen, Versammlungen und Konferenzen unseren Mitgliedern stellen. Wir erlebten und erfuhren dabei, was die kommunistischen Funktionäre auf die Beine zu bringen vermochten, welchen Widerstand sie mobilisieren und organisieren konnten und wozu sie in der Hitze zum Bersten gefüllter großer Säle fähig waren. Fast immer war der Empfang schon feindselig. Dabei wußten wir, daß die Mehrzahl der Anwesenden natürlich keine Kommunisten waren. Aber sie übten Solidarität, es ging um die von ihnen gewählten Funktionäre, und sie ließen sich von ihnen führen. An diesen oft langen Tagen und Abenden in tobenden Sälen wurde mir noch klarer als ich es vermutet hatte, daß wir die Hand der Kommunisten an der Gurgel der Gewerkschaft auf eine andere Weise nicht mehr losgeworden wären.

Bei jeder anderen Art des Vorgehens gegen sie hätten sie mit allen Fähigkeiten und aller Energie alles gegen uns ins Feld geführt. Wir hätten uns brav an die üblichen demokratischen Verkehrsregeln halten und uns auf die Kraft des Überzeugenkönnens und auf Abstimmungen verlassen müssen, und wir wären dabei untergegangen.

Das Ende der Operation

Aber die Würfel waren anders gefallen, und der problematischste Teil der Arbeit war getan. In vielen Wochen und Monaten unverzagter und schwieriger Kleinarbeit mußten wir von unten herauf wieder aufbauen, was wir aufgelöst hatten. Es regten sich dabei aber auch neue Kräfte, die vorher schon resigniert hatten. Dann mußten wir über viele Monate hin Arbeitsgerichtsprozesse bestehen, die von den entlassenen kommunistischen Gewerkschaftsführern und Angestellten angestrengt worden waren.

Wir mußten in jedem einzelnen Fall beweisen, daß der Entlassene Handlungen begangen hatte, die nicht erlaubt waren. Die Mitgliedschaft in der KPD war kein Grund für die Entlassung. Es mußten für die Richter glaubhafte »wichtige Gründe« sein, wegen denen die Fortsetzung des Angestelltenverhältnisses nicht mehr zumutbar war. Da standen nun die Kommunisten, die aus der Gewerkschaft eine Absteige ihrer Partei machen wollten und ihr Ziel schon in so hohem Maße erreicht hatten, daß ihre Partei es nicht einmal mehr vertuscht hatte. Aber sie standen vor den Gerichten wie die Unschuldsengel, und wir mußten etwas beweisen, was zwar jeder wußte, was aber geleugnet wurde und, auf die Person bezogen, am Ende vor korrekten deutschen Richtern nicht einfach zu beweisen war. Es war manchmal zum Hundeheulen.

In den mehr als zwanzig Jahren, die seither vergangen sind, habe ich genügend Abstand auch von der Bedrängnis gewonnen, in der wir uns über Monate befanden.

Die Prozesse wurden beendet. In einigen Fällen wurden Vergleiche abgeschlossen. Das war zwar nicht nach unserem Geschmack, es enthob uns aber der Notwendigkeit der Beweisführung, denn uns standen die Akten der KPD nicht zur Verfügung. Das, was uns am Ende am meisten half, hat mich zugleich auch tief erschüttert.

Wir spürten, wie die Kommunistische Partei nach und nach ihre gegen uns klagenden Mitglieder im Stich ließ. Sie ließ sie fallen und gewährte ihnen kaum noch Hilfe, als sie merkte, daß wir festbleiben würden. Sie nabelte sie von der Partei ab, weil es wohl nicht mehr den Interessen der KPD entsprach, sich mit Leuten zu identifizieren, die in einer hoch angesetzten und wichtigen Auseinandersetzung verloren hatten. Sie waren für die Partei wertlos geworden. Sie wurden abgelegt wie ein ausgetretener Schuh.

Wir mußten in der ganzen Auseinandersetzung konsequent sein. Es war ein Jammer, daß diese Männer – viele von ihnen hatten Format – sich nicht konstruktiv mit uns für die wirklichen Interessen der Arbeiter einspannten und mit uns zogen, sondern ihre Aufgabe darin sahen, aus der Baugewerkschaft eine hörige Tochter der Kommunistischen Partei zu machen.

Das Ende der Operation war ein langsames, mit viel zäher Geduld und Arbeit gelenktes Hinüberwirken in den normalen demokratischen Zustand.

Heute ist das tiefe Vergangenheit, aber dieses Ereignis behält seinen Rang.

Die Kommunisten, wie groß ihre Zahl auch immer ist, setzen ihre Arbeit fort. Solange sie in der Minderheit sind, treten sie für Toleranz und für das Recht auf freie Meinungsäußerung ein und bejahen die Vielfalt der Meinungen in der pluralistischen Gesellschaft. Es gibt bisher nirgendwo in der Welt ein Beispiel dafür, daß sie diese Haltung auch dann noch beibehalten, wenn sie Mehrheit geworden sind oder wenn sie, auf andere Weise gestützt, Macht über andere ausüben können. Das hier aufgezeigte Geschehen in der Baugewerkschaft ist wahrscheinlich der einzige Fall, in dem die Kommunisten seit dem Zweiten Weltkrieg in der Bundesrepublik einmal stark waren. Im gleichen Augenblick verlangte ihre Partei von jedem ihrer Mitglieder Unterwerfung, Gehorsam und Disziplin. Sie zeigte ihre Macht, und Druck und politische Nötigung begannen sich zu entfalten. Damals waren es Vorgänge, die aufhorchen ließen und die vorderen Seiten der Zeitungen füllten.

Die Auseinandersetzung mit den Kommunisten in der IG Bau-Steine-Erden war ein herausragender Fall, weil die Situation besonders bedenklich geworden war.

In diesen Jahren haben auch andere Gewerkschaften, ohne die Notwendigkeit so spektakuläre Entscheidungen treffen zu müssen, wie es bei uns unumgänglich war, ihren jahrelangen, zähen und erfolgreichen Kampf mit den Kommunisten geführt. Ohne dieses Ringen und die jahrelange Wachsamkeit gäbe es heute in der Bundesrepublik keine von kommunistischem Einfluß unabhängigen Gewerkschaften. Über die Auswirkungen, die sich von dorther bei ihrer besonderen Lage auf das innere Gefüge der Bundesrepublik ergeben hätten, wenn es anders gekommen wäre, kann man viele Vermutungen anstellen. Daß es nicht dazu gekommen ist wie in Frankreich oder Italien, das liegt nicht daran, daß die Kommunisten es bei uns nicht auch versucht haben. Es liegt daran, daß ihnen damals mit Erfolg entgegengetreten wurde.

Damit wurde nicht nur die Unabhängigkeit freier Gewerkschaften gesichert, sondern dem noch jungen freiheitlichen Staat ein wesentlicher Halt gegeben.

Wir haben uns engagiert, weil wir unabhängig bleiben und keine Risiken mit der Freiheit eingehen wollten. Wir wollten keine soziale Entwicklung der arbeitenden Menschen nach der Schablone einer radikalen Parteidoktrin. Wir wollten in Freiheit nach unseren Vorstellungen aus unserer Mitte und Mehrheit heraus gestalten und damit auch Voraussetzungen schaffen, daß Staat und Gesellschaft sich in unserem Sinne entfalten konnten.

Gewerkschaftliche Aufbauarbeit

Wir hatten unseren Kampf durchgestanden und mußten uns nun unseren eigentlichen Aufgaben zuwenden, deren Bewältigung die Bauarbeiter erwarten konnten. Das mußte mit dem gleichen Nachdruck und der gleichen Entschlossenheit geschehen, mit der wir den Kommunisten entgegengetreten waren.

Die Bauwirtschaft brauchte Anstöße für neue Entwicklungen und Schritte nach vorne. Wir wollten aber auch nicht die politischen Kaminkehrer der Nation sein, die vor der Freiheit standen und dem Bolschewismus Abfuhren erteilten, während sich andere in unserem Rücken nach ihren Vorstellungen häuslich einrichteten und unter Freiheit vor allen Dingen die Freiheit verstanden, sich zu bereichern.

Gerade eine Arbeiterschaft, die sich entschlossen vor die Freiheit stellt, darf sich auch legitimiert fühlen, mit Nachdruck für ihre Belange einzutreten und braucht sich nicht zu scheuen, notfalls wie ein Herbstwind an den Bäumen der Wirtschaft zu schütteln, weil es Einsicht und Entgegenkommen in einer freiheitlich organisierten Wirtschaft nur selten einmal gibt.

Wir konnten nun an unsere eigentliche Aufgabe gehen, ohne fürchten zu müssen, auf ideologische Schauplätze abgelenkt zu werden. In der Auseinandersetzung waren die Mitglieder selbstbewußter geworden, unser Zusammenhalt im Innern und unser Ansehen in der Bevölkerung waren gewachsen.

Das, was wir wollten, nahm runde zehn Jahre unsere Kräfte in Anspruch. Es waren zehn Jahre, in denen die Bauwirtschaft, die rund ein Zehntel aller Arbeitnehmer beschäftigte, voll in Atem gehalten wurde, in denen sie selber ihre Strukturen veränderte, in denen aber auch ihr sozialer Gehalt in Sprüngen nach vorn gebracht wurde.

Zunächst brauchten wir konzeptionelle Klarheit im Detail. Was verstanden wir konkret unter ganzjähriger Vollbeschäftigung? Wie sollte sie verwirklicht werden? Was konnten wir in Vereinbarungen und in Absprache mit den Unternehmen sozial, wirtschaftlich, technisch und organisatorisch bewirken, und was konnten wir nur mit Hilfe der Regierung oder mit Entscheidungen des Parlaments erreichen und verwirklichen?

Wir standen vor besonderen betriebs- und volkswirtschaftlichen Problemen und vor komplizierten Rechtsfragen, die sich bei jedem Schritt, den wir bedachten, vor uns auftaten. Wir mußten Neuland betreten und konnten kaum von den Erfahrungen anderer profitieren. Aber wir bekamen Boden unter die Füße.

Wir konnten erreichen, daß der Bundestag seine Absicht aufgab, die Arbeitslosenversicherungsbeiträge für das Baugewerbe zu erhöhen. Wir hatten die Abgeordneten überzeugt, daß ein höherer Beitrag für das Baugewerbe zur Verhärtung der winterlichen Arbeitslosigkeit und nicht zu ihrer Verminderung und Beseitigung führen müsse.

Wir schickten eine Studiengruppe nach Schweden. Wir hatten gehört, daß man sich dort auch um diese Fragen bemühte. In Schweden brannten diese Probleme der Gewerkschaft noch mehr auf den Nägeln. Der Winter dauert dort länger als bei uns. Dementsprechend war auch der winterliche Einkommensausfall beträchtlicher. Wir gewannen dort wertvolle Eindrücke, obwohl die Schweden selber noch am Anfang waren, und es entwickelte sich eine sehr rege und für beide Seiten fruchtbare Zusammenarbeit.

Es zeigte sich, daß gar nicht immer ein so großer Aufwand erforderlich ist, um bei mittlerem Winterwetter arbeiten zu können, wenn man will! Oft genügt es zum Beispiel, ein paar Plastikfolien in den Fensteröffnungen anzubringen und die Heizung frühzeitig einzubauen und sie schon im Rohbau zu betreiben, so daß man im Innern des Rohbaus weiterarbeiten kann.

So war auch zu überlegen, ob ein aufgeschlossener Bauherr nicht einen Baukostenzuschuß aus den Geldern der Arbeitslosenversicherung erhalten sollte; damit würde doch auf jeden Fall der höhere Aufwand für Arbeitslosenunterstützung vermieden. Der Bauherr müßte ein Interesse an der Weiterarbeit haben, dann würde sein eigenes Geld durch die frühere Fertigstellung des Baues eher Rendite bringen.

Oder ein einfaches Beispiel aus dem Straßenbau: Wir hatten den Arbeitsrhythmus auf den Straßenbaustellen beobachtet. Hier hatte die technische Entwicklung nicht weniger verändert als auf den Hochbaustellen. Zwanzig Jahre vorher waren auf einer Autobahnbaustelle Hunderte von Arbeitern tätig, mit Schaufeln, Hacken und Loren, die auf Gleisen bewegt wurden. Es gab noch Zimmerleute, die im Straßenbau Schalungen anfertigten, und Betonarbeiter, die Beton mischten und in die Schalungen brachten, wie das die Großväter schon getan hatten.

Nun standen auf einer solchen Straßenbaustelle modernste Großgeräte, die zwar dem Menschen die harte Arbeit abnahmen; aber man stellte bei schlechtem Wetter die Arbeit ein, sogar im Sommer, wenn es anhaltend regnete. Ich hatte beobachtet, wie auf den Autobahnbaustellen etwa fünfzig Zentimeter hohe, fahrbare Zelte über den frisch gegossenen Beton angebracht wurden. Das war eine gute Idee. Auf diese Weise wurde der eingebrachte Beton vor Sonne, Kälte und Regen geschützt. Das mußte sein, wenn man bei schlechtem Wetter arbeiten wollte.

An den Beton hatte man gedacht und es fertiggebracht, ihn wie einen zarten Säugling zu schützen, weil er sonst nicht fest wird. In einer Veranstaltung der Bauindustrie stellte ich den versammelten Bauunternehmern die Frage: »Könnt Ihr diese fahrbaren Zelte nicht etwas höher machen, damit nicht nur der frische Beton, sondern auch ein Mensch darunter Schutz finden und bei schlechtem Wetter sogar weiterarbeiten kann? Wir verlangen die Gleichbereichtigung des Menschen mit dem Beton!«

Das führte zu Gelächter im Saal – aber die Zeltabdeckungen wurden höher.

Im sozialpolitischen Bereich mußten zahlreiche Verträge anvisiert werden. Wir wollten soviel wie möglich ohne Gesetzgeber erreichen. Nur für die Aufgaben, die wir nicht selber bewältigen konnten, weil unsere Befugnisse nicht ausreichten, dafür wollten wir den Staat, also Regierung und Parlament, in Anspruch nehmen. Wenn wir das Äußerste, was wir selber konnten, getan hatten, würde es den Politikern wohl nicht leicht fallen, uns nicht entgegenzukommen.

Das alles läßt sich gut zwanzig Jahre später leichter schreiben, als es damals war. Wir hatten in der Gewerkschaft Ideen entwickelt und mußten sie den Unternehmern nahebringen und sie bewegen. Es war ja nicht selbstverständlich, daß fünfzigtausend Bauunternehmer entschlossen waren, bereitwillig in die Tasche zu greifen, weil wir gerade neue Ideen hatten.

Gleichzeitig mußten Regierung und Parlament überzeugt werden. Die verschiedenen Schritte und die verschiedenen Zeiten, zu denen sie getan werden mußten, waren so abzustimmen, daß die Entwicklung sich aus

Gesetzen des Staates und Verträgen der Tarifpartner harmonisch ineinander fügte.

Es war Arbeit auf vielen Feldern.

Abgeordneter im Bundestag

Im Jahre 1957 wurde ich als Abgeordneter in den Deutschen Bundestag gewählt. Ohne das Zusammenfließen der Fäden, die sich aus der gewerkschaftlichen und der parlamentarischen Tätigkeit ergaben, wäre das ganze Vorhaben in so kurzer Zeit wohl nicht zu bewerkstelligen gewesen, vielleicht so überhaupt nicht, auch wenn ich meinen persönlichen Anteil nicht überschätze. Ich wurde in den Parteivorstand der SPD gewählt.

Es war eine starke politische Position, aus der heraus ich wirken und vielem über die Hürden helfen konnte.

Ich spürte natürlich die Kraft, die mir zugewachsen war, mußte aber auch sorgfältig auf die Trennung beider Mandate voneinander achten, ich gehörte nun zur Führungsspitze der SPD und saß zusammen mit den Männern, deren Hilfe ich auch für die Verfolgung meiner gewerkschaftlichen Aufgaben nötig hatte – mit Heinrich Deist, Georg Kurlbaum, Ernst Schellenberg und anderen.

Dazu kam ein persönlich gutes Verhältnis zu den Kollegen am linken Flügel der CDU, mit denen ich von der Gewerkschaftsarbeit her verbunden war – mit Anton Storch, Karl Arnold, Theodor Blank, Hans Katzer und anderen.

Es kam eine gute Stimmung in die ganze Gewerkschaft, und wir zogen in Einigkeit miteinander am gleichen Seil.

Während unser Dialog mit den Verbänden der Bauunternehmer in Gang gekommen war, mußte unsere Sache noch ins Blickfeld der Öffentlichkeit gerückt werden. Wir brauchten nicht nur Verständnis, sondern für den Weg, den wir gehen wollten, mußte öffentliche Zustimmung gesucht werden. Wenn das gelang, hatten wir von der äußeren Atmosphäre her günstigen Wind zu erwarten.

Große Anfrage zur Bauwirtschaft

Im Juni 1958 legte meine Fraktion im Bundestag eine große Anfrage vor, die ich formuliert hatte. Sie führte im November zu einer Debatte. Die Probleme der Bauwirtschaft wurden das erste Mal im Plenum des Bundestages diskutiert. Die Debatte war sorgfältig angelegt und vorbereitet worden. Wir gaben uns alle Mühe, hörten aber, während die Debatte noch im Gange war, daß die Sowjetunion wegen Berlin ein Ultimatum eingebracht hatte. Es war das unter dem Namen »Chruschtschow-Ultimatum« in die Geschichte eingegangene Papier. In den nächsten Tagen waren die Zeitungen davon voll. Von der Bauwirtschaft und ihren Problemen war kaum ein Wort zu lesen. Aber in der Sache selber hatten wir doch viel gewonnen.

Der Bundestag faßte mit den Stimmen aller Parteien eine Entschließung. Darin wurde eine bessere und ausgeglichenere Verteilung der Bauaufträge durch die öffentlichen Hände und eine frühzeitige Vergabe der Gelder verlangt.

Bis dahin begann das Haushaltsjahr am 1. April. Die Gelder aus dem neuen Haushaltsjahr standen also nicht früh genug zur Verfügung, und es konnte häufig erst im Mai oder Juni über sie verfügt werden. Da die Gelder, die im laufenden Haushaltsjahr nicht ausgegeben sind, aber am Ende des Haushaltsjahres verfallen, wurden die öffentlichen Mittel mit großer Eile vor Eintritt des Winters verbaut, weil man ja nicht sicher sein konnte, sie im Winter noch rechtzeitig vor dem 31. März auszugeben. Das war eine Ursache, die zu einer sich jährlich wiederholenden Verkrampfung des Bauablaufs im Sommer führte. Alle Versuche der Bauwirtschaft, die sie gegen diesen Zyklus bis dahin unternommen hatte, hatten in Jahrzehnten nichts bewirkt.

Ein wichtiges Hindernis waren die Beamten. Sie wollten im Sommer in Urlaub gehen und begannen nach ihrem Sommerurlaub mit den Vorbereitungen zum Haushalt für das nächste Jahr, der dann nicht vor dem ersten April in Kraft gesetzt werden konnte.

Nun hatte der Deutsche Bundestag entschieden, das Haushaltsjahr sollte das Kalenderjahr sein. Das war ein beachtlicher Gewinn.

Wir kamen voran.

3. KAPITEL

Rentenversicherung und Zusatzversorgung für die Bauleute

Während wir uns noch mit der ganzjährigen Beschäftigung der Bauarbeiter befaßten, griffen wir ein Problem auf, das nicht zu den Ursachen, sondern zu den Folgen der regelmäßig wiederkehrenden Arbeitsausfälle gehörte.

Über Jahrzehnte hinweg nur zehn Monate im Jahr arbeiten, das bringt nicht nur ein geringeres Jahreseinkommen. In der Zeit, in der nicht gearbeitet wird, werden auch keine Beiträge zur Rentenversicherung bezahlt. Das führte zwangsläufig auch zu einer geringeren Rente am Ende des Arbeitslebens. Deshalb war die Rente der Bauleute in aller Regel niedriger als die Rente derer, die ihrer besser geregelten Arbeit unter Dach nachgehen konnten, ohne Regen, Kälte und Hitze ausgesetzt zu sein.

Auch hier standen wir vor der Frage: Staat, Gesetz, oder versuchen wir es selber und lassen den Staat und seine Gesetzgebung zunächst aus dem Spiel. Wir gingen diesen Weg.

Wir rauften einige Monate um die Bereitschaft der Bauunternehmer und schlossen am Ende mit ihnen einen Tarifvertrag über die Einführung einer Zusatzversorgung für die Arbeitnehmer des Baugewerbes ab.

Zusätzlich zum Lohn mußte von den Unternehmern ein bestimmter Prozentbetrag aufgebracht und an die von uns gemeinsam ins Leben gerufene Zusatzversorgungskasse der Bauwirtschaft abgeführt werden. Aus den so zur Verfügung stehenden Geldern – es waren mehrere hundert Millionen Mark jährlich – wurden künftig Zusatzrenten an die Rentner im Baugewerbe gezahlt.

Damit war der Mangel, der vom Saisoncharakter des Gewerbes ausging und im Alter zur Schlechterstellung führte, weitgehend behoben. Die Regierung brauchten wir für die Erklärung der Allgemeinverbindlichkeit, um auch die Unternehmen in den Vertrag einzubeziehen, die nicht einem Arbeitgeberverband angehörten. Diese Erklärung wurde, obwohl wir mit den Beamten des Arbeitsministeriums bei der Neuartigkeit des Vorganges lange ringen mußten, von der Regierung erteilt.

Wir spürten bei den Verhandlungen darüber aber erstmalig, daß wir auf unserem Weg, möglichst ohne Staat und Gesetzgebung auszukommen, die soziale Autonomie nicht nur voll ausschöpften, sondern auch an ihre vom Gesetz gezogenen Grenzen stießen, wenn wir nicht gar schon leicht über sie hinausgeraten waren.

Dieser Vertrag war mehr als ein landläufiger Erfolg. Er wurde von den Bauarbeitern im Lande gefeiert. Die Alten wurden besonders eingeladen. Es wurde viel von Zusammenhalt und von Solidarität der Bauarbeiter mit ihren Kollegen, die Rentner geworden waren, gesprochen. Den Alten wurden der Bescheid über ihren Anspruch auf eine Zusatzrente und an Ort und Stelle gleich die ersten drei Monatsrenten ausgehändigt.

Ich habe an einigen dieser Veranstaltungen teilgenommen und gesehen: Die altgewordenen Leute mit ihren von Wetter und Wind gegerbten Gesichtern und mit Furchen in den Händen bekamen feuchte Augen, wenn ihnen gesagt wurde, mit dieser Rente solle auch ein wenig Dank ausgesprochen werden für die harte Arbeit, die sie besonders in den Jahren des Aufbaues geleistet hätten.

Das hatten wir selber mit eigener Kraft zustande gebracht. Es wurde von allen als ihr Erfolg gewertet. Das war wichtig!

Wenn der Staat für die Bauarbeiter ein Gesetz erlassen hätte, um die Lücke in ihren Renten zu beseitigen, es wäre mit großer Wahrscheinlichkeit weniger geschätzt worden.

Ich war damals sicher und bin es heute noch mehr: Wir hatten, ohne den Staat zu engagieren und zu belasten, doch auch »Staat gemacht«.

Das war gut so, denn wir hatten uns ja vorgenommen, die sozialen Bedingungen der Menschen zu verbessern und zugleich den jungen demokratischen Staat in eben dem Maße, in dem es uns gelingen würde, ihn mit sozialem Inhalt auszufüllen, selber auch zu festigen.

Wir wollten, daß die Arbeiter mit gutem Gewissen sollten sagen können: Das ist unser Staat.

Ganzjährige Beschäftigung

Dann kam der eigentliche Kern unseres Programms. Ende 1958 waren wir so weit, wir wußten wohin und wie wir uns bewegen wollten: Auf einem außerordentlichen Kongreß wurde ein konkretes Programm öffentlich dargelegt und beschlossen.

Durch unsere Bemühungen bei der Bundesregierung und im Parlament aktiviert, bemühte sich nun auch die Bundesanstalt für Arbeitsvermittlung und Arbeitslosenversicherung, eigene Vorschläge zu entwickeln mit dem Ziel, den Aufwand an Arbeitslosenunterstützung zu senken. Das wollten wir auch. Damit bekamen wir einen neuen Verbündeten auf einem vernünftigen Weg.

Die Verhandlungen zwischen den Arbeitgeberverbänden und der Gewerkschaft, die sich mit kurzen Unterbrechungen über Monate erstreckten, traten in ihr entscheidendes Stadium. Im April 1959 kam es zu einem Tarifvertrag, mit dem wichtige, vor allem finanzielle Grundlagen geschaffen wurden. Auf der Basis dieses Abkommens wurde dann den Sommer über in vielen Zusammenkünften im einzelnen geklärt, was auszuformen war.

Dann war es soweit. Im August wurde ein Vertrag zur Förderung der Aufrechterhaltung der Beschäftigung in der Winterperiode abgeschlossen. Darin war vorgesehen:

1. Von Weihnachten bis Neujahr ruht die Arbeit wegen der ungünstigen Bedingungen im Baugewerbe.
2. Für acht Tage, einschließlich der Feiertage wird dem Arbeitnehmer der volle Lohn für die Pause ausgezahlt.
3. Die Gelder für diese Lohnfortzahlung werden durch eine gemeinsame Umlage der Betriebe aufgebracht. Sie werden von einer gemeinsam geschaffenen Lohnausgleichskasse das Jahr über erhoben und dem Betrieb zu Weihnachten zur Verfügung gestellt.
4. Die Bestimmungen über die Kündigung des Arbeitsverhältnisses wurden geändert. Der Kündigungsschutz wurde verstärkt, schlechtes Wetter war kein Grund mehr für eine fristlose Kündigung.
5. Die Bundesanstalt sollte für Tage mit nachgewiesenem schlechtem Wetter Schlechtwettergeld zahlen.

Mit dieser Regelung wurde dem Betrieb sein Interesse an der Kündigung genommen und das Recht geändert. Früher wurde der Arbeiter vor den

Feiertagen entlassen, um Geld zu sparen. Nun war eine umgekehrte Interessenlage eingetreten. Der Betrieb mußte das ganze Jahr über, umgelegt auf jede geleistete Arbeitsstunde, seinen Beitrag für die Bezahlung der Winterpause aufbringen. Nun hatte er ein Interesse, den Arbeiter zu halten, denn sonst hätte der Betrieb ja das Jahr über Beiträge eingezahlt, die den eigenen Arbeitern nicht zugute kommen würden. Damit gab es keinen vernünftigen Grund mehr, das Arbeitsverhältnis von seiten des Betriebes vor Weihnachten aufzukündigen. Arbeit war ja vorhanden, und Arbeitsmangel konnte nicht als Kündigungsgrund angegeben werden.

An diesem Vorgang wird die Verzahnung zwischen Tarifvertrag und Handlung der Verbände auf der einen Seite und dem Staat und seiner Zuständigkeit als Gesetzgeber andererseits deutlich.

Gesetzliche Regelungen

Wir hatten mit den Unternehmerverbänden zusammen unsere Kompetenzen nach dem Gesetz voll ausgeschöpft. Wir standen nun mit der Bitte vor dem Staat, seine Gesetzgebung zu ändern, damit unsere Regelung funktionieren konnte.

Wir gingen eigentlich weiter, denn wir setzten den Staat in Zugzwang. Beim Abschluß der Tarifverträge hatten wir festgelegt, daß sie nur dann in Kraft treten sollten, wenn durch ein neues Gesetz bestimmt würde, daß die Bauarbeiter bei schlechtem Wetter von der Arbeitslosenversicherung Unterstützung erhalten könnten, ohne daß eine Kündigung des Arbeitsverhältnisses als Voraussetzung für die Gewährung der Unterstützung erforderlich sei.

Dadurch sollten die Ausfälle wegen schlechten Wetters auf solche Tage beschränkt werden, an denen man, nachdem alles geschehen war, was Technik und Organisation ermöglichten, wirklich nicht arbeiten konnte.

Um das zu erreichen, mußte an vielen Stellen »Dampf« gemacht werden, bei der Regierung, im Parlament, bei den Unternehmern. Es gelang! Die Schwierigkeiten wurden überwunden, und es wurde ein Gesetz erlassen, das auf die Pläne der Bauwirtschaft angelegt war.

Durch Gesetz wurde außerdem festgelegt, daß die Arbeitslosenversicherungsanstalt Zuschüsse oder Darlehen an die Bauherren gewähren konnte. Damit sollten die Mehrkosten für das Bauen bei schlechtem

Wetter gedämpft und Mittel für die Beschaffung von Geräten und Einrichtungen bereitgestellt werden, um die Durchführung von Bauten in den Wintermonaten zu ermöglichen. Dem Arbeitnehmer des Baugewerbes wurde die Möglichkeit zum Empfang von Trennungsbeihilfen und zusätzlicher Winterausrüstung eröffnet, wenn das Arbeitsverhältnis während der Schlechtwetterzeit aufrechterhalten wurde.

Die wesentlichste Neuerung war jedoch – und hier lag der wirkliche Durchbruch –, daß in den Betrieben, ohne daß das Arbeitsverhältnis zu Lasten der Arbeitslosenversicherung aufgelöst wird, für solche Tage, an denen wegen schlechten Wetters wirklich nicht gearbeitet werden kann, Schlechtwettergeld bezahlt wird. Die Unterstützung wird ohne bürokratische Belastung des Arbeiters zwischen Betrieb und Arbeitsamt verrechnet.

Uns war bewußt, daß es am Anfang in der Praxis wegen der Fülle neuer Regelungen zu Schwierigkeiten kommen würde. Wir erklärten aber gemeinsam mit den Unternehmern: »In voller Verantwortung aller am Baugeschehen beteiligten Kreise und der gesamten deutschen Wirtschaft, nicht zuletzt aber auch, um zur sozialen Sicherung der Bauarbeiter einen weiteren wichtigen Stein beizufügen, hielten sie es der Mühe wert, solche Schwierigkeiten in Kauf zu nehmen.«

Das war keine Bemerkung, die wir der schönen Form wegen gewählt hatten.

Die übrige Wirtschaft war keineswegs begeistert von dem, was wir wollten. Der Weg, den wir gingen, war zwar neuartig und insofern auch interessant. Was wir unternahmen, wurde auch als wirtschaftlich vernünftig anerkannt. Auch, daß das Verhältnis zwischen Unternehmern und Arbeitnehmern dabei entkrampft wurde, nahm man wahr.

Das alles sah man, aber die Leute, die auf den Kommandobrücken der Großindustrie stehen, haben mit Hochleistungssportlern und einer bestimmten Sorte von Professoren einiges gemeinsam: Von ihrer Sache verstehen sie sehr viel. Von dem, was daneben geschieht, halten sie entweder nicht viel, oder sie verstehen wenig davon.

Aus dem Unternehmertum außerhalb des Baugewerbes wurde unverhohlenes Mißtrauen unserer Politik gegenüber signalisiert. Dort dachte man nur an das eigene Geld. Man zahlte Beiträge in die Arbeitslosenversicherung und fürchtete, daß die Bauwirtschaft sich vielleicht etwas mehr holen könnte, als von ihr hineingezahlt worden war. Daß ein gesamtwirtschaftlicher Vorteil damit verbunden war, der allen zugute kam, daran dachte kaum einer.

Auch viele Unternehmer des Baugewerbes waren nicht hell begeistert. Ihnen wurde zugemutet, neben dem Geld, das von ihnen aufgebracht werden mußte, zusätzliche Arbeit zu übernehmen und sich auf die neue Situation umzustellen. Sie mußten in die Tasche greifen und mußten Verwaltungsarbeiten übernehmen, die sie früher nicht zu tun brauchten. Und was war das schon: Im Winter ohne Pause weiterarbeiten! So schlecht war die Pause doch schließlich auch nicht! Man konnte selber einmal ausspannen, von den Lehrlingen in Ruhe die Geräte überholen lassen und sich um die Kalkulation für das neue Jahr kümmern. Das alles wurde nun von der Gewerkschaft in Frage gestellt, es sollte ohne Winterpause weitergearbeitet werden.

Auch bei den Arbeitern herrschte keineswegs nur Freude. Früher war das Entlassenwerden zwar schlimm, aber seit einigen Jahren bekam man doch Unterstützung, sie war höher geworden, man ging stempeln, machte Pause und brauchte nicht auf einer Baustelle zu stehen. Das hätte man nicht zu ändern brauchen. Es hätte doch genügt, einfach die Arbeitslosenunterstützung weiter in die Höhe zu treiben und im Winter auszusetzen. Mir wurde einmal gesagt: »Dazu haben wir Dich nicht gebraucht, daß wir jetzt im Winter arbeiten müssen.«

Das alles mußte sehr ernst genommen werden, denn ohne den guten Willen aller Beteiligten hätten die besten Regelungen nicht praktiziert werden können und hätten nichts bewirkt.

Im übrigen hatten wir für das Gewerbe und die Menschen, die in ihm tätig waren, einen gewaltigen Erfolg errungen. Es war die große Wende. Ein Wirtschaftszweig mit neuem wirtschaftlichem und sozialem Inhalt zeigte seine Konturen.

Auf der Basis, die damals geschaffen wurde, ist in den Jahren danach sorgsam und mit viel Mühe weitergearbeitet und manches verfeinert und verbessert worden, auch in den Jahren, in denen ich längst nicht mehr an der Spitze der Gewerkschaft stand.

Auf dem Gewerkschaftstag, der damals den Abschlüssen folgte, konnten wir berichten: »Als wir im Jahre 1957 ... die ganzjährige Beschäftigung der Bauwirtschaft zu unserem Ziele erhoben, griffen wir eine Aufgabe an, die wohl zu den wirtschaftlich bedeutendsten gehört, die jemals von einer Gewerkschaft aufgegriffen wurden, und die sicher die bedeutendste war, die unsere Gewerkschaft sich in ihrer Geschichte gestellt hat. Die Industriegewerkschaft Bau-Steine-Erden wuchs mit der Lösung dieser Aufgabe weit über den Rahmen hinaus, der die Rolle einer Gewerkschaft im herkömmlichen Sinne ausmacht, und griff damit aktiv in den Bereich der wirtschaftlichen Gestaltung ein.«

Rückgang der Arbeitslosigkeit

In einem Bericht des Deutschen Bundestages wurde am Ende des Winters 1959/60 festgestellt:

»1. Die mit dem zweiten Änderungsgesetz zum AVAVG verknüpfte Hoffnung, daß die bedeutende alljährliche winterliche Arbeitslosigkeit in der Bauwirtschaft in entscheidendem Umfang zurückgedrängt würde, ist in überraschend großem Umfang eingetreten, obwohl die mit dem Gesetz eingeführten Förderungsmaßnahmen erst spät wirksam werden konnten.

2. Der Erfolg der Maßnahmen zur Förderung der ganzjährigen Beschäftigung in der Bauwirtschaft liegt nicht nur in der sozialpolitisch sehr bedeutsamen Einschränkung der winterlichen Arbeitslosigkeit, sondern auch in dem volkswirtschaftlichen Erfolg, der sich in dem Anstieg der in den Wintermonaten geleisteten Arbeitsstunden ausdrückt.

3. Die mit dem zweiten Änderungsgesetz unlösbar zusammenhängenden Tarifverträge, die von den Tarifpartnern des Baugewerbes geschlossen wurden, haben in großem Ausmaße zu dem Erfolg beigetragen.

4. Mit dem beachtlichen Rückgang der Winterarbeitslosigkeit der Bauarbeiter war auch ein erfreulicher Rückgang des Verwaltungsaufwandes bei den Arbeitsämtern verbunden, der die Möglichkeit einer weiteren Reduzierung des Personals der Bundesanstalt für Arbeitsvermittlung und Arbeitslosenversicherung bot.«

Die Arbeitslosenzahlen hatten sich wie folgt entwickelt:

Vor der Einführung der Neuregelungen		
Winter	1957/58	667 000
Winter	1958/59	600 000

Nach Einführung der Neuregelungen		
Winter	1959/60	239 000
Winter	1960/61	130 000
Winter	1961/62	43 000

Unsere Arbeit hatte sich gelohnt!

»Soziale Marktwirtschaft«

Wir hatten den Staat nicht zu unserem Gehilfen gemacht, wir hatten uns selber bemüht. Wir waren keine Theoretiker oder Sozial-Philosophen. Das war nicht unsere Sache. Wir waren Praktiker. Wir wollten Politik machen, Pflöcke nach vorn rücken, Nägel einschlagen.

Mit dem, was wir getan hatten, war voll ausgeschöpft worden, was uns an Freiheitsraum vom Staat geöffnet und offengelassen worden war, und in dem Maße, in dem wir diesen Raum mit eigenen Ideen und Handlungen ausfüllten, nahmen wir ihm Last und Verantwortung ab.

Mit solchem Handeln wird aber nicht nur einfach Freiheitsraum ausgefüllt, es ist zugleich auch das beste Mittel, um eine immer weiter um sich greifende Verstaatlichung zu verhindern.

Wer bei allem, was ihn drängt und bedrängt, nach dem Staat ruft, der bekommt am Ende so viel Staat, daß es vor zuviel Staat um ihn her eng wird. Er »bekommt« den Staat vielleicht auch dann, wenn er bestimmt nicht nach ihm rufen würde.

So hatten wir uns bewegt. Plötzlich entdeckten wir etwas, was uns Sorge bereitete. Wer im freien Spiel der Kräfte etwas erreichen will, der braucht eine Idee und genügend Macht, sie in die Tat umzusetzen. Die Arbeit, die wir zu tun hatten, gründete sich auf die gewerkschaftliche Kraft. Sie erhält ihren Auftrag von den Mitgliedern der Gewerkschaft, und es ist im Interesse der Arbeitnehmer wie auch des freien Staates, daß Gewerkschaften in ihm wirken, auch wenn sie – wie vieles, was in Freiheit gedeiht – manchmal unbequem sind.

Eine freie Wirtschaft ohne starke Gewerkschaften droht immer zu Ungerechtigkeit und Ausbeutung der Arbeiter zu führen.

Ein Unternehmer ist seiner ganzen Natur nach auf wirtschaftlichen Erfolg und Gewinn eingestimmt. Er hat nicht so viel Spielraum, um noch

Wohltäter zu sein und sich in Gerechtigkeit zu üben. Ihm muß als Gewicht in der freien Wirtschaft die freie Gewerkschaft gegenüberstehen, weil der Arbeitnehmer sonst zum Unterlegenen wird.

Bei mir haben sich immer Bedenken eingestellt, wenn ich das Wort »Soziale Marktwirtschaft« hörte. Marktwirtschaft ist auf optimalen wirtschaftlichen Erfolg gerichtetes Wirtschaften. Sie kann ihrem Wesen nach im Prozeß des Erwirtschaftens aus sich heraus nicht auch noch sozial sein, sondern erzeugt sogar Härten, statt auszugleichen. Sie bedarf der Anreicherung und der Ergänzung durch das, was man sozial nennt, weil sie es ihrer Natur nach nicht selber zu bewerkstelligen vermag. Das ist weder ein Vorwurf noch ein Mangel: es ist so! Wer ihr diese soziale Komponente verweigert, diskriminiert sie in den Augen der Mehrheit des Volkes und entzieht ihr damit Boden.

Der Staat sollte in diesen Prozeß nicht zu häufig eingreifen und sich auch nicht zu oft zum Richter und Schiedsrichter machen.

Freie und unabhängige Gewerkschaften sind also nicht etwas der freien Wirtschaft Aufgezwängtes, das man nicht verhindern kann, sondern etwas, was zu den Wirkkräften gehört, die eine freie Gesellschaft aufbringen muß, wenn sie in Freiheit wirtschaften will.

Macht der Gewerkschaft?

Die Existenz von Gewerkschaften setzt die Bereitschaft von Arbeitern voraus, einer Gewerkschaft anzugehören, in ihr mitzuarbeiten, Verantwortung zu übernehmen, auch Beiträge zu zahlen. Eine Gewerkschaft muß wegen der ihr aufgegebenen Aufgaben darauf bedacht sein, über genügend Kraft zu verfügen, sonst wird sie nicht ernst genommen. Die Macht einer Gewerkschaft an sich ist so wenig etwas Schlimmes oder etwas Gefährliches wie Macht in anderen Händen. Es kommt immer darauf an, wozu Macht eingesetzt wird. Auch ein wirklich an seine Interessen denkendes Unternehmertum dürfte in starken Gewerkschaften an sich deshalb auch nicht etwas Schlechtes erkennen. Im Gegenteil! Zerrissene und schwache Gewerkschaften sind aus naheliegenden Gründen leicht geneigt und auch fähig, permanente Unruhe zu erzeugen, auch Kämpfe zu organisieren, die den Arbeitsablauf stören und sehr verlustreich sein können. Dafür gibt es in Europa in fast allen Ländern Beispiele.

Stagnation der Mitgliederzahl

Wir hatten damals am Ende eines sehr erfolgreichen Abschnittes einer Arbeit von mehreren Jahren festgestellt, daß die Gewerkschaft trotz aller Erfolge nicht zugenommen hatte. Im Gegenteil! Seit ihrer Gründung im Jahre 1949 hatte die Zahl ihrer Mitglieder sich um fünf Prozent vermehrt. Die Zahl der Beschäftigten war in der gleichen Zeit erheblich stärker gewachsen. Für den Organisationsmann heißt das: Einige tausend Mitglieder Zuwachs bei einer halben Million Beschäftigter mehr, das ist Rückgang und kein Zuwachs.

Das war die Lage in organisatorischer Hinsicht, die uns nicht gleichgültig sein durfte. Unsere Erfolge wurden von den Mitgliedern getragen. Das waren zwar Hunderttausende – aber es war nicht die Mehrheit. Die Mehrheit der Bauarbeiter gehörte der Gewerkschaft nicht an. Warum nicht? Standen sie der Arbeit der Gewerkschaft ablehnend gegenüber, oder hatten sie etwas anderes an ihr auszusetzen? Spannungen innerhalb der Gewerkschaft, die eine negative Wirkung hätten haben können, waren nicht vorhanden. Die Aufgaben der Gewerkschaft standen nicht im Widerspruch zur öffentlichen Meinung. Im Gegenteil, sie waren überwiegend mit ausgesprochener Zustimmung großer Teile der Presse in Angriff genommen und sind gelöst worden. Von hier konnten also auch negative Wirkungen und Einflüsse nicht ausgehen.

Wir kamen zu der Überzeugung, daß die Gewerkschaft selber mit ihren Erfolgen und der Art, wie sie erreicht worden waren, einen wichtigen Grund für diese negative Entwicklung ihrer Organisation geschaffen hatte. Sie hatte es dem Arbeitnehmer zu leicht, ja bequem gemacht, ihr fernzubleiben. Er war nicht zum Kampf um den Erfolg aufgefordert und selber herausgefordert worden.

Die Erfolge aus den Tarifverträgen, die ausgehandelt waren und die ihrer Natur nach im Auftrag der Mitglieder zustande kommen, wurden auch für die Nichtmitglieder gültig und verbindlich. Das geschah zunächst, um zu verhindern, daß Unternehmer, die keinem Unternehmerverband angehörten, den anderen Betrieben mit billigen Löhnen und schlechteren Bedingungen Konkurrenz machen konnten. Bei einigen zehntausend miteinander konkurrierender Baubetriebe ist eine für alle verbindliche Kostengrundlage eine wichtige Voraussetzung im Wettbewerb. Damit wurde aber zwangsläufig auch jedem Arbeiter, der nicht

Mitglied der Gewerkschaft war, ein Anspruch auf den Inhalt der Verträge eingeräumt. Somit wurde vielen Arbeitern ein Anreiz genommen, der Gewerkschaft beizutreten.

Die Bauarbeiter, die nicht zur Gewerkschaft gehörten, wurden in zwei von einander unabhängigen Untersuchungen gefragt: »Was haltet ihr von der Baugewerkschaft?« Zweiundsiebzig Prozent der Nichtorganisierten antworteten: »Was die Gewerkschaft tut, das halten wir für richtig und für gut. Die Gewerkschaft hat auf dem Weg, den wir für richtig halten, erfolgreich gearbeitet, was sie unternimmt, ist in unserem Sinne.«

Die nächste Frage an den Nichtorganisierten lautete: »Wenn Du das, was die Gewerkschaft tut, für richtig und für erfolgreich hältst, dann müßtest Du eigentlich doch auch bereit sein, der Gewerkschaft beizutreten. Warum bleibst Du außerhalb?«

Die Antwort des Nichtorganisierten war logisch und bedacht. Wir hatten sie aber in dieser Deutlichkeit nicht erwartet. »Weil die Gewerkschaft auf einem Wege, den ich für richtig halte, Erfolge errungen hat, hat sie mir bewiesen, daß ich nicht dabeizusein brauche. Hätte die Gewerkschaft keinen Erfolg gehabt, dann hätte sie mir mit Recht sagen können: Weil du nicht organisiert bist, waren wir zu schwach und haben keinen Erfolg gehabt.«

Wir lebten nicht in einer uns fremden Welt und wußten nur zu gut, daß der Erfolg oft nur erreichbar ist, weil man Gewicht hat. Deshalb durfte es uns nicht gleichgültig sein, ob wir auf einem vernünftigen Weg Gewicht gewannen oder verloren.

Wir durften nicht riskieren, uns zu einem organisatorischen Leichtgewicht zu entwickeln. Dann hätten diejenigen triumphiert, die von dem Weg, den wir gingen, sowieso nichts hielten und die darauf setzten, daß die harte und hörbare Auseinandersetzung mit dem Unternehmertum, daß der von der Regie eingebaute Krach und der geführte Streik wirkungsvollere Organisationen schaffen, als das Klima, das wir zwischen den Tarifpartnern in unserem Bereich geschaffen hatten. Das hätte einen Umschwung bescheren können.

Ohne Vorbehalte und Voreingenommenheit betrachtet, handelt es sich hier nicht nur einfach um eine organisatorische Frage, welche die Gewerkschaften angeht, es ist zugleich ein Problem von staatspolitischem Rang.

Belastungsausgleich für Nicht-Gewerkschaftler?

Der demokratische Staat und die freie Gesellschaft leben von der aktiven Anteilnahme, von der Mitarbeit und der Mitverantwortung des Bürgers im Staat. Wenn aber der Bürger, der sich aus eigenem freiem Entschluß selber nicht bemüht oder nicht mitbemüht, wie selbstverständlich das Recht hat, mit am Tische zu sitzen, um mitzuessen, wo er nicht mitgekocht hat, dann erzieht man ihn zur Passivität und zur Enthaltsamkeit, auch gegenüber seinem Staat. Eine freie Gesellschaft und ein demokratischer Staat, in denen dieses Nichtmittun attraktiv ist, verführen den Bürger dazu, sich falsch zu verhalten. Der passive Arbeiter, dem Anspruch auf alles eingeräumt wird, was mit dem Aufwand, der Arbeit und der Mitarbeit der Mitglieder erreicht worden ist, wird für seine Passivität belohnt, weil er an allem teilhat, was die anderen bewirken, und weil er sich selber zugleich aber von der Arbeit und dem Aufwand, die sie haben, freistellt.

In Diktaturen gibt es dieses Problem nicht. Dort wird die Pflicht zum Dabeisein von oben verordnet. Das wollten wir natürlich nicht.

Dieses Thema hatte in der Schweiz seit langem eine Rolle gespielt und zu einem über die Grenzen der Schweiz hinaus bekanntgewordenen Abkommen in der Uhrenindustrie geführt. Der Oberste Schweizer Gerichtshof hatte in einem Urteil dazu festgestellt, es liege im Interesse der Wettbewerbsfähigkeit der schweizerischen Industrie, daß Tarifverträge abgeschlossen würden. Ohne solche Regelungen gäbe es keine geordneten Wettbewerbsbedingungen für ein freies Unternehmertum. Da es somit auch im Interesse dieser Wettbewerbsgleichheit läge, daß ein nichtorganisierter Arbeiter die gleichen Löhne erhalte, müßten sie ihm auch zugestanden werden. Daraus ergebe sich für den nichtorganisierten Arbeiter aber ein Vorteil, weil er nicht auch den Belastungen unterworfen werde, denen ein Gewerkschaftsmitglied üblicherweise unterworfen sei.

Aus diesem Grunde hielt das Oberste Schweizer Gericht die Belastung des Nichtorganisierten mit einem vergleichsweisen Beitrag für zulässig. Dieser Beitrag solle den Belastungsausgleich herbeiführen. Er solle selbstverständlich nicht in die Gewerkschaftskasse fließen.

In diese Problematik hatten wir hineingestochert und damit ein Thema aufgenommen, das zu langen Erörterungen, öffentlichen Auseinandersetzungen und heftigen Kontroversen, nicht nur zwischen Fachleuten und Wissenschaftlern, führte. Von vielen Seiten wurden Gutachten in Auftrag gegeben, und die einschlägig damit befaßten Professoren bekamen Hochkonjunktur. Es führte auch zu Auseinandersetzungen innerhalb der Gewerkschaften und ebenso im Lager der Unternehmer.

Kündigung von Tarifverträgen

Auch rückwirkend betrachtet halte ich es für gut, daß diese Auseinandersetzung geführt worden ist. Es kamen dabei Probleme und Erkenntnisse an die Oberfläche, die wichtig und wertvoll sind. Wir führten durch die Kündigung der Tarifverträge einen tariflosen Zustand herbei, um den Unternehmern vor Augen zu führen, was es bedeutet, unter solchen Bedingungen wirtschaften zu müssen.

Mit dem Auslaufen des Tarifvertrages war die Friedenspflicht beendet. Es kam prompt zu regionalen Arbeitsniederlegungen. Die Unternehmer standen den Forderungen ihrer Belegschaften direkt gegenüber, und die einheitlichen Wettbewerbsbedingungen kamen schon rasch ins Wanken.

Auf die Frage der Arbeiter, was sie in dem tariflosen Zustand fordern sollten, hatte ich ihnen gesagt: »Nehmt, was Ihr kriegen könnt!« Dieser Ausspruch wurde viel zitiert und lieferte manchem Journalisten Stoff für seinen Kommentar.

Nach einigen Monaten, in denen beide Seiten nicht nur angenehme Erfahrungen sammelten, setzten wir uns im kleinsten Kreis zusammen, um die Fäden wieder aufzunehmen. Die Präsidenten des Hauptverbandes der Bauindustrie und des Zentralverbandes des Baugewerbes und ich verbrachten den Gründonnerstag und den Karfreitag 1962 zusammen und versuchten, die Knoten zu entwirren und den Wagen wieder auf einen vernünftigen Weg zu bringen. Der Sturm hatte monatelang auf den Baustellen hohe Wellen geschlagen.

Ordnungsfunktion der Gewerkschaft

Mit der Lösung, die wir fanden, konnten wir beide bestehen. Die Erklärung, die wir verfaßten, drückte aus, um was es im Prinzip ging:

»Arbeitgeberverbänden und Gewerkschaften obliegen – unbeschadet verschiedener Auffassung und wesentlicher Gegensätzlichkeiten in einzelnen Interessenbereichen – Ordnungsaufgaben von weittragender grundsätzlicher Bedeutung. Sie sind für die Lösung dieser Aufgaben gemeinsam verantwortlich und gehalten, auf dem Boden unserer freiheitlichen Staats- und Gesellschaftsordnung Regelungen gemeinsam zu erarbeiten, welche der Ordnung des Arbeitslebens in den einzelnen Wirtschaftszweigen im Interesse des Ganzen dienen ... Arbeitgeberverbände und Gewerkschaften werden in ... gegenseitiger Anerkennung ihrer ordnenden Funktion gemeinsam bemüht sein, auf der Grundlage objektiver Beurteilung der sachlichen Gegebenheiten und wirtschaftlichen Möglichkeiten im Interesse des gemeinsamen Wohles den höchstmöglichen sozialen und wirtschaftlichen Wirkungsgrad der Bauwirtschaft zu erreichen.«

Das Wort Ordnungsfunktion war nicht neu. Wir hatten es schon zehn Jahre vorher ausgesprochen, als wir begannen, unsere Konzeption zu entwickeln.

Nun löste diese Erklärung mit diesem Begriff einen kräftigen Streit aus, der vor allen Dingen von den inzwischen in die Gewerkschaftshäuser eingezogenen jungen Soziologen, Politologen und Ideologen nach Kräften genährt wurde. Das war Futter für sie!

An diesem Wort von der »Ordnungsfunktion der Gewerkschaft« rieben sich die Geister.

Wir meinten mit Ordnung natürlich nicht etwas Statisches. Wir verstanden darunter unsere Rolle in einer dynamischen Gesellschaft: immerwährend fortzugestalten und unter den jeweils herrschenden Bedingungen für eine jeweils gültige Ordnung zu ringen, wenn nötig, auch mit Nachdruck darum zu streiten und dafür zu kämpfen. Das hatten wir ja bewiesen. Wir wollten aber nicht um des Streites willen streiten. Wir wollten keinen Streit und keine offenen Gräben, weder um Glut für den Klassenkampf zu bewahren, noch weil wir den Krach und die Gräben als Element zur Aufbesserung der eigenen Mitgliederstatistik suchten. Die Verfassung war unsere gemeinsame Grundlage. Darüber gab es keine Meinungsverschiedenheit. Aber unmittelbar dahinter begann die Differenz.

Die eine Auffassung lautete zusammengefaßt: Das Grundgesetz ist die Grundlage des demokratischen Staates. Mit seiner Formulierung »sie ist ein sozialer Rechtsstaat« ist das Grundgesetz ein Programm. Solange dieses Programm nicht verwirklicht ist, können wir nicht ohne Vorbehalt »Ja« sagen zu dem Staat, wie er ist.

Unsere Auffassung: Das Grundgesetz gibt uns eine Plattform. Wir stellen uns fest auf den Boden des Staates und seiner Verfassung. Wir drängen mit der Kraft, die wir haben, legitim danach, ihn nach unseren Vorstellungen auszubauen. Wir können mit unserem uneingeschränkten »Ja« zum Staat nicht warten und außen auf seinem Trittbrett bleiben, bis die programmatischen Aufträge des Grundgesetzes verwirklicht sind. Das wird bei der Dynamik in Gesellschaft, Technik und Wirtschaft nie endgültig der Fall sein.

Die natürlichen Spannungen, die zwischen Unternehmern und Arbeitnehmern aus der unterschiedlichen Interessenlage entstehen, hatten wir nicht angetastet und wollten wir nicht berühren. Diese von der Sache her kommende Polarität darf man nicht verändern. Aber der Betrieb ist ein wesentliches Element der wirtschaftlichen Stabilität und der wirtschaftlichen und sozialen Entfaltung, also auch der sozialen Erwartungen. Ihn zur Kampfstätte ideologischer Auseinandersetzungen zu machen, heißt gleichzeitig, die Gefahr der Minderung sozialer Erwartungen eingehen, die als natürliche Folge von Störungen im Arbeitsablauf eintreten müssen.

Zusatzversorgung

Hinter diesen Reibereien an der ideologischen Front standen am Ende dieser Gespräche im Frühjahr 1962 neben der umstrittenen Erklärung aber auch noch griffigere Ergebnisse: Die Gewerkschaftsmitglieder, die Rentner waren, erhielten aus Mitteln der von den Unternehmern finanzierten, von uns aber gemeinsam getragenen Zusatzversorgungskasse eine monatliche zusätzliche Rente von 45,– DM. Diese Rente erhielten Bauarbeiter nicht, die nicht Mitglied der Gewerkschaft gewesen waren. Das war bedeutsam. Hier stellte sich aber auch für uns die Frage, ob wir die Grenzen der uns vom Gesetz verliehenen Tarifhoheit nicht überstrapaziert hatten. Die Frage wurde in einem langwierigen Gerichtsverfahren untersucht.

Ferienwerk für Bauarbeiter

Ein weiterer Schritt war die Errichtung eines Ferienwerkes für die Bauarbeiter. Mit einem Betrag von fünfundvierzig Millionen Mark (1962) wurde eine Reihe von Feriendörfern in den schönsten Landschaften Europas errichtet. Die deutschen Bauarbeiter bekamen zum Beispiel ein Feriendorf in Ste. Maxime in der Bucht von St. Tropez. Das schöne Grundstück dazu hatte ich Charlie Chaplin, der sich dort einen Alterssitz errichten wollte, buchstäblich vor der Nase weggekauft.

Das löste auch an der Französischen Riviera Debatten aus: Deutsche Bauarbeiter an der Riviera! Wir wollten keinen Klassenkampf. Wir wußten aber, daß Leute aus »feinen Schichten« ihre Freizeit nicht an schlechten Plätzen verbringen. Dort sollten die Arbeiter sich auch erholen können. Die »feinen Leute« blieben nicht mehr unter sich. Unserem Schritt folgten andere. Das war nicht schlecht.

»Stiftung Berufshilfe«

Es gelang aber noch etwas, worauf ich bis jetzt immer mit großer Befriedigung zurücksehe: Mit einem Betrag von fünfzehn Millionen Mark bildeten wir eine gemeinnützige Einrichtung, der wir den Namen »Stiftung Berufshilfe« gaben.

Es hatte mich immer bedrückt, mit welcher fast gedankenlosen Routine wir alle uns mit den Unfällen im Baugewerbe abgefunden hatten. Im Jahre 1955 ereigneten sich im Baugewerbe 1318 Todesfälle. In den zwölf Jahren von 1950 bis 1962 waren es 10030 Tote.

Da damals im Bauhauptgewerbe 1,4 Millionen Menschen beschäftigt waren, war das in zwölf Jahren fast ein Prozent der Arbeiter, die ihr Leben verloren! Es sind die Gefallenen des Aufbaus.

Diesem Tod auf der Baustelle haftete keine besondere Dramatik an. Er löste kaum öffentliche Aufmerksamkeit aus. Es ist dort einer, der in zusammenbrechender Erde erstickt, und dort einer, der von einem herunterstürzenden Stein erschlagen wird. Das führt in der Regel zu ein paar Zeilen im lokalen Teil der Heimatzeitung. Aber es waren an jedem Arbeitstag im Durchschnitt vier Männer, die morgens fortgingen und abends nicht wieder nach Hause kamen. Viele von ihnen hatten Frauen und Kinder, die zu Hause warteten, wenn die schlimme Nachricht kam. Sie standen dann sehr allein im Leben, Frauen ohne Männer, und Kinder, oft am Anfang ihres Lebens, ohne Hilfe und den Halt des Vaters. Den Schmerz konnten wir ihnen nicht abnehmen und den Verlust nicht ersetzen, aber wir wollten helfen, soweit man überhaupt helfen kann.

Im März 1963 versammelten wir uns in der Paulskirche in Frankfurt am Main. Im Saale waren Gewerkschaftsdelegierte, Arbeiter von den Baustellen, Witwen und Kinder verunglückter Arbeitskollegen, Unternehmer, Bischöfe beider Kirchen, der Bundesvorstand des Deutschen Gewerkschaftsbundes und die Vorsitzenden der meisten Gewerkschaften anwesend.

Der Bundespräsident nahm an der Veranstaltung teil. Carlo Schmid hielt die Festansprache, und Georg August Zinn überreichte mir im Namen der Hessischen Landesregierung eine Urkunde mit der Erlaubnis zur Errichtung einer Stiftung.

Es war für uns alle ein großes Ereignis, dessen Hintergrund ich in meiner Begrüßungsansprache noch einmal aufzeigte:

»Die Haltung, die auch diese Stiftung ermöglichte, hat in den letzten beiden Jahren, in denen wir uns um neue Lösungen bemühten, zu vielfältigen Diskussionen geführt und mancherorts – bis hinein in die Wissenschaft – die Gemüter beschäftigt. Das ist nicht weiter verwunderlich. Wer eingefahrene Geleise verläßt, der stellt sich damit auch der öffentlichen Kritik ...

... Arbeitgeberverbände und Gewerkschaft fanden sich unter dem Druck der Verhältnisse zusammen, ohne Gesetzgeber und Staat, um mit den Problemen, die sich ihrem Gewerbe stellten, allein fertig zu werden ...

... Bei allem ... sind wir uns bewußt, daß es sich nur um einen Versuch handelt.

Man hat uns vorgehalten, wir müßten an die große und stolze Tradition der Arbeiterbewegung denken, wenn wir solche Überlegungen anstellten. Wir sind uns dieser Verpflichtung bewußt. Wir wissen aber auch, daß sich die Welt verändert hat, seit die Arbeiterschaft das erste Mal ihre Thesen verkündete. Wir wissen auch, daß diese große Kraft im Laufe der Jahrzehnte erfolgreich gewesen und daß viel gestaltender Einfluß von ihr ausgegangen ist. Eine realistische Gewerkschaftspolitik muß sich an den

Tatbeständen, an den Menschen und an den Problemen der Gegenwart orientieren.

Wir sind der Überzeugung, daß man Fragen, die heute gestellt sind, nicht mehr gerecht wird mit Antworten, die vor hundert Jahren unter den damals gegebenen Verhältnissen einmal richtig waren.

Es gibt Leute, die nennen das, was wir tun, Partnerschaft. Es gibt andere Leute, die bekämpfen dieses Wort schon an sich. Wir wissen nicht, ob dieser Begriff richtig umschreibt, was wir meinen. Wenn das, was wir tun, Partnerschaft sein sollte, dann verstehen wir bestimmt darunter nicht billige Versöhnung zweier Gruppen in der Gesellschaft, die sich jahrzehntelang bekämpft haben. Wenn es Partnerschaft ist, was wir in der Sache meinen, dann wissen wir, daß dazu vor allem auch das nachdrückliche Vertreten unterschiedlicher Interessen gehört.

Das was wir meinen, ist mit Sicherheit nicht das, was wir kürzlich in einer Zeitung lasen, in der es im Tone eines Vorwurfes hieß, die Industriegewerkschaft Bau-Steine-Erden habe ›Tarifverträge über Partnerschaft‹ abgeschlossen und vier Wochen später Lohntarifverträge gekündigt. Wer so argumentiert, hat nicht begriffen, um was es geht. Ein redliches Verhältnis zwischen Arbeitgebern und Arbeitnehmern kann mit Sicherheit nicht entstehen, wenn einem der beiden Beteiligten zugemutet würde, auf etwas zu verzichten, was ihm gerechterweise zusteht. Wir sind uns bewußt, daß es unterschiedliche und auch gegensätzliche Interessen gibt. Wir bleiben beiderseits bereit, diese verschiedenartigen Interessen zu vertreten. Aber wir wollen beide auch den Versuch machen, bei aller Verschiedenartigkeit der Interessen Einsicht in die Bedingungen des anderen zu nehmen und auch die gerechtfertigten Interessen der Allgemeinheit dabei zu beachten. Wir sind aber auch entschlossen, den Streit und den Widerstreit als selbständige Programmpunkte aus unserem Konzept zu streichen ...

Noch ein anderes sollten wir bedenken. Unser Land ist geteilt. Mitten durch unser Volk sind Mauern gebaut. Nur zweihundert Kilometer von hier verläuft die Linie, die die Welt trennt. Hinter dem Stacheldraht ist die Welt des Bolschewismus.

Ohne ein vernünftiges Verhältnis zwischen Unternehmern und Arbeitnehmern bleiben tiefe Gräben offen, die unser Volk durchziehen, und durch diese Gräben wird Unfreiheit schleichen. Beide sollten daher auch die Freiheit, die sie haben, begreifen und mit den Mitteln, die ihnen gegeben sind, den Willen zu einem Versuch aufbringen. Wir leben auf der freien Hälfte dieser Erde.

Wir haben die Pflicht, in diesem freien Teil unseres Landes vielleicht noch mehr als anderswo dafür zu wirken, daß Freiheit bleibt, und daß wir im Miteinander einen Stil finden, der uns die Freiheit bewahren läßt. Es gibt keine Ordnung, die statisch ist, dort wo das Leben fließt und ständig neue Tatbestände setzt. Der eigenen Gestaltung ist damit weiter Raum gelassen. Um die rechte Ordnung zu ringen – wenn es sein muß, dafür zu kämpfen –, das müssen wir als unsere Aufgabe sehen.«

Carlo Schmid nannte das: Nägel einschlagen!

Wir konnten guten Gewissens zurückblicken und auch den weiteren Auseinandersetzungen entgegensehen.

Die Stiftung wurde ins Leben gerufen und begann ihre Arbeit.

Das war ein schöner und guter Schritt: Dem Kind eines tödlich verunglückten Bauarbeiters wurde mit dem Tod des Vaters nicht auch noch ein Teil seiner Hoffnungen für das eigene Leben zerstört, sondern die Stiftung trat an die Stelle des Vaters.

Sie schaffte die Voraussetzungen mit dem Stiftungskapital und den Zinsen daraus, daß ein solches Kind eine Berufsausbildung erhalten kann, die es sich selber wünscht und wozu es sich nach Talent und Neigung eignet.

Die Familie der Kinder, die auf diese Weise den Weg ins Leben geöffnet bekam, ist in der Zwischenzeit groß geworden. Heute, im Zeitalter der Schulgeldfreiheit und staatlicher Studienhilfen mag das, was damals geschah, in den Schatten treten, es war dennoch ein beachtlicher Schritt.

Belastungsproben

Zur gleichen Zeit, während der in der Gewerkschaft und wohl auch um die Gewerkschaft Bau-Steine-Erden die Auseinandersetzung um diese Fragen geführt und das Klima zwischen den Arbeitgebern und der Gewerkschaft in der Bauwirtschaft entspannter wurde, entstand zwischen den Unternehmern der Metallindustrie und der Industriegewerkschaft Metall eine schwere Belastung; sie drohte über die Metallindustrie hinaus die Beziehungen zwischen den Unternehmern und den Gewerkschaften generell zu gefährden.

In Schlewig-Holstein war ein Streik geführt worden. Es ging unter anderem um die Lohnfortzahlung im Krankheitsfalle. Diese Forderung erregte weniger Aufsehen als die Zweifel an der Rechtmäßigkeit des Streiks. Die Urabstimmung unter den Metallarbeitern war zu einer Zeit vorgenommen worden, als die Friedenspflicht noch nicht abgelaufen war. Damit gewann die Frage der Rechtmäßigkeit des Streiks in der öffentlichen Auseinandersetzung an Bedeutung.

Ob das Taktik der Unternehmer war, um auch das eigentliche Streikziel zu verhindern, ist wohl nicht zu beweisen. Der Streik ging zu Ende. Die Gewerkschaft hatte in der Sache Erfolg, aber der Streit um die Zulässigkeit des Streiks wurde dann erst recht begonnen und erregte über viele Monate großes Aufsehen. Die Gerichte wurden in Anspruch genommen. Ein Musterprozeß wurde über Jahre geführt und bis in die höchste Instanz getrieben. Während des Ringens an den Gerichten verkrampften sich die Beziehungen zwischen den Unternehmern der Metallwirtschaft und der IG Metall immer mehr. Die gegenseitigen Vorwürfe wurden heftiger. Die Vermutungen über die Prozeßaussichten der IG Metall und der Prozeß selber füllten Artikel und Reden. Die Presse bezog Stellung und ergriff Partei. Otto Brenner wurde die Verantwortung für den Streik aufgebürdet. Ich wußte von ihm, daß die langen Auseinandersetzungen ihn belasteten und daß er die Gefahren, die daraus erwachsen konnten, auch in ihrer Tendenz nicht ohne Besorgnis sah.

Wir hatten in diesen Jahren manche, zum Teil öffentlich ausgetragene Debatten miteinander geführt über die innere Ausgestaltung der Gewerkschaftspolitik und über den Weg, den sie gehen sollte. Sie wurden von vielen für störend gehalten. Ich bin heute noch mehr als damals der Auffassung, daß dieses Ringen und die innere Auseinandersetzung für die Gewerkschaften gesund waren.

Vor der Gründung des Deutschen Gewerkschaftsbundes, die in Wirklichkeit nichts anderes als eine Fusion der bis 1949 entstandenen, für sich gewachsenen Landes- und Zonenverbände war, war keine Grundsatzauseinandersetzung geführt worden, und sie konnte damals unter den gegebenen Umständen auch gar nicht geführt werden.

Otto Brenner und ich wurden in der Presse als eine Art Wortführer zitiert, jeder für eine bestimmte Auffassung. Wir debattierten miteinander auf Kongressen, bei Sitzungen und Veranstaltungen. Dadurch entstand bei Außenstehenden ein Bild, als seien wir erbitterte Gegner.

Wir rangen zwar unter den Gewerkschaften – auch manchmal hart – um so wichtige Fragen: Wie stark sollen wir den DGB als gemeinsame Dachorganisation machen, welche Rolle soll er übernehmen und welche Aufgaben sollen die einzelnen Gewerkschaften haben, die ihm angehören? Wir rangen um die Frage unseres Verhältnisses zum Staat, wir stritten um die Frage, ob Notstandsgesetze erlassen werden sollten oder nicht. Wir bemühten uns um nichts anderes, als um den besten Weg, den wir gemeinsam einschlagen wollten.

Gespräche mit Hanns Martin Schleyer und Otto Brenner

Ich war gebeten worden, in Baden-Baden an einem Fernsehgespräch teilzunehmen. Als meinen Gesprächspartner hatte die Fernsehredaktion Hanns Martin Schleyer vorgesehen. Schleyer war damals auf dem sozialpolitischen Terrain, auf dem wir uns bewegten, noch neu und fast unbekannt. Er war noch nicht lange vorher bei Daimler-Benz eingetreten und Sprecher der Metallindustrie in Baden-Württemberg für sozialpolitische Fragen geworden. Nach dem Gespräch saßen wir noch lange bei einem Glas Bier zusammen. Das Fernsehgespräch, das er an diesem Abend mit mir geführt hatte, war Schleyers erster Auftritt vor der Kamera gewesen. Da unser Thema sich unter anderem auch mit dem Verhältnis von Unternehmern und Arbeitnehmern befaßte, lag es nahe, daß wir nach der Sendung noch darüber sprachen. Ich erinnere mich noch gut, wie Schleyer mir plötzlich eröffnete, nun ginge es Otto Brenner aber ernsthaft an den Kragen.

In der Arbeitgebervereinigung Metall sei man sich darüber einig geworden, daß das Urteil, das nun in oberster Instanz ergangen sei, auf jeden Fall vollstreckt würde. Die Atmosphäre sei in der Zwischenzeit so schlecht geworden, daß man entschlossen sei, der Industriegewerkschaft Metall mit den Möglichkeiten, die man habe, entgegenzutreten und ihr Paroli zu bieten. Das Urteil sei eine solche Möglichkeit, die voll ausgeschöpft würde. Aus der Art, wie Schleyer mir diese Mitteilung kredenzte, mußte ich entnehmen, daß er der Auffassung war, er würde mir damit einen besonderen Genuß bereiten, da zwischen Otto Brenner und mir doch Meinungsverschiedenheiten bestanden und wir in der Presse wie die Wortführer von zwei Flügeln im DGB gegenübergestellt wurden.

Die Metallindustriellen hatten wegen der Rechtmäßigkeit des Streiks in Schleswig-Holstein einen Musterprozeß geführt, in dem sie gesiegt hatten. Wenn alle vom Streik betroffenen Unternehmen geklagt hätten, wäre dabei eine Schadensersatzforderung herausgekommen, die von der Industrie auf 38 Millionen Mark geschätzt worden war.

Was Schleyer mir eröffnet hatte, war zwar hart für die IG Metall, aber eine solche Summe hätte eine so große Gewerkschaft nicht umgeworfen. Viel schlimmer würde das sein, was für die ganze soziale und wirtschaftliche Entwicklung daraus folgen mußte, wenn das Urteil vollstreckt würde. Das konnte sich sehr leicht als eine Weiche in eine Abdrift des sozialen Klimas erweisen, wie sie bedenklicher kaum ausgedacht werden konnte.

Das Geld würde zwar weh tun, aber das war nicht die Hauptsache. Mit der Forderung und der Bezahlung des Geldes würde der Kampf nicht beendet sein, sondern er würde danach in eine neue Stufe auf viel breiterer Front eskalieren. Es würde dann mit Sicherheit kein bloßer Zweikampf mehr bleiben, der in der Metallwirtschaft ausgetragen würde, sondern er würde mit zwingender Logik die Gesamtheit der Beziehungen zwischen den Unternehmern und den Gewerkschaften in allen Wirtschaftszweigen erfassen und in seinen Sog hineinzwingen.

Das mußte die Entwicklung um vieles zurückwerfen, und niemand hätte sich dabei ausklammern können. Das würde ein Kurs sein, den auch die IG Metall nicht als ihr Konzept gesucht hätte, denn das Maß an Radikalisierung, das dann vermutlich entstanden wäre, würde jeden vernünftigen, aufbauenden Gedanken für eine lange Zeit schon im Ansatz erschwert haben.

Ich wußte, daß Hanns Martin Schleyer damals kein Mandat besitzen konnte, für die ganze Metallindustrie zu sprechen. Er war noch zu neu in der sozialpolitischen Runde, aber er stand mit einem Bein bei Daimler-Benz, und die Metallindustrie in Baden-Württemberg war ein nicht gerade unbedeutender Teil von Gesamtmetall.

Ich versuchte Schleyer zu überzeugen, daß mit der Vollstreckung des Urteils überhaupt nichts gewonnen wäre. Auch finanziell würde die IG Metall dadurch nicht in Bedrängnis gebracht. Mit der Vollstreckung würde ein Solidarisierungsprozeß eingeleitet, über den die Strategen bei Gesamtmetall einschließlich ihrer Syndizi, die den Plan wohl ausgeheckt hätten, sich keine Vorstellungen machen könnten.

»Wir sind Gewerkschafter und Kollegen und haben genügend engen Kontakt, daß ich erfahre, wenn der Gerichtsvollzieher kommt und das Urteil präsentiert. Wenn er für zehn Uhr angekündigt wäre, um die ganze Summe abzuholen, dann werde ich bestimmt nicht später als um halb zehn in Brenners Büro sein und ihm einen Scheck über fünf oder sechs Millionen Mark anbieten, als unseren Beitrag zur Abwehr eines Versuchs der Metallindustrie, die IG Metall kleinzukriegen, auch wenn die IG Metall das Geld nicht einmal brauchte. Und ich vermute, daß ich nicht der einzige bin, der so auf die Metallgewerkschaft zugehen würde, um Solidarität zu bezeugen.«

Schleyer hatte den Sachverhalt sofort verstanden: »Ja, dann erreichen wir mit unserer Vollstreckung ja das Gegenteil von dem, was wir wollen.«

Das Gegenteil, das wäre eine weitere nicht kalkulierbare Verschlechterung des Klimas und seine Versteinerung in einer noch schlechter werdenden Atmosphäre für lange Zeit gewesen.

Wenn die Metallunternehmer ein vernünftiges Klima wollten, dann durften sie sich durch nichts verleiten lassen, mit Prozessen und der Vollstreckung dieses Urteils eine solche Entwicklung einzuleiten.

Schleyer ließ alles liegen, machte sich unverzüglich am Tage danach auf den Weg und unterrichtete mich über seine Bemühungen. Er reiste zuerst nach Singen zu Hans-Constantin Paullsen, der damals Präsident der Bundesvereinigung der Deutschen Arbeitgeberverbände war. Danach fuhr er nach Krefeld zu Herrn van Hüllen, dem Vorsitzenden der Bundesvereinigung metallindustrieller Arbeitgeber!

Ich informierte Otto Brenner über Schleyers Bemühungen.

Streik und Weichenstellung bei IG Metall

Es bewegte sich nicht alles sofort in umgekehrter Richtung.

Aber von diesem Augenblick an wurde auch nichts mehr schlimmer. Nach einer Pause streckten beide Seiten in der Metallindustrie ihre Fühler zueinander aus.

Die Außenstehenden hatten nichts über den Vorgang an der Innenseite der Front erfahren. Das erleichterte manches. Die Metaller von beiden Seiten fanden sich wieder am Tisch zusammen und sprachen miteinander. Schließlich wurde über ein Schlichtungsabkommen geredet und auch Einvernehmen darüber erzielt.

Damit war genau an der Stelle, an der die Wege sich teilen konnten, die Gefahr des Abgleitens in eine harte und vielleicht lange Konfrontation mit dem Aufreißen tiefer Gräben gebannt. Die Weichen wurden in eine vernünftige Richtung gestellt.

Natürlich ist das Heil unseres Volkes nicht nur abhängig von den Tarifpartnern, und natürlich werden der Erfolg der Wirtschaft und die soziale Entwicklung von vielen Komponenten bewegt und bestimmt, aber die Atmosphäre, die zwischen den großen Gruppierungen im Wirtschaftsprozeß besteht, und die Art, wie sie sich gegenübertreten, sind ausschlaggebende Faktoren, von denen viel abhängt.

Otto Brenner ist lange tot. Hanns Martin Schleyer wurde ermordet. Die Weichen, die sie damals im richtigen Augenblick stellten oder stellen halfen, haben sich als wichtige Voraussetzung erwiesen, die in einem langen Abschnitt zur erfolgreichen Entfaltung der deutschen Wirtschaft und zu einer unvergleichbaren sozialen Entwicklung geführt hat.

Die Atmosphäre kann sich auch wieder einmal verdunkeln. Dann wird es darauf ankommen, daß im richtigen Augenblick erkannt wird, daß mit Mut und Entschlossenheit die Weichen wieder auf guten Kurs gebracht werden können. Das sind »Checkpoints«, an denen die Zukunft bestimmt wird.

Fast wie ein Mensch

Damals wurde ich einmal von einem bekannten Herrn aus der Industrie, den ich seit Jahren kannte, gefragt, ob ich nicht einmal Zeit hätte, zu einer Tasse Tee in sein Haus zu kommen. In seiner Familie sei öfter über mich gesprochen worden, und seine Frau würde sich sicher freuen, wenn sie mich einmal kennenlernen würde. Ich willigte ein, und wir vereinbarten einen Zeitpunkt.

Ich wurde freundlich empfangen, fast wie ein guter Bekannter. Bei der Unterhaltung brachte die Gastgeberin das Gespräch auf die Malerei. An den Wänden hingen schöne, alte, wertvolle Niederländer. Von hier ergab sich das Thema. Die Hausfrau kannte nicht nur ihre Bilder, sie wußte sie auch kunsthistorisch einzuordnen. Ich hatte ein wenig das Gefühl, als wolle sie mir ihre Welt vorführen, von der sie wahrscheinlich annahm, daß sie für mich etwas Unbekanntes sei. Der Hausherr saß in seinem Sessel und genoß die Szene. Die Gastgeberin versicherte, daß man bei einem Vergleich der alten Malerei mit den Modernen so recht spüre, wie verworren unsere gegenwärtige Welt doch sei. Die Harmonie, die früher die Bildwerke ausgezeichnet habe, sei verlorengegangen. Vor allem die Expressionisten hätten die gute Form deformiert. Sie hätten Willkür, grelle und ungebrochene Töne und Formen aufgebracht.

Da konnte ich nicht ruhig bleiben: natürlich sei der Expressionismus, wie er vor allem in Deutschland erwachsen sei, ein Ausbruch aus der bürgerlichen Gesellschaft. Auch wenn manches Grelle daran als eine Art Affront zu verstehen sei, würde ich immer wieder davon beeindruckt, wie sehr gerade der Expressionismus seiner nach Inhalten suchenden und darum ringenden Zeit künstlerisch Ausdruck verliehen habe. Er habe eben nicht der Menschheit etwas »vorgemalt«, er habe ihr keine Welt dargestellt, die es nicht mehr gäbe, sondern ihr einen Spiegel vorgehalten und selber versucht, weiter zu gestalten.

Es war eine gute Unterhaltung, aber es waren auch zwei verschiedene Gesinnungen, die sich in dieser Teestunde gegenübersaßen. Die eine wollte bewahren und konservieren oder mindestens nicht offenbaren, was sich im Inneren verändert hatte, und die andere, die Schlüsse aus einer dynamischen Entwicklung zieht, die nach neuen Formen sucht, ohne alles zu zerreißen, die aber doch zugibt, daß vieles, was einmal war, nicht mehr bleiben kann, wenn man eben das Zerreißen durch das Revolutionäre nicht riskieren will.

Zum Abschluß wurde mir das Haus gezeigt, und ich wurde auch in den Keller geführt. In einem großen Raum war eine Eisenbahn aufgebaut, wie ich sie in dieser Größe und Perfektion noch nie gesehen hatte. Sie war wohl auch nicht nur Spielzeug der Kinder, sondern das Hobby des Vaters. Die beiden Söhne und der Vater wetteiferten miteinander, als das funktionierende Signalsystem unter Betrieb auf einem großen Güterbahnhof vorgeführt wurde.

Am Rande des Spielkellers unterhielt sich das etwa neunjährige Töchterlein mit seiner Mutter:

»Mutti, wann kommt denn der Herr Leber?«

Mutter: »Der Herr Leber ist doch schon da, da ist er doch!«

Tochter: »Aber Mutti, du hast doch gesagt, der Herr Leber wäre Gewerkschaftler!«

Mutter: »Ja, der Herr Leber ist Gewerkschaftler!«
Tochter: »Aber Mutti, das kann doch gar nicht sein!«
Mutter: »Warum nicht?«
Tochter: »Der sieht ja fast so aus wie der Papa!«
Es ist nicht immer gut, wenn man ein gutes Gehör besitzt. Ich habe oft an diese Unterhaltung denken müssen, die sicher nicht für mich bestimmt war. Das Kind hatte seine Vorstellung von dem Wesen, das man einen Gewerkschaftler nannte, und es hatte sie doch wohl in seiner familiären Umwelt empfangen. Ein »solcher Mensch« konnte nicht so ähnlich aussehen wie der Papa.

Mit dem Vater des Kindes habe ich später noch viel zusammengearbeitet. Er hat nicht nur eigene Weltbilder überdacht und vielleicht auch einige von ihnen von der Wand gehängt, sondern – um in dieser Sprache zu bleiben – er hat auch an neuen und moderneren Bildern malen helfen. Am Anfang mußte man noch öfter schlucken, wenn man miteinander umging. Vielleicht war das aber nicht nur auf einer Seite so.

Ende der Aufbauphase

Der genaue Zeitpunkt läßt sich nicht bestimmen; aber in der ersten Hälfte der sechziger Jahre ging die Zeit zu Ende, die man im eigentlichen Sinne als den Aufbau nach dem Kriege bezeichnen kann. Es gab wieder mindestens so viele Wohnungen und Arbeitsstätten wie vor dem Kriege. Viele Wohnungen und Arbeitsplätze für vertriebene oder geflüchtete Landsleute waren hinzugekommen, und viele Städte waren bereits über ihren früheren Umfang hinausgewachsen. Alle Menschen hatten Arbeit. Auch wenn es mit der Zahl der Wohnungen an manchen Orten noch etwas haperte, die Qualität des Wohnens war besser geworden als vor der Zerstörung. Der weitere Ausbau, das Wachstum war in vollem Gange. Ein Blick fünfzehn Jahre zurück in die Trümmer war ein Blick auf eine vorher unvorstellbar gewesene Arbeit. Diese etwa fünfzehn Jahre Aufbauarbeit rundeten zugleich die ersten hundert Jahre Geschichte der deutschen Arbeiterbewegung ab. Erst der Blick zurück macht deutlich, in welchem Maße diese letzte Phase einer hundertjährigen Geschichte zugleich auch ein steiler Sprung nach oben geworden war.

Mein Großvater hatte fünfzig Jahre vorher einen Stundenlohn von elf Pfennig erhalten. Er mußte am Tag elf Stunden arbeiten und hatte täglich zwei Stunden Fußweg hin zur Arbeit und natürlich auch zwei wieder zurück zu gehen, das waren fünfzehn Stunden. Diese Epoche hatte man die »goldenen Jahre« am Anfang des Jahrhunderts genannt. Damals kostete, wie es so schön heißt, das Glas Bier zehn Pfennig. Ich habe mich oft gefragt, wieviel Pfennige mein Großvater wohl freimachen konnte, ohne seine Familie dafür darben zu lassen, um sich ein Glas Bier zu kaufen, und ob ihm überhaupt der Kopf danach stand, wenn er vom Montag in der Frühe bis zum Samstag in der Nacht Tag für Tag seine elf Stunden zu arbeiten und dazu noch täglich vier Stunden Fußweg zu bewältigen gehabt hatte – oft wohl nur mit einem Stück trockenem Brot in der Tasche.

Was hatten die Gewerkschaften erreicht?

Es waren nur fünfzig Jahre vergangen. Es gab Arbeit genug, die Einkommen hatten sich vervielfacht, Krankheit, Unfall, Invalidität und Alter hatten ihre Schrecken verloren, auch wenn es noch vieles zu vervollkommnen gab. Die Welle der Motorisierung hatte die Arbeiter erreicht. Durch die allenthalben in Gang gekommene Reform des Bildungs- und Ausbildungswesens waren die Startchancen für viele besser geworden. Nicht nur die Sicherheit des Arbeitnehmers, auch seine Stellung in der Gesellschaft war verändert. Er war ein mit Rechten ausgestatteter Bürger geworden und hatte auch das Selbstbewußtsein eines freien Bürgers gewonnen. Die Gewerkschaften waren wichtige motorische Kräfte, von denen vieles bewegt worden war. Sie konnten vor die Arbeitnehmer treten und vor ihnen bestehen, denn das, was sie erreicht hatten, war viel.

Was war das, was sie erreicht hatten?

Am Anfang war der Arbeiter ein besitzloser und schutzloser Prolet gewesen. Wer Eigentümer des Arbeitsplatzes war, der war zugleich auch weitgehend Herr über das Schicksal dessen, der seine Arbeitskraft bei ihm verdingte. Der Verlust des Arbeitsplatzes war gleichbedeutend mit Not. Recht oder Hilfe, auf die man sich hätte stützen können, gab es nicht. Das war Geschichte, die nur wenige Jahrzehnte zurücklag.

Die Erfolge der Sozialpolitik und des Ringens in hundert Jahren, gerade aber die starke Veränderung nach dem Zweiten Weltkrieg hatten die

Folgen der Vermögenslosigkeit des Arbeiters weitgehend aufgehoben. Den Arbeitsplatz verlieren, das war nicht mehr gleichbedeutend mit Not in der Familie. Das Krankwerden brachte nicht mehr wie früher Elend ins Haus.

Es gab gewählte Betriebsräte, die im Gesetz festgelegte Rechte hatten. In der Montanindustrie war die Mitbestimmung durch eine entsprechende Zusammensetzung der Aufsichtsräte und Vorstände eingeführt worden.

Der Arbeitnehmer arbeitete in einem Betrieb, dessen Eigentümer zwar andere waren, er war aber nicht mehr schutzlos, rechtlos und wehrlos.

Die Sozialpolitik hatte in hundert Jahren mit Erfolg die Wirkungen der Besitzlosigkeit der Arbeitnehmer kuriert, aber die Besitzstrukturen selber waren davon unberührt geblieben. Die Eigentümer der Betriebe und Produktionseinrichtungen waren im wesentlichen die gleichen geblieben, es war eine kleine Minderheit.

Diese Strukturen des Kapitalbesitzes waren auch von dem großen Schritt, den die Einführung der Mitbestimmung in der Montanindustrie 1951 gebracht hatte, nicht berührt worden. Im Gegenteil!

Die Mitbestimmungsfrage

Viele Unternehmer faßten die Einführung der Mitbestimmung in der Montanindustrie und den Erlaß des Betriebsverfassungsgesetzes als eine Bestätigung der alten Eigentumsstrukturen auf: Du Arbeitnehmer bekommst im Aufsichtsrat Sitz und Stimme eingeräumt, du erhältst im Vorstand ein Mandat für den Personalchef, du kannst einen Betriebsrat wählen, der für die Sicherung deiner sozialen und wirtschaftlichen Belange tätig ist. Insoweit verzichte ich, der Eigentümer des Unternehmens, auf einen Teil der von meinem Eigentum abgeleiteten Verfügungsgewalt, die ich bisher hatte; aber mein Eigentum selber bleibt mir erhalten, und an den Strukturen dieses Besitzes darf sich auch künftig nichts ändern.

Dem stand eine andere Auffassung gegenüber, die von vielen Arbeitnehmern vertreten wurde: Die Mitbestimmung ist ein großer Schritt und eine soziale Errungenschaft ersten Ranges. Aber sie ist ein erstrittenes Recht, mitzubestimmen, wo ein anderer, kraft Eigentums zu bestimmen hat. Deshalb dürfen Sozialpolitik und Mitbestimmung nicht zu einer

Verschleierung der wirklichen gesellschaftlichen Verhältnisse führen, weil es eben diese Besitzstrukturen noch gibt. Die Folgerung lautete: Die Mitbestimmung ist gut, und aktive Sozialpolitik ist geboten, aber die Kernproblematik bleibt bestehen und daran darf auch nicht gerüttelt werden. Deshalb bleibt auch die Forderung nach Verstaatlichung oder Sozialisierung bestehen.

Die Auseinandersetzungen um diese Fragen wurden belebt, als in den sechziger Jahren ein Grundsatzprogramm erarbeitet wurde, mit dem der Kurs der Gewerkschaften für eine längere Zeit bestimmt werden sollte.

Wir gehörten zu dem Teil der deutschen Gewerkschaften, der von den überkommenen Verstaatlichungsformeln auch in den Programmen loskommen wollte. Wir waren in der eigenen Praxis einen anderen Weg gegangen und waren von den Enteignungs- und Sozialisierungsparolen abgekommen. Es gab in Wirklichkeit auch keine politische Kraft und keine Mehrheit, auf die sich eine solche Forderung hätte stützen können. Wie schon oft in ihrer Geschichte kam es über diese Frage in den Gewerkschaften zum Streit. So war es fast immer gewesen, wenn über ihren Kurs und ihren Weg geredet wurde. Diese Frage wurde auch nicht selten von außen durch ihre Gegner hochgespielt, um die Gewerkschaften in öffentlichen Auseinandersetzungen ins Zwielicht zu rücken.

Wir verständigten uns. Die schroffere, alte Forderung des Programms wurde abgelöst und durch eine Formel ersetzt, mit der wir alle leben konnten und mit der wir seither gut gefahren sind. Wir wollten keine revolutionäre Änderung der Vermögensstruktur. Wir wollten niemand etwas von seinem Eigentum nehmen oder es ihm streitig machen. Mit dieser Haltung waren wir nun auch nicht mehr im Widerspruch zum Programm des Deutschen Gewerkschaftsbundes.

Die Fragen sind aber zu wichtig, als daß man deswegen alles beim alten lassen oder sich daran vorbeimogeln darf. Wer sich an ihnen vorbeidrückt oder für den das keine Fragen sind, der lebt zunächst wahrscheinlich etwas bequemer, das gilt bestimmt aber nicht für alle Zeiten.

Es sind bedeutende Fragen, die sich demjenigen stellen, der in die Problematik eindringt und sich frei macht von Vorurteilen und persönlicher Befangenheit.

Den Zugang zu der Problematik kann man von verschiedenen Seiten gewinnen; von der staatspolitischen, der gesellschafts- oder wirtschaftspolitischen Seite.

4. KAPITEL

Vermögensbildung

Aus dem Zusammenwirken von Kapital und menschlicher Arbeit entsteht Einkommen. Aus dem Einkommen werden den Arbeitern und Angestellten Löhne und Gehälter bezahlt. Aus dem gleichen Einkommen wird auch der Lohn an die Eigentümer für das eingesetzte Kapital bezahlt, das als Dividende auf die Aktie oder als Gewinn auf die Einlage ausgeschüttet wird.

Wenn das Unternehmen gesund ist, muß es aber mehr erarbeiten und erwirtschaften, als die Kosten für die im Betrieb geleistete Arbeit und für das ihm zur Verfügung gestellte Kapital. Das ist der Teil des Ertrages, der zur Beschaffung neuer Anlagen und Einrichtungen, zur Verbesserung oder zur Erweiterung des Unternehmens notwendig ist. Der Wert des Unternehmens wird auf diese Weise vergrößert; damit entsteht das Wachstum des Unternehmens und die Verbesserung seiner Wettbewerbsfähigkeit. Ein auf diese Weise leistungsfähiger gewordenes Unternehmen ist selbstverständlich auch in sozialer Hinsicht leistungsfähiger.

Es entsteht aber noch etwas, das in einer aufgeklärten Gegenwart nicht übersehen werden darf. Die von dem Unternehmen aus der Zusammenarbeit von Kapital und Arbeit erwirtschafteten Erträge, die die Kosten der Produktion überschreiten und zur Finanzierung neuer Anlagen verwendet werden, sind zwar von allen daran beteiligten Faktoren im Unternehmen erarbeitet worden, sie verwandeln sich aber nur bei einem Beteiligten, nämlich bei dem Eigentümer des Kapitals, zusätzlich zu seinem als Gewinn ausgeschütteten Einkommen in neues Eigentum.

Vor hundert Jahren wurde darüber gestritten, was dann wohl der natürliche Lohn der Arbeit sei. Es wurde gefragt, ob es der sei, der die Arbeiter in die Lage versetze, sich arbeitsfähig zu erhalten und sich fortzupflanzen, oder an welchen Faktoren er sich sonst zu orientieren habe, ob die Höhe des Lohnes nicht eine bloße Machtfrage sei. Im Wandel der Zeit wurden viele Theorien aufgestellt, um zu einer klaren Formel für den

Lohn des arbeitenden Menschen zu kommen.

Die Frage nach dem Mehreinkommen, das auch von den Arbeitnehmern zu ihrem Teil im Unternehmen erarbeitet wurde, das sich aber nur bei den Kapitaleigentümern zu Vermögen niederschlug, wurde von keiner Lösung berührt.

Kapital und Arbeit

Das nichtverteilte, erwirtschaftete Einkommen, das sich zu Vermögen beim Eigentümer niederschlägt, wirft seit Jahrzehnten die Forderung nach »gerechtem« Lohn auf.

In den kommunistisch beherrschten Ländern stellt sich diese Frage nicht. Das volkswirtschaftliche Einkommen, das nicht in Löhnen und Gehältern ausgeschüttet wird, wird zum Eigentum des Staates. In der zurückliegenden Zeit ist von den Arbeitnehmern und ihren Gewerkschaften, sofern sie frei waren, immer wieder der Versuch gemacht worden, mit einer Erhöhung der Lohnquote über das normale Maß der Erhöhung hinaus in diesen Raum vorzustoßen, um auf diese Weise zu einer gerechteren Verteilung des wirtschaftlichen Ertrags zu gelangen. Auch wenn es immer wieder versucht worden ist, so zu »mehr Lohngerechtigkeit« zu kommen, erreicht worden ist auf diesem Wege nichts, was zur Lösung der anstehenden Frage geführt hat. Wenn die Konjunkturlage es möglich machte und die nötige Macht vorhanden war, die Löhne einmal kräftiger anzuheben, hat die stärker angestiegene Lohnmenge in der Regel zu einer vermehrten Nachfrage nach Konsumgütern geführt. Sie hat auf diese Weise nicht zu einer veränderten, gerechteren Verteilung des volkswirtschaftlichen Einkommens zugunsten der Arbeitnehmer geführt. Wenn das Geld nicht zusätzlich gespart wurde, hat es oft zu höheren Preisen für Konsumgüter geführt und zur Entwertung beigetragen.

Das Problem verstärkt sich aber noch. Wenn wir als Wirtschaftsnation bestehen wollen, brauchen wir auch künftig Kapital, wahrscheinlich sogar noch mehr Kapital als in der Vergangenheit. Der Kapitaleinsatz infolge der technischen Entwicklung muß weiter wachsen. Der Betrieb muß also fähig sein, einen Ertrag zu erwirtschaften, der ihn zur Finanzierung dieser Investitionen fähig macht. Natürlich kann nicht jede Investition aus dem laufenden Ertrag eines Unternehmens finanziert werden. Es muß auch Fremdkapital aufgenommen werden. Aber ein Unternehmen, das nicht fähig ist, einen angemessenen Teil seiner laufenden Investitionen selber zu finanzieren, ist nur beschränkt kreditwürdig, denn die Fremdfinanzierung der Investition durch Kredit ist in Wirklichkeit nur vertagte Eigenfinanzierung.

Wenn die Investition des Betriebes aber so entscheidend ist für seine Modernität und Leistung, für seinen Erfolg auf dem Markt, für seine Wettbewerbsfähigkeit und Stabilität, dann muß darauf geachtet werden, daß diese Fähigkeit des Unternehmens zur Finanzierung seiner Investitionen gesichert bleibt und nicht diskriminiert wird. Das wird sie aber in den Augen der Arbeitnehmer. Sie sehen, wie der Teil des Ertrages, der über die ausgezahlten Löhne und die ausgeschütteten Gewinne hinaus im Betrieb erarbeitet worden ist, am Ende nur bei denjenigen zur Vermehrung des Vermögens führt, die vorher schon das Eigentum am Unternehmen besessen haben. In dieser Frage ist die Einsicht der Beteiligten in den Prozeß des sich fortlaufend neu bildenden Eigentums notwendig. Wenn sie nicht einkehrt, kommt es zu falschen Folgerungen, wie progressiver Lohnpolitik oder anderen Reaktionen, die am Verteilerschlüssel letztendlich zwar nichts ändern, aber Schaden anrichten – so die ebenfalls daraus entstehende Unduldsamkeit gegenüber der Kapitalbildung, die sich bei passender Gelegenheit entlädt. Man soll sich nicht täuschen, schon gar nicht auf der Seite der Kapitalbesitzer. Auch steigende Löhne und Sozialleistungen, die man auf dieser Seite in Gottes Namen hinnimmt, um einer Lösung des aufgezeigten Problems zu entgehen, schaffen es nicht aus der Welt. Sie können die Auseinandersetzung um den Kern der Frage nur hinausschieben. Ihre bessere Bildung und Ausbildung öffnet den Arbeitern den Einblick in betriebs- und volkswirtschaftliche Zusammenhänge, die keine Verschleierung des Problems erlauben. Es läßt sich höchstens etwas verschieben, aber nicht aus der Welt schaffen.

Es geht also um eine wichtige Frage, von deren Lösung das Wachstum unserer Wirtschaft und die Atmosphäre, in der gewirtschaftet und gearbeitet wird, in hohem Maße abhängen.

Zu diesen Gründen, von denen noch viele aufzuführen wären, die nach einer Lösung drängen, habe ich am Anfang der sechziger Jahre, als wir die Auseinandersetzung begannen, immer wieder auf einen dritten Gesichtspunkt hingewiesen. Mit den Erfahrungen, über die ich in der Zwischenzeit nach meiner Zugehörigkeit zur Bundesregierung und nach fast sechsjährigem Wirken als Bundesminister der Verteidigung verfüge, sehe ich sie heute eher noch mehr im Vordergrund als damals.

Wir leben in einer Welt, die sich nun seit Jahrzehnten in Blöcken formiert gegenübersteht. Die Linie, die West und Ost voneinander trennt, verläuft mitten durch unser Volk.

Es sind militärisch hochgerüstete Blöcke, die sich gegenüberstehen. Es sind ebensosehr aber zwei Blöcke, deren Unterschiedlichkeit sich aus ihrer verschiedenartigen Philosophie und Ideologie ergibt. Die kommunistische Ideologie geht davon aus, daß Besitz und Vermögen ungerecht verteilt sind. Das private Eigentum an den Produktionsmitteln in den Händen einer Minderheit führt nach ihrer Auffassung zur Ausbeutung und Beherrschung der Mehrheit durch die Minderheit. Um die Ausbeutung der Mehrheit auszuschließen, wird das private Eigentum an den Produktionsmitteln beseitigt. Eigentümer der Produktionsmittel wird der Staat. Um sicherzustellen, daß die Macht im Staate nicht in falsche Hände gelangt, wird die Diktatur des Proletariats errichtet und damit die totale Verfügungsgewalt über alle Produktionsmittel erlangt. Es entsteht der »Arbeiter- und Bauernstaat«. Jede Opposition wird unterbunden.

Das entbehrt in sich gewiß nicht der schlüssigen Logik. Es gibt aber keine Beweise dafür, daß der Arbeitnehmer als Mensch dadurch freier und unabhängiger wird, weil er in einem Unternehmen tätig ist, dessen Eigentum nicht mehr in privatem Besitz ist. Es gibt auch keinen Beweis dafür, daß mit einer Überführung des Eigentums an den Produktionsmitteln in den Besitz der öffentlichen Hand die wirtschaftliche Effizienz größer wird. Damit können auch die sozialen Erwartungen nicht höher sein.

Die Belange des arbeitenden Menschen, seine Würde als Mensch, seine Freiheit, vor allem seine Freiheit von Abhängigkeit, sein Schutz vor Ausbeutung lassen sich in einem freiheitlich verfaßten Rechtsstaat durch Gesetz und Recht und durch die Rolle freier Gewerkschaften schützen.

Im kommunistischen Staat bestimmt der Staat. Auch die Gewerkschaften bekommen ihre Rolle von ihm zugewiesen. Es gibt keine Opposition gegen ihn, auch keine Opposition der Gewerkschaften gegen Entscheidungen des Staatsapparates, von dem sie ein Teil sind. Es ist ihnen nicht erlaubt, der Regierung unbequem zu werden oder gar der Regierung entgegenzutreten und sich in Wahrung der Arbeiterinteressen zu wehren.

Die Gewerkschaften verlieren ihre Rolle als Organisationen der Arbeiter, die ihn schützen und verteidigen können. Sie werden zu Instrumenten des Staates und derer, die im Staat die Macht innehaben, zu Instrumenten der Herrschaft über den Arbeiter.

Natürlich muß man sich auch in dieser Frage vor billiger Schwarzweißmalerei hüten. Auch in einem freiheitlich organisierten Staat gibt es Bereiche, die wegen ihrer hohen Bedeutung für das Allgemeinwohl, wegen der direkten Verantwortung durch den Staat oder wegen des Monopolcharakters, der ihnen anhaftet, nicht in private Hand gehören. Dazu kommt die belebende und oft heilsame Wirkung, die von gemeinwirtschaftlich betriebenen Unternehmen ausgeht, deren Ziel nicht zuerst der hohe Gewinn ist.

Es darf auch nicht so sein, daß nur diejenigen Teile der Wirtschaft, in denen Erträge und Gewinne erarbeitet werden können, in private Hand gehören und solche, in denen keine Gewinne erwirtschaftet werden können oder dürfen, in die öffentliche Hand gegeben werden. Die Grenze ist immer sorgsam abzuwägen.

Darum geht es aber bei der Frage, die uns beschäftigt, nicht erstrangig. Wir haben ein gemischtes Wirtschaftssystem, das sich bewährt hat. In ihm genießen wir sowohl die regelnden Wirkungen eines freien Marktes, als auch den Einfluß des Staates und die positiven Wirkungen, die sich aus den natürlichen Spannungen – auch zwischen Unternehmern und Gewerkschaften – ergeben, unabhängig davon, ob der Eigentümer eine Privatperson oder die öffentliche Hand ist. Ob das Kapital in privatem oder in öffentlichem Besitz ist, es wird fortlaufend neues Kapital erarbeitet, das aus dem Zusammenwirken zwischen Kapital und Arbeit entsteht. Deshalb muß auch den Arbeitnehmern ein Zugang zum Besitz eines angemessenen Teiles dieses neu sich bildenden Kapitals geöffnet werden, das von ihnen miterarbeitet wird.

Keine revolutionäre Veränderung

Das »Nein« zur revolutionären Veränderung darf nicht bedeuten, daß an dem Zustand der Vermögenskumulierung bei einer Minderheit nichts verändert werden darf.

Ich habe in den Jahren damals oft und unmißverständlich genug erfahren, daß jemand, der an diesen geheiligten Strukturen rüttelt oder sich auch nur erlaubt, Fragezeichen anzubringen, von denen, die sie konservieren wollen, als Kommunist abgetan wird. Das muß man ertragen können. Ich rüttele seit zwei Jahrzehnten daran, weil ich keinen Kommunismus will.

In Wirklichkeit ist jemand, der die bestehenden Strukturen nicht evolutionär fortzuentwickeln sucht, der nur darauf aus ist, bestehende Strukturen zu erhalten und Privilegien, die er besitzt, zu bewahren, der beste Partner der Revolutionäre, den sie sich nur wünschen können. Der kommunistische Revolutionär braucht für seine Agitation den uneinsichtigen Kapitalisten, den er am liebsten mit einem dicken Bauch und großer Zigarre abbildet.

Der Konservative will etwas konservieren. In Wirklichkeit konserviert er aber für den Revolutionär dessen Ausgangsposition für die Revolution. Das Beste, was dem Revolutionär begegnen kann, ist das unbewegliche Festhalten an bestehenden Strukturen. Das Schlimmste für den Revolutionär ist dagegen die evolutionäre Veränderung und die Reform, weil sie ihm seine Ansatzpunkte nimmt.

Wir dürfen uns nicht täuschen: Die ideologische Auseinandersetzung geht weiter, und sie wird vom Osten unvermindert weitergeführt. Das wird auch von den Führern im Osten nicht geleugnet.

Ein Kern in dieser ideologischen Auseinandersetzung ist die Frage des Besitzes an den Produktionsmitteln.

Vermögensbildung für Arbeitnehmer

Die Ideologie der Kommunisten wird an Kraft verlieren, wenn es uns in Freiheit gelingt, den breiten Schichten der Bevölkerung einen Zugang zu dem sich fortwährend neu bildenden Kapital zu verschaffen, an dessen Zustandekommen sie mit ihrer Arbeit beteiligt sind. Dies ist eine der entscheidenden Fragen, deren sich der Kommunismus auf seine Weise annimmt und auf die von der freiheitlichen Gesellschaft eine Antwort kommen muß.

Der Proletarier, das ist der vermögenslose und ungebildete Mensch in der Gesellschaft. Der aufgeklärte Arbeiter findet sich nicht damit ab, Proletarier zu bleiben.

Der Kommunismus öffnet ihm in seinem Machtbereich den Weg zu den Bildungsstätten und Schulen und beseitigt so diesen Teil der Diskriminierung. Das kann die freie Gesellschaft auch. Sie hat es in den meisten entwickelten Ländern schon vollbracht, oder sie ist dabei. Sie kann Recht und soziale Sicherung gewähren, und es kann in ihr darum gerungen werden. Ihrer hohen Produktivität entsprechend ist sie zu höheren sozialen Leistungen fähig, und die Freiheit, die der Arbeitnehmer in ihr genießt, hebt ihn in seiner Würde als Mensch empor.

Die freie Gesellschaft muß sich aber auch der Vermögenslosigkeit annehmen, sonst bleibt sie verletzbar. Es gibt keine bessere Lösung, um der kommunistischen Ideologie ihren Boden zu entziehen.

Der militärische Schutz des Westens ist nur ein Schutz gegen die militärische Bedrohung aus dem Osten. Mit militärischen Sicherungen kann man in der ideologischen Auseinandersetzung zwischen Kommunismus und freier Welt nichts bewirken. Im Gegenteil, man muß die Gefahr sehen, die darin besteht, daß viele in der NATO ein Ruhekissen sehen, auf dem die Bequemen und Faulen glauben ruhig schlafen zu können. Die Ideologie des Kommunismus und ihre Expansion sind mit Waffen und militärischer Rüstung nicht aufzuhalten. Mit Waffen und Armeen kann man sich nur gegen Waffen und Armeen wehren, die einen bedrohen. Die Ideologie schlüpft durch die Maschen der militärischen Sicherung hindurch und sucht sich ihren Weg. Ihr kann nur in energisch geführter geistiger Auseinandersetzung und mit Politik, die der Verbreitung solcher Ideologien den Boden entzieht, entgegengetreten werden.

Man muß sich nur die Welt betrachten, wie sie geworden ist. Für einen großen Teil der Menschheit ist die Frage, die hier aufgeworfen wird, keine Frage mehr. Sie ist im Sinne der kommunistischen Revolution entschieden. Man muß sich vor Augen führen, daß kaum ein Jahr vergeht, in dem nicht irgendwo auf der Erde der Versuch gemacht wird, der revolutionären Ideologie des Kommunismus neuen Boden zu bereiten. Um diesen Prozeß zu beobachten, muß man nicht nur in die ferne Welt blicken. Es genügt, Europa anzusehen. Die gefährdetste Stelle in diesem Zusammenhang war über viele Monate Portugal, bis im Oktober 1975 die Wendung eingeleitet wurde. Presse und Rundfunk waren zum großen Teil in den Händen der Kommunisten. Die Armee war kommunistisch durchsetzt und unterwandert. In der Verwaltung war es ähnlich. Währung und Wirtschaft waren hart angeschlagen und die größte Gewerkschaft war kommunistisch.

Wer in unserem Lande glaubt, wir könnten uns in dieser Welt, die voll von Bewegung und Dynamik ist, ein deutsches Reservat erhalten, in dem man für alle Zukunft unbehelligt und in Ruhe nach alten Regeln leben, sitzen, besitzen und ungestört mit Erfolg weiter Geschäfte machen kann, der gibt sich einer Hoffnung hin, die sich eines Tages als gefährliche Illusion erweisen kann.

In der entwickelten und industrialisierten Welt, in der wir leben, mit dem hohen und wachsenden Kapitalbedarf der nationalen Wirtschaften ist die Anhäufung des Eigentums am Kapital, wenn es auf eine herkömmliche Minderheit beschränkt bleibt, der entscheidende Ansatzpunkt für die revolutionäre kommunistische Ideologie. Wer wegen der Uneinsichtigkeit einer solchen Minderheit nicht selber eines Tages seine Freiheit verlieren will, der muß entschlossen sein, den breiten Schichten des Volkes den Zugang zum Eigentum am sich bildenden neuen Kapital zu öffnen.

Es geht aber nicht nur um die Abwehr von Gefahren. Es geht ebenso sehr auch um das innere Gleichgewicht des Bürgers. Er muß die Überzeugung haben können, daß Staat und Politik sich ihm gegenüber in moralischer Verpflichtung fühlen, und daß die Antwort auf die gestellte Frage nicht eine bloße Sache der politischen Opportunität ist. Bismarcks Sozialgesetzgebung haftet bis in unsere Zeit hinein der Geruch an, ihr tragendes Motiv sei es nicht gewesen, aus den Triebkräften einer sozialen Moral dem arbeitenden Menschen zu helfen, sondern sie sei geschaffen worden, weil mit ihr der aufflammenden Arbeiterbewegung der Wind aus den Segeln genommen werden sollte.

So darf auch Vermögensbildung nicht zuerst als Vorbeugung gegen politische Gefährdungen aus der revolutionären Ecke des Kommunismus verstanden werden. Sie muß als ein Element der aufbauenden, von der moralischen Verpflichtung bewegten Verantwortung im Streben nach sozialer Gerechtigkeit erkennbar sein und von dort ihre Energien erhalten. Das schafft innere Bindungen zur Freiheit und festigt die Haltung des Bürgers.

Vor dem Hintergrund solcher Gedanken begannen wir, uns um die Vermögensbildung der Arbeitnehmer zu bemühen.

Den Auftrag erhielten wir durch einen Kongreßbeschluß im Juni 1963. Das war der offizielle Start eines Anlaufes, der in der deutschen Sozialgeschichte nicht mehr zu übersehen ist.

Um beginnen zu können, brauchte die Gewerkschaft zunächst eine konkrete Vorstellung, die sich verwirklichen ließ. Über Vermögensbildung gab es grundsätzliche Erklärungen und prinzipielle Äußerungen von vielen Seiten, aber damit war für uns in der Praxis nicht viel anzufangen.

Wir fanden aber bei genauerem Suchen unter den Wissenschaftlern Männer, von denen die Bedeutung unseres Vorhabens erkannt wurde und die bereit waren, uns zu helfen. Wir konnten uns auch im besonderen Maße auf die Bereitschaft der beiden Kirchen stützen, die wiederholt öffentliche Forderungen in der Frage der Vermögensbildung erhoben hatten. Sie waren aber erfolglos geblieben.

Hier war es besonders die große Unterstützung, die uns Oswald von Nell-Breuning mit seiner Sachkenntnis und seiner Autorität gewährte. Dazu kam Hilfe aus dem Bereich der Publizistik, die uns als wertvolle Mitarbeit willkommen war. Das war nicht nur wichtig wegen des vorhandenen Sachverstandes, den wir brauchten, sondern, wie sich bald zeigen sollte, auch für die praktische Durchsetzung unserer Pläne.

Wer uns half, unsere Gedanken zu klären, wurde danach auch zum dringend benötigten Mitstreiter, auf den wir bei den Klippen und Hindernissen, die wir zu überwinden hatten, angewiesen waren.

Das Ergebnis einer gründlichen Arbeit in einem Arbeitskreis mit hinzugezogenen Wissenschaftlern wurde den Gremien der Gewerkschaft vorgelegt und fand nach ausgiebiger Beratung deren Billigung. Der Beirat der Gewerkschaft machte seine Zustimmung zu dem Programm aber davon abhängig, daß vor seiner Veröffentlichung eine Verständigung mit dem Deutschen Gewerkschaftsbund und wenn möglich mit den anderen Gewerkschaften im DGB gefunden würde. Er wollte verhindern, daß wir mit einem Schritt in Neuland erneut in eine öffentliche Auseinandersetzung mit anderen Gewerkschaften geraten könnten. Das war zwar ungewöhnlich, aber der Beirat wollte von Anfang an mit diesem Verfahren eine breitere Basis mit den anderen Gewerkschaften sicherstellen.

Bei dem Versuch der Abstimmung stellte sich heraus, daß es Widersprüche und Widerstände gab und welcher Art sie waren. Ein Teil der Vorsitzenden anderer Gewerkschaften war besorgt, daß mit der Verwirklichung einer solchen Forderung die Erwartungen auf Lohnzuwachs gedämpft werden könnten und daß sie mit Lohnverzicht erkauft werden müßten. Das war nicht unsere Absicht.

Es wäre auch nicht im Einklang mit unserer Vorstellung gewesen, einen solchen Verzicht hinzunehmen.

Das vermögenswirksame Einkommen muß über das übliche Lohneinkommen hinausreichen und aus einem Raum schöpfen, der bisher dem Arbeitnehmer verschlossen und nur dem Kapitalbesitzer allein geöffnet war. Ludwig Rosenbergs Geschick führte in den Gesprächen zu einer Verständigung.

Der zweite Einwand war ein gewerkschaftspolitischer. Er wurde nicht ausdrücklich in langen Reden vorgetragen. Er klang aber häufig und unüberhörbar an. Es war die Befürchtung, daß es wieder zu einer politischen Grundsatzauseinandersetzung zwischen den Gewerkschaften käme. In manchen Satzungen gab es noch die Forderung nach Sozialisierung oder Überführung bestimmter Zweige der Wirtschaft in Gemeineigentum. Ein Arbeiter, der zu einem »Kleinkapitalisten« gemacht würde, sei doch wohl nicht mehr zu bewegen, für Verstaatlichungs- oder Sozialisierungsforderungen einzutreten. Solche Forderungen gab es in unserer Satzung nicht mehr, deshalb brauchten wir in dieser Frage auch keinen Kompromiß.

Wir konnten mit der Absprache leben, die wir mit den anderen Gewerkschaften gefunden hatten. Sie lautete: Wir hatten in der bevorstehenden Auseinandersetzung keine Hilfe von ihnen zu erwarten, mußten aber auch nicht fürchten, von den anderen Gewerkschaften Steine in den Weg gelegt zu bekommen. Wir mußten allein auf das glatte Eis.

»Ein Programm und sein Echo«

Unser Ziel lautete: Wir wollen einen Tarifvertrag mit den Unternehmerverbänden des Baugewerbes abschließen, in dem Leistungen vereinbart werden, die allen Arbeitnehmern des Baugewerbes zugänglich sind, die zusätzlich zum Lohn von den Betrieben aufzubringen sind, die nicht in den Konsum fließen und deswegen nicht bar ausgezahlt werden dürfen, sondern gespart bleiben und vermögenswirksam angelegt werden sollen.

Damit hatten wir ein Programm, das uns nicht in Einzelheiten festlegte, sondern uns die Hände freihielt, um flexibel handeln zu können. Es bestimmte aber doch die Richtung deutlich genug und zeigte auch die Hürden auf, über die wir mußten: Weil wir einen Tarifvertrag brauchten, waren wir auf das Mitgehen der Bauunternehmer angewiesen.

Diese hatten sich bis dahin in den Auseinandersetzungen im Vorfeld nicht geäußert. Ich wußte zwar aus meinen persönlichen Kontakten, daß es in der Führung der Verbände des Baugewerbes Männer gab, die unvoreingenommen sahen, was wir wollten, und es nicht ablehnten. Aber wie wir in einer so bedeutsamen Frage an die übrigen Gewerkschaften denken und mit ihnen eine Abstimmung zu suchen hatten, so mußten die Bauunternehmer in den Reihen der übrigen Arbeitgeberverbände mit einem beachtlichen Widerstand gegen unsere Vorstellungen rechnen. Sie waren in der Gefahr, im Unternehmerlager ins Abseits zu geraten, so wie wir uns hüten mußten, uns nicht zu isolieren.

Die Bundesvereinigung der Arbeitgeberverbände erklärte sich in diesen Jahren fortlaufend zum Gegner von Tarifverträgen mit vermögenspolitischer Zielsetzung. Sie wurden als Kollektivismus abqualifiziert.

Wir wußten, daß wir dagegen mit schweren Geschützen auffahren mußten. Wir mußten die Bauunternehmer so weit bringen, daß sie bereit waren, sich notfalls in einen offenen Gegensatz zur damaligen öffentlichen Festlegung der Gesamtheit der Arbeitgeberverbände zu setzen und ihre Namen unter ein so »verruchtes« Tarifmachwerk zu setzen.

Das zweite Widerstandsnest befand sich im politischen Bereich. Theodor Blank war Bundesarbeitsminister. Er hatte einen Entwurf für ein Gesetz erarbeiten lassen, mit dem der Abschluß von Tarifverträgen mit vermögenswirksamen Leistungen möglich gemacht werden sollte. Ich wußte aus Gesprächen mit ihm, daß die Bundesregierung ihm bis dahin kein grünes Licht für die Vorlage eines solchen Gesetzentwurfes im Kabinett gegeben hatte. Der Bundesarbeitsminister war mit seinen Vorstellungen also schon gescheitert. Wir brauchten aber nicht nur ein Gesetz, das es uns erlaubte, einen Tarifvertrag abzuschließen, wir brauchten eine ganze Reihe anderer neuer politischer Regelungen und Entscheidungen. Dazu gehörte auch eine gesetzliche Regelung über die steuerliche Behandlung vermögenswirksamer Leistungen aus einem Tarifvertrag.

Die Führung der Freien Demokratischen Partei, die damals mit der CDU/CSU zusammen die Regierung trug, hatte wiederholt ihre Ablehnung gegen tarifliche Regelungen in der Vermögensbildung erklärt. Die FDP stand damals auf dem Standpunkt, den auch die Bundesvereinigung der Deutschen Arbeitgeberverbände vertrat: Vermögensbildung ist Privatsache des einzelnen Arbeiters. Wer Vermögen besitzen will, der muß sparen. Dabei wollte man dem Arbeiter steuerlich helfen, aber es dürfe nicht zu »kollektivistischen« Regelungen, wie sie ein Tarifvertrag darstellen würde, kommen.

Das war ja eine völlig neue Erkenntnis.

Wir konnten uns nicht gut vorstellen, wie es möglich gewesen sein sollte, daß die großen Vermögen von denen, die sie besaßen, gewissermaßen von ihrem eigenen Munde abgespart worden waren, denn die Leute hatten ja daneben doch auch recht gut gelebt, und die Geschichten, wonach eine wohlhabende Familie es nur deshalb zu etwas gebracht hätte, weil sie abends bei Kerzenlicht zusammengesessen hatte, um das Geld für das elektrische Licht zu sparen, hielten wir nicht für genügend überzeugend.

Wir wehrten uns auch gegen die »Privatisierung« des Problems.

Die Vermögenslosigkeit und die Nichtteilhabe des Arbeiters am fortlaufend wachsenden Vermögen in der Wirtschaft seien nicht nur ein Nachteil für den Arbeitnehmer. Auf lange Sicht führten sie ganz gewiß auch zu einer Gefährdung der freiheitlichen Lebensart, wie die Entwicklung in der Welt ja doch wohl beweise. Deshalb sei die Vermögenslosigkeit der Arbeitnehmer zwar auch ihre persönliche, aber auf keinen Fall nur eine Privatsache der Arbeitnehmer. Sie sei soviel und sowenig ihre Privatsache, wie es die Privatsache eines Kindes sei, nicht gegen Pocken geimpft zu werden oder so wenig, wie es die Privatsache eines Autobesitzers sei, nicht versichert zu sein. Es läge im Interesse der ganzen Gesellschaft, das Impfen zur Pflicht für alle zu machen, um gegen ungeimpfte Kinder geschützt zu sein. Man mache es dem Autobesitzer zur Pflicht, sich zu versichern, um gegen unversicherte Autobesitzer geschützt zu sein. Ebenso läge es im Interesse der ganzen freien Gesellschaft und der Bewahrung der Freiheit, den Arbeitnehmer an der Kapitalbildung teilnehmen zu lassen, um vor den Gefahren sicher zu sein, die auf die Dauer von vermögenslosen Arbeitern ausgingen.

Es half nichts! Die Argumente wurden nicht angenommen. Man wollte nicht! Weder die Regierung, noch die Unternehmer, noch die Gewerkschaften. Niemand wollte! Unsere Lage war nicht rosig!

Wir hatten keine Hilfe von den übrigen Gewerkschaften zu erwarten.

Die Sozialdemokraten, deren Fraktion ich im Bundestag angehörte, waren in der Opposition. Sie konnten nur bedingt helfen und waren auch nicht einmütig.

Die Bundesregierung redete viel Grundsätzliches und Allgemeines über Vermögensbildung der Arbeitnehmer. Sie untersagte dem Arbeitsminister aber eine Gesetzesvorlage. Sie wollte in Wirklichkeit nicht, und sie hätte bei der offenen Ablehnung der FDP und bei dem Widerstand des rechten Flügels in der CDU auch keine Mehrheit dafür gehabt.

Die Bauunternehmer standen unter starkem Druck der übrigen Unternehmerverbände. Sie zogen natürlich auch nicht mit.

Heinrich Gutermuth, damals Vorsitzender der Industriegewerkschaft Bergbau, schrieb mir in einem Brief: »Mönchlein, Du gehst einen schweren Gang. Ich warne Dich sehr vor den Risiken – unterschätze sie nicht . . .«

Wir hatten uns lange mit der Sache befaßt. Wir hatten einen Auftrag unseres eigenen Kongresses erbeten und danach in viel Kleinarbeit ein Konzept erarbeitet. In der Lage, in der wir waren, gab es nur den Weg nach vorn.

Für den 10. September 1964 wurde eine Pressekonferenz einberufen. Die Journalisten kannten das Thema und kamen zahlreich. Wir brauchten nicht nur eine Presse, die sachkundig mit dem vertraut war, was wir wollten. In der Lage, in der wir waren, brauchten wir eine überzeugte und engagierte Presse, die mit uns zog und uns half, unsere Pläne durchzubringen. Es würde von großem Wert sein, wenn es gelänge, die Presse so zu überzeugen, daß sie zum mitkämpfenden Verbündeten wurde. Dann konnten wir mit dem Rückenwind einer sich von Anfang an zum Positiven bildenden öffentlichen Meinung Einbrüche erzielen und Boden unter die Füße bekommen.

Der Versuch gelang! Die Presse brachte unsere Pläne in großer Aufmachung und rückte sie als wichtiges Ereignis in den öffentlichen Blickpunkt. Auch wenn sich nicht jeder Journalist schon klare Vorstellungen über jedes Detail machen konnte, die meisten Zeitungen befaßten sich in ihren Kommentaren mit unseren Plänen, und die weitaus meisten Artikel waren hilfreich. Wir hatten die Presse auf unserer Seite!

Um diese freundliche Stimmung, die für den Erfolg von hoher Bedeutung war, aufrechtzuerhalten, wurde ein Schritt getan, der uns auch für unsere eigenen weiteren konzeptionellen Arbeiten von Nutzen war. Alle Kommentare in Presse und Rundfunk wurden nicht nur gelesen und aufbewahrt, sondern als Diskussionsbeiträge aufgefaßt. Jeder gute Gedanke wurde sorgsam geprüft, so wie wir jede Lücke in unseren Vorstellungen, die von der Presse entdeckt wurde, nicht zu beschönigen versuchten. Wir bemühten uns, die in der öffentlichen Aussprache entdeckten Mängel zu beseitigen. Wir hatten damit zweierlei gewonnen: das Interesse der Bevölkerung, eine wohlwollende öffentliche Meinung und mit uns kämpfende Journalisten in Presse, Rundfunk und Fernsehen.

Nach der Verarbeitung des Presse-Echos wurde zu jedem bemerkenswerten Gedanken, den wir herausgefunden hatten, eine besondere Stellungnahme verfaßt. Danach wurden unser Programm mit seiner Begründung, das Echo der Presse und unsere Auswertung des Presse-Echos zusammen in einem Buch, »Ein Programm und sein Echo«, gedruckt und veröffentlicht. Das vermittelte einen plastischen und beeindruckenden Überblick über die Lage auf diesem Teil des Gefechtsfeldes.

Das entging natürlich auch den hochausgefahrenen Antennen der Politiker in Bonn nicht. In den Tagen im September 1964, als wir mit unseren Ideen herauskamen, erlebten die Regierungsparteien eine Schlappe in der Landtagswahl in Nordrhein-Westfalen. In die Debatte um die Ursachen des schlechten Wahlausganges platzten wir mit unserem Vorhaben. Das war zwar nicht so geplant, es hätte aber zeitlich nicht besser aufeinander abgestimmt werden können. Wir hatten also noch Glück. Der Erfolg stellte sich ein: Die Bundesregierung beschloß – und wir wissen, daß Ludwig Erhard, der früher gebremst hatte, sich in dieser Situation als Bundeskanzler selber nachdrücklich dafür ausgesprochen hatte –, daß der Bundesarbeitsminister unverzüglich einen Gesetzesvorschlag vorzulegen habe, mit dem der Abschluß von Tarifverträgen mit vermögenswirksamer Zielsetzung ermöglicht werden sollte.

Die Welle, die wir erzeugt hatten, öffnete dem vorbereitet wartenden Arbeitsminister, der früher mit seiner Absicht vom Kabinett schon einmal zurückgewiesen worden war, die Tore. Theodor Blank erwähnte diesen Sachverhalt später auf dem Gewerkschaftstag der IG Bau–Steine–Erden und bedankte sich ausdrücklich in öffentlicher Rede vor dem Kongreß dafür.

Ich habe mich später oft gefragt, wie es wohl möglich war, daß diese entscheidende und fast ohne Ausnahme von allen Seiten kommende, für uns günstige öffentliche Meinung zustande kam. Ein Grund war sicher: Was wir wollten, war etwas Neues.

Nach jahrelangen Diskussionen, die alle schön im Allgemeinen blieben, war es endlich ein praktischer Schritt, der in einer dafür reif gewordenen

Stimmung fällig war. Er war dazu unorthodox und wurde politisch richtig verstanden. Aber es war auch die Frucht einer konsequent geübten Zusammenarbeit mit der Presse.

Dieser Vorgang ist ein eindrucksvoller Beleg dafür, wie man mit der Hilfe einer von der Presse und den anderen Medien mobilgemachten öffentlichen Meinung etwas in Bewegung bringen kann. Dazu gehört aber Arbeit, die man der Presse widmen muß. In beharrlichen, aufklärenden und belegenden Einzelgesprächen muß bei den Journalisten der Boden bereitet werden. Die große Pressekonferenz ist in komplizierten Fragen – wie die Vermögensbildung eine war – am Ende das Signal oder das Startzeichen zur öffentlichen Darstellung dessen, was vorher in viel Kleinarbeit vorgeklärt worden ist. Dazu gehört Energie und Kraft. Wenn man sie nicht hat, gerät man in Gefahr – auch das habe ich viele Jahre später am eigenen Leibe erlebt.

Der erste Tarifvertrag zur Vermögensbildung

Im März 1965 war der Widerstand der Unternehmer gebrochen. Der erste Tarifvertrag in der Sozialgeschichte, in dem Einkommen enthalten war, das nicht ausgezahlt wurde, sondern gespart blieb und sich so zu Sparkapital akkumuliert, wurde abgeschlossen.

Ein paar Wochen später trat das erforderliche, vom Bundestag beschlossene Gesetz in Kraft, das wir für das Wirksamwerden unseres Tarifvertrages brauchten.

Aus der Betrachtung von heute ist es unerheblich, daß es sich »nur« um neun Pfennig handelte, die der Betrieb zusätzlich zum Lohn für jede Arbeitsstunde aufzubringen hatte. Aus der Sicht von heute ist es auch unerheblich, daß diese neun Pfennig je Stunde für den einzelnen Arbeitnehmer nur dann vom Arbeitgeber aufzubringen waren, wenn der Arbeitnehmer selber aus seinem Lohn oder Gehalt einen Betrag von zwei Pfennig je Stunde aufzubringen bereit war und damit die Verpflichtung des Unternehmens, neun Pfennig »draufzulegen«, auslöste.

Das, was sich hier als Pfennige je Stunde ausdrückte und weswegen manche Kritiker Zweifel hatten, »weil es nur Pfennige« waren, das sind eben Pfennige, die bei Milliarden Stunden, die in einem großen Gewerbe jährlich geleistet werden, in einem Jahr auch zu Summen werden, die rasch Milliarden Mark in Bewegung bringen.

Der Anfang war gemacht. Er hat in der Zwischenzeit wie ein Fluß, der als kleiner Bach beginnt, ein breites Bett gewonnen. Das, was damit beschrieben ist, war damals mit einem harten Ringen im einzelnen verbunden. Leicht waren die Bauunternehmer nicht zu gewinnen. Als es aber gelungen war, zeichnete sich auch im übrigen Unternehmerlager langsam eine größere Aufgeschlossenheit ab, und es trat ein Wandel ein! Sonst wäre es nicht denkbar gewesen, daß ich ein paar Jahre später die Gelegenheit erhalten hätte, auf der Hauptversammlung des Bundesverbandes der Deutschen Industrie über diese Fragen einen Vortrag zu halten.

Um einer Idee zum praktischen Durchbruch zu verhelfen, genügt es nicht, sie zu haben. Sie muß in einer beharrlichen und über längere Zeit hinweg betriebenen Arbeit so publik gemacht werden, daß man seine eigene Rede, mit der man immer wieder dasselbe Thema behandeln muß, selber fast nicht mehr hören kann.

Unter den vielen Veranstaltungen, die ich sowie meine unmittelbaren Mitarbeiter und die übrigen Mitglieder des Hauptvorstandes damals wahrnahmen, erinnere ich mich noch gut an eine Versammlung in Mannheim. Viele namhafte »Kapitalisten«, die zwischen Stuttgart und Mainz seßhaft sind, waren auf Einladung des Industriellen Richard Freudenberg gekommen. Nach meiner Rede kam es zu einer mit Leidenschaft geführten Aussprache. In ihrem Verlauf stellte Freudenberg als Leiter der Veranstaltung an mich die Frage: »Wann ist wohl der Zeitpunkt gekommen, an dem Ihre Herren (gemeint waren die Bauarbeiter) soviel Kapital haben werden, wie die traditionellen Kapitalisten in der Bauwirtschaft dann besitzen?«

Meine Antwort lautete: »Wir können das Kapital, das gegenwärtig vorhanden und in Besitz genommen ist, bei unseren Überlegungen außer acht lassen. Wir wollen davon niemand etwas nehmen oder ihm etwas streitig machen. Unsere Wirtschaft braucht in dem Prozeß, der voll im Gange ist, künftig mehr Kapital.

Unsere sorgfältig angestellten Betrachtungen bringen uns zu dem Ergebnis, daß unsere Wirtschaft in fünfundzwanzig Jahren vermutlich etwa viermal soviel Kapital auf den Kopf des Beschäftigten nötig haben wird, wie gegenwärtig, wenn sie wettbewerbsfähig bleiben will. Der Kapitaleinsatz pro Arbeitsplatz wird beträchtlich steigen und steigen müssen. Das bedeutet aus der Sicht von fünfundzwanzig Jahren Zukunft, daß das

Kapital von heute dann nicht nur viermal so groß geworden sein müßte, sondern auch, daß das Kapital von heute (1965) im Jahre 1990 nur noch ein Viertel des Kapitals ausmacht, das wir dann haben werden.

Deshalb streite ich mich heute mit niemand um das Viertel des Kapitals von 1990. Das ist das, was Sie heute besitzen. Viel wichtiger ist, was in dieser schnell andere Plattformen schaffenden Zeit mit den drei Vierteln geschieht, die in den kommenden fünfundzwanzig Jahren neu dazu wachsen und die von allen – nicht nur von den jetzigen Kapitalbesitzern – erarbeitet werden.

Wenn wir das Wachstum richtig einschätzen, und wenn nichts geschieht, dann werden Sie, die traditionellen Kapitalisten, dann viermal so reich sein wie gegenwärtig. Ich vermute, Sie werden dann aber nicht gut schlafen. Auch die Arbeiter werden dann besser leben als gegenwärtig. Das Mehr-Geld-Ausgeben und das Mehr-mit-der-Lohntüte-kaufen-Können ist aber keine Medizin gegen die Genickstarre, die viele Arbeiter dann bekommen werden, wenn sie auf die bei Ihnen um das Vierfache gewachsenen Vermögen hochschauen, wie auf einen Turm, vor dem man steht.

Sie können einen Bach, der von einer Quelle gespeist wird, gewiß stauen. Wie hoch und wie fest Sie aber auch immer die Staumauer bauen, irgendwann ist der Zeitpunkt da, dann wird auch der höchste und der stärkste Damm überschwemmt. Vielleicht wird er sogar eingerissen und alles, was schutzbedürftig ist und sich dahinter befindet, wird dann von der Flut zerstört, die sich ergießt.

Wenn unsere Berechnungen und Erwartungen aufgehen und die Arbeiter geben das, was künftig auf sie zugeleitet wird, inzwischen nicht wieder her oder in den Konsum, dann kann das eintreten, was ich mir wünsche. Dann werden Sie, die traditionellen Kapitalisten, in fünfundzwanzig Jahren nicht viermal so reich sein wie gegenwärtig, sondern vielleicht »nur« doppelt so viel besitzen. Dann ist das aber gesichert geblieben, was Sie jetzt besitzen, und es ist genausoviel dazugewachsen, was Ihnen ebenfalls niemand mißgönnt. Die anderen zwei Viertel sind dann dorthin geleitet worden, wo bis jetzt nichts gewesen ist. Wenn dieser Zeitpunkt gekommen ist – und ich werde dafür arbeiten, daß er kommt –, dann haben wir auch etwas für die Freiheit gewonnen.«

Ich erinnere mich, wie im Verlauf der Diskussion der frühere erste Präsident der Bundesvereinigung Deutscher Arbeitgeberverbände, Walter Raymond, sich erhob und in die Versammlung rief: »Das ist heute hier ein Disput, der mich – ich bekenne das offen – innerlich erregt, wie selten etwas. Ich sage Ihnen, meine Herren, streiten Sie mit dem Herrn Leber, setzen Sie ihn mit Fragen unter Druck und tun Sie, was Sie für gut halten, um Klarheit zu erhalten. Aber ich bitte Sie eindringlich, sagen Sie nicht ›Nein‹ zu dem, was der Mann von uns will. Das kann eine große Stunde sein, wenn wir sie alle miteinander wahrnehmen, aber auch wenn wir sie verpassen.«

Seit damals sind vierzehn Jahre vergangen. Die Stunde wurde nicht verpaßt. Es wurde ein Schritt, der unserem Lande, seiner Gesellschaft und seiner Wirtschaft nicht schlecht bekommen ist.

In der Bauwirtschaft, in der ein Anfang gemacht wurde, ist es nicht bei der ersten Vereinbarung geblieben. Sie ist in den Jahren danach verbessert worden. In vielen anderen Wirtschaftszweigen bis zum öffentlichen Dienst sind bis heute für siebzehn Millionen Arbeitnehmer Tarifverträge mit vermögenswirksamen Leistungen abgeschlossen worden. Die vom Gesetz festgelegte Zone der staatlichen Begünstigung ist erhöht worden. Es sind Milliardensummen, die auf diese Weise jährlich zusätzlich zum Lohn aufgebracht werden und dem Arbeitnehmer zufließen. Sie stehen der deutschen Wirtschaft ebenso wie der öffentlichen Hand zur Finanzierung ihrer Investitionen zur Verfügung.

Der Arbeitnehmer ist Eigentümer dieser Milliarden. Auch wenn es beim einzelnen Arbeitnehmer im Jahre keine umwerfenden Beträge sind, so potenzieren sie sich bei der großen Zahl der Arbeitnehmer aber rasch zu Milliarden und sind sozialpolitisch und gesamtwirtschaftlich im ganzen von beträchtlichem Gewicht.

In dem einen Jahre 1977 sind bei den Arbeitnehmern mehr als dreizehn Milliarden Mark vermögenswirksam dazu gewachsen. Damit wurde der volle Rahmen noch nicht ausgeschöpft, den der Gesetzgeber gezogen hat.

Wenn man aber bedenkt, daß es sich hier um einen Prozeß handelt, den man über längere Zeit betrachten muß, dann ergeben sich doch beeindruckende Größenordnungen.

Dreizehn Milliarden Mark im Jahr 1977, das wären bei einfacher Addition – ohne Zinsen, Erträge und Zinseszinsen – dreihundertfünfundzwanzig Milliarden Mark in fünfundzwanzig Jahren. Rechnet man die wiederangelegten Erträge dazu, dann kommt man rasch viel höher – bei »nur« 624,– Mark im Jahr als dem vom Gesetzgeber eröffneten Rahmen.

Viele Arbeitnehmer sind, wenn auch noch zaghaft, direkt oder indirekt in den Besitz von Kapitalanteilen gelangt. Sie sind direkt oder indirekt Gläubiger der Wirtschaft oder der öffentlichen Hand geworden. Ihr Besitz ist auf der Passivseite der Bilanzen, als Eigenkapital aus Einlagen der Gesellschafter, als Fremdkapital oder als Schuld des Staates ihnen gegenüber ausgewiesen.

Wenn im Zusammenhang mit der Vermögensbildung vom Arbeitnehmer oder vom Arbeiter gesprochen wird, dann ist das eine sprachliche Vereinfachung.

Wenn man besonders den sozialen, wirtschaftlichen und politischen Gehalt dieser Vermögensbildung richtig versteht, dann ist es selbstverständlich, daß ein Anspruch auf Teilhabe an dem sich aus der Arbeit aller fortlaufend bildenden neuen Kapital auch denjenigen zugestanden werden muß, die nicht direkt in der Wirtschaft tätig sind.

Es sind die vielen, die denen, die in der Wirtschaft wirken, ihre Arbeit ermöglichen oder ihnen den Rücken freihalten: Der Soldat, der mit seinem Dienst dafür sorgt, daß wir alle in Sicherheit in einem Frieden arbeiten können, ohne den aufbauende Arbeit nicht möglich ist, ebenso wie der Polizeibeamte, der Lehrer, oder die vielen, die irgendwo ihre Dienste leisten und mit ihrer Arbeit direkt oder indirekt ihren Beitrag erbringen, durch den das Erarbeiten von Kapital in unserem Lande an anderer Stelle möglich wird.

Bilanz: Stabilität durch störungsfreie Arbeit

Seit wir begonnen hatten, uns der Struktur der Bauwirtschaft zuzuwenden und ihrem sozialen Gefüge einen neuen Gehalt zu geben, war weit mehr als ein Jahrzehnt vergangen.

Die Bilanz, die wir im Frühsommer 1966 vorlegen konnten, war beeindruckend. Die Leute vom Bau waren stolz darauf. Wir hatten uns in einem langen und erfolgreichen Abschnitt um ein großes Gewerbe, um seine Gestalt und seinen Inhalt gemüht. Die Trümmer eines schrecklichen Krieges waren beseitigt. Der Aufbau des Landes, sein Neubau hatte weit über das hinausgeführt, was der Krieg vernichtet hatte. Es war eine große Arbeit, die getan worden war.

In der Welt ist dieser deutsche Aufstieg aus den Trümmern des Krieges als Wunder bezeichnet worden. Es ist oft orakelt worden, was unser Land so rasch wieder in die erste Reihe der entwickelten Völker geführt und was es so zum Blühen gebracht hat. In der Welt wird nicht selten daran Maß genommen, und viele Augen sind sehnsüchtig auf unser Land gerichtet.

Es ist zu einfach und es ist nicht richtig, die Antwort mit unserer Tüchtigkeit und unserem Fleiß zu geben. Wir brauchen als Volk gewiß nicht zu leugnen und in den Schatten zu drängen, was wir können. Das ist nicht wenig. Unsere Arbeiter sind fähig und fleißig. Unsere Unternehmer sind modern und aktiv. Unsere Ingenieure sind findig und unsere Kaufleute geschickt. Unsere Wissenschaftler haben Rang, und auch unsere politische Führung war und ist wohl nicht schlecht.

Aber das alles ist keine ausreichende Begründung für das, wie wir – bei einem Vergleich mit anderen Völkern – dastehen. Auch andere Völker sind fähig und tüchtig. Wir unterscheiden uns vor allem dadurch von vielen Nationen, daß wir, im Vergleich mit ihnen, relativ störungsfrei unserer Arbeit nachgegangen sind. Das ist ein Hauptfaktor! Hier liegt das eigentliche Geheimnis unserer Stabilität. Unsere Gewerkschaften vergeuden ihre Kraft nicht als Rivalen untereinander, und sie vergeuden im Spannungsfeld zu den Unternehmern nicht im unvertretbaren Maße volkswirtschaftliche Produktivität, auch wenn sie manchem im Lande unbequem sind, wenn sie einmal an den Bäumen der Wirtschaft schütteln.

Die Kluft zwischen Unternehmern und Arbeitnehmern ist nicht verbreitert und vertieft worden. Die Spannungen, die es zwischen ihnen gibt, sind natürlich. Sie kommen von der Sache und den unterschiedlichen Interessen her, und es gibt keine Ausfälle, weil parteipolitische Auseinandersetzungen von parteipolitisch motivierten Gewerkschaften in die Betriebe getragen werden.

Diese Stabilität hat eine tiefe Wurzel in der Ausgestaltung unserer sozialen Sicherung, wie es hier am Beispiel der Arbeit in einem guten Jahrzehnt in der Bauwirtschaft dargestellt worden ist. Daran ist in jeder Phase, seit die Bundesrepublik zu leben begann, bis auf den heutigen Tag gewirkt worden, und die soziale Entwicklung hat gerade im siebten Jahrzehnt eine nachhaltige Abrundung erfahren.

Es gibt kein unerklärbares deutsches Wunder und kein Geheimnis deutscher Stabilität. Es sind viele wichtige Elemente, die das »Wunder« ausmachen, und es sind zahlreiche Partikel, die von vielen Seiten beigetragen worden sind. Die hier aufgezeigten sind besonders hochkarätig. Die störungsfreie Arbeit auf den Baustellen war ein bedeutender Baustein zu dem »deutschen Wunder«.

5. KAPITEL

Beginnende Wirtschaftsflauten

Im Jahre 1966 bahnte sich in der Bundesrepublik eine Flaute der Wirtschaft an, die in ihrer Folge zur Ablösung der von Ludwig Erhard geführten Regierung führte.

Soweit es wirtschaftliche Vorgänge waren, haben sie sich zu einem beträchtlichen Teil in der Bauwirtschaft ereignet oder von dort ihren Ausgang genommen. Die Baukonjunktur war bis in die Mitte der sechziger Jahre stark überhitzt. Die Bundesregierung bemühte sich, die Überkonjunktur zu dämpfen.

Im Frühsommer 1966 war ein Zustand erreicht, in dem die Auftragsdecke zusammenzuschrumpfen begann. Die Bauunternehmer gaben sich wieder Mühe mit ihren Angeboten. Sie rangen um ihre Kunden. Das war vielen von ihnen unbequem, aber es war gesund. Nur bei funktionierendem Wettbewerb und wirkendem Preismechanismus kann die Marktwirtschaft sich bewähren. Uns störte nicht das Klagen von bequem gewordenen Bauunternehmern. Viele von ihnen hatten sich daran gewöhnt, daß in den Aufbaujahren die Kunden vor ihrer Türe warteten. Was uns Sorge bereitete, das war der Trend, den wir an einer Reihe von Symptomen zu erkennen glaubten.

Die Regierung wollte die Konjunktur dämpfen. Die Bauwirtschaft bewegte sich langsam aus den hohen Wellen der Überkonjunktur in ruhigere Gewässer, auch wenn sie teilweise noch deutliche Zeichen der Überhitzung trug. Statt die weitere Wirkung der bereits angewandten Mittel abzuwarten, wurde weiter gedämpft.

Gewerkschaftliche Warnung vor Rückschlägen

Es war erkennbar, daß die Gefahr bestand, am Ziel vorbei, aus der Überkonjunktur an der normalen Auslastung der Kapazitäten vorbei, in das kalte Wasser der Unterbeschäftigung zu geraten. Das mußte zu Kreislaufstörungen führen, wenn das Ruder der Konjunktursteuerung politisch nicht frühzeitig genug herumgerissen würde.

Die Bauwirtschaft ist nicht mit einem schnellreagierenden Auto, sondern viel eher mit einem schwer manövrierfähigen Schiff zu vergleichen. Die stürmische See, in der das Schiff auf den Wellen tanzt, in der es fast nicht mehr dem Steuer gehorcht und oft außer Kontrolle gerät, ist mit der überhitzten Konjunktur der Bauwirtschaft zu vergleichen. In einer solchen Situation wird der Kapitän »volle Kraft voraus in ruhige Gewässer« befehlen. Jeder erfahrene Kapitän weiß aber, daß er schon eine angemessene Spanne vor dem Erreichen ruhigen Wassers die volle Kraft zurücknehmen muß, weil das Schiff mit seiner eigenen Schwerkraft, mit seinem nach vorn drängenden Beharrungsvermögen sich noch eine gute Strecke in der gewohnten Richtung fortbewegt. Der Kapitän muß, wenn er einen bestimmten Abstand von der Kaimauer erreicht hat, die Schraube sogar in die umgekehrte Richtung drehen. Ein auf den Kai zulaufendes Schiff, dessen Kraft nicht rechtzeitig vorher zurückgenommen wird und das nicht kurz vorher die den Umständen entsprechende Gegenkraft erhält, ist in der Gefahr, auf den Kai zu stoßen und sich dort leck zu schlagen. Das ist ein Vorgang, den jeder kennt, der in einem Hafen schon einmal zugesehen hat. Er ist dem vergleichbar, was sich damals konjunkturpolitisch in der Bauwirtschaft ereignete.

Was sollte ich mehr tun und was konnte ich mehr tun, als öffentlich warnen, um eine Gefahr, die ich sah, ins öffentliche und in das zuständige Bewußtsein zu bringen? Ich hatte nicht das Flair eines Wirtschaftswissenschaftlers und hatte in den Augen unserer deutschen Landsleute in solchen Streitfragen auch nicht die Sachautorität eines »richtigen« Professors, der es ja wissen muß. Ich war Vorsitzender einer Gewerkschaft. Ich galt also als Interessenvertreter, zu dessen Aufgaben es nach vieler Leute Meinung auch gehört, von Zeit zu Zeit die Trommel zu rühren und Unheil zu prophezeien.

Was ich erntete, als ich die Gefahr aufzeigte, das war daher nicht Zustimmung und entsprechende politische Reaktion in Bonn, sondern Widerspruch, vor allem in der Fachpresse. Ich erinnere mich noch gut, daß »Die Bauwirtschaft«, die Zeitschrift des Hauptverbandes der Deutschen Bauindustrie, mir vorhielt, meine Einschätzung der Konjunkturlage sei unbegründet, ich spiele Kassandra.

Die ehrenwerten konservativen und regierungstreuen Schreiber auch dieses Blattes hatten wohl vermutet, ich wolle nur ein wenig gegen die Regierung trommeln.

Gespräch mit Ludwig Erhard

Nicht lange danach – im Plenum des Deutschen Bundestages – schickte mir Ludwig Erhard von der Regierungsbank einen Zettel mit der Einladung zu einem gemeinsamen Cognac im Restaurant des Bundestages. Während ich mich aufmachte, um dorthin zu gehen, kam mir der Gedanke, wie der Bundeskanzler wohl das Gespräch eröffnen würde. Er hatte meine Bemerkungen zur Baukonjunktur gehört. Würde er sagen: »Was haben Sie gegen mich?« So hatte er schon einige Male ein Gespräch mit mir begonnen. Wir hatten in vielen Jahren ein gutes persönliches Verhältnis zueinander gewonnen. Er war ein Mensch mit den Füßen auf dem Boden. Sein Handwerkszeug war unkompliziert. Er war für uns überschaubar und kalkulierbar, auch dann, wenn er uns kritisierte und gegen uns polterte. Wir hatten in ihm auch den Pol, an dem wir uns seit Jahren gerieben hatten. Solche Reibereien und von der Sache her kommende Spannungen zwischen Regierung und Gewerkschaften sind nichts Schlimmes. Sie sind der notwendige politische Stuhlgang, den beide wahrscheinlich brauchen. Sie sind auch bezeichnend für den Freiheitsraum, der in einem Staat offengehalten wird. Einige Monate, ehe Ludwig Erhard Bundeskanzler wurde, hatte ich ihm davon abgeraten, sich um dieses Amt zu bewerben. Damals hatte er auch mit der Frage reagiert: »Was haben Sie gegen mich?«

Dieses Gespräch fiel mir ein, als ich den Zettel in der Hand hielt, den er mir geschickt hatte.

Ich hatte damals zu ihm gesagt: »Sie sind ein erfolgreicher Wirtschaftsminister. Ihr Name wird mit der Erhebung unseres Landes aus den Trümmern in die vordere Reihe der Wirtschaftsmächte in die Geschichte eingehen. An dem, was Sie als Wirtschaftsminister zu hohem Erfolg geführt hat, werden Sie meiner Auffassung nach als Bundeskanzler scheitern.« – »Wieso?«

»Ihre Leistung als Wirtschaftsminister besteht darin, daß Sie die Wirtschaft nie geführt haben. Sie haben auch nie den Eindruck erweckt, als wollten Sie die Wirtschaft führen. Sie haben ihr Steine aus dem Weg geräumt, damit der einzelne sich in Freiheit wirtschaftlich betätigen konnte, und haben der Eigeninitiative damit die Chance gegeben, sich Erfolg zu suchen. Damit haben Sie die Energien mobil gemacht, die für den Aufbau wichtig waren. Sie haben sich auch durch gewerkschaftliche Forderungen nicht von dieser Haltung abbringen lassen und haben nicht in den Prozeß des Geldverdienens in der Wirtschaft eingegriffen, auch nicht, um manche harten Folgen dieses Wirtschaftens, die über die Arbeiter kamen, von diesen abzuwenden. Das geschah auf andere Weise. Sie haben ein einziges Mal den Versuch gemacht, in die Wirtschaft hineinzuregieren und haben sich dabei eine Abfuhr geholt, als Sie mit Ihrer Kartellgesetzgebung antraten. Entscheidend an der Sache ist, daß Ihre Zurückhaltung vor jeder Art von Führung oder Direktion der Wirtschaft keine Taktik von Ihnen war, es war auch nicht der Ausfluß eines intellektuellen Vorganges bei Ihnen, sondern diese Haltung entspricht Ihrem Charakter und Ihrer ganzen Veranlagung . . . Sie sind so, und Sie können Ihrer ganzen Machart nach gar nicht anders. Wenn ich Sie richtig kenne, ergibt sich daraus der Schluß, daß Sie, der erfolgreiche Wirtschaftsminister der Bundesrepublik, als Bundeskanzler aus den gleichen Gründen scheitern müssen, die Sie als Wirtschaftsminister so erfolgreich gemacht haben. Als Kanzler müssen Sie führen und dirigieren, und das können Sie nicht!«

Erhard hatte mir darauf gesagt, ich werde mich noch wundern, wie er regieren und wie er führen werde.

Nun waren gerade drei Jahre seit dem Gespräch von damals vergangen. Ludwig Erhard war seit zwei Jahren Bundeskanzler. Es sah vieles anders aus als vor seiner Kanzlerschaft. Das deutsch-amerikanische Verhältnis war stumpf geworden. In der Außenpolitik kam es zu Differenzen, und man spürte das Zögern und die Schwierigkeiten Ludwig Erhards, sich zu entscheiden. Seine Regierung machte nach nur zwei Jahren nicht mehr den Eindruck, als stünde sie noch fest auf ihren Füßen.

Nun wollte der Bundeskanzler wissen, wie er die »Angriffe« wegen der Baukonjunktur zu verstehen hätte.

Ich sagte ihm, ich sei in Sorge, und mit mir auch andere, wegen der Vollbeschäftigung der Bauwirtschaft. Die Auftragsdecke schrumpfe in gefährlichem Maße zusammen. Das sei nicht das Schlimmste. Noch größere Sorgen mache uns, daß die zurückgehende Finanzierung, die Hergabe öffentlicher Gelder für Bauaufgaben und die Beschaffenheit des

Kapitalmarktes für die Zukunft eine Gefahr anzeige. Von daher würde der Auftragsbestand spätestens im kommenden Frühjahr in einer Weise gefährdet, daß es zu einer Krise kommen könne.

Der Bundeskanzler versuchte mich zu beruhigen. Das käme schon nicht so, wie ich vermute. Man müsse sich halt an den Gedanken gewöhnen, daß der große Bauboom vorbei sei. Die Baufirmen hätten ja doch die ganzen Jahre hindurch Geld verdient und hätten gute Polster. Die Konjunktur und die Preise seien immer noch angespannt.

Der Hinweis auf die gegenwärtige Konjunktur und die gegenwärtigen Preise war natürlich begründet. Das hatte mir ja auch den Vorwurf eingebracht, ich spiele Kassandra. Aber meine Sorge wegen des künftigen Verlaufs der Konjunktur und der sich anzeigenden Trends war doch wohl auch begründet. Das sah der Kanzler nicht so.

Ich kannte Erhards Sorge vor den hohen Ausschlägen der Konjunktur mit der Wirkung auf die Preise und die Lohnforderungen der Gewerkschaften. Er hatte die Tarifpartner immer in Verdacht, auf dem Rücken einer angeheizten Konjunktur gemeinsam ihr Geschäft zu machen. Er wußte gleichzeitig aber sicher auch gut genug, wie es um die Bundesfinanzen stand.

Mir wurde klar, die Regierung würde nichts veranlassen, was die Baukonjunktur betraf, nichts zu ihrer weiteren Dämpfung, aber leider auch nichts zu ihrer rechtzeitigen Belebung, um sie nicht ins Tief abgleiten zu lassen. Sie konnte wohl auch schon nicht mehr gegensteuern und die Baukonjunktur für das kommende Frühjahr beleben. Dazu war kein Geld mehr vorhanden.

Der Regierung Erhard fehlte es im Sommer 1966 schon an der Kraft, das zu tun, was notwendig gewesen wäre und was sechs Monate später von einer anderen Regierung unter einer anderen Konstellation getan wurde, nämlich die Konjunktur durch Auftriebsimpulse vom weiteren Abgleiten in das Tief abzuwenden und, soweit sie schon hineingeraten war, ihr aus dem Tief herauszuhelfen.

Es kam nicht mehr zu einer Änderung der Politik Ludwig Erhards.

Schon im November 1966 wurden viele Bauunternehmer, die ihre Rechnungen für beendete Arbeiten vorlegten, von den Ämtern ohne Geld zurückgeschickt. Es fehlte an Geld in den Kassen. Damit trat etwas ein, was viele nicht für denkbar gehalten hatten: Erhard war als Kanzler viel schneller mit seinem Latein am Ende, als zu vermuten gewesen war.

Er scheiterte als Kanzler auf dem Felde der Wirtschaft, auf dem er als Wirtschaftsminister so erfolgreich gewesen war.

Damit eröffnete sich aber auch eine Entwicklung, die kurz vorher für viele noch nicht denkbar gewesen war. Was Ludwig Erhard nie gewollt und wogegen er sich heftig gewehrt hätte, wurde von ihm durch seinen Rücktritt eingeleitet: Die SPD trat in die Regierung ein. Die Krise der Regierung Erhard hatte etwas ausgelöst, was des Staates wegen von historischer Bedeutung war.

Fehlende Ideale?

Wir hatten mit Erfolg unsere Aufgaben angepackt. Was geschaffen worden war, ließ sich ansehen. Aber wir hatten auch unsere Achillesferse: Unsere Kraft hatte sich auf das Wirtschaftliche konzentriert, und wir waren in hohem Maße eine Gesellschaft von Konsumenten mit sozialer Sicherung geworden. Von dem Augenblick an, in dem der Nachbar ein Auto besaß, war man um einen Teil seines Schlafes gebracht, bis man selber auch ein Auto hatte. Dann war die eigene Welt wieder im Lot. Dieses eigene Auto wurde aber dann wieder weniger wert, wenn der Nachbar ein neues oder ein größeres Auto gekauft hatte. Der amerikanische Gewerkschaftsführer Walter Reuther hatte zur Kennzeichnung dieses Zustandes einmal gesagt: »Es ist gut, daß die Kühlschränke in den Küchen stehen und nicht auf den Bürgersteigen. Sonst käme jedes Jahr ein neuer Typ heraus und er würde und müßte auch gekauft werden.«

So ähnlich waren wir als Volk geworden.

Wir hatten vieles bewegt, aber die geistige Seite und die Tatsache, daß ein Volk, vor allen Dingen die Jugend, Ideale und etwas braucht, zu dem man hochsehen kann, das war zu kurz gekommen.

Der Staat, den wir uns geschaffen hatten, trug seine besonderen Probleme in sich.

Er war und ist bis heute nicht identisch mit dem deutschen Volk, weil ein wesentlicher Teil von ihm ausgeschlossen ist. Es ist deshalb nicht leicht, ihn unser »deutsches Vaterland« zu nennen.

Wie füllen wir aber den Raum aus, der in unserer Brust ist und der in der ganzen Welt bei allen Menschen dazu da ist, das aufzunehmen, was mit dem Begriff Vaterland ausgedrückt wird? Können wir auf die Dauer

»Staat sein« ohne eine feste innere Beziehung des Bürgers zu seinem Staat, die sich in dem Wort: »Das ist mein Vaterland!« ausdrückt? Ich nehme an, ich bin so veranlagt wie die meisten Menschen. Ich will auch »Vaterland« sagen und ich will es lieben können, wenn es wert ist, von mir geliebt zu werden. So geht es den meisten Menschen. Das andere ist mir zu nüchtern, weil das Herz nicht mitschwingt, und es ist mir zu wenig, wenn die Bindung nur über den Verstand geschaltet ist.

Ist aber der Staat, in dem wir leben, für viele von uns bis jetzt nicht einfach nur ein Raum, in dem man lebt, arbeitet, frei ist, Rechte hat, am Wohlstand teilnimmt und was es sonst noch an vergleichbaren Erwartungen an den Staat gibt, der so verstanden wird? Wenn es im wesentlichen nur diese Bedingungen und Erwartungen sind, die für viele den Staat ausmachen, dann ist er sicher solange etwas wert, wie er fähig ist, solche Erwartungen zu erfüllen, aber er verliert wohl dann an Wert und man hält nicht mehr soviel von ihm, wenn er einmal schwach wird und solche Erwartungen nicht mehr oder nicht mehr angemessen genug erfüllt. Sind wir als einzelne Bürger unseres Staates in unserer Mehrheit fähig, auch dann noch treu zu ihm zu stehen, wenn wir einmal in Not geraten oder wenn mancher sich nicht mehr bereichern kann, wie das einmal war und wie man das erwartet?

Sind das nicht gefährliche Symptome, wenn in Baden-Württemberg unter dem Eindruck einer doch keineswegs krisenhaften Rezession im Jahre 1968 plötzlich vierzehn Prozent rechtsradikale Wähler da waren?

Wenn die sogenannte Decke des Wohlstandes einmal von uns gezogen wird, dann werden viele erschrecken, wenn sie sehen, daß die Zahl derer dann nicht mehr so groß ist, wie mancher glaubt, die dann noch unverzagt zu unserem demokratischen Staat stehen!

Und die Jugend?

Bei der Mehrheit von uns allen kommt das Verhältnis zum Staat und die Bindungen zu ihm vom Verstand her, und der Staat hat noch nicht bei genug Bürgern den Anker geworfen, der ihm den notwendigen festen Halt verschafft.

Das war nicht allein ein Problem der Jugend, sondern es bestand für viele Ältere ebenso. Über vielen war 1945 ein Himmel zusammengebrochen. Als alles in Scherben lag, wie man vorher gesungen hatte, da war auch in mancher Brust das große Vakuum entstanden.

Das alles zeigte sich oft nur am Rande und in scheinbaren Nebensächlichkeiten.

Auf der Krim war ein internationales Jugendtreffen. Die Jugend aus vielen Ländern der Welt hatte Delegationen geschickt. Aus der Bundesrepublik Deutschland nahm eine Abordnung des Bundesjugendringes mit Vertretern aus vielen Gruppen teil. Als sie zurückkamen, gaben sie ihre Berichte. Sie erzählten von einem Lagerfeuer, um das die Delegationen aus den einzelnen Ländern saßen. Die Fahnen, die sie mitgebracht hatten, waren vor ihnen um das Feuer herum aufgestellt worden. Wenn eine Delegation eintraf, wurde sie den schon anwesenden Delegationen vorgestellt und sie sang ihre Nationalhymne. Als die Delegation aus der Bundesrepublik eintraf, wiederholte sich die Begrüßung wie bei allen Delegationen. Die Melodie des Deutschlandliedes wurde gespielt. Aber die Angehörigen unserer Delegation sangen nicht, sie kannten den Text nicht! Als ein junger Mann das berichtete, sah ich auf einigen Gesichtern ein Schmunzeln. Mir tat das weh!

Natürlich war es nicht schlimm, daß die jungen Deutschen dort nicht gesungen hatten, aber im Vergleich mit der Jugend aus den anderen Ländern war es doch nicht unwichtig, daß sie den Text nicht kannten. Hier geht es doch nicht um den Text allein. Daß man den Text nicht kennt, wie es anderswo selbstverständlich ist, das offenbart doch mehr!

Ich habe auf diesen Vorgang später einmal auf einer wehrpolitischen Tagung hingewiesen, als dort über den Mangel an Tradition geklagt und darüber debattiert wurde, ob der Mangel an Tradition nicht durch einen Ministererlaß behoben werden könnte. Ich hatte mich geweigert, eine solche Anordnung zu erlassen, weil ich der Meinung bin, daß man Tradition und Traditionsbewußtsein nicht durch Erlasse und Anordnungen befehlen kann. Ich war in der Pause nach dem Vortrag nicht überrascht, als ich hörte, wie hinter mir ein Bataillonskommandeur einem Kameraden etwas sagte, was wohl nicht für meine Ohren bestimmt war: Er habe, nachdem ich den Vorgang mit der Jugendgruppe erwähnt hatte, still für sich versucht, den Text zusammenzubringen und habe es nicht vollständig geschafft. Dann sagte er: »Morgen wird in allen Kompanien des Bataillons der Text an die schwarzen Bretter gehängt, und er muß von allen gelernt werden.«

Während der Osterunruhen 1968 in Paris zogen Studenten und Arbeiter über die Champs-Élysées. Mir fiel auf, daß sie außer den Plakaten mit ihren Forderungen und Anklagen auch die Trikolore vor sich her trugen. Ein paar Tage danach fuhr ich am späten Abend in Bonn von der Arbeit in meine Wohnung. In der Nähe der Universität mußte mein Wagen anhalten, weil die Ampel auf Rot geschaltet war. Neben dem Auto warteten aus dem gleichen Grunde eine Anzahl Studenten, die wohl an einer Abendveranstaltung teilgenommen hatten. Sie waren guter Stimmung, erkannten mich im Auto und spotteten: »Na, der Schorsch, der muß wohl viel Arbeit haben, er macht Überstunden . . .«

Dann ging einer von ihnen nach vorn und spuckte auf den Stander, der dort angebracht war, und zwei andere taten es ihm nach. Ich war erschüttert und hätte fast den Fehler begangen und wäre aus dem Auto gestiegen. Das hätte vielleicht zu Handgreiflichkeiten geführt. Ich kam aber nicht dazu, weil die Ampel auf Grün schaltete und der Fahrer weiterfuhr. Es wäre mir lieber gewesen, wenn die Bonner Studenten an diesem Abend auf mich gespuckt und den Stander mit der Fahne in Ruhe gelassen hätten!

In unserem Lande wurde in diesen Jahren nicht selten die Fahne heruntergerissen und mit Füßen getreten; niemand aber rief: »Die Regierung muß weg!«

In Frankreich trugen sie die Fahne vor sich her und riefen: »Die Regierung muß weg!« Die Fahne, das war das Symbol ihres Staates – die Regierung in ihrem Staat wollten sie nicht mehr. Bei uns war es umgekehrt wie in Frankreich, das ist es, worauf es mir bei meiner Betrachtung ankommt.

Aber wir sind »modern« und halten uns nicht lange mit solchen Nebensächlichkeiten auf. Was ist das schon? Symbol! Wir sind Realisten. Wir wissen, was wir an unserem Staat haben. Sind wir nicht stolz darauf, daß unser Geld gut ist und daß wir auf vielen Gebieten so gut und so weit vorn sind? Und weil wir »überhaupt« so gut sind, mußten wir natürlich auch wieder Fußballweltmeister werden. Als wir es dann doch nicht wurden, ließen nicht wenige unter uns die Köpfe hängen und trauerten.

In Österreich übrigens stand ich kürzlich vor einer Buchhandlung und war überrascht darüber, als ich in einem Schaufenster mehr als ein Dutzend in der letzten Zeit herausgegebener Bücher ausgestellt sah, die sich alle um zwei Themen drehten: Österreichs Staatswerdung, Österreich als

Staat und Österreich als Nation. Wir befinden uns anscheinend noch in der Phase davor und schreiben und lesen uns zunächst noch in das Leben und Treiben derer hinein, die uns so nachhaltig in die Trümmer geführt haben, daß das damals mißbrauchte Wort Vaterland wohl noch lange ein Problem bleibt.

Streit um Notstandsgesetze

In diesen Zusammenhang gehört auch ein anderer Vorgang. Es ist die jahrelange Auseinandersetzung um die Notstandsgesetze.

Eine Seite lehnte solche Gesetze ab. Ihre Begründung lautete kurz zusammengefaßt: Notstandsgesetze höhlen das Grundgesetz und den demokratischen Staat aus. Sie sind Werkzeuge in der Hand derer, die Macht ausüben, und sollen die Freiheit, auch die Freiheit der Gewerkschaften untergraben. Wir haben gerade erst die schlimmsten Erfahrungen des Dritten Reiches hinter uns und dürfen nicht zulassen, daß auch nur in kleinen Schritten wieder so etwas eingeleitet wird. Wir wollen keinen Notstand und keine Notstandsgesetze, die die Freiheit einengen und den Rechtsstaat gefährden ...

Die andere, unsere Auffassung: Wenn es nicht auszuschließen ist und wenn niemand verhindern kann, daß doch einmal von außen her ein Notstand über uns kommt, muß rechtzeitig nachgedacht werden, nach welchen rechtlichen Regeln dann der Staat regiert werden soll.

Wenn das nicht geschieht und das geltende Recht, das für den Normalfall gilt, sich unter den veränderten Umständen eines Notstandes ganz einfach nicht praktizieren läßt, dann besteht die Gefahr, daß diejenigen, die dann die Macht haben, auch bestimmen, was zu geschehen hat oder sie machen sich ihr Recht im Notstand selber. Deshalb muß man Vorsorge treffen und in Ruhe die Regeln und die Bedingungen in Gesetze fassen, die dann bindend sein sollen, wenn ein solcher Notstand herrscht. Wir brauchen die Gesetze auch, um die Vorbehalte der Alliierten abzulösen. Ein Staat, der unabhängig sein will, der darf nicht hinnehmen, daß er in einer Notzeit von ausländischen Generalen regiert wird ...

Die Gesetze wurden später erlassen. Wir hatten mit unserer Haltung in den jahrelangen Auseinandersetzungen zwar nie eine Mehrheit in der Gewerkschaft zustande gebracht. Aber wir waren mit über vierzig Prozent der Stimmen nach langen Debatten in dieser Sache so stark geworden, daß im Parlament nicht befürchtet werden mußte, daß eine zu erlassende Notstandsgesetzgebung auf eine geschlossene Ablehnung der deutschen Gewerkschaften stoßen würde. Das hätte gerade in dieser Frage verhängnisvoll werden können, oder es hätte vielleicht dazu geführt, daß die Gesetze unter diesen Umständen nicht erlassen worden wären. Damit wäre ein erheblicher Mangel in der staatlichen Vorsorge bestehen geblieben. So hatte das Parlament genügend freien Raum, um seine Beschlüsse ohne zu starke Einengung fassen zu können.

Ich habe noch in keiner Sache so oft den Hinweis auf das eigene Gewissen gehört wie zu der Zeit, als über Notstandsgesetze diskutiert wurde. Wer von dorther wirklich festgelegt war, dem mußte man mit Respekt begegnen. Aber ich habe damals auch Opportunisten kennengelernt, die ihrem Gewissen wortgewandt Ausdruck verliehen und die auch anders gekonnt hätten, wenn sie eine andere Mehrheit vermutet hätten.

In der Zwischenzeit ist ein Jahrzehnt vergangen. Die Gesetze sind erlassen. Eine für unsere Sicherheit bedeutungsschwere Lücke ist geschlossen. Es wurde Vorsorge getroffen, und es ist kein Unheil über uns gekommen, wie es über Jahre hinweg in Tausenden von Veranstaltungen, auf Kongressen, in Massenkundgebungen und auf einem Berg von Papier prophezeit worden war.

Die Neinsager von damals haben zum Teil hohe Ämter inne. Ich weiß es nicht sicher, aber ich vermute, daß sie jetzt vielleicht doch froh sind, daß die Gesetze damals gegen ihre Stimmen erlassen worden sind.

Hinter der Sachdebatte, die in diesen Jahren geführt worden ist, hatte sich, jedenfalls für mich, noch etwas offenbart. Ich hatte es in einer Bundestagsdebatte im Jahre 1961 einmal so ausgedrückt: » . . . Wir gehen an diese Gesetzgebung nicht aus der Position heran: Wir müssen verhindern, daß da etwas geschieht, weil die anderen immer in der Regierung und wir immer in der Opposition sind. Wir denken bei der Beratung des Gesetzes auch daran, daß wir einmal Regierung sein und dieses Amt, das des Bundesinnenministers, ausüben werden.«

In der Vordebatte um die Gesetzgebung waren die meisten von uns zu sehr von der Auffassung ausgegangen: Die Regierung will diese Gesetze. Die Regierung, das sind die anderen. Denen geben wir diese Gesetze nicht in die Hand. Als wir anfingen, auch daran zu denken, daß wir einmal regieren könnten, und es dann auch gut wäre, solche Gesetze zu haben, war schon manches gewonnen.

Die Sozialdemokraten waren in der Opposition, die anderen Parteien waren in der Regierung. Das war nach der Auffassung derer, die regierten, eine gute Rollenverteilung.

Den Sozialdemokraten wurde die Regierungsfähigkeit öffentlich abgesprochen. Sie wurden von Zeit zu Zeit immer wieder einmal in die Nähe der Kommunisten gerückt.

Und: »Wem es hier nicht paßt, der kann ja gehen«, das war gar nicht in der Erregung herausgerutscht, sondern wohl mit Bedacht in diese Richtung angesetzt.

Umgekehrt: Für viele waren Staat und Regierung dieselbe Sache geworden, so wie die, die regierten, das ja auch gerne wollten.

Viele Arbeiter zählten sich zur Opposition. Das war aber nicht nur Opposition gegen die Regierung, sondern es bahnte sich nach und nach auch Mißtrauen und Opposition gegen den Staat an. Es begann eine Kluft zu entstehen.

Mit dem Abstand von fünfzehn Jahren von heute zu damals klingt das vielleicht übertrieben, und doch war diese Einstellung vorhanden und sie war im Wachsen. Es gab schon sehr viel in diesem noch jungen Staat und an diesem Staat, was in ihm und an ihm gegen diejenigen entstanden war, die seit seinem Anfang in der Opposition waren.

»Wir waren gegen die Errichtung der Bundeswehr und gegen die Wiederbewaffnung, also sind wir folgerichtig auch gegen Notstandsgesetze.« Beides wollte man nicht. Beides war typisch für diesen Staat und für die, die ihn regierten.

Es kam noch etwas hinzu. Die meisten Gewerkschaftsmitglieder waren zwar Anhänger der Sozialdemokratie und bildeten deren festen Wählerkern. Aber die Gewerkschaften waren doch nicht in der Opposition. Sie waren und sind immer in der Verantwortung, unabhängig davon, wer den Staat regiert. Wir mußten mit der Regierung zusammenarbeiten, wir in der Bauwirtschaft wegen der Besonderheiten dieses Wirtschaftszweiges besonders. Das knirschte oft in den Scharnieren.

Für mich bildete sich spätestens vom Ende der fünfziger Jahre an, als die Gewerkschaften über Monate hinweg in die Atomtodkampagne hineingezogen wurden und viele von uns – auch ich – viel Kraft in eine viele Monate dauernde unnütze Auseinandersetzung gaben, die Überzeugung, daß die Sozialdemokratie so bald wie möglich einmal Regierungsverantwortung übernehmen und Macht im Staat ausüben müßte, um sich auf diese Weise auch für jeden ihrer eigenen Wähler und Anhänger sichtbar mit dem Staat zu identifizieren. Eine Partei, auch wenn sie gerade in der Opposition ist, ist so gut Teil der staatlichen Wirklichkeit wie die gerade Regierenden und darf nicht an den Rand des Staates gedrängt werden. Das bewegte mich auch nach der Bundestagswahl 1961.

Gespräch mit Hans Katzer

Ich hatte mit niemand gesprochen und von niemand einen Auftrag. Das galt auch für Hans Katzer, mit dem ich mich traf. Wir hatten als Gewerkschaftler Kontakt zueinander. Katzer war als Sprecher des Gewerkschaftsflügels in seiner Fraktion anerkannt, ich war Vorsitzender einer Gewerkschaft. Wir waren beide gerade wieder als Abgeordnete in den Deutschen Bundestag gewählt worden.

Wir trafen uns nach der Wahl 1961 in der Autobahnraststätte bei Siegburg. Wir hatten angenommen, das sei ein unverfänglicher Platz, an dem wir ungesehen miteinander reden könnten und nicht wahrgenommen würden.

Ich hatte meinem Gewerkschaftskollegen Katzer meine Sorgen mitgeteilt. Wenn es bei der bisherigen Konstellation bliebe, würden die Gewerkschaften zwangsläufig mehr und mehr in die Auseinandersetzungen zwischen Regierung und Opposition hineingezogen. Dadurch könnte in der Arbeiterschaft eine Verwirrung entstehen und ein gestörtes Verhältnis zu dem noch jungen Staat sich breitmachen. Es wäre ja nicht das erste Mal, wenn es dazu kommen würde.

Es sei auch nicht auszuschließen, daß aus einer langen Konfrontation der Gewerkschaften mit der Regierung eine Gefährdung der Einheit der Gewerkschaften erwachsen könnte. Das wäre nach jeder Seite hin schlimm.

Katzer verstand meine Überlegungen, aber wir kamen beide zu dem Ergebnis, daß bei diesem Wahlausgang und bei richtiger Einschätzung aller Tatbestände wohl überhaupt nichts dafür sprach, die Möglichkeit einer Koalition zwischen CDU/CSU und SPD für denkbar zu halten.

Wir trennten uns, und jeder ging wieder seiner Wege. Wir hatten uns als Männer der Gewerkschaften in dieser Situation über unseren gemeinsamen Staat unterhalten. Getäuscht hatten wir uns in der Annahme, unsere Unterhaltung werde verborgen bleiben. Sie wurde in der Presse vermerkt. Es hatte uns also jemand beobachtet und keine falschen Schlüsse über den Inhalt des Gespräches gezogen. Der Bericht in der Presse schadete nicht. Es konnte uns niemand hindern, miteinander zu reden, auch wenn wir beide von niemand einen Auftrag hatten.

Erste Regierungskrise

Ein Jahr später kam 1962 die Regierung Adenauer wegen der Spiegel-Affäre ins Rutschen. Franz Josef Strauß war Verteidigungsminister. Er war dem Parlament gegenüber mit der Wahrheit in Konflikt geraten. Der Bundesjustizminister trat zurück, weil er hintergangen worden war. Strauß trat nicht zurück. Um die Entlassung von Strauß aus der Bundesregierung zu vermeiden, sollte die Regierung umgebildet werden, und Strauß sollte der neuen Regierung nicht mehr angehören. Dieses Spiel führte zur ersten Regierungskrise der Bundesrepublik.

Es gab danach eine Reihe von Kontakten und Gesprächen mit der CDU über die Frage einer großen Koalition. Abgesehen von einigen Ausnahmen gab es auf der Seite der CDU in der Zeit von Konrad Adenauer aber keine ernstgemeinten Absichten, mit der SPD wirklich zu einer Verständigung zu kommen. Deshalb war auch der offizielle Grund, an dem die Gespräche scheiterten, sehr weit hergeholt, »weil man sich nicht über das Mehrheitswahlrecht verständigen konnte«.

Nicht viel anders entwickelte sich der Kontakt mit Vertretern der FDP. Auf unserer Seite nahmen Fritz Erler und Heinrich Deist daran teil. Ich war dazu gebeten worden, weil es nach der Auffassung von Fritz Erler nützlich war, einen Gewerkschaftsmann dabeizuhaben, denn das Spannungsfeld zwischen FDP und SPD war damals am ausgeprägtesten zwischen den Gewerkschaftsleuten in der SPD und der FDP. Wir trafen uns mehrmals, entweder bei Ewald Bucher oder bei Fritz Erler, deren Wohnungen im gleichen Haus nebeneinander lagen. Wir hatten den Eindruck, daß vor allen Dingen Wolfgang Döring zumindest ernsthaft ausloten wollte, ob es einen Weg zueinander gab. Die Unterhaltungen gingen aber rasch zu Ende. Sehr spät in der Nacht traf die Meldung ein, Erich Mende und Adenauer hätten sich über die Bildung einer Regierung verständigt. Damit mußten wir von Anfang an rechnen. Adenauer hatte seine Angel zwar auch auf die Sozialdemokraten zugeworfen, in der Hauptsache aber wohl, um die FDP gefügig zu machen. Uns war klar, daß seine Drohung mit dem Mehrheitswahlrecht Erich Mende wieder auf den von Adenauer gewollten rechten Weg bringen mußte, so wie eine Oase einen Durstigen anzieht, der sich ein paar Tage in der Wüste verirrt hat. Adenauer hatte richtig taktiert und seine Rechnung ging auf.

Ein Herr aus der FDP hatte sich in diesen Tagen gegen ein Zugehen auf die SPD mit der Bemerkung gewehrt, die Sozialdemokraten seien noch nicht koalitionsfähig. Das hieß wohl, sie seien für ihn als Partner politisch nicht oder noch nicht satisfaktionsfähig. Dieses Wort blieb mir lange tief in den Knochen sitzen.

Die Regierung Erhard scheitert

Im Jahre 1965 war für den kritischen Betrachter zu erkennen, daß die Regierungskonstellation unter Ludwig Erhard fraglich werden könnte. Es gab in der CDU Kräfte, denen es nicht nur um die Frage der Effizienz der Regierung Erhard und die Funktionsfähigkeit der ihn stützenden oder nicht mehr richtig stützenden Koalition ging. Es kamen Fragen hinzu, die den Staat, seine innere Festigung und besonders die großen Aufgaben und Entscheidungen betrafen, vor denen sich das Land angesichts der deutschen Teilung, innen- wie außenpolitisch befand. Wir kämpften im Wahlkampf 1965 jeder für den Erfolg seiner Partei, aber es wurde offen über den Wahltag hinaus gedacht. Über Gedankenaustausch und Treffen, woran Herbert Wehner, Paul Lücke, Karl Theodor zu Guttenberg und ich teilnahmen, ist damals nichts in die Öffentlichkeit geraten. Das war gut so, und es sollte sich bald zeigen, daß es nützlich war, daß die Fäden rechtzeitig aufgenommen waren. Es hatte mit der Wiederwahl Heinrich Lübkes zum Bundespräsidenten im Frühjahr 1964 seinen Anfang genommen.

Die beiden Gesprächspartner von der CDU/CSU waren besorgt wegen der politischen Handlungsfähigkeit der Koalition mit der FDP, von der die Regierung Erhard getragen wurde. Der kleinere Partner blockiere die Politik weitgehend und mache die Regierung in einem kaum zu verantwortenden Maße von seinem Willen abhängig. Aus diesem Grunde sei es sehr schwer, Entscheidungen zu treffen und mit schwierigen Problemen fertigzuwerden. Unter anderem wurde als Beispiel (1965) die Finanzlage der Deutschen Bundesbahn erwähnt. Hier seien starke Eingriffe in den Gesamtverkehr nötig. Wenn das nicht geschähe, blute der Staat »an der Eisenbahn« aus.

Seit dem Krieg seien zwanzig Jahre vergangen. Es sei an der Zeit, dem Wust von Gesetzen und Verordnungen mit einem Kriegsfolgenschlußgesetz ein Ende zu bereiten.

Besonders der damalige Bundesinnenminister Paul Lücke verhehlte seine große Enttäuschung über die Koalition mit der FDP nicht. Er sprach sich nachdrücklich für ein Mehrheitswahlrecht aus. Dadurch kämen klare Mehrheiten zustande. Eine Partei, die eine Mehrheit erhalte, könne nach ihren Vorstellungen, mit denen sie sich dem Wähler gegenüber verpflichtet habe, regieren und müsse sich nicht von einem Minderheitenpartner, der kein einziges direktes Bundestagsmandat erhalte, erpressen lassen. Das korrumpiere auch den großen Partner. Mancher Politiker brauche für seine Wahlversprechungen vor den Wählern nicht in der Sache Rechenschaft abzulegen, weil er sich vor dem Wähler aus Bequemlichkeit hinter dem kleineren Partner verstecke. Es sei nicht einmal besonders wichtig, welche der großen Parteien bei der ersten Wahl nach dem Mehrheitswahlrecht eine Mehrheit erhielte. Die Opposition hätte ihre Chance, über eine Wahl die Regierung abzulösen und könnte nicht durch Koalitionsmanipulationen mit Hilfe von Minderheitengruppen von der Machtausübung ferngehalten zu werden. Der Wechsel zwischen Regierung und Opposition sei gesund und führe zu größerer Stabilität der Führung.

Das waren wichtige Gründe, weswegen Lücke und Guttenberg nach einer Regierung strebten, die von einer Großen Koalition zwischen CDU/CSU und SPD getragen werden solle. Es gab dabei keinen Zweifel, daß eine Große Koalition kein Dauerzustand, sondern nur eine Einrichtung mit begrenzter Zeit sein dürfe, weil die parlamentarische Demokratie ohne eine starke Opposition nicht funktionsfähig ist.

Über das Mehrheitswahlrecht wurde auf beiden Seiten noch viel gesprochen, als die Große Koalition zustande gekommen war. Es gab auf beiden Seiten Gründe dafür und Befürworter, aber ebensosehr auch Gegner mit Gründen dagegen.

Ein Teil der Sozialdemokraten war dafür, weil sie darin eine Möglichkeit sahen, klare Mehrheiten zu bilden, die nach eigener Vorstellung regieren können und einer Opposition gegenüberstehen, die um die Mehrheit ringen kann. Sie hat auch ihre Chance, Regierung zu werden.

Dagegen wurde in der SPD angeführt, dann würde aber die CDU/CSU mit einem neuen Wahlrecht ihre Regierungszeit verlängern, weil sie zunächst stärker sei als die SPD. Das Ganze sei ein CDU-Trick.

In der CDU gab es ähnliche Bedenken. Dort gab es Stimmen, die sich auf die letzten Wahlergebnisse stützten. Danach würde das Mehrheitswahlrecht dazu führen, daß die SPD die Partei der Städte und Großstädte würde und von dort aus weiter auf das Land vordringe. Die CDU würde nach Maßgabe der Stimmenverhältnisse bei den letzten Wahlen eine Art Landvolkpartei werden.

Als feststand, daß es nach Bildung der Großen Koalition nicht zu einem Mehrheitswahlrecht kam, trat Paul Lücke als Bundesminister des Inneren zurück. Er beendete seinen Dienst im 54. Lebensjahr nach über elf Jahren Zugehörigkeit zur Bundesregierung. Bei seinem Ausscheiden hatte er nach der damals geltenden Rechtslage keinen Anspruch auf eine Versorgung, und er gab mit seinem Rücktritt unter den damaligen Bedingungen sogar die Erwartung auf eine Anwartschaft auf Versorgung auf. Dabei war er Vater einer Familie mit sechs Kindern. Das beleuchtet die Bedeutung, die er der Änderung des Wahlrechtes beimaß. Mit seinem Ausscheiden aus der Bundesregierung war das Thema endgültig begraben.

Zunächst ging die Entwicklung aber weiter. Nach der Bundestagswahl 1965 wurde wieder eine Regierung aus CDU/CSU und FDP gebildet. Es mußte bald nach der Wahl ein Haushaltssicherungsgesetz beschlossen werden, um die Ausgabenflut einzudämmen.

Im Oktober 1966 bahnten sich dann Ereignisse an, die auf das nahe Ende der Regierung Erhard hindeuteten. Der Bundeshaushalt war aus dem Ruder gelaufen, und ein Einbruch in die Beschäftigungslage der Wirtschaft zeigte sich an. Die aus der FDP kommenden Minister schieden aus der Bundesregierung aus. Ludwig Erhard verlor damit die Mehrheit für seine Regierung. Es folgte die Bildung einer Regierung der Großen Koalition.

Große Koalition

Es war keineswegs so, daß wir Sozialdemokraten uns leicht taten, zum damaligen Zeitpunkt in eine Regierung einzutreten, die von einem CDU-Kanzler geführt werden würde.

Die Debatten dauerten tagelang, und sie wurden in den Gremien von

Partei und Fraktion mehrfach mit großem Ernst und heftigen Kontroversen geführt.

Meine Position war – auf einen kurzer Nenner gebracht – diese: Wirtschaft, Finanzen und die Beschäftigung der Menschen im Lande sind in Gefahr. Wir dürfen uns nicht auf den Standpunkt stellen, die anderen sollen den Karren, den sie in den Schlamassel gefahren haben, selber wieder herausziehen. Die SPD darf sich nicht erlauben, in einer Situation, die auch für den noch nicht gefestigten jungen Staat gefährlich werden kann, ihre Hände in Unschuld zu waschen und abseits stehen zu bleiben, »weil sie ja nicht schuld daran ist, daß es so gekommen ist«. Wir müssen uns so verhalten, daß wir im Sommer des kommenden Jahres vor einem Arbeiter bestehen können, der uns dann fragt, ob wir wirklich auch alles getan hätten, was ihn davor bewahrt, arbeitslos zu werden oder was ihm hilft, wieder Arbeit zu bekommen. Wir müssen vor ihm, der seine Hoffnungen auf uns setzt, bestehen können, und wir dürfen uns nicht in parteitaktische Überlegungen verlieren. Eine Partei, die so groß ist wie die SPD, ist immer in der Verantwortung, wenn Gefahr über das Land kommt oder kommen kann, auch wenn sie förmlich in der Opposition ist. Wir müssen vor den Augen der Bürger und vor unseren Wählern beweisen, daß wir ihretwegen in schwieriger Stunde bereit sind, Verantwortung zu tragen.

So dachten viele von uns, und die Mehrheit entschied sich nach langen Debatten für den Eintritt in die Regierung und für eine Koalition mit der CDU/CSU.

Auf der Heimfahrt, lange nach Mitternacht, hatte ich das Gefühl, daß ein wichtiger Schritt getan worden war. Ich war froh, daß ich als Angehöriger der Führungsgremien des Deutschen Gewerkschaftsbundes wie auch des Vorstandes der SPD und ihrer Fraktion mitwirken konnte, daß etwas zustande kam, was ich schon seit einiger Zeit des Staates wegen für notwendig gehalten hatte.

Als Minister in die Bundesregierung

Das, was nun danach zu tun war, bedurfte meiner Anwesenheit nicht. Die neuen Partner würden wohl unverzüglich eine Regierung bilden und an die Arbeit gehen. Wenn ich nach ein paar Tagen von meinen gewerkschaftlichen Verpflichtungen zurückgekommen sein würde, dann würde es wohl soweit sein. Ich wollte am Tage nach der Entscheidung nach Kärnten fliegen, um dort mit dem Vorstand meiner Gewerkschaft, der schon vorausgereist war, wegen der Errichtung eines Ferienheimes für die deutschen Bauarbeiter zusammentreffen. Von Kärnten sollte die Reise nach Mailand gehen. Dorthin hatte der gemeinsame Ausschuß der Gewerkschaften des Bau- und Holzgewerbes in Europa, dessen Vorsitzender ich war, eine Konferenz einberufen, die ich zu leiten hatte und auf der ich mit Levi Sandri, einem Mitglied der Hohen Kommission der Europäischen Wirtschaftsgemeinschaft, und anderen Rednern Vorträge halten sollte.

Ich stand am Flughafen in Frankfurt und erwartete den Aufruf, in das Flugzeug einzusteigen. Die Zeit verstrich, und schließlich kam die Mitteilung, das Flugzeug könne wegen Nebels und Vereisungsgefahr über den Alpen nicht fliegen. Das war unangenehm, denn die Veranstaltungen waren vorbereitet, die Teilnehmer waren von weither unterwegs oder schon angereist und ich fehlte. Ich versuchte, ein Flugzeug zu chartern, auch das gelang wegen des Wetters nicht.

Nach einer kurzen Lagebesprechung mit meinem damaligen Mitarbeiter, Herbert Ehrenberg, bat ich ihn, in Frankfurt im Büro nach dem Rechten zu sehen. Wir hatten die Hoffnung, zwei Tage später bei vielleicht wieder besserem Wetter nach Mailand fliegen zu können, um noch rechtzeitig bei der Konferenz anwesend zu sein.

Ich hatte an diesem Morgen, nach einer kurzen Nacht, keine Lust, mich in Abwesenheit meiner Vorstandskollegen allein in mein Frankfurter Büro zu setzen und dort Akten zu bearbeiten. So fuhr ich nach Bonn. Dort war die Fraktion. Ich hatte mich zwar beurlauben lassen. Nun war ich aber wieder da und erlebte, was ein Flugzeug, das wegen Nebels und Vereisungsgefahr nicht fliegen kann, auszulösen vermag.

Als ich die Eingangstüre zum Bundestag hinter mir geschlossen hatte, kam ein Angehöriger des Ordnungsdienstes auf mich zu und sagte mir, seit einiger Zeit wäre ich schon mehrmals durch Aufrufe im Lautsprecher gesucht worden. Ich sei gebeten worden, eine bestimmte Telefonnummer anzurufen. Als ich anrief, meldete sich die Berliner Vertretung, und ich wurde mit Willy Brandt verbunden.

»Wir suchen Dich, es ist gut, daß Du Dich nun meldest. Ich sitze hier zusammen mit Herrn Kiesinger. Wir machen uns Gedanken über die

Zusammensetzung der Regierung. Wir sind beide der Auffassung, daß Du der Regierung angehören mußt.«

Damit hatte ich nicht gerechnet. Ich war zwar sehr für unseren Eintritt in die Regierung gewesen, ich hatte aber zu keiner Zeit auch nur mit einer Vermutung daran gedacht, daß eine solche Aufforderung an mich gerichtet werden könnte. Ich war seit vielen Jahren Vorsitzender meiner Gewerkschaft und fühlte mich in den Aufgaben, die mir übertragen waren, so wohl, daß ich nie daran gedacht hatte, einmal diese Arbeit zu verlassen. Darauf war alles zugeschnitten bis hin zu meinen privaten, familiären und persönlichen Angelegenheiten.

Als ich mich etwas gefangen hatte, sagte ich Willy Brandt, ich hätte mit einer solchen Frage nicht gerechnet und sei daher auch nicht auf sie vorbereitet. Es sei auch nicht meine Überzeugung, daß es von mir richtig sei, in die Regierung einzutreten. Ich hätte meine Aufgabe in den Gewerkschaften. Dort hätte ich zu wirken, dort wolle ich bleiben. Ein Weggehen würde mir mit Sicherheit in meiner Gewerkschaft übelgenommen, denn darauf sei auch dort niemand und nichts vorbereitet. Die Regierung würde, wenn ich das richtig sähe, vor schwierige Entscheidungen gestellt. Ich könne mir vorstellen, daß es auch für die Regierung nicht schlecht sei, wenn jemand wie ich vor ihr in der Brandung stünde und mithelfen würde, die harten Wellen, die der Regierung ins Gesicht schlagen würden, schon etwas zu teilen.

Willy Brandt ließ sich darauf nicht ein. Er nahm mir mein »Nein« nicht ab, bat mich, meine Antwort noch einmal zu überdenken und kündigte an, in einer halben Stunde wieder mit mir zu sprechen.

Ich versuchte meine Gedanken zu ordnen. Ich mußte mit jemand sprechen, aber mit wem? Mein Vorstand war in Kärnten oder noch auf dem Weg dorthin. Dann sah ich Walter Arendt und Willi Michels. Ich informierte sie über das, was ich gerade von Willy Brandt gehört hatte und bat sie um ihren Rat. Sie waren beide der Auffassung, eine solche Regierung könne wohl nicht gebildet werden, ohne daß »von uns einer dabei wäre«. Die Gewerkschaften müßten es übelnehmen, wenn daran nicht gedacht würde. Walter Arendt sagte mir, er sei persönlich der Meinung, es müsse jemand aus dem ersten Glied der Gewerkschaften in die Regierung, er selber käme dafür gegenwärtig nicht in Betracht. Er sei erst seit einem Jahr in den Deutschen Bundestag gewählt und noch nicht so lange Vorsitzender der Industriegewerkschaft Bergbau. Er könne jetzt nicht an einen

Wechsel denken. Ich müsse daran denken, ob ich unter solchen Gesichtspunkten »Nein« sagen dürfe, wenn ich so ernsthaft gefragt würde, wie das geschehen sei.

Dann erreichte ich Rudolf Sperner in Kärnten. Er war mein Stellvertreter und war so überrascht wie ich. Er versicherte mir im Verlaufe des Gespräches, wenn ich ein Regierungsamt übernähme, wolle er versuchen, in der Zwischenzeit dafür zu sorgen, daß man eine Zeitlang ohne mich auskommen könne.

Ludwig Rosenberg, den ich anrief, sagte mir am Telefon, es sei natürlich wichtig, daß jemand aus dem ersten Glied der Gewerkschaften der Regierung angehören würde. Es gebe dafür viele gute Gründe. So sehr er das begrüßte, so sehr müsse er mir doch raten, mir meine Entscheidung selber sehr gut zu überlegen. In den Gewerkschaften hätte ich eine wichtige Aufgabe und er wisse, wie voll ich mit der ganzen Person dahinter stehe. Ich dürfe mich nicht darüber täuschen, ein Zurück in die Gewerkschaften werde es nicht geben, wenn ich mich für die Übernahme eines Ministeramtes entscheiden sollte. Es liege in der Natur der Sache, dann sei ich »draußen«. Der Vorsitzende des Deutschen Gewerkschaftsbundes hatte mir damit offen seine Meinung gesagt, und er hatte sie mir als Freund gesagt.

Die halbe Stunde war vergangen, und ich meldete mich wieder bei Willy Brandt, der bei seiner Aufforderung blieb und darauf bestand, daß ich mich bereit erklären solle. Nach dem, was ich von Rosenberg gehört hatte, war ich in einer Verfassung, in der ich nicht Ja sagen konnte. Das hatte gar nichts mit dem Sprung aus einem warmen Nest in kaltes Wasser zu tun, sondern mit den Bindungen an die Arbeit und an die Sache der Bauarbeiter. Ich hing innerlich fest und konnte mir nicht vorstellen, daß ich dann, wenn ich das Wort Gewerkschaft hören würde, nicht mehr von innen her daran denken könnte, sondern mich außerhalb sähe.

Willy Brandt verstand wohl, was in mir vorging, denn er bestand nicht auf einer abschließenden sofortigen Antwort. Er räumte mir noch einmal eine Bedenkzeit ein.

Rudolf Sperner rief wieder aus Kärnten an. Er hatte sich mit einigen dort schon anwesenden Vorstandsmitgliedern beraten und regte an, ich möge bedenken, ob ich mich nicht von der Gewerkschaft beurlauben lassen sollte. Damit würde das Ausscheiden vermieden und man könne eine solche Beurlaubung rechtlich so fixieren, daß keine Schwierigkeiten für die Übernahme eines Ministeramtes entstünden, mir aber auch die Rückkehr jederzeit ermöglicht würde.

Das war gut gemeint. Aber meine Zweifel und das, was Ludwig Rosenberg mir gesagt hatte, wirkten weiter.

Beim dritten Gespräch forderte mich Willy Brandt heraus. Ich hatte ihm gesagt, daß ich mich nicht zu einem »Ja« entschließen könne. Er möge doch nach einem anderen Kandidaten Ausschau halten.

Darauf sagte er mir: »Höre gut zu! Hier geht es nicht um ein bestimmtes Ressort. Es handelt sich also auch nicht um eine Fachfrage. Das ist alles noch offen. Jetzt geht es um Dein Eintreten in die Regierung unabhängig von der Art des Ressorts. Wir haben uns entschlossen, in die Regierung einzutreten. Du hast von Anfang an, zu einer Zeit, als ich mir meine Meinung noch nicht abschließend gebildet hatte, für unseren Eintritt in die Regierung plädiert, und Du hast mit dem, was Du als Begründung angeführt hast, auch auf mich Eindruck gemacht. Ich bin selber auch nicht auf Arbeitssuche, sondern ich bin Regierender Bürgermeister von Berlin. Wenn ich mich freimachen muß, wie auch Du es verlangt hast, weil es unsere Pflicht dem Staate gegenüber gebietet, dann ist es aber doch wohl nicht nur meine Pflicht, der ich mich zu stellen habe, sondern dann gilt das in eben demselben Maße wohl auch für Dich! Wie lautet Deine Antwort?«

»Ja.«

Als ich den Telefonhörer auflegte, stand das Wort von Ludwig Rosenberg wieder vor mir: Ein Zurück gibt es nicht! Ich hatte das Gefühl wie einer, der alle Brücken hinter sich abgebrochen hatte, der zugleich aber noch daran glaubt, daß er wieder zurück kann.

Wie recht Rosenberg hatte, sollte ich schon sehr bald spüren. Zunächst ging alles seinen Gang. Die Fraktion billigte die Kabinettsliste, die Willy Brandt vorschlug. Ich sollte das Verkehrsministerium übernehmen. Das Arbeitsministerium, an das man auch gedacht hatte, fiel nach der Koalitionsarithmetik der CDU zu, die es mit Hans Katzer besetzte. Ich entsinne mich gut, daß bei der Nennung meines Namens in der Fraktion keine Begeisterung aufkam. Damit hatten die meisten Kollegen so wenig gerechnet wie ich selber. Es folgte die Vereidigung.

Der Nebel hielt an und der Flugverkehr war lahmgelegt. Wir fuhren in der Nacht mit der Eisenbahn nach Mailand. Während der nächtlichen Fahrt hatte ich Zeit, alles noch einmal zu überdenken.

Rückblick

Hinter mir lag die Arbeit in der Gewerkschaft. Es war vieles, was sich ereignet hatte und was gelungen war. Es waren fast zwei Jahrzehnte, die rückblickend wie viele aufeinanderfolgende Anläufe anzusehen waren. Es waren Jahre, die im guten Miteinander nicht nur Erfolge in der Arbeit, sondern auch Freundschaften und Höhepunkte gebracht hatten.

Da ragte ein Gewerkschaftstag in Berlin heraus, auf dem wir John F. Kennedy begrüßen konnten. Der strahlende junge Präsident der Vereinigten Staaten von Amerika auf unserem Kongreß. Das war ein Höhepunkt! Er hatte – selber unter dem Eindruck des Erlebnisses – seine vorbereitete Rede in der Tasche gelassen und bekannte sich in freier Rede zu unserer gewerkschaftlichen Arbeit. Mein verläßlicher Freund, George Meany, der seit vielen Jahren an der Spitze der amerikanischen Gewerkschaft stand, war mitgekommen. Wir erfuhren später, welche Wirkungen dieser Präsidentenbesuch bei der deutschen Bauarbeitergewerkschaft und das, was Kennedy dort sagte, weit in die Welt hinein hatte. Beim Weggehen hatte er mich gefragt, ob ich im Herbst nicht nach Amerika kommen wolle, um an einer seiner Wahlkampfreisen teilzunehmen und Eindrücke zu sammeln. Ich hatte die Einladung gern angenommen. Daraus wurde aber nichts, weil der DGB an den gleichen Tagen in Düsseldorf einen außerordentlichen Kongreß veranstaltete. Als ich spät abends an diesem Novembertag nach Hause kam, hörte ich im Radio die Schreckensnachricht von dem Attentat in Dallas. Wenn der DGB zur gleichen Zeit keinen Kongreß abgehalten hätte, wäre ich wohl in Dallas, irgendwo in der Kolonne hinter Kennedy dabei gewesen, als der Mord geschah.

Später unternahm der Vorstand der Gewerkschaft eine USA-Reise. Die politischen Beziehungen zwischen der Regierung Erhard und den USA waren kühl geworden. In Bonn fürchtete man, die USA könnten im Zusammenhang mit der weltweiten Auseinandersetzung wegen ihres Eingreifens in Vietnam und den Vorwürfen, die den Amerikanern deswegen gemacht wurden, auch ihre Präsenz in Berlin in Frage stellen.

Ludwig Erhard hatte mich gebeten, mich zu bemühen, solchen Überlegungen in USA entgegenzutreten.

George Meany gab mir Gelegenheit, vor dem Gesamtvorstand der AFL/CIO einen Vortrag über Deutschland und die besondere Lage Berlins zu halten. Es kam zu einer Diskussion und am Ende wurde eine

Entschließung gefaßt. Darin erklärten die amerikanischen Gewerkschaften im ersten Absatz ihre Bereitschaft, die Politik Präsident Johnsons zu unterstützen. Das war wichtig für den Präsidenten, der in diesen Wochen unter hartem Druck stand. Im zweiten Absatz der Entschließung wurde die »unverminderte Anwesenheit der USA in Europa, in der Bundesrepublik Deutschland und besonders in West-Berlin« gefordert. Sie wurde durch Boten ins Weiße Haus gebracht. Die Antwort des Präsidenten kam unverzüglich: Er dankte für die Unterstützung der Gewerkschaften und versicherte, die US-Präsenz in Europa, in der Bundesrepublik und besonders in Berlin würde ungeschmälert aufrechterhalten.

Kaum zwei Stunden danach kam ein Dankeschön von Bonn zu uns nach Washington. George Meany, Walter Reuther und ihre Gewerkschaften waren verläßliche und treue Freunde.

Es waren eindrucksvolle Tage in Amerika. Als wir zurückflogen, sah ich traurige Gesichter im Flugzeug. Wir saßen mit unserer Reisegesellschaft in einem abgegrenzten Teil des Flugzeuges. Ich bat die Stewardeß, mir ein Mikrophon des Bordsprechgerätes zu geben und hielt eine kurze Ansprache an meine Kollegen und ihre Frauen:

»Das waren gute Tage in Amerika. Ich kann verstehen, daß einige traurig sind, weil sie zu Ende sind. In meiner Heimat gibt es ein paar alte Regeln. Eine davon lautet: Wenn etwas Schönes zu Ende geht, dann soll man nicht trauern, sondern überlegen, ob man nicht etwas Gutes tun kann. Ich war vor ein paar Monaten in Israel. Dort gibt es eine Frau, die seit vier Jahren völlig gelähmt ist. Ihr Mann ist Maurerpolier in Jerusalem. Er hat mir geschrieben, seine Frau könne in Deutschland operiert werden. Dazu fehlte es aber an Geld. Ich lasse jetzt meinen Hut herumreichen und jeder soll von den Dollars, die er in USA vielleicht nicht gebraucht hat, in den Hut legen, was er abgeben kann, denn wir waren in Amerika ja oft eingeladen.«

Als der Hut zurückkam, waren für einige tausend Mark Dollar darin! Das war die Hälfte der Kosten für die Operation der Frau aus Jerusalem in Deutschland.

Bald danach wurde sie in Freiburg operiert. Es war ein Eingriff, der auf Leben und Tod ging. Er gelang, und bald danach stand der Mann aus Jerusalem mit seiner Frau vor mir.

Das waren Erinnerungen, die mir in der Nacht auf dem Wege nach Mailand durch den Kopf gingen.

Am Morgen kamen wir an.

Als ich den Konferenzraum betrat, spürte ich, daß sich etwas verändert hatte. Die Kollegen, mit denen ich jahrelang zusammengearbeitet hatte, waren zum großen Teil anwesend. Rudolf Sperner versuchte mir zu helfen, aber er hatte nicht viel Erfolg. Mein Eintritt in die Regierung wurde heftigst kritisiert. Alle Erklärungen, wie es dazu gekommen war und was es an Gründen für meinen Entschluß gab, wurden nur von wenigen verstanden. Dafür hörte ich, wie einer das Wort »Verräter« vor sich hinzischte.

Ich erinnere mich gut, daß ich zeitweise mit dem Gedanken spielte, das Ministeramt wieder abzugeben. Aber das ging natürlich auch nicht mehr gut.

Ich verstand diese Reaktion, denn niemand von den Kollegen, die dort versammelt waren, konnte sich in die Lage versetzen, in der ich mich befunden hatte und sie richtig übersehen, einige wollten es auch nicht.

Ich konnte niemand einen Vorwurf machen.

Ich hatte mir das Ende meiner Arbeit an der Spitze der Gewerkschaft einmal anders vorgestellt. Ich mußte an Ludwig Rosenberg denken!

Aber – ich hatte am Tag vorher einen Eid geleistet – ich hatte nach vorn zu denken.

An der Spitze des Verkehrsministeriums

6. KAPITEL

Erste Eindrücke

Holger Börner wurde Parlamentarischer Staatssekretär. Wir gingen den letzten Teil des Weges zu Fuß, als wir das Verkehrsministerium zum ersten Mal betraten . . .

Verkehrspolitik war für mich etwas Neues. Ich hatte vorher nur eine gewisse Berührung dazu durch den Straßenbau gehabt. Zur Übergabe waren die höheren Beamten versammelt. Hans Christoph Seebohm war der dienstälteste Minister. Er war der einzige, der seit der Bildung der ersten Bundesregierung ununterbrochen im Amt und siebzehn Jahre an der Spitze dieses Ministeriums gestanden hatte. Er hatte alle Veränderungen und Stürme überdauert. Man sagt zwar, der Wechsel sei ein natürliches Wesensmerkmal der Demokratie. In diesem Fall war aber zu spüren, wie tief das Ausscheiden einschnitt.

Die Übergabe der Amtsgeschäfte geschah in würdiger Form, aber sie beendete für meinen Vorgänger doch mehr als nur einen Abschnitt in seiner Arbeit.

Mancherorts in Bonn wurde gemunkelt: Was werden die beiden Bauarbeiter an der Spitze des Verkehrsministeriums wohl machen? Wahrscheinlich werden sie zunächst einmal Wände verrücken! Wir rissen nicht ab und verrückten auch keine Wände!

Im Einzelgespräch mit den leitenden Beamten wurde mir klar, daß sie sich durch Sachverstand auszeichneten und durchweg einen konservativen Grundzug hatten. Sie waren das, was man als preußische Beamte bezeichnet. Jeder Abteilungsleiter stand einem großen Bereich vor: dem Straßenbau, den Eisenbahnen, dem Wasserbau usw. Jeder von ihnen war in gewissem Sinne so etwas wie der Chef eines Ressorts und verhielt sich auch so. So war zum Beispiel der Abteilungsleiter, dem die Eisenbahnen zugeordnet waren, ein heftiger Verfechter der Eisenbahninteressen. Das war wohl seines Amtes. Aber er war – wie übrigens nicht wenige Eisenbahner – bis »auf die Knochen« Eisenbahner und kämpfte gegen seine Kollegen von der Binnenschiffahrt, vom Straßenverkehr oder der Luftfahrt wie gegen eine fremde Konkurrenz. Diese Feststellung war für mich nicht nur wichtig für die Art der Zusammenarbeit in der Spitze des Hauses, sondern auch für den Zustand des Verkehrs und die Aufgaben der Verkehrspolitik.

Da wir uns noch nicht kannten, hätte ich daraus für mich den Schluß ziehen können, jedem so lange mit Mißtrauen zu begegnen, bis er mir durch seine Haltung und seine Arbeit bewiesen hatte, daß ich ihm vertrauen konnte. Ich folgte aber lieber meiner persönlichen Haltung und brachte ihnen Vertrauen entgegen. Ich hoffte darauf, daß sie durch ihre Haltung diesen Saldo-Vortrag rechtfertigen würden. Für den Fall, daß ich mich getäuscht hätte, würde damit die Basis für unsere Zusammenarbeit von ihnen zerstört worden sein, und wir müßten uns dann trennen. Das sagte ich auch jedem der leitenden Beamten in aller Offenheit.

Wachsende Zusammenarbeit

Ich habe die Leitung des Verkehrsministeriums fast sechs Jahre innegehabt. In der Halbzeit meiner Tätigkeit kam die Bundespost dazu. Es waren weit mehr als eine Million Menschen, die in den beiden Bereichen tätig waren. Ich habe in den fast sechs Jahren nicht in einem einzigen Fall erleben müssen, daß sich ein herausgehobener Mitarbeiter, mit dem ich persönlich arbeiten mußte, auf dessen Arbeit, Zuarbeit und Rat ein Minister an der Spitze angewiesen ist, sich nicht meines vollen Vertrauens würdig erwiesen hätte. Wir konnten uns aufeinander verlassen.

Als meine Frau und ich die Abteilungsleiter und ihre Frauen zu einem geselligen Abend in unser Haus einluden, bemerkten wir, daß die meisten Damen einander nicht kannten, obwohl ihre Männer viele Jahre hohe Stellungen im gleichen Ministerium bekleideten. Das wurde von diesem Abend an anders. Es entstand eine persönliche Atmosphäre, man kam sich menschlich näher und konnte versuchen, sich aufeinander einzustellen.

Unter Beteiligung aller Abteilungsleiter wurde eine Arbeitsgruppe gebildet, die ein verkehrspolitisches Gesamtprogramm zu erarbeiten hatte. Dazu war die Zeit reif. Jedem Abteilungsleiter wurde es zur Pflicht gemacht, nicht nur konstruktive Vorstellungen zu entwickeln, die seinen eigenen Verantwortungsbereich betrafen, sondern auch an der politischen Gesamtverantwortung mitzutragen. So wurde der Abteilungsleiter für die Eisenbahnen verpflichtet, sich auch zu Wort zu melden und mitzudenken, wenn über die Aufgaben der Binnenschiffahrt beraten wurde, und der für den Straßenbau Verantwortliche, der ein jährliches Bauvolumen von mehreren Milliarden Mark zu bewältigen hatte, sollte um das Wort bitten oder wurde auch dann um seine Meinung gefragt, wenn es um den Ausbau von Wasserstraßen oder Flughäfen ging. So überwanden wir das Denken im Partiellen, und eine vortreffliche Zusammenarbeit, die das Ganze ins Auge faßte, kam in Gang. Bevor wir uns jedoch der ausholenden Programmatik zuwenden konnten, mußten ein paar Aufgaben bewältigt werden, die auf den Nägeln brannten.

Initiativen

Die Wirtschaftstätigkeit mußte aus der Flaute gebracht und belebt werden. Die Bautätigkeit der Gemeinden war in vielen Städten fast völlig zum Erliegen gekommen. Die Stadt Frankfurt zum Beispiel hatte den Bau einer U-Bahn begonnen. Im März 1967 standen an einem Freitagabend der Oberbürgermeister und einige Mitglieder des Magistrats vor meiner Haustür und teilten mir mit, die Stadt müsse den Bau der U-Bahn einstellen, es sei kein Geld mehr dafür vorhanden. Ein paar Wochen vorher noch hatte ich in Frankfurt heftigste Auseinandersetzungen erlebt, in denen gegen unseren Eintritt in die Bundesregierung Sturm gelaufen worden war. Nun, wenige Wochen danach, verspürten sie die Bedrängnisse der Lage auf der eigenen Haut; sie brauchten Geld, um aus der für die Stadt schwierigen Misere herauszukommen und sie bekamen das Geld, das die Fortsetzung der Arbeit ermöglichte.

Die Bundesregierung hatte den Beschluß gefaßt, eine Umlage auf den Treibstoff, einen sogenannten Gemeindepfennig, zu erheben. Aus dem Ertrag dieser Einnahme des Bundes sollte den Gemeinden geholfen und Bauten für öffentliche Verkehrseinrichtungen bis zu zwei Dritteln ihrer Kosten bezuschußt werden. Das war das Signal für die Modernisierung des Verkehrs in den meisten Großstädten. Es wurde auf umständliche Bürokratie verzichtet, die Länder zogen in anerkennenswerter Weise mit – ihnen brannten die Probleme der Gemeinden ja noch näher auf den Nägeln –, und die Arbeit begann. Dort, wo sie ins Stocken geraten war, wurde sie fortgesetzt.

Das war nicht die einzige drängende Frage. Da gab es zum Beispiel ein »Kartenhaus«, das mindestens hundert Jahre alt war, das nicht länger standhielt und eingerissen werden mußte. Ich wurde mit dem Problem konfrontiert, als mich wenige Tage nach meiner Amtsübernahme Minister Copé von der Hohen Kommission der EWG in Brüssel aufsuchte. Er stellte mir dar, daß die »Als-ob-Tarife« für die Saar nicht mehr länger aufrechterhalten werden könnten.

Die Schwerindustrie an der Saar war gegenüber der Industrie an der Ruhr im Nachteil, weil sie über keinen brauchbaren Wasserweg für den Transport ihrer schweren Güter verfügte. Ihre Lage wurde noch ärger, als die Kanalisierung der Mosel erfolgte, wodurch die Industrie in Lothringen und Luxemburg den Vorzug eines Wasserweges gewann, der aber für die Saarindustrie wieder nicht zugänglich war, weil die Saar bis zur Mündung in die Mosel nicht schiffbar war.

Seit vielen Jahrzehnten war dem Saarland von Reichs- und Bundesregierungen der Ausbau eines Wasserweges versprochen worden. Zum letzten Mal war das sehr eindeutig geschehen, als die Saarbevölkerung darüber abzustimmen hatte, ob sie zu Deutschland oder zu Frankreich gehören wollte. Formell war auch eine Art Beschluß gefaßt worden, einen Saar-Pfalz-Kanal zu bauen. Im Haushalt des Bundes gab es dafür auch einen ausgedruckten Titel. Es gab aber weder Vorarbeiten für eine Bauplanung, noch war im Bundeshaushalt Geld dafür eingesetzt. Hinter dem Titel war nicht einmal der Erinnerungsbetrag von einer einzigen Mark vorgesehen.

Die Erleichterung, die der Saarindustrie für ihre Transporte gewährt wurde, bestand darin, daß die Bundesbahn ihr Sondertarife einräumte, die niedriger waren als die sonst üblichen Gütertarife. Durch niedrigere Bahntarife – als ob es einen Kanal gäbe – wurde versucht, den Mangel des nicht vorhandenen Wasserweges auszugleichen. Diese Sondertarife der Bahn waren nach europäischem Recht erlaubt, solange sie von der Bundesbahn als Wettbewerbstarife zur Verhinderung einer Wasserstraße begründet werden konnten, um eine künftige Konkurrenz für die Bahn abzuwehren.

Diese Begründung überzeugte die Behörden der EWG und unsere europäischen Nachbarn aber nur so lange, wie genügend erkennbar war, daß der Bau einer Wasserstraße tatsächlich ernsthaft beabsichtigt war. An die Ernsthaftigkeit der Absicht, mit einem Aufwand von wahrscheinlich zwei Milliarden Mark durch schwieriges, gewelltes Gelände von Saarbrücken nach Ludwigshafen einen Kanal zu bauen, glaubte in Wirklichkeit aber niemand mehr. Wenn aber keine ernsthafte Absicht bestand, einen Kanal und damit eine künftige Konkurrenz für die Eisenbahn zu bauen, dann hatte die Eisenbahn auch keine Begründung mehr, der Saarindustrie Sondertarife zu gewähren, um die Konkurrenz eines Kanals zu verhindern.

Mit der Streichung der Tarifvergünstigung für die Saarindustrie, die daraus folgte, wäre aber die Existenz der Industrie an der Saar gegenüber der Ruhr, Luxemburg und Lothringen, die über billigere Wasserwege verfügten, in Frage gestellt worden. Ich konnte in den Gesprächen mit der EWG-Kommission und mit den Regierungen der Nachbarländer einen Aufschub erreichen, aber bis dahin mußte etwas geschehen. Aber wie?

Die Saar-Kanalisierung

Ich hielt zwar den Bau eines Saar-Pfalz-Kanals wirtschaftlich nicht für vertretbar. Im Ausbau der Saar bis zur Schiffbarkeit sah ich aber eine wegen des niedrigeren Aufwandes eher finanzierbare Lösung. Aber auch dafür war keine Zustimmung in Sicht, bis mir dann der »Heilige Petrus« zu Hilfe kam.

Meine Partei hatte Saarbrücken als Ort für ihren Parteitag ausgewählt. Am zweiten Tag der Konferenz begannen heftige Unwetter mit Überschwemmungen. Ein Teil der Delegierten konnte nicht in ihren Hotels verbleiben und mußte in benachbarte Städte ausquartiert werden. Das Hochwasser stieg buchstäblich bis an den Eingang zur Türe des Saales, in dem wir tagten.

Am Morgen des vierten Tages verlangte der Bundeskanzler von mir, ich solle zur Hochwasser-Katastrophe vor den Delegierten eine Erklärung abgeben. Wir seien in der Regierungsverantwortung und müßten uns zu dem Ereignis äußern. Dazu war ich natürlich sehr bereit, aber ohne Geld hätte ich nur einen verbalen Klimmzug machen können.

Es fand dann ein kurzes Gespräch statt, zu dem der ebenfalls anwesende Finanzminister hinzugebeten wurde. Er sagte mir fürs erste zehn Millionen Mark zu. Damit war die Sache auf einem guten Wege. Mir kam es nicht auf die Höhe der Summe an, die mir aus dem Stand zugesagt wurde, sondern darauf, daß ich eine Zusage zur Finanzierung eines Anfanges erhielt. Wenn erst einmal mit der Summe von zehn Millionen begonnen wurde, dann würde die Arbeit auch fortgesetzt werden müssen. Unter dem tosenden Beifall der Delegierten erklärte ich dann vor dem Parteitag: »Dies ist das letzte Hochwasser an der Saar, die Hochwassergefahr wird beseitigt! Der Bundesfinanzminister hat mir soeben für den Beginn der Arbeiten Geld zugesagt.« Ob jedem Delegierten in diesem Augenblick klar war, daß die Hochwasserbeseitigung zugleich auch eine Flußregulierung und damit der Beginn der Kanalisierung der Saar war, habe ich damals nicht weiter erkundet.

Der erste Nagel war eingeschlagen, und mein »hoher Verbündeter« hat mir viele Jahre während des Baues an der Saar die Treue gehalten. Von einer Ausnahme abgesehen hat St. Petrus während der Bauarbeiten kein Hochwasser mehr auf die Baustelle an der Saar herunterregnen lassen. Das war himmlische Hilfe zu irdischer Selbsthilfe.

Veränderte Verkehrsstrukturen

Neben solchen Fragen und Problemen besonderer Art, die sich darboten, mußte ein Durchblick durch die Gesamtheit der Verkehrsprobleme erreicht werden. Das war nicht durch einfaches Weiterarbeiten auf den verschiedenen Gebieten zu erreichen. Der Verkehr war nicht nur gewachsen, es hatten sich auch neue Strukturen herausgebildet. Dadurch waren Verwerfungen erzeugt, neue Tatbestände geschaffen worden und andere, auch schwierigere Probleme entstanden.

Im ungeteilten Deutschland war Berlin ein Herzstück des Verkehrsnetzes gewesen, und die Verkehrsströme und Wege waren in hohem Maße in ost-westlicher Richtung ausgelegt. Nun war das Land geteilt, es waren Verlagerungen eingetreten, und es mußte eine starke, den neuen Gegebenheiten entsprechende Nord-Süd-Orientierung des Verkehrs in Rechnung gestellt werden. Daraus waren Schlußfolgerungen zu ziehen, die die gesamte Infrastruktur und die Organisation des Verkehrs betrafen.

Sorgenkind Bundesbahn

Die Eisenbahn hatte wenige Jahre vorher noch eine Monopolstellung inne. Sie war fast ausschließlich Träger des Personenverkehrs auf der weiten Strecke. Mit dem Personenkraftwagen und seiner raschen Verbreitung entstand der Individualverkehr. Er machte nicht nur die Personenzüge leer, sondern forderte mehr Straßen. Die schnell wachsende Wirtschaftstätigkeit, vor allem auch die Forderung aus der unvergleichbaren Bautätigkeit in den Jahren des Aufbaus riefen ein schnelles Wachsen des Bestandes an Lastkraftwagen hervor. Der Lkw konnte flexibler auf die individuellen Wünsche des Kunden eingehen und sich im Nahverkehr, aber auch im Fernverkehr, den rentableren Verkehrsaufgaben zuwenden. So kam es nicht nur zu einem starken Wachstum des Straßengüterverkehrs, sondern auch zu einer Verlagerung. Da er aber keiner Beförderungspflicht wie die Eisenbahn unterlag, holte der Lkw sich vor allem den rentablen Verkehr. Eine neue Maschine zum Beispiel wurde zu einem guten Tarif von einem Lkw dorthin gefahren, wo sie aufgestellt werden sollte; die Kiste, in der sie verpackt gewesen war, wurde dagegen häufig als Leergut zu einem niedrigen Tarif mit der Eisenbahn zurückgeschickt. Die Eisenbahn mußte sie befördern und bekam bei gleichem Beförderungsraum, aber dem geringeren Gewicht der leeren Kiste einen niedrigeren Frachtsatz.

Die Kohle war einst ein wichtiges verkehrsauslösendes Massengut, das von der Bahn bewegt wurde. Sie wurde vom Öl und der Elektrizität zurückgedrängt. Das führte zu einer Strukturkrise bei der Kohle und zu einem entsprechenden Beförderungsausfall bei der Eisenbahn.

Die Bahn war aber von der Veränderung im Energiebereich nicht nur betroffen, sie war auch beteiligt, denn sie stellte ihren Betrieb selber auf Elektrizität und Öl um und half so mit, die Kohlekrise zu erzeugen. So griffen die Strukturveränderungen ineinander.

Der Flugverkehr war in einer schnellen Entwicklung und nahm der Eisenbahn von dem, was der Personenwagen ihr noch nicht genommen hatte, einen weiteren Teil ab. So entstanden Strukturprobleme und jährlich wachsende Defizite der Eisenbahn nicht nur bei uns, sondern je nach der Entwicklung in fast allen industrialisierten Ländern. Die Deutsche Bundesbahn wies ein hohes Defizit aus, es standen 1966 40 000 Güterwaggons ungenutzt auf den Güterbahnhöfen, aber es war zweifelsfrei, daß die Eisenbahn erhalten werden mußte. Ohne sie würde der Verkehr in der Erntezeit und dann, wenn Schnee und Eis die Straßen blockierten, nicht zu bewältigen sein. Dazu kamen die Forderungen aus militärischer Sicht, die ein möglichst gut funktionierendes Eisenbahnnetz verlangten.

Im Straßenverkehr war die Lage auch nicht rosig. Die Zahl der Fahrzeuge war von Jahr zu Jahr gewachsen. Aber zwischen Düsseldorf und Frankfurt – zwischen dem Ruhrgebiet und der Industrie im Rhein-Main-Gebiet – und von den Industriegebieten von Mannheim und Karlsruhe bis nach Stuttgart gab es eine Autobahn mit nur vier Spuren.

In Frankreich kamen damals auf einen Kilometer für den Autoverkehr zugelassener Straßen ein Jahresdurchgang von 110 000, in der Bundesrepublik Deutschland von 408 000 Kraftfahrzeugen pro Jahr. Wer aus dem Ausland nach Deutschland kam, hätte auch ohne Grenze erkennen können, daß er nun das Land der Lastwagen betreten hatte.

Das sind nur ein paar Schlaglichter, aus denen sich aber erkennen läßt, mit welchen Veränderungen in der Struktur des Verkehrs wir es zu tun hatten. Sie mußten erkannt und analysiert werden, und es mußte versucht werden, nach der Diagnose auch eine angemessene und ausreichende Therapie zu finden. Bei dem Studium dessen, was notwendig war, schälten sich zugleich auch die Grenzen und die besonderen Schwierigkeiten heraus, die einer Lösung im Wege standen. Ich will einige nennen, ohne alles aufzuzählen oder ins Detail zu gehen, denn ich will kein Buch über alle Aspekte der Verkehrspolitik in jenen Jahren schreiben, sondern nur einige wesentliche Sachverhalte hervorheben, insbesondere auch, soweit sie für die Betrachtung aus heutiger Sicht noch von Interesse sind.

Unsere finanziellen Bewegungsmöglichkeiten waren begrenzt. Wir mußten um mehr Geld kämpfen. Der Staat hatte auch noch andere Aufgaben. Also durften wir uns mit unseren Planungen nicht aus dem Bereich des Machbaren hinausbewegen.

Die Bundesbahn hatte ca. 440 000 Bedienstete. Ein großer Teil von ihnen war Beamter auf Lebenszeit. Der andere große Teil, die Angestellten, hatten eine Sicherung ihres Arbeitsplatzes, die dem der Beamten nicht nachstand. Die Bewegungsmöglichkeit für eine Umstrukturierung der Bahn ist dadurch beengt.

Es gab aber Notwendigkeiten, vor denen nicht haltgemacht werden durfte. Wir konnten auf ein halbes Dutzend Bundesbahndirektionen verzichten. Wer auch nur andeutet, daß er einen solchen Gedanken erwägt, der bringt schon etwas in Bewegung, was einem Tanz in der Badehose auf einem Wespennest vergleichbar ist. Er erfaßt alle bis zum Pfarrer, der um seine Gemeinde bangt, weil der Herr Bahnrat doch als Orgelspieler unentbehrlich ist, und es ist logisch, daß deshalb die Eisenbahndirektion nicht aufgelöst werden darf. Wenn man bei näherer Prüfung dann aber noch zu dem Ergebnis kam, daß fast alle Direktionen, die eigentlich überflüssig waren, ihre Heimstatt überwiegend auch noch in Bischofsstädten hatten, kann man sich vorstellen, wie es einem Verkehrsminister, der auch ein einfacher Christenmensch ist und sein will, zumute war. Das ist nur eine kleine Facette des großen Widerstandes, der sich vor einem auftut, der sich anschickt, solche Schritte zu gehen. Er braucht bis hin zu den Ereignissen am Rosenmontag, an dem ihm, dem Verruchten, mindestens zwei Wagen gewidmet werden, um seine Popularität nicht zu bangen.

Wir waren in der Rolle eines Arztes. Weil es sich um Strukturprobleme handelte, mußten wir den Mut haben zu operieren, also einzugreifen, wie dann, wenn die Natur und der Organismus zu einer Heilung aus sich heraus nicht imstande sind. Ein staatlicher Eingriff in die Verkehrswirtschaft mußte aber als Sünde wider die zum wirtschaftsreligiösen Bekenntnis hochstilisierte Freiheit der Wirtschaft angeprangert werden. Es sind drei Worte, die für uns Deutsche besonders bezeichnend sind: Wir bemühen uns, gründlich zu sein, alles perfekt zu machen und konsequent zu bleiben. Das hat gewiß Vorteile, und es hat uns auch manchen Gewinn eingebracht. Aber indem wir so grundsätzlich sind, machen wir es uns häufig schwer.

Bundesregierung verabschiedet neues Verkehrskonzept

Bei der verkehrspolitischen Entscheidung, die wir vorzubereiten hatten, mußten wir darauf achten, möglichst viel Freiheit zu bewahren. Wir durften uns aber auch nicht scheuen, zuzupacken und einzugreifen, wo es notwendig war. Die Interessen der Allgemeinheit dürfen nicht kleiner geschrieben werden als die Freiheit des einzelnen, zu wirtschaften und zu verdienen.

Ende Juni 1967 waren wir mit dem Entwurf eines Regierungsprogramms fertig. Alle Beteiligten hatten zusammengearbeitet. Ich besprach das Ergebnis mit dem Bundeskanzler und dem Finanzminister und fand deren Zustimmung für die Vorlage meiner Pläne im Kabinett. Inzwischen war es Mitte Juli geworden. Meine Absicht war es, nach einer förmlichen Beschlußfassung durch das Kabinett den Verkehrsausschuß des Bundestages zu informieren und das Programm unverzüglich danach öffentlich bekanntzumachen. Bei dem Widerstand, der zu erwarten war, kam es sehr darauf an, daß unser Vorhaben in der Presse und in den Massenmedien wohlwollend aufgenommen wurde. Der Bundestag war aber schon in die Sommerpause eingetreten. Eine Veröffentlichung ohne vorherige Information des Verkehrsausschusses war aber nicht ratsam, weil das die Abgeordneten, auf deren Zustimmung ich angewiesen war, sicher verärgert hätte.

Es gab keinen anderen Weg, als das Konzept einzuschließen und es drei Monate über den Sommer hinweg vor seiner Veröffentlichung zu bewahren. Wer Bonn kennt, weiß, daß das ein großes Risiko bedeutete. An dem Programm hatten einige hundert Leute mitgearbeitet. Sie kannten den Inhalt ganz oder teilweise, und es war nicht zu übersehen, wieviel Ablichtungen oder persönliche Notizen sich im Besitz einzelner Mitarbeiter befanden. Dennoch: Es gab keine Indiskretion, es drang kein Laut nach draußen, obwohl die sachkundige Presse Kenntnis von der Beendigung der Vorarbeiten hatte. Wer große Apparate und ihre Eigenheiten kennt, wird mir wohl beipflichten, wenn ich die Verschwiegenheit, zu der das ganze Ministerium sich damals fähig erwies, als eine nicht gewöhnliche und großartige Leistung hervorhebe, um so mehr, als auch die Verbände für deren Mitglieder es bei dem Programm um Existenzfragen ging, sowie viele Journalisten Verbindungen in das Haus hatten und Verkehrsfragen mit einschneidendem Charakter in einer vom Verkehr bestimmten Zeit jedermann hautnah und daher von Interesse sind.

Nach dem Beschluß der Bundesregierung trug ich am 22. September unsere Absichten der Bundespressekonferenz vor. Als ich mich am Vorabend von Holger Börner verabschiedete, hatte er mir geraten, gut zu schlafen und ausgeruht vor die Presse zu gehen. Bei der Problematik der Sache würde viel vom guten Gelingen meines Vortrages abhängen. Das wollte ich auch. Aber auf dem Weg in meine Wohnung ließ ich mich von guten Freunden überreden und verbrachte einen langen Abend in ihrer Gesellschaft. Die Nacht wurde kurz, und am kommenden Morgen hatte ich einen Brummschädel und ein schlechtes Gewissen dazu.

Mein Vortrag vor der Presse dauerte die ungebührlich lange Zeit von siebzig Minuten, und es ereignete sich etwas, was mich selber überraschte: Es gab mehrfach Beifall. Werner Höfer beschrieb den Vorgang in einer großen Zeitung so: »Ob Beifall, ob ›wiederholter Applaus bei offener Szene‹ für einen Minister, der ein kompliziertes und konsequentes verkehrspolitisches Reformprogramm vortrage, üblich oder unüblich sei, vermöge er, der noch so jung in seinem Bonner Amte sei, nicht zu beurteilen. Georg Leber konnte sich indessen bestätigen lassen, daß eine Sache oder ein Mann schon außergewöhnlich interessant sein müßten, wenn sie der vielköpfigen, röntgenäugigen und hellhörigen, abgestumpften und machtbewußten Hydra namens Bundespressekonferenz eine Sympathiebekundung abzulocken vermöchten. Die ältesten Hasen hatten Mühe, sich zu erinnern, wann das zuletzt geschehen war ...«

So würde ein Politiker die Presse nie charakterisieren können. Der Auftakt war gelungen. Was wir wollten, wurde fast einheitlich wohlwollend und mit zustimmenden Akzenten von der Presse verbreitet. Das war wichtig, denn der Grabenkrieg würde ja nicht ausbleiben. Dafür war eine unsere Absicht verstehende und sie mittragende öffentliche Meinung von unschätzbarem Vorteil.

Offene Worte an hohe Bundesbahnvertreter

Die Eisenbahner murrten zunächst. Sie hatten Grund, wenn sie das, was sie betraf, nur für sich und nur oberflächlich sahen.

Es sollten 82 000 Bedienstete eingespart werden. Sie wurden in weniger als drei Jahren eingespart. Es knirschte zwar manchmal im Getriebe der Bahn, aber der natürliche Abgang an Personal, dem ein Einstellungsstop gegenübergestellt wurde, sorgte in geräuschloser Weise für den Anpassungsprozeß.

Eine Anzahl verkehrsschwacher und unwirtschaftlicher Strecken wurde stillgelegt. Dagegen bäumte sich Widerstand auf. Landesregierungen, Gemeinden, Verbände und andere Kräfte rührten sich. Wir blieben fest und antworteten: »Wenn Ihr alle, die Ihr jetzt diese Strecke erhalten wollt, auch die Eisenbahn benutzen würdet, dann wäre die Strecke auch wirtschaftlich und müßte nicht geschlossen werden.«

Holger Börner hatte in einer Protestversammlung einmal gesagt:

»Wenn Ihr wenigstens zu dieser Protestveranstaltung zur Erhaltung Eurer Eisenbahnstrecke einmal mit der Eisenbahn und nicht mit dem Auto hierher gekommen wäret, würden wir hoffen können, daß diese Bahnstrecke noch Zukunft hat, so aber muß sie geschlossen werden.«

Jeder Kilometer kostete Kampf. Die Landesregierungen machten es sich leicht, sie schlugen sich häufig bis zur letzten Minute auf die Seite der Gegner einer Stillegung, weil es die Länder ja nichts kostete. Erst als wir uns in Einzelfällen bereiterklärten, die Strecke aufrechtzuerhalten, wenn die betreffende Landesregierung bereit sei, die Kosten dafür aufzubringen, wurde eingelenkt.

Für die Auflösung von Direktionen und sonstige Einsparungen von Verwaltungsaufwand wurden Pläne erarbeitet, durch die vor allem soziale Härten vermieden werden sollten.

Auf meine Bitte hatte der Vorstand der Bundesbahn die höheren Beamten zu einer Versammlung in Frankfurt zusammengerufen. Ich erklärte den Männern unsere Absicht und erläuterte die Zusammenhänge im Rahmen der Überlegungen, die das Konzept für den gesamten Verkehr trugen, und forderte von ihnen nicht nur Mitarbeit, sondern auch Umstellung:

»Die Bundesbahn hat keine Monopolstellung mehr. Sie hat harte Konkurrenz und macht Schulden. Ich möchte, daß die Eisenbahner wieder stolz sein können auf ihre Eisenbahn. Das ist ohne Sie nicht möglich. Sie sind hohe Beamte! Ein einfacher Bürger, der zu einem Oberbahnrat geht, überlegt sich das vorher dreimal. Dann steht der Mann plötzlich in Ihrem Vorzimmer und versucht bei einer Sekretärin herauszufinden, wie der hohe Herr wohl heute gestimmt ist. Er hat ja ein wichtiges Anliegen, sonst wäre er nicht gekommen. Bisher wurde der Mann ›vorgelassen‹ und trug sein Anliegen wie bei einer Behörde vor und bekam einen Bescheid. So war das wohl bisher. Meine Herren, ich bitte Sie vorzumerken: Der Mann, der vor Ihrer Türe wartet, ist ein Kunde der Deutschen Bundesbahn, und ich erwarte von Ihnen, daß Sie auf ihn zugehen, daß Sie ihn so behandeln, wie man einen Kunden behandelt, und daß Sie beim Umgang mit Ihrem Besucher darauf achten, wie Ihre Firma, die Sie vertreten – das ist die Deutsche Bundesbahn –, wie diese Firma mit dem Mann ins Geschäft kommt und wie Ihre Firma im Geschäft mit Ihrem Kunden Geld verdient. Ich bin auch dafür, daß bald darüber nachgedacht wird, ob zum Beispiel der Vorsteher eines Güterbahnhofes, der wie ein Filialleiter das

Verkehrsaufkommen seines Güterbahnhofes vermehrt, an diesem Erfolg in klingender Münze beteiligt wird und nicht wie ein Beamter einen Bahnhof verwaltet!

Ihre Vorgänger trugen früher Schleppsäbel und hatten Schulterstücke auf ihren Uniformen. Für den Fall, daß bei Ihnen noch Reste einer solchen Gesinnung vorhanden sein sollten, rate ich, sie schleunigst abzulegen. Die Ausfertigung eines Frachtbriefes ist künftig nicht mehr als eine Art staatlicher Hoheitsakt aufzufassen, sondern nichts anderes als schlichter Kundendienst.«

Das waren ungewohnte Töne in den Ohren mancher Zuhörer; sie gingen auch lange um. Ich hatte aber doch auch versucht, das, was ich zu sagen hatte, in versöhnlichem Ton darzulegen. Dennoch war es für viele ungewohnte, schwer verdauliche Kost. Ich hatte aber das Gefühl, ich war verstanden worden. Die Eisenbahner begannen mitzuziehen. Dies um so mehr, als sie sahen, daß wir auch mit dem übrigen Verkehr die Auseinandersetzungen nicht scheuten.

Wir kamen voran, auch wenn wir natürlich keine Sanierung der Bundesbahn erreichen konnten. Das ist nicht möglich, solange die Eisenbahn in den Bindungen von Beförderungspflicht und staatlich festgesetzten Tarifen und Preisen gefangen ist. Die Kosten der Bundesbahn bestanden damals zu 71 % aus Personalkosten, die nicht eingefroren werden können, sondern im allgemeinen Trend mitsteigen. Damit wird trotz aller Bemühungen rasch die Linie überschritten, hinter der die festgezurrten Preise und Tarife die steigenden Kosten nicht mehr decken. Wenn der Staat verhindert, weil er auch dafür wichtige Gründe hat, daß sich ein solches Unternehmen auf dem Markt für seine Leistung wie jeder Unternehmer im Preis mindestens das zurückholen kann, was die erbrachte Leistung das Unternehmen selber kostet, dann muß der Staat oder die Allgemeinheit Defizite ausgleichen. Dies um so mehr, als er diesem Unternehmen politische Leistungen auferlegt, die man einem privaten Unternehmer nie zumuten würde. Beispiele dafür gibt es viele. Die Länder haben die Kulturhoheit. Sie tragen die Kosten für den Schulbetrieb und für die Lernmittel. Wieso ist es, ich nenne nur ein Beispiel, eigentlich dem Verkehrsunternehmen Bundesbahn, das sich doch wie ein richtiger Unternehmer verhalten soll – so verlangen es jedenfalls alle Leute, die es kritisieren –, zuzumuten, daß es Schüler und Studenten weit unter den Kosten, die dafür entstehen, in die Schulen und nach Hause befördert?

Was die Eltern nicht aufbringen oder was von den Ländern in diesem Fall nicht aufgebracht wird, muß sich in der Jahresrechnung der Bundesbahn als Defizit niederschlagen, wenn sie nicht auf anderen Gebieten Überschüsse erwirtschaften kann. Die gibt es nicht mehr. Das ist dann Grund genug, daß sich mancher mit gelassenem Selbstbewußtsein hören läßt: »Kein Wunder! – Staatseigenes Unternehmen – einem privaten Unternehmen würde das nicht passieren!« Wer das sagt, hat recht. Einem privaten Unternehmer würde das nicht passieren, ihm würde auch nicht auferlegt werden, was der Eisenbahn zugemutet wird.

Wir hatten damals den Raum, der sich bot, ausgeschöpft und im Rahmen des Spielraums, der politisch zu nutzen war, auch Erfolg verzeichnet, auch wenn eine volle Lösung des Bahnproblems nicht möglich war.

Neuer Anlauf in der Straßenverkehrspolitik

Im Straßenverkehr war ein neuer Anlauf fällig. Der Krieg hatte in seiner letzten Phase in unvernünftigster und auch aus militärischer Sicht unsinniger Weise viele Straßen und die meisten der wichtigsten Brücken im Lande vernichtet. Die Verantwortlichen des untergehenden Dritten Reiches waren nicht fähig, über das Ende eines Krieges, der verlorenging, hinauszudenken – im Gegenteil! Der sinnlose Zerstörungswahn brachte für die Verteidigung wie für den Angreifer nur Verzögerungen von kurzer Frist. Aber es störte die Hitlers wohl nicht, daß nach ihnen die Sintflut käme, sie wollten wohl auch, daß sie kam.

Es war eine mühevolle Arbeit, die vielen Straßen, insbesondere die Autobahnen wieder betriebsfähig zu machen und unzählige Brücken wieder zu errichten. Ich hatte das ja als Gewerkschaftsvorsitzender miterlebt. Diese Arbeit war im großen und ganzen abgeschlossen, als ich an die Spitze des Verkehrsministeriums berufen wurde. Nun drückte der Schuh wegen des in der Zwischenzeit stark gewachsenen Verkehrs auf den Straßen. Die Zahl der Kraftfahrzeuge wuchs von Jahr zu Jahr. Tägliche Stauungen im Umfeld der großen Städte ebenso wie zeitraubende Stockungen auf den großen Überlandwegen waren typisch für den Straßenverkehr, von den Problemen des geballten Verkehrs in der Urlaubszeit gar nicht zu reden. Zwischen Düsseldorf, Frankfurt, Mannheim, Karlsruhe und Stuttgart gab es nur eine Autobahn, und es war abzusehen, daß der Verkehr weiter wachsen und das Land in seinem Verkehr ersticken würde. Also mußte mit Nachdruck an den Ausbau des Autobahnnetzes herangegangen werden.

Das Autobahnnetz wird erweitert

Auf vielen Reisen in die einzelnen Regionen und Länder, die nach einer Fülle von Vorarbeiten und Vorklärungen erforderlich wurden, entstand in Gesprächen und Verhandlungen mit den Regierungen der Länder und aus dem Zusammenspiel mit Kommunen, Kammern, Verbänden und anderen Beteiligten ein neuer Ausbauplan.

Das war eine politische Chance, wie sie nur selten einmal gewährt wird: In dem Augenblick, in dem die Zeit und die Umstände dazu reif waren, die Verantwortung für die Entscheidungen zu haben, deren Verwirklichung wohl gut zwei Jahrzehnte in Anspruch nehmen würde, von denen aber das Gesicht des Landes in der Zukunft wesentlich bestimmt werden würde!

Es war aber auch eine große Anstrengung. Dahinter stand nicht nur der schwierige Kampf ums Geld. Ich weiß, daß der mir freundschaftlich verbundene Präsident der Deutschen Bundesbank des öfteren, wenn dieser Kampf ausgefochten wurde, hören ließ, ich sei als Verkehrsminister zu teuer und man solle mir besser ein anderes Amt geben. Dazu kam der Kampf um die Linienführung, die Auseinandersetzung um den Erwerb von Grund und Boden. Dabei mußte man oft fast mit den Methoden eines Taschenspielers mitten zwischen Idealisten und Umweltschützern und den Forderungen des stürmisch wachsenden Verkehrs hindurch: »Wir brauchen dringend eine neue Autobahn, sie soll möglichst nahe bei uns vorbeigeführt werden, aber sie muß auf den Grundstücken unserer Nachbarn gebaut werden.«

Mit dem Bau von Autobahnen war 1933 begonnen worden. Im Jahre 1966 war das Netz der Autobahnen 3218 Kilometer lang. In den sechs Jahren meiner Amtstätigkeit wuchs das Netz der Bundesautobahnen auf 5258 Kilometer Länge. Es war in einer relativ kurzen Zeit um mehr als sechzig Prozent verlängert worden – und eine noch größere Zahl neuer Strecken war begonnen worden und befand sich in zügigem Ausbau.

So sind zum Beispiel zwischen dem Ruhrgebiet und dem Rhein-Main-Gebiet nicht mehr nur vier, sondern achtzehn Spuren vorhanden. Es ist nicht vorstellbar, wie es gegenwärtig um Wirtschaft und Verkehr bei uns bestellt wäre, wenn wir uns damals zu diesen Maßnahmen nicht aufgerafft hätten. Das gilt auch für das Bild um unsere großen Städte. Das, was damals geplant und auf den Weg gebracht wurde, beginnt sich nun, nach jahrelanger Bautätigkeit vor den Augen des Bürgers abzurunden.

München wurde wegen der Olympiade und unserer guten Zusammenarbeit mit dem klugen und tatkräftigen Oberbürgermeister Jochen Vogel ein strahlender, vorgezogener Modellfall und auch schön! Ob das, was geschaffen worden ist, sonst immer und überall schön ist, darüber kann man mit Recht Zweifel haben. Ich habe sie auch!

Aber das ist bis zu einem gewissen Grad der unvermeidbare Preis, den die Entwicklung des Menschen zu einem mit dem Motor bewaffneten Lebewesen von uns fordert. Es muß nur immer darauf geachtet werden, daß Landschaft und Umwelt nicht mehr belastet und zerstört werden, als äußersten Falles unabweisbar ist. Ich habe daher die vielen warnenden und wachsamen Stimmen im Lande immer nicht nur als eine unbequeme Behinderung, sondern auch als den mahnenden und rüttelnden menschlichen Finger empfunden. Ich bin dabei auch mehr als einmal in Bedrängnis geraten.

»Minister verplempert Millionen«
Beispiel: Bonner »Adenauer-Brücke«

Für die Planung der Bonner Südbrücke hatten wir eine öffentliche Ausschreibung vorgenommen. Die Straßenbauer hatten die angebotenen Pläne studiert und sie sorgfältig gegeneinander abgewogen. Sie waren am Ende ratlos, als sie mir eine Entscheidung empfehlen sollten. Die billigeren Entwürfe waren häßlich, aber sie kamen alle von großen und kräftigen Stahl- und Brückenbaukonzernen von Rhein und Ruhr. Mit ihren ungebärdigen Konstruktionen wäre der Blick von Bonn auf das Siebengebirge verschandelt worden. Die beste Lösung kam von einem mittleren Unternehmen. Sie fügte sich in die Landschaft ein und zerriß sie nicht, aber ihre Ausführung war wesentlich teurer. Was sollten die armen Brückenbauer mir nun empfehlen? Sie hatten die Pläne für die verschiedenen Lösungen an die Wand gehängt, die Modelle aufgestellt und baten mich, zu entscheiden, wie sie weiter verfahren sollten. Ich wollte die Preise zuerst nicht erfahren und verschaffte mir einen Überblick über die einzelnen Entwürfe. Als ich angedeutet hatte, welchem Modell ich den Vorrang geben würde, strahlten die Brückenbauer. Dann klärten sie mich aber vorsichtig auf, daß die Ausführung dieses Entwurfs, den sie auch für den besten hielten, rund sechs Millionen Mark teurer sei. Sechs Millionen Mark war viel Geld, aber ich entschied trotzdem, daß nach diesem Entwurf zu bauen sei. Als das öffentlich bekannt wurde, gab es ein gezieltes Spektakel in der Presse. Die zu kurz gekommenen Konzerne an der Ruhr hatten sich bei der Planung zwar nicht viel einfallen lassen, aber nun machten sie ihre Hunde los: »Minister verplempert Millionen!«, »Verschwendung von Steuergeldern!« Das macht Schlagzeilen.

Ich aber ging nicht von meiner Entscheidung ab und ließ mich verbellen. Heute bin ich froh, daß sie einige Millionen Mark mehr gekostet hat und daß es Entwürfe für billigere Brücken gegeben hatte.

Ich hatte der Brücke den Namen »Adenauer-Brücke« gegeben. Sie wurde damit das Gegenstück zur Nordbrücke, der ich den Namen Friedrich Eberts gegeben hatte. Als sie fertig war, sagte mir ein Bonner Journalist, ich hätte Glück gehabt. Wenn ich mich damals hätte beeinflussen lassen und eine billigere, aber weniger schöne Brücke hätte bauen lassen, dann hätten er und andere dafür gesorgt, daß man die Südbrücke in der Bonner Umgangssprache »Leber-Brücke« genannt hätte. So hat man die Chance, sich Denkmäler zu bauen.

Wir müssen wohl noch lernen, gerade in unserem Lande, in dem wir so viel verloren haben, daß wir uns nicht überall von der Regel leiten lassen, wonach niedriger Preis, hohe Wirtschaftlichkeit und Zweckmäßigkeit den Ausschlag geben, sonst werden wir eines Tages sehr nüchtern und in Wirklichkeit auch arm dastehen.

Erweitertes Verkehrsprogramm

Mit Straßenbau allein war unsere Aufgabe aber nicht zu erfüllen. Wir mußten in den Verkehr auf der Straße eingreifen, vor allem, um drei Ziele zu erreichen:

a) Im Laufe der Jahre war eine Umstellung von der Eisenbahn auf die Straße entstanden, was zur Abwanderung von Güterverkehr von der Bahn auf die Straße geführt hatte. Das erzeugte eine unausgelastete und defizitäre Eisenbahn, und es verstopfte die Straßen. Das Gefälle mußte umgekehrt werden und in angemessener Weise von der Straße auf die Schiene zeigen.

b) Der Verkehrsfluß auf den Straßen mußte verbessert werden. Das galt sowohl für die normalen Zeiten des Jahres, aber mehr noch für die Perioden mit hoher Konzentration, also zum Beispiel besonders während der Ferienzeit.

c) Die Verkehrssicherheit mußte verbessert werden. Wir hatten eine viel zu hohe Unfallquote und standen schlechter da, als alle anderen vergleichbaren Nationen.

Unser Programm sah deshalb vor:

- Förderung des Verkehrs mit leichteren und schnelleren Lastwagen durch Entlastung der leichteren Lastwagen von der Beförderungssteuer.
- Keine Ausweitung des gewerblichen Güterfernverkehrs.
- Erhöhung der Mindestmotorleistung je Tonne Nutzlast für schwere Lastwagen.
- Eine besondere Besteuerung des schweren Straßengüterfernverkehrs bis zu vier Pfennigen je Tonne und Kilometer.
- Ein vorübergehendes Verbot für die Beförderung bestimmter Massengüter auf der Straße.
- Mehr Sicherheit durch Änderung der kraftfahrtechnischen Vorschriften, darunter auch verstärkter Schutz vor Luftverunreinigung und Geräuschentwicklung.
- Erlaß einer neuen Straßenverkehrsordnung mit dem Ziel einer europäischen Vereinheitlichung.
- Verminderung der Unfallgefahren aus besonderen nachgewiesenen Ursachen.

Das Programm wurde allgemein mit Beifall aufgenommen, aber von großen Interessengruppen als eine Art Kriegserklärung verstanden.

Das Güterfernverkehrsgewerbe behauptete, es sei in seiner Existenz bedroht. Große Teile der Industrie erblickten eine Beeinträchtigung ihrer Konkurrenzfähigkeit, und die Automobilindustrie, von der schwere Lastkraftwagen hergestellt werden, formierte sich mit diesen Kräften zusammen zum Widerstand.

Wir hatten also einen kampfkräftigen Gegner auf den Plan gerufen, der seine Verbände wachmachte und uns entgegentrat. Bald waren an den meisten Lastwagen, die im Fernverkehr fuhren, große Plakate angebracht, auf denen zu lesen war: »Dieser Lastzug bezahlt 18 000,- Mark Steuern.« Die Fuhrunternehmer machten den Versuch, die öffentliche Meinung für sich zu gewinnen und Presse und Politiker zu mobilisieren. Wir spürten diesen Druck und registrierten auch, wie der Einfluß sich bis in den Bundestag hinein auswirkte. Unter dem Eindruck nachhaltiger Anzeigenkampagnen stimmte manche Zeitung, die uns kurz vorher noch Beifall gezollt hatte, sich auf das Gegenkonzert um. Aber wir bekamen auch Verbündete. Es war erfrischend, wenn wir auf den Straßen kleine Personenkraftwagen entdeckten, die ein Plakat angebracht hatten, auf dem es hieß: »Dieser Lastzug zahlt 180,- Mark Steuern.«

Der Hauptwiderstand konzentrierte sich gegen das Verbot, bestimmte Güter mit dem Lastwagen im Fernverkehr auf den Straßen zu befördern. In einer Situation, in der die Straßen so stark belastet sind, wie es damals bei dem knappen Straßenraum der Fall war, mußten Grubenholz und Schwellen, Schrott, Roheisen, Natursteine und manche andere Waren nicht über viele hundert Kilometer auf der Straße befördert werden. Das konnte die Eisenbahn auch, wenn vernünftig mit ihr disponiert wurde. Wir hatten kaum glaubhafte Praktiken festgestellt. So wurden zum Beispiel rohe Marmorblöcke von Carrara in Oberitalien mit dem Lkw über die Alpen auf den belebtesten Straßen durch die Schweiz oder durch Österreich und dann durch die Bundesrepublik nach Holland gefahren.

Instrumente der Verkehrspolitik

Aber die Wogen gegen die Absicht eines Verbotes des Transports solcher Güter auf den Straßen schlugen hoch. Da hatte sich ein Verkehrsminister erlaubt, gegen ein Dogma zu verstoßen und die Freiheit des Unternehmers über die Art seines Transportes mit einem Verbot einzuengen. Zu denen, die legitime wirtschaftliche Interessen vertraten, kamen die Eiferer. Dabei war das Verbot gar nicht einmal als eine Dauerlösung, sondern als vorübergehend angekündigt worden.

Im engsten Zirkel meiner Mitarbeiter waren wir uns einig. So hatte ich es auch gegenüber wenigen, besonders vertrauenswürdigen Gesprächspartnern aus der Wirtschaft von Anfang an deutlich gemacht, nämlich daß wir das Verbot vor allen Dingen als eine politische »Fleet in being« in das Programm aufgenommen hatten.

Heute ist die Sache abgeschlossen, und man kann offen darüber reden. Der Vorgang ist nicht uninteressant. Es lag im Allgemeininteresse, für den Güterverkehr den Fluß von der Bahn auf die Straße umzukehren und ein ausreichendes Gefälle von der Straße auf die Bahn herbeizuführen. Das war eine Aufgabe der Verkehrspolitik, auch wenn sie dabei hartgesottenen Interessenvertretern auf die Füße treten mußte. Wenn man das erreichen will, hat man unter anderem die Möglichkeit, die Belastungen der einzelnen Verkehrsträger entsprechend zu balancieren. Das sind die Instrumente der Verkehrspolitik.

In diesem Fall hatten wir vorgesehen, den schweren Güterfernverkehr je Tonne und Kilometer mit einer besonderen Steuer zu belasten. Die Transportpreise im Fernverkehr würden wegen der Steuer steigen müssen. Das war gewollt! Das mußte für die Wirtschaft aber nicht zu einer Mehrbelastung führen, denn sie sollte und konnte ja auf die Eisenbahn ausweichen, deren Tarife und Preise festgehalten wurden. Die Bahn stand bereit, zu den alten Preisen zu fahren.

Die Beförderungssteuer

Dazu kam ein weiteres Element. Wir wollten, daß bestimmte Industrien sich mehr der Eisenbahn bedienten, sie hatten aber keine eigenen Gleisanschlüsse. Der Umladevorgang machte den Transport teuer. Die neue Beförderungssteuer sollte nicht den Säckel des Finanzministers auffüllen. Wir wollten mit ihr großzügig Zuschüsse für den Bau von Bahnanschlüssen, Terminals usw. gewähren.

Wir vermuteten aber, daß die Beförderungssteuer in der damaligen Situation nicht durchsetzbar gewesen wäre. Und einige hundert Millionen Mark, die wir jährlich brauchten, um solchen Kunden, die sich der Eisenbahn bisher nicht bedient hatten, Gleisanschlüsse buchstäblich vor das Haus zu bauen, wären auf andere Weise im Parlament nicht erreichbar gewesen.

Die Lobby, die gegen solche Pläne drückte, war zu stark. Wir hatten daher das Verbot zur Beförderung bestimmter Güter als etwas Schlimmeres in das Programm eingesetzt als die Steuer, die wir wollten. Wir hatten gehofft, daran würden sich die Gegner des Programms festbeißen. Das taten sie alle auch nach besten Kräften: Wir bekamen im Bundestag, obwohl die Verkehrspolitiker der CDU zwischen Einsicht und Lobby hin- und hergeschüttelt wurden, die Zustimmung zu einer zusätzlichen Beförderungssteuer. Damit hatte die Ankündigung eines zeitlich beschränkten Verbotes durch sein bloßes Vorhandensein in unserem Programm das gewollte und wichtigere Ergebnis herbeiführen helfen. Wir konnten, wie die Entwicklung danach auch bewiesen hat, auf das Verbot verzichten. Der Verzicht auf das Verbot wurde zwar hier und da als Sieg gefeiert oder auch bedauert, aber wir hatten politisch unser Ziel erreicht. Es dauerte nicht lange, bis die Eisenbahn zusätzlichen Güterverkehr erhielt.

Wir bekamen zu spüren, welche Wirkung die Beförderungssteuer hatte und wie die Anreize wirkten, die damit finanziert wurden. Nach einer relativ kurzen Spanne reichten die Waggons der Bundesbahn, von denen vorher Zehntausende leer gestanden hatten, nicht mehr aus, und aus den Berichten ging hervor, daß die Bundesbahn im Ausland – dort standen Waggons noch leer, wie vorher bei uns – einige tausend ausleihen mußte.

Es kamen umgekehrte Probleme im personalen Bereich. Die Lokomotivführer und ihre Gewerkschaften klagten nicht mehr über mangelnde Arbeit, sondern darüber, daß neuerdings zuviele Überstunden von ihnen verlangt würden. Damit konnte man fertig werden. Wir hatten unser Ziel erreicht, die Güterwagen standen nicht mehr leer. Die Bahn hatte soviel Güterverkehr von der Straße auf sich gezogen, daß sie voll fuhr und in diesem Maße die Straße von Mehrverkehr entlastete.

Programm »Rosa Zeiten«

Die Stimmung unter den Eisenbahnern verbesserte sich, sie spürten den Aufwind und zogen mit. So kamen auch neue Ideen auf. In einem Gespräch mit dem Vorstand der Bundesbahn hatte ich unter anderem gebeten, einmal über besondere Attraktionen nachzudenken. Sie sollten einmal prüfen, ob man bei der Eisenbahn nicht etwas unternehmen könne, was dem Gedanken des Ausverkaufs beim Einzelhandel vergleichbar sei. Dort würden am Ende der Saison diejenigen Waren, die im kommenden Halbjahr nicht mehr gekauft würden, zu einem ermäßigten Preis hergegeben. Damit würden die Lager geräumt, und der Verkauf zu einem niedrigeren Preis sei wirtschaftlicher, als auf den Waren sitzen zu bleiben. Es dauerte nicht lange und die Eisenbahn kam mit einer Idee!

Die Personenzüge waren zu bestimmten Zeiten gut ausgelastet. Über viele Wochen des Jahres aber waren sie nur schwach besetzt. Warum sollte man nicht ein Programm machen und ältere Leute, die wenig reisen, die aber Zeit haben, einladen, eine Reise mit der Eisenbahn zu verbilligten Tarifen zu machen? Die Eisenbahn mußte fahren, auch wenn niemand im Zug saß. Wenn sie aber von Rentnern zum halben Preis in Anspruch genommen würde, dann hätte die Bahn zusätzliche Einnahmen, und die alten Leute, die sonst nicht fahren könnten, weil ihnen der Fahrpreis zu hoch sei, würden dann reisen können. Das Programm »Rosa Zeiten« war geboren. Es ist in der Zwischenzeit auch in anderen Ländern als ein Modellgedanke in mehr oder weniger veränderter Praxis eingeführt worden. Ich erinnere mich an viele Grüße auf Briefen und Postkarten, die mir von den neuen Kunden der Bundesbahn aus allen Himmelsrichtungen geschrieben wurden.

Aber auch hier gab es Meinungsverschiedenheiten. In einem Brief hieß es: »Wir wohnen in Stuttgart und fühlten uns bisher sehr wohl. Das mit den ›Rosa Zeiten‹ ist von Ihnen ja vielleicht ganz gut gemeint gewesen, aber unsere Schwiegermutter, die in Hamburg wohnt, kommt nun alle vierzehn Tage angereist, und unser Hausfriede ist wegen Ihrer ›Rosa Zeiten‹ restlos dahin!«

7. KAPITEL

Neue Probleme

Unter den vielen Vorgängen, die damals die Verkehrspolitik befaßten, die zu Auseinandersetzungen führten und öffentliches Aufsehen erregten, will ich einige erwähnen, weil die Schritte, die damals eingeleitet wurden, nicht nur gegen viel Widerstand unternommen werden mußten, sondern auch deshalb auf erhebliche Zweifel stießen, weil niemand den Erfolg garantieren konnte. Das machte sie besonders schwierig und war Stoff für diejenigen, die sich dagegen wandten. Es ging um die Verbesserung des Verkehrsflusses und um die Verminderung der Unfälle auf den Straßen.

Mit der Übernahme von Güterverkehr durch die Bundesbahn war zwar etwas erreicht worden, aber die Obergrenze der Entlastung der Straßen war von der Aufnahmefähigkeit und der Kapazität der Eisenbahn bestimmt. Der Bau von Straßen war zwar verstärkt worden, aber er brauchte seine Zeit, und deshalb ließen sich wesentliche Mängel nicht kurzfristig beheben.

In der Ferienreisezeit, vor allem in der Sommerzeit, waren die damals zur Verfügung stehenden Autobahnen und Fernstraßen verstopft. Die Urlauber mußten oft unerträgliche Wartezeiten in Kauf nehmen.

Entzerrter Ferienbeginn

Die Ferien begannen in den meisten Ländern der Bundesrepublik zur gleichen Zeit. Dazu kam zum etwa gleichen Zeitpunkt der Ferienbeginn in den Beneluxländern. In Mitteleuropa brachen die Ferien aus. Wir versuchten eine Entzerrung des Ferienbeginns.

Wir forderten von den Kultusministern der Länder eine sinnvolle Staffelung der Sommerferien über einen längeren Abschnitt und Regelungen, die darauf zielten, die Ferien nicht alle an Wochenenden oder Wochenanfängen beginnen zu lassen. Die deutschen Kultusminister waren aufgeschlossen. Daneben wurden entsprechende Kontakte mit den Regierungen der Niederlande, von Belgien und Luxemburg aufgenommen.

Unsere Gründe wurden verstanden, und sowohl die Beneluxländer als auch die Kultusministerkonferenz in der Bundesrepublik bereiteten entsprechende Änderungen in den Ferienplanungen vor. Das war nicht nur gut für einen besseren Verkehrsfluß in der Ferienzeit. Durch die erweiterte Saison wurden Hotels und Gaststätten nicht nur für eine kurze Zeit in Anspruch genommen und überfordert. Das bedeutete auch höhere Wirtschaftlichkeit.

Es wurde angeordnet, daß die Bautätigkeit so zu organisieren sei, daß die Baustellen auf den Autobahnen in der Hauptreisezeit, vor allem im Sommer, wenn irgend möglich zu schließen seien.

Ferienreiseverordnung

Als drittes Element kam eine Entscheidung hinzu, die im Gegensatz zu den beiden genannten auf erheblichen Widerstand stieß. Es war die »Ferienreiseverordnung«, die im Juni 1969 in Kraft gesetzt wurde. Mit dieser Verordnung wurde es schweren Lastkraftwagen mit über 7,5 Tonnen Gesamtgewicht verboten, vom Freitagnachmittag bis zum Sonntagabend an fünf Wochenenden in der Ferienzeit auf den Autobahnen und einer Anzahl besonders genannter Bundesfernstraßen zu fahren. Den Verkehrsbehörden der Länder wurden enge Beschränkungen für die Erteilung von Ausnahmen auferlegt.

Die Millionen Urlauber konnten erstmalig ohne die früher erhebliche Behinderung des Verkehrs durch langsam fahrende schwere Lastzüge fahren.

Proteste, Proteste

Gegen diese Regelung hatte sich ein richtiger Sturm erhoben. In seinem Verlauf geriet ich einige Male persönlich in eine Verfassung, in der sich wohl ein Boxer befindet, der von seinem Gegner über mehrere Runden hinweg in die Seile gedrängt wird. Man steht in einer solchen Situation ziemlich allein. Die Millionen, denen man helfen wollte und auch geholfen hatte, waren keine Verbündeten in der Auseinandersetzung mit denen, die dagegen ankämpften. Sie begrüßten zwar, was geschah, aber sie blieben passiv, auch wenn der Kampf ihrer Interessen wegen geführt wurde.

In der Nähe von Karlsruhe kreisten mich die Obstbauern aus Baden-Württemberg einmal ein. Sie hatten auf meinem Anzug so viele Volltreffer mit vielen köstlichen weichen Fruchtsorten gelandet, daß er auch in der Reinigung nicht mehr wiederhergestellt werden konnte. Die Leute waren überwiegend von den Fuhrunternehmern aufgeputscht worden und fürchteten um den Abstransport ihrer Ernte. Sie ließen sich auf nichts ein. Ich beauftragte die Bundesbahn, in jedes Dorf mit Bahnanschluß Kühlwaggons zu stellen und für einen zügigen Transport zu sorgen. Es half nichts. Die Obstbauern wollten ihre Erdbeeren von »ihren« Fuhrunternehmern wie bisher samstags und sonntags auf den Straßen fahren lassen.

Wir bekamen viele Lektionen erteilt. Ich lernte, wie lebenswichtig der Genuß von Speiseeis sei und daß es unerläßlich sei, diese gutschmeckende gefrorene Errungenschaft der Neuzeit samstags und sonntags in schweren Kühlwagen in schleppendem Tempo auch über Autobahnen zu fahren.

Die einflußreiche Zunft der Rennstallbesitzer und Rennveranstalter begehrte auf. Sie behauptete, die Veranstaltung von Pferderennen würde unmöglich. Sie wollten auf der Autobahn in schweren Lastzügen Pferde transportieren, genauso wie die Tomaten- und Speiseeisfahrer und sich nicht abdrängen lassen. Sie ließen sich zunächst auch nicht von der Möglichkeit locken, ihre Transporte mit leichteren und damit schnelleren und den Gesamtverkehr weniger behindernden Fahrzeugen zu befördern.

»Der Spiegel« ist nicht zum Scherzen bereit

Neben den Fuhrunternehmern, den Obstbauern und ihren Verbänden, der Autoindustrie, die sich immer hervortat, wenn es etwas zu bekämpfen gab, kamen zu allem Überfluß auch noch die Verleger solcher Zeitschriften, die zum Wochenende gedruckt und an Samstagen und Sonntagen in schweren Lkws an die einzelnen Verteilerstellen gebracht wurden.

Hier regte sich als Wortführer allen voran »Der Spiegel«. Die Zahl der

Leute ist ja nicht klein, die an jedem Montag ihre Bildung und Information aus einer solchen Quelle schöpfen, und die Herausgeber und Verfasser des Inhaltes solcher Medien wissen wahrscheinlich gut genug, welche Macht sie haben und wie wenig ein Parlamentarier geneigt ist, sich ihnen einmal zu widersetzen.

Ich wurde im Bundestag wegen meiner Verordnung, mit der ich die schweren Lkws an den Sommerwochenenden von den Autobahnen verdrängt hatte, gestellt. Ich hatte mir vorgenommen, in der Sache fest zu bleiben, aber auch nicht zu ernst zu reagieren, um eine gelockerte Stimmung zu erzeugen. So hatte ich unter anderem gesagt, es sei leider nicht möglich, überall da, wo das gewünscht werde, Ausnahmen zu machen. Es sei nicht möglich, für die Beförderung von Käse schwere Lastzüge an Wochenenden zuzulassen, und es sei auch nicht möglich, für den »Spiegel« eine Ausnahme zu machen, denn der »Spiegel« sei ja auch nicht so viel wichtiger als Käse. Ich hatte angenommen, ich könnte eine solche Bemerkung machen, weil ich bei den Spiegel-Produzenten eine, wenn auch nicht gleich große, aber doch vergleichbare Menge des Humors vermutet hatte, den sie allwöchentlich bei denen voraussetzen, über die sie schreiben. An diesem Tag jedenfalls waren die Spiegelleute nicht in Stimmung, denn unverzüglich nach der Äußerung, die ich im Bundestag gemacht hatte, kam per Telex die Ankündigung einer einstweiligen Verfügung aus Rudolf Augsteins Hand. Dazu ist es dann doch nicht gekommen, denn ich hatte ja keine Veranlassung, das, was ich gesagt hatte, noch öfter zu wiederholen.

Heute sind die Vorgänge vergessen, die damals zu erregten Auseinandersetzungen führten. Die Obsterzeuger sind nicht in ihrer Existenz vernichtet worden, und alle Beteiligten, denen Schwierigkeiten zugemutet wurden, haben sich damit arrangiert.

Die deutschen Häfen

Ein schwieriger Fragenbereich, der in fast sechs Jahren meiner Amtszeit als Verkehrsminister nicht zur Ruhe kam, war die Situation der Häfen und ihres Hinterlandverkehrs.

Hamburg spielte mit seinem Hafen einmal eine dominierende Rolle. Der Hafen hatte ein großes Hinterland, mit dem er durch die Elbe verbunden war. Mit der Teilung Deutschlands waren Hamburg und sein Hafen von diesem Hinterland abgeschnitten worden.

Auf der anderen Seite drängte Rotterdam mit Riesenschritten nach vorn. Die Niederländer hatten ihre Chance begriffen, und zu der natürlichen Gunst der Lage von Rotterdam an der Mündung des Rheins kamen für sie die Vorteile aus der neu entstehenden Europäischen Wirtschaftsgemeinschaft. Das bedeutete freieren Zugang zu »ihrem Hinterland«.

Verkehrspolitik der Niederländer

Rotterdam wurde zum Umschlagplatz für die Industrien am Rhein, an der Ruhr, am Main und am Neckar ausgebaut. Unsere findigen Nachbarn an der Rheinmündung beschränkten sich aber nicht auf die Vorteile, die ihnen so zugute kamen. Sie paßten ihr ganzes Binnenverkehrswesen an die neue Situation an und richteten es konsequent auf den Hafen von Rotterdam aus. In den Mittelpunkt all ihrer Pläne stellten sie den Hafen von Rotterdam. Darum herum wurde gruppiert, was diesem Mittelpunkt nützlich war. Die Binnenschiffahrt wurde ausgebaut. Sie war der größte Zulieferer für den großen Seehafen.

Die niederländische Eisenbahn wurde weitgehend demontiert. Ihre Rolle wurde durch den Kraftwagen und die Straßen ersetzt. Bei der Eigenart und der Größe der Niederlande war das möglich. Die Zahl der Personenkraftwagen wuchs sowieso und machte die Eisenbahn weitgehend überflüssig.

Dem folgte mit staatlicher Hilfe der Ausbau einer großen Flotte von schweren Lastzügen, die auf der Straße nicht nur morgens den Salat aus den Niederlanden in die Städte an Rhein und Ruhr brachten, sondern die aus der Tiefe des deutschen Bereiches Güter, die sich üblicherweise nicht für den Transport auf Binnenschiffen eignen, für den Hafen von Rotterdam herankarrten.

Der Schwerpunkt der niederländischen Interessen lag nicht auf dem Transport zu Lande, sondern auf dem wirtschaftlichen Interesse am Hafenbetrieb und am Seetransport. Da der Lkw-Verkehr in der Hauptsache also eine Hilfsfunktion innehatte, wurde er durch eine entsprechende Politik der Regierung offen oder indirekt subventioniert.

Die deutschen Häfen und Reeder klagten. Die sich vermehrenden niederländischen Lastzüge belasteten unsere Straßen mehr und mehr. Wir hatten unseren eigenen Güterfernverkehr begrenzt, um die Straßen zu entlasten und der unausgelasteten Eisenbahn Verkehr zuzuführen. Die Niederländer gingen den umgekehrten Weg. Sie demontierten ihre Eisenbahn und vermehrten ihre Lastzüge auf unseren Straßen, um ihr Hafenaufkommen zu vermehren.

Die deutsche Verkehrspolitik durfte diese Entwicklung, wie sie eingerissen war, nicht weiter treiben lassen. An den Vorteilen, die von der Natur geschaffen waren, war nicht leicht etwas zu ändern. Das galt auch für die Tatsache, daß der Rhein eine für den internationalen Schiffsverkehr offene Wasserstraße geworden war. Aber wir durften das aus vielerlei Ursachen nach dem Zweiten Weltkrieg entstandene neue Gefälle, das in mehrfacher Weise von unseren Häfen wegführte, nicht einfach hinnehmen. Unsere Häfen waren in der Gefahr zu verkümmern, und wir durften uns nicht zu sehr von einer monopolähnlichen Rolle eines Hafens in einem befreundeten Land abhängig machen, von den anderen Belastungen gar nicht zu reden.

Wir versuchten, die Wettbewerbsbedingungen für unsere Häfen zu verbessern. Das, was unternommen wurde, hat die Hafenstädte zwar nie voll befriedigt. Das ist wahrscheinlich auch nicht möglich, denn selbst wenn sie zufrieden sind, geben sie es nicht zu. Wie die Entwicklung aber ausweist, sind unsere Häfen in der Folgezeit nicht weiter verkümmert, sondern das, was unternommen wurde, hat im Zusammenwirken vieler Faktoren auch Erfolg gehabt. Ob bei jedem Schritt auch Aufwand und Ertrag in einem vernünftigen Verhältnis zueinander standen, bleibt dabei sicher eine offene Frage, wenn nicht sogar in einzelnen Fällen eine negative Antwort kommt.

Eine solche Frage ist beispielsweise der Bau des Elbe-Seiten-Kanals. Die norddeutschen Küstenländer, allen voran die Hamburger, hatten ihn gefordert.

Als ich mein Amt im Jahre 1966 übernahm, waren die Verträge zwischen Bund und Ländern gerade unterschrieben worden. Wir waren daran gebunden. Nach dem Bau, dessen Beginn ich zusammen mit Herbert Weichmann und Helmut Lembke, die damals Erster Bürgermeister in Hamburg bzw. Ministerpräsident in Schleswig-Holstein waren, eröffnete, erfuhr ich aus kompetentem Hamburger Mund, daß man den Elbe-Seiten-Kanal zwar jahrelang mit großer Vehemenz gefordert, aber eigentlich nie ernsthaft gewollt habe, daß er wirklich gebaut würde. Man habe nach dem Kanal gerufen und das habe man in Bonn wörtlich genommen. Eigentlich habe man Sondertarife der Bahn gemeint!

Unabhängig von solchen politischen Fehlzündungen mußten wir uns um diese Sonderbedingungen kümmern. Wir mußten versuchen, einen Teil der unter den Folgen des Krieges und der Nachkriegsentwicklung eingetretenen Nachteile auszugleichen.

Das führte zu heftigen Auseinandersetzungen mit den Niederländern. Sie fanden in vielen bilateralen Zusammenkünften, Besprechungen und Verhandlungen ihren Niederschlag, und es gab kaum eine Zusammenkunft der europäischen Verkehrsminister, in der nicht ein Streit zwischen den Niederländern und uns im Mittelpunkt stand.

Mein niederländischer Gesprächspartner war Meijer Josef Keyzer. Er war ein geschliffener und fester Vertreter der Interessen seines Landes, und wir rangen und rauften bei vielen Gelegenheiten miteinander. Bei aller Festigkeit, mit der wir uns gegenübertraten, entwickelte sich auch ein gutes persönliches Verhältnis zwischen uns. Das war gut so, weil das den Streit leichter auf seinen eigentlichen Gegenstand begrenzt. Stoff zum Streit hatten wir genug. Hier nur ein paar Einblicke, die das Ringen und die Atmosphäre deutlich machen.

Entwicklung stärkerer Lkw-Motoren

Wir wollten den Fluß des Verkehrs auf unseren Autobahnen verbessern. Unter anderem hatte ich deshalb angeordnet, daß die Motorkraft je Tonne in den schweren Lkw erhöht werden müsse. Der deutschen Autoindustrie war dafür ein Datum gesetzt worden. Sie knurrte zunächst, begann aber stärkere Motoren zu entwickeln.

Das hatte aber natürlich nur dann einen Sinn, wenn nicht nur die deutschen Lastzüge mit stärkeren Motoren schneller fuhren, sondern auch die Ausländer sich entsprechend verhielten. Die übrigen Länder schlossen sich unserem Vorgehen an und erhöhten die Motorleistung ihrer schweren Lkw.

Die Niederländer weigerten sich. Ich empfand diese Haltung als wenig kooperativ und hielt sie nicht für den Ausdruck freundschaftlichen Miteinanderumgehens. Auch mein Hinweis, daß es schließlich unsere Straßen seien, auf denen Niederländer fahren, half nicht weiter. Sie erklärten, sie hätten einen Anspruch darauf, auf deutschen Straßen zu fahren und – so habe ich es wörtlich noch gut in Erinnerung – »Wir fahren so schnell, wie wir wollen, und wir fahren so langsam, wie wir wollen!«

Mir war bekannt, daß die Niederländer in ihrem Widerstand von deutschen Fernfahrunternehmen und Lkw-Erzeugern bestärkt worden waren. Die Automobilindustrie war zwar dabei, einen stärkeren Motor zu entwickeln, aber sie kämpfte doch weiter mit den Fuhrunternehmern gegen uns. Wir blieben fest und verständigten uns mit den Niederländern. Auch sie beschlossen, ihre Motorleistung zu erhöhen, und unsere Autoindustrie stand plötzlich gar nicht so schlecht da. Sie hatte den geforderten neuen, stärkeren Motor unter unserem Druck rechtzeitig entwickelt, während viele ihrer Konkurrenten in Europa noch nicht so weit waren.

Aber trotz allem, die Zahl der Lastwagen auf den Straßen bereitete uns Sorgen, denn der Straßenbau konnte nicht so schnell folgen.

Wir hatten die Zahl unserer eigenen Fernlastzüge durch einen streng gestoppten Konzessionsrahmen begrenzt. Die Niederländer vergrößerten sie. Damit entstand ein neuer Disput. Hier hatte sich ein mir zunächst nicht glaubhaft erscheinender Sachverhalt herausentwickelt. Offiziell waren den Niederlanden für die Bundesrepublik Lizenzen für 1200 Lastzüge erteilt worden. Ich hatte aber immer das Gefühl, da müsse doch etwas nicht in Ordnung sein, denn im Verhältnis zu den erteilten Genehmigungen waren doch sehr viel mehr niederländische Lastzüge im deutschen Straßenbild zu sehen. Bei einer Zählung, die ich schließlich anordnete, kamen wir zu dem Ergebnis, daß pro Tag zur gleichen Zeit durchschnittlich 4000 niederländische Lastzüge in der Bundesrepublik unterwegs waren, und das bei 1200 von deutscher Seite erteilten Lizenzen.

Als ich dafür eine Begründung forderte, kam folgendes Ergebnis zustande: Die Niederländer hatten hart gedrängt. Wenn sie um mehr Lizenzen kämpften, hatten sie nicht vergessen, auch auf den Zweiten Weltkrieg und die deutsche Schuld daran hinzuweisen. Mir wurde berichtet, wenn mein Vorgänger zu Gesprächen nach den Niederlanden gefahren sei, habe es häufig ein paar Tage vorher gegen ihn in niederländischen Zeitungen schon Angriffe gegeben, die ihn persönlich betrafen. Man hatte also versucht, den Gesprächspartner schon weichzuklopfen, ehe er angekommen war. Dabei hatte sich im Verlauf der Jahre schließlich ein

Zustand herausgebildet, der einmalig war. In der Bundesrepublik war der Güterfernverkehr hart lizenziert, und an der festgelegten Obergrenze wurde eisern festgehalten. In den Niederlanden war es Praxis geworden, sich die Lizenzen für die Bundesrepublik auf deutschen Formularen und mit deutschen Stempeln selber auszustellen. Das war eine von deutscher Seite großzügig geduldete Abweichung von der sonst überall geachteten Regel. Es war nicht nur ein Erfolg geschäftstüchtigen niederländischen Vorgehens und forschen Auftretens, sondern auch ein Ausfluß aus Schuldgefühlen und Komplexen unsererseits, wie er in den Jahren nach dem Krieg manchen Vorgang beeinflußt hatte.

In Rotterdam

Dieser Zustand war nicht erträglich, und wir konnten uns nicht mit einer solchen Situation abfinden. Die Auseinandersetzungen dauerten lange. In ihrem Verlauf wurde ich eingeladen, an einer verkehrspolitischen Konferenz in Rotterdam teilzunehmen und dort einen Vortrag über Fragen der europäischen Verkehrspolitik zu halten. Es war spekuliert worden, ob ich überhaupt nach Rotterdam kommen werde. Ich sagte zu, und wir reisten am Abend vorher an.

Am Morgen, als ich im Hotel zum Frühstück meine Mitarbeiter traf, wurde mir eine der großen niederländischen Zeitungen vorgelegt. Auf der ersten Seite stand in großen Schlagzeilen zu lesen: »Herr Leber, sind Sie gekommen, um Rotterdam ein zweites Mal zu zerstören?« Die deutsche Delegation war betroffen. Das war wohl die Art des Freistilringens, in der die Niederländer auch mit meinem Vorgänger umgesprungen waren und versucht hatten, Erfolge und deutsche Zugeständnisse zu erringen. Bei mir konnte man nur nicht dazuschreiben oder sagen: »Der Nazi kommt wieder!«, wie man es bei Seebohm gemacht hatte. Die Beamten, die mich begleiteten, kannten den Stil und empfahlen mir dringend, unter diesen Umständen nicht zur Konferenz zu gehen, sondern abzureisen. Das Spiel könne so nicht fortgesetzt werden.

Ich entschied: Es wird dageblieben! Niemand sollte sich anmerken lassen, daß wir die Zeitung überhaupt gesehen hatten und mit keinem Wort darauf reagieren. Das, was in diesem Zusammenhang zu sagen sei, würde ich in meiner Rede in der Konferenz schon sagen.

In der neuen, schönen Stadthalle wartete eine große Versammlung gespannt auf den Auftritt des deutschen Ministers. Man wartete wohl auch darauf, ob und wie er auf die Morgenpresse reagieren würde.

Nach den Begrüßungsansprachen wurde mir das Wort erteilt. Ich bedankte mich für die Einladung und für die Ehre, vor einem so sachverständigen und für die europäische Zusammenarbeit so wichtigen Kreis einen Vortrag halten zu dürfen. Ich sei auch gerne nach Rotterdam gekommen, weil ich die arbeitsame, ideenreiche Bevölkerung dieser Stadt bewundere. Ich sei mir auch umgekehrt der Bedeutung bewußt, die meinem Besuch in den Niederlanden beigemessen werde. Sie drücke sich nicht allein schon in der großen Aufmachung aus, mit der ich im Unterschied zu den Gästen aus anderen Ländern von der niederländischen Presse begrüßt worden sei. Ich fuhr fort:

»Meine Damen und Herren, daß Rotterdam zerstört worden ist, das gehört zu den schlimmen Ereignissen des Krieges. Die Zerstörung Ihrer Stadt war ein Verbrechen. Darüber gibt es zwischen uns keine Meinungsverschiedenheit. So schlimm das, was geschehen ist, auch war, wir sind hier zusammengekommen, um unseren Blick gemeinsam nach vorn zu richten. Wenn Europa etwas werden soll, dann kann das, was die Zukunft tragen soll, nicht von den Trümmern her hochgerechnet werden. Zu guter Freundschaft gehört auch Klarheit. Deshalb möchte ich sagen, was ich meine. Daß Rotterdam zerstört wurde, ist schlimm und bleibt schlimm, aber Sie, meine Damen und Herren, können nicht damit rechnen, daß Sie künftig von mir auch nur eine zusätzliche Lizenz für einen einzigen niederländischen Fernlastwagen, den Sie nach Deutschland schicken wollen, erhalten, weil Rotterdam einmal zerstört worden ist. Beide Dinge stehen auf verschiedenen Karteiblättern und sie können nicht gegeneinander aufgerechnet werden . . .«

Im Verlaufe des Tages wurden die Teilnehmer der Konferenz von der Stadt Rotterdam empfangen. Ich war gespannt, was ich dort nach der Konferenz hören würde. Während des Empfanges kam der Bürgermeister von Rotterdam im Glanze der Insignien seines Amtes auf mich zu. Unter einem Hinweis auf die Bedeutung des Hafens für die Stadt sei es zwar nicht bequem gewesen, meine Rede anzuhören, aber er bedanke sich für die freundschaftliche Offenheit meiner Worte. Nun wisse man, woran man sei.

Die niederländische Regierung gab aber noch nicht nach. Das war wohl auch für sie nicht so einfach. Wir hatten zwar versprochen, die Zahl der Lizenzen leicht zu erhöhen, um wieviel wir sie aber immer erhöhen würden: das bedeutete gegenüber dem Zustand, wie er sich in der Praxis eingeführt hatte, eine starke Reduzierung. Die letzte Begegnung über diese Fragen zwischen uns fand in den Räumen der OECD in Paris statt. Auch diese Organisation war von den Niederländern zu Hilfe gerufen worden.

Unser Streit hatte sich in das Grundsätzliche hineinbewegt. Wir standen auf dem Standpunkt: Auf unseren Straßen, auf denen wir noch nationale Hoheitsrechte besitzen, müssen die Regeln die für unsere eigene Wirtschaft und für unseren eigenen Verkehr gelten, auch für den europäischen Ausländer gültig sein. Die Niederländer wollten die Öffnung – eine Art Europäisierung vorweg – oder am liebsten eine Art Regelung, wie sie für die Schiffahrt auf dem Rhein gilt. Sie ordneten unseren Streit auch entsprechend ein. Mir wurde berichtet, man habe in den Niederlanden nachgedacht, mit welchem historischen Ereignis man diesen Streit vergleichen müsse, und man sei zu dem Ergebnis gelangt, daß es nur einen gleichbedeutsamen Vorgang gäbe. Das sei die Auseinandersetzung mit den Engländern um die niederländischen Verkehrsrechte auf der Themse gewesen.

Mein niederländischer Gesprächspartner sagte mir:

»Sie muten uns zu, etwas aufzugeben, was wir haben. Das ist dem, was die Engländer damals von uns verlangten, vergleichbar. Wissen Sie, Herr Minister, daß wir damals gegen die Engländer deswegen drei Kriege geführt haben? Ihr Land ist geteilt und in der Bedrängnis des Kalten Krieges. Sie müssen mit harten Reaktionen der niederländischen Regierung rechnen, wenn Sie bei Ihrer harten Haltung bleiben.«

Ich antwortete, wir würden das sehr bedauern, wenn die niederländische Regierung solche Überlegungen anzustellen gedenke. Wir würden deswegen aber nicht nachgeben, weil das nicht gehe.

Wir hatten alle Karten ausgereizt, die wir hatten. Es bleibt mir immer in Erinnerung, wie Herr Keyzer dann zu mir sagte: »Wenn Sie auf unsere Forderungen eingegangen wären, dann wäre das gut gewesen für uns in den Niederlanden. Ich glaube, wir müssen unsere Augen nun aber gemeinsam nach Europa richten. Vielleicht ist das gut für Europa, daß wir uns bilateral nicht verständigen konnten.«

Die erste Entführung eines deutschen Großflugzeuges

Der Jumbo LH 649 war am 21. Februar 1972 auf dem Wege von Neu-Delhi nach Frankfurt. 42 Minuten nach dem Start in Neu-Delhi gab die Maschine noch eine Positionsmeldung ab, in der sie einen normalen Flugverlauf meldete.

Eine gute halbe Stunde später erschien ein Mann in der Kanzel. In der einen Hand hielt er eine Pistole, in der anderen eine Handgranate. Er riß die Sauerstoffmasken aus ihren Halterungen, schlug dem Copiloten das Mikrophon aus der Hand und erteilte dem Kapitän Befehle.

In der Zwischenzeit hatten vier weitere bewaffnete Personen die 175 Passagiere und die Besatzungsangehörigen in dem Flugzeug bedroht und ihnen Weisungen für ihr Verhalten erteilt. Frauen und Männer wurden voneinander getrennt. Sie wurden einzeln nach Waffen untersucht und mußten bestimmte Gegenstände, wie Fotoapparate, Radioapparate und Pässe in den Gang werfen. Die Entführer brachten Sprengstoffladungen an den Türen an. Sie warnten die Passagiere davor, die daran angebrachten Schnüre zu berühren, das würde zu einer Explosion des Flugzeuges führen.

Die Entführer gaben sich als palästinensische Freiheitskämpfer zu erkennen und gaben über Funk nach außen politische Erklärungen ab. Durch die Radarkontrolle wurde später der Einflug des Flugzeuges in den Persischen Golf festgestellt und danach seine Landung in Aden mitgeteilt. An Bord des Flugzeuges befanden sich einschließlich der Besatzung über 180 Personen.

Ich informierte den Bundeskanzler und den Außenminister und bildete in meinem Büro einen kleinen Stab. Der Kontakt zur Lufthansa funktionierte. Ich bat Hermann J. Abs in seiner Eigenschaft als Vorsitzender des Aufsichtsrates der Lufthansa zu mir. Außenminister Walter Scheel suchte mich auf, er und auch der Kanzler gaben mir freie Hand, das zu entscheiden, was den Umständen nach geschehen müsse, und ließen mich wissen, daß sie erforderlichenfalls zur Verfügung stünden.

Wir hatten damals noch keine Erfahrung im Umgang mit solchen Terroranschlägen. Diese Erfahrungen und die Voraussetzungen zur andersartigen Bewältigung einer solchen Krise wurden erst geschaffen. Wir mußten damals versuchen, pragmatisch mit der Sache fertig zu werden, so wie sie sich uns darbot.

Die Entführer bezeichneten sich als »Zionist Occupation Victims Organisation«. Während das entführte Lufthansaflugzeug in Aden stand, ging bei der Lufthansa in Köln ein Brief ein, der am Kölner Hauptbahnhof aufgegeben worden war. Darin wurde die Forderung auf Zahlung von 5 Millionen US-Dollar Lösegeld erhoben. In dem Brief wurde im einzelnen bestimmt, wie die Summe zu stückeln und wie sie zu überbringen sei.

Plötzlich erschien der amerikanische Gesandte in Bonn. Er teilte mir mit, an Bord des Flugzeuges sei auch ein Sohn von Robert Kennedy, der vor einiger Zeit ermordet worden war, und Senator Edward Kennedy bot seine Hilfe an.

Nach Beratung mit Herrn Abs, mit meinen Mitarbeitern und nach Kontakten mit Kanzler und Außenminister stellten wir uns auf den Standpunkt: Die geforderte Summe ist zwar hoch, nach allem, was zu erkennen ist, haben wir es aller Wahrscheinlichkeit nach aber mit entschlossenen Entführern zu tun, die sich nicht scheuen, Blut zu vergießen. Für den Fall, daß es möglich sein würde, die Sache mit Geld abzuschließen, wollten wir es mit Geld versuchen. Geld ist zwar wertvoll, es ist aber billiger als Blut.

Mir war bewußt, daß diese Haltung Vorwürfe einbringen würde. Mit Geld – mit soviel Geld – an die Palästinenser würde man diesen Leuten Möglichkeiten an die Hand geben, noch aktiver zu werden und sie vielleicht einladen, ihren Terror zu verstärken. Mit Abstand von der unmittelbaren Verantwortung ist es etwas leichter, solche Fragen aufzuwerfen. Wir mußten aber zuerst an die Menschen in dem Flugzeug und an die Lebensgefahr denken, in der sie sich befanden. Es würde sicher auch andere Vorwürfe geben.

Ich stimmte zunächst den Vorbereitungen für die Beschaffung des Geldes und dem Geldtransport durch die Lufthansa zu. Beides sollte auch so bekanntgemacht werden, daß die Entführer und ihre Organisation es erfuhren. Damit wollten wir verhindern, daß von ihrer Seite unbedachte Handlungen begangen würden.

Kurz nach Mitternacht startete in Frankfurt ein von den Entführern verlangtes Flugzeug. Der Beauftragte der Lufthansa trug einen von den Entführern vorgeschriebenen Anzug. Er hatte das Geld in den vorgeschriebenen Taschen in den verlangten Stückelungen verstaut. Ich erteilte aber nur die Erlaubnis, das Flugzeug bis nach Athen vorzuschieben. Dort sollte es auf weitere Anweisungen warten. Ich war mir bewußt, daß damit die von den Entführern vorgeschriebene Zeit überschritten wurde und daß ich dafür mit allen Folgen, die sich daraus ergeben konnten, die volle Verantwortung zu tragen hatte. Um 7.18 Uhr erhielt ich die Meldung von der Landung des Lösegeld-Flugzeuges in Athen. Der Weiterflug nach Beirut blieb gestoppt. Auf der einen Seite wurde ich gedrängt, die Zustimmung zum weiteren Transport des Geldes zu geben. Auf der anderen Seite hatten wir aber Bemühungen unternommen, das Flugzeug freizubekommen, ohne so viel Geld bezahlen zu müssen.

Im Verlauf des Vormittags spitzte sich die Lage zu. Die uns gesetzte Zeit war überschritten – der Vorstand der Lufthansa machte mich ausdrücklich darauf aufmerksam. Um 11.30 Uhr kam eine Mitteilung des Kapitäns aus dem entführten Flugzeug nach draußen. Er teilte mit, daß Vorbereitungen zur Sprengung des Flugzeuges im Gange seien, und es sei keine Zeit mehr zu verlieren. Wir hatten bis dahin keinen direkten Kontakt zu der Maschine, konnten also auch keine Gewißheit darüber gewinnen, welche Pläne die Entführer verfolgten und wie wir die einzelnen sich zum Teil widersprechenden Nachrichten, die aus dem Flugzeug in Aden zu uns kamen, in Bonn einzuschätzen hatten.

In einer Beratung, die ich mit dem Bundeskanzler und dem Außenminister hatte, kamen wir zu dem Ergebnis, daß wir unterstellen müßten, daß höchste Gefahr im Verzuge sei.

Das Überbringer-Flugzeug stand seit Stunden in Athen und wartete auf die Anweisung zum Weiterflug. Auch die Flugzeit von Athen nach Beirut mußte noch dazugerechnet werden. Wir nahmen zwar an, daß die Palästinenser zum Äußersten entschlossen waren. Die ganze Brutalität, zu der sie fähig waren, haben wir aber erst einige Monate später deutlicher erfahren, als sie während der Olympiade in München die Israelis überfielen. Ich war mir bewußt, daß es nicht gut um mich bestellt sein würde, wenn an Bord des Flugzeuges ein Massaker veranstaltet würde, und es wäre dann für alle klugen Leute zweifelsfrei gewesen, daß ich schuld daran war, weil ich der Lufthansa die Weisung erteilt hatte, den Geldflug so lange zu stoppen, um noch Raum und Zeit für andere Lösungen zu gewinnen.

Um 13 Uhr wurden die Entführer im Flugzeug unterrichtet, daß die Bedingungen erfüllt würden und daß das Flugzeug unterwegs sei. Sie erklärten: Nix Flugzeug – code word! Das ließ darauf schließen, daß sie selber keinen Spielraum zu Verhandlungen hatten, sondern an Weisungen gebunden waren, daß sie den Auftrag hatten, das Flugzeug freizugeben, wenn ihnen ein bestimmtes Codewort überbracht wurde, oder es zu sprengen, wenn ihnen das Codewort nicht zum bestimmten Zeitpunkt mitgeteilt würde.

Um 14.00 Uhr startete das Lösegeld-Flugzeug von Athen. Es landete eineinhalb Stunden später in Beirut. Der Beauftragte der Lufthansa ging mit seinem Geldgepäck in das Gebäude des Flughafens. Er weigerte sich, so wie die Entführer es in ihrem Brief an die Lufthansa gefordert hatten, den Koffer zu öffnen. Die Zollbeamten bestanden daraufhin nicht auf der Öffnung des Gepäcks, in dem das Geld enthalten war. Der Beauftragte begab sich dann vor das Gebäude des Flughafens. Dort fand er unter einer in dem Brief an die Lufthansa angegebenen Platane an einer Stelle, die auf einer Ansichtspostkarte näher bezeichnet war, einen Volkswagen. Der gleichfalls vorher nach Köln geschickte Zündschlüssel paßte in das Schloß, und der Beauftragte der Lufthansa setzte sich mit dem Auto in Bewegung.

Auf dem Vordersitz des Autos hatte er Instruktionen und Karten vorgefunden, aus denen hervorging, welchen Weg er zu nehmen hatte. Über drei Punkte hinweg, an denen er jeweils angehalten und weitergeleitet wurde, erreichte er an einem abgelegenen Platz seinen Bestimmungsort und wurde von drei Palästinensern empfangen. Sie waren höflich, kümmerten sich um sein leibliches Wohl und prüften und zählten das Geld, das er überbracht hatte. Er ließ sich das Codewort von ihnen auf ein Blatt Papier schreiben und wurde bis in die Nähe des Flughafens gebracht.

Zum Abschied erhielt er den Rat, sich um die rasche Übermittlung des Codewortes an die Entführer im Flugzeug zu bemühen, zu denen man von dort aus keine Verbindung habe. Nur das Codewort würde eine Sprengung des Flugzeuges verhindern und seine Freigabe erreichen. Man sei erstaunt, daß die Sprengung noch nicht erfolgt sei, denn die festgesetzte Zeit sei schon lange überschritten.

Es war alles noch einmal gut gegangen. Unser Handeln wurde auch von allen Seiten verstanden. Nur der Bund der Steuerzahler gab eine öffentliche Erklärung ab. Er warf mir die leichtfertige Verschwendung von 15 Millionen Mark vor. Ich habe darauf nicht weiter reagiert, sondern gelegentlich einmal die Frage gestellt, mich würde interessieren, wieviel Geld denn wohl in den Augen dieser wohllöblichen sogenannten Steuerschützer ein Menschenleben wert sei.

Wenn wir uns anders verhalten hätten und die Entführung hätte mit Blutvergießen geendet, dann hätte mich der Bund der Steuerzahler wegen bewiesener Sparsamkeit im Umgang mit Steuergeldern sicher nicht in Schutz genommen. Die Fragen, die dann gestellt worden wären, die wären wohl nicht so leicht zu beantworten gewesen.

Kampf gegen den Unfalltod

Der Straßenverkehr wuchs von Jahr zu Jahr. Mit der Zahl der zugelassenen Kraftfahrzeuge vermehrten sich auch die Unfälle und die Anzahl der Verkehrstoten etwa im gleichen Verhältnis. Im Jahre 1970 gab es über eine Million Unfälle mit Sachschäden, 531 189 Verletzte und 19 193 Tote auf unseren Straßen.

Hinter diesen Zahlen verbirgt sich vielfaches menschliches Leid und unersetzbarer Schaden, nicht nur für die unmittelbar Betroffenen, sondern auch für die Allgemeinheit und den Staat. Das gilt ähnlich wie bei den Verkehrstoten auch für die hohe Zahl der Verletzten, die ihre volle Gesundheit und ihre Arbeitsfähigkeit oft nicht wiedererlangen.

Bei einem Vergleich der Zahlen mit anderen Ländern konnte man leicht erkennen, daß wir in unserem Lande – in leichtem Wettbewerb mit Österreich – gemessen an der Zahl der Kraftfahrzeuge, den traurigen Weltrekord an Verkehrstoten erreicht hatten und anscheinend auch »unschlagbar« waren. Die Engländer hatten weit weniger als halb so viele Verkehrstote. Dabei hatte gerade England viele fast gleiche Bedingungen zu verzeichnen wie wir. Die Einwohnerzahl und die Zahl der Kraftfahrzeuge, die Länge der Straßen, die Größe des Landes, sogar seine Nord-Süd-Ausformung waren ähnlich wie bei uns. Auch die USA hatten wir weit in den Schatten gestellt. Wir »leisteten« uns bei einem Vergleich unter Berücksichtigung der zugelassenen Kraftfahrzeuge und der gefahrenen Kilometer weit mehr als doppelt soviele Unfälle wie die Vereinigten Staaten.

Als wir begannen, uns mit diesen Fragen zu befassen, wurde von vielen Seiten immer wieder eingewandt, in den anderen Ländern begegneten sich die Menschen untereinander generell höflicher und fairer. Zur Erläuterung wurde immer wieder die Schlange der nicht drängelnden Engländer vor den englischen Bushaltestellen ins Feld geführt. Ich war oft genug in England und Amerika und war immer auch beeindruckt von den guten Umgangsformen. Es ist aber ebenso falsch anzunehmen, daß das der Schlüssel zu den hohen Unterschieden in den Unfallbilanzen der Länder ist. Wenn es in dieser Hinsicht einen Zusammenhang gäbe, würde er jedenfalls nicht leicht schlüssig zu beweisen sein. Das, was zwischen den Autoländern USA und Bundesrepublik Deutschland aber nachweisbar anders war, das waren vor allem zwei wichtige Tatbestände.

Die Amerikaner rasen nicht, sondern fahren langsamer als wir. Sie haben sich Höchstgeschwindigkeiten zugemutet und halten sich auch daran. In den USA gab es 1970 sechsmal soviel Kraftfahrzeuge, aber nur dreimal soviel Verkehrstote. Mit der Höhe der Geschwindigkeit wächst die Schwere des Unfalls.

Diese nicht so schnell fahrenden Amerikaner haben aber noch etwas. Sie haben im allgemeinen trotz ihres geringen Fahrtempos wesentlich stärkere Motoren in den Autos als wir. Damit haben sie für den gefährlichsten Vorgang im Straßenverkehr, das ist der Überholvorgang, eine Kraftreserve; sie können ihn damit verkürzen und ungefährlicher machen. Wenn man dagegen auf unseren Straßen beobachtet, wie bei einem Überholvorgang oft alles aus den kleinen Motoren herausgeholt, wie die Motoren mit dem Gaspedal buchstäblich minutenlang ausgemolken und wie an dem zu überholenden Fahrzeug vorbeigekrochen wird, dann werden die Unterschiede zwischen den USA und Europa deutlicher.

Aber nicht nur die USA, auch die Engländer, die Franzosen, die Skandinavier, die Schweizer und andere Europäer hatten Geschwindigkeitsbegrenzungen eingeführt.

Wir hatten herausgefunden, daß die Hauptunfallquote bei uns nicht in geschlossenen Ortschaften, sondern außerhalb der Ortschaften auf solchen Straßen zu suchen war, die nicht Autobahnen waren. Dort mußten wir also ansetzen. Ich war von vielen Seiten gewarnt worden und hatte den wohlmeinenden Rat erhalten, die Finger von einer Begrenzung der Geschwindigkeit zu lassen. Das sei ein Spiel, bei dem ein Minister Kopf und Kragen riskiere.

Ich hatte nicht den geringsten Zweifel, daß eine Begrenzung der Geschwindigkeit großen Widerstand auslösen würde; ich kannte auch die Ecke gut genug, aus der er vor allem kommen würde. Das war mir schon am ersten Tag, als ich das Verkehrsministerium betreten hatte, erläutert worden. Mein Vorgänger Hans Christoph Seebohm mußte sich über den Widerstand, der von einem renommierten Unternehmen angeführt wurde, so geärgert haben, daß er kein Auto mehr fuhr, auf dem der »gute Stern« voranleuchtete, und er war auch auf kaum einem Fahrzeug des Verkehrsministeriums mehr zu sehen. Aus dem gleichen Grunde hatte er auch seine Mitgliedschaft in einem Automobil-Club aufgekündigt, dem er angehört hatte. Ich konnte das zunächst nicht, später aber sehr gut verstehen, als mir der Wind heftig ins Gesicht geblasen wurde, auch wenn ich persönlich diese Schlußfolgerungen nicht zog.

Die Begründung hatte ich schon gehört: Wir leben in einem freien Land. Dazu gehört auch die Freiheit, so schnell zu fahren, wie wir wollen. Das lassen wir uns von niemand beschneiden oder beschränken!

Das wurde noch deutlicher, als wir auch noch auf einem anderen Gebiet, beim Alkohol, zupacken mußten. Das Autofahren ist gewiß eine Bereicherung und das Trinken von Alkohol ist erlaubt. Beides, Autofahren und zuviel Alkohol trinken zusammen, erwies sich in den Polizeiberichten über die Unfallursachen aber mehr und mehr als etwas, was auf die Dauer nicht hinnehmbar war. Damit wurde die Zahl der Gegner, die uns wegen der Beschränkung der Geschwindigkeit gegenüberstanden, noch um die deutschen Schnapsbrenner, Bierbrauer und Weinhersteller vermehrt. Ich habe bis heute gar nichts gegen einen guten Schluck und habe selber nie zu den Abstinenzlern gehört. Aber ich war verpflichtet zu tun, was in meinen Kräften war, um Schaden von unserem Volk zu wenden und mußte tun, was ich konnte, um die negativen Begleiterscheinungen von Motorisierung, Zivilisation und Wohlstand auf ein auch im internationalen Maßstab vergleichbares Ausmaß zu verringern.

Das Ringen dauerte lange. Für die Verordnung über die Höchstgeschwindigkeit von hundert Stundenkilometer auf den Straßen außerhalb geschlossener Ortschaften brauchte ich neben dem Einvernehmen mit dem Bundestag auch die Zustimmung des Bundesrates. Das galt auch für die Begrenzung des Alkoholgenusses für Autofahrer.

Dazu kam, daß ich in dieser Auseinandersetzung nicht, wie ich es früher erlebt habe, mit einer mir helfenden, wohlwollenden Presse rechnen konnte. Betroffen fühlten sich alle, denn wir waren ja ein Volk von Autofahrern geworden und viele hatten flinke Autos. Und wo sollte das hinführen, man hatte ja doch schließlich seine gesellschaftlichen Verpflichtungen, bei denen man fast von Berufs wegen gehalten war, auch

»etwas« zu trinken. In einer großen Zeitung konnte ich aus der Feder eines Mannes, mit dem mich ein langes und freundschaftliches Verhältnis verband, lesen, er habe das Recht, Auto zu fahren, und die Freiheit, zu trinken. Sein Recht und seine Freiheit lasse er sich von niemand nehmen.

Als ich den Herrn einmal traf, versicherte ich ihm, mir ginge es in erster Linie gar nicht darum, ihn, sondern die anderen vor ihm zu schützen. Aber auch diese Antwort befriedigte nicht.

Der »Spiegel« füllte eine halbe Ausgabe mit mir. Er zerriß mich so, daß kein Faden an mir heil blieb. Auf der Titelseite war angekündigt, daß ich »mit Tempo 100 in den Abgrund« – in meinen politischen Abgrund – rasen würde. Ich bin den Verdacht nie ganz losgeworden, daß das auch noch eine Art späte Retourkutsche war, weil ich in der Auseinandersetzung um das Wochenendfahrverbot für den Spiegel keine Ausnahme gemacht und ihn in seiner Bedeutung für die Gesellschaft mit Käse ins Verhältnis gesetzt hatte, für den ich auch keine Ausnahme machen konnte.

Beim ADAC hatten in dieser Frage wohl die Rennfahrer die Oberhand gewonnen und nicht die Bereitschaft, einen beabsichtigten Versuch zu tolerieren, vielleicht nur, um herauszufinden, ob es nicht doch einen Weg gäbe, etwas daran zu ändern, daß wir jährlich 10 000 Menschen mehr im Verkehr umbrachten als zum Beispiel die Engländer. Mir wurde die zynische Frage gestellt, was der Leber mit seiner Beschränkung wohl erreichen werde. Vielleicht Hunderte Tote weniger im Jahr? Und dafür mutet er Millionen Autofahrern etwas Schlimmes zu? Meine Antwort war: Wenn es nur einer wäre, der morgens fortginge und abends wieder heimkäme, der weniger auf der Straße enden würde, wenn es nur einer wäre, dessen Leben bewahrt würde, dann müßten wir wohl überlegen, ob wir uns nicht eine Beschränkung zumuten müßten, wie andere Völker, die auch in Freiheit leben und Auto fahren, sich das zumuten.

Ich wußte auch, daß es für mich bequemer gewesen wäre, ein solches heißes Eisen nicht anzufassen. Das mag vielleicht auch nicht jeder so sehen, wie ich das sehe. Natürlich muß eine Regierung Rücksichten nehmen, natürlich darf sich ein Minister nicht zumuten, zu oft wie Winkelried alle feindlichen Speere mit seiner Brust aufzufangen, und er darf auch nicht zu oft, wie Don Quichote, die Windmühlen gegen den Wind drehen wollen. Aber wer regiert, braucht auch den Mut zur Unpopularität und den Willen, Stimmungen nicht nachzugeben, wenn höhere Güter auf dem Spiel stehen. Wer regiert und das Wohl des Bürgers im Auge hat, muß den Mut haben, dem Bürger auch einmal unbequem zu sein. Wer diesen Mut nicht hat, ist im Augenblick vielleicht bequem, auf lange Sicht aber oft auch gefährlich.

Der Streit dauerte lange und hat viel Kraft gekostet. Am 16. März 1972 unterschrieb ich die Verordnung über die versuchsweise Beschränkung der zulässigen Höchstgeschwindigkeit von Kraftfahrzeugen außerhalb geschlossener Ortschaften.

Damit waren Weichen in eine bessere Richtung gestellt worden. Als Ergebnis aller Bemühungen, die angestellt worden waren, trat eine sichtbare Wirkung ein.

Wir hatten	1970		19 193 Verkehrstote
	1972		18 811
Die Zahl verminderte sich			
	1973	auf	16 302
	1974	auf	14 614
	1975	auf	14 870
	1976	auf	14 820.

Das war, in erspartem Leid gemessen, keine schlechte Ernte für einen langen Kampf um Einsicht und Vernunft bei einem Volk, das dabei war, sich mit dem Kraftfahrzeug bewaffnet zu begegnen.

Bundespräsidenten-Wahl 1969

Neben den Aufgaben, die einem Mitglied der Bundesregierung aus der unmittelbaren Zuständigkeit für ein Ressort gestellt sind, wird es oft auch von anderen politischen Vorgängen und Ereignissen erfaßt und in sie einbezogen. So erging es mir im Jahre 1968 im Vorfeld der Wahl des Bundespräsidenten.

Darüber schrieb Willy Brandt in seinem Buch »Begegnungen und Einsichten«:

»Ausgewogenheit und die Bedeutung der SPD für die Substanz der deutschen Demokratie legten es nahe, nun einen Mann aus unseren eigenen Reihen für das höchste Staatsamt zu wählen. Wir hielten es für möglich, daß sich die CDU dieser Erwägung nicht verschließen würde. Für diesen

Fall wäre mit großer Wahrscheinlichkeit der ehemalige Gewerkschaftsführer, damalige Verkehrs- und spätere Verteidigungsminister, Georg Leber, nominiert worden. Kiesinger stand einer solchen Kandidatur nicht ablehnend gegenüber; sie hätte ja auch einer Fortsetzung seiner Kanzlerschaft zugute kommen können. Die CDU beschloß jedoch, den früheren Außen- und damaligen Verteidigungsminister Gerhard Schröder ins Feld zu schicken. Für mich kam es nun darauf an, einen Kandidaten zu präsentieren, der eine gute Chance hatte, von den Freien Demokraten mitgewählt zu werden. Wir entschieden uns für den Justizminister Gustav Heinemann . . .«

Ich erwähne dieses Ereignis so, wie es sich unter meinen Augen abgespielt hat, weil es ein Beispiel für etwas ist, das zunächst als ein Vorgang für sich erscheint und scheinbar peripherer Art ist, der unter der Entwicklung, die der Vorgang nimmt, unter den Umständen, mit denen er sich verzahnt, und mit den Folgen, die sich daraus ergeben, dann aber eine weiterwirkende Bedeutung von historischem Rang erhält.

Die Sache begann in der Mitte des Jahres 1968 mit einem Artikel im »Spiegel«, in dem auf die Bundespräsidentenwahl im kommenden Jahr 1969 hingewiesen und mein Name im Zusammenhang mit einer Kandidatur für dieses Amt genannt wurde. Ich war davon überrascht, hielt den Artikel aber für eine Spekulation, wie sie in ereignislosen Zeiten in die Welt gesetzt wird, oder für einen Versuchsballon, wie er aus bestimmten Gründen einmal hochgelassen wird.

Willy Brandt und Herbert Wehner, mit denen ich bald danach darüber sprach, sahen die Sache anders. Das Thema war zwar ohne ihr Dazutun aufgebracht worden, nun, da es in der Welt war, sollte ich aber nicht mit einem Dementi dagegen angehen. Die Wochen vergingen, und je mehr das Jahr sich seinem Ende näherte und die Wahl des Bundespräsidenten heranrückte, nahmen die öffentlichen Erörterungen zu.

Die SPD war die älteste Partei. Sie war eine große Partei und zusammen mit den Christdemokraten an der Regierung beteiligt. Aus jeder der beiden anderen Parteien war schon einmal ein Bundespräsident hervorgegangen. Es war daher legitim, daß die SPD es für richtig hielt, daß der dritte Bundespräsident aus ihren Reihen kam. Sie hätte dafür auch Verständnis von den beiden anderen Parteien erwarten können, aus deren Reihen mit Theodor Heuss und Heinrich Lübke in den ersten zwanzig

Jahren seit Bestehen der Bundesrepublik dieses höchste Amt im Staat besetzt worden war. Die SPD glaubte, eine solche Einsicht insbesondere bei ihrem damaligen Koalitionspartner CDU/CSU erwarten zu können. Natürlich würde die Sozialdemokratie der CDU einen Kandidaten zu nennen haben, von dem angenommen werden konnte, daß er als Person für den Koalitionspartner wählbar sein würde. Aus diesen Überlegungen war mein Name in die Erörterungen einbezogen worden. Dazu kam der Gedanke, es würde unserem Land nicht schlecht anstehen, einmal einen Kandidaten zu erwägen, der aus dem Arbeitnehmerlager kam und als Gewerkschaftsmann ausgewiesen war.

Es war für mich nicht ganz leicht, das Spiel über Monate hinweg zu beobachten und selbst nichts dazu zu sagen, auch nicht das, was ich selber darüber dachte, sondern stillzubleiben und mir in der Sache Disziplin aufzuerlegen.

Ein paar Tage vor Weihnachten 1968 begab ich mich – nach einem Gespräch mit Willy Brandt – zu Kurt Georg Kiesinger in das Bundeskanzleramt. An der Unterhaltung nahm außer dem Bundeskanzler dessen Parlamentarischer Staatssekretär, Karl Theodor Freiherr von und zu Guttenberg, teil. Guttenberg war eine eindrucksvolle Persönlichkeit von hohem politischem Format, dessen früher Tod in Bonn eine Lücke hinterließ.

Wir wußten an diesem Nachmittag im Dezember, um was es ging, und es gab keine langen Vorreden. Kiesinger leitete das Gespräch ein und sagte mir, ich sei für ihn als Kandidat für das Amt des Bundespräsidenten in jeder Beziehung denkbar. Er kenne mich lange und gut genug, um überzeugt sein zu können, daß er persönlich mich wählen und meine Wahl anderen gegenüber auch genügend begründen könne. Er habe aber in seiner Partei nicht alleine darüber zu entscheiden, und er wisse, daß Gerhard Schröder darauf dränge, als Kandidat von der CDU nominiert zu werden. Damit seien für ihn praktisch die Würfel gefallen. Ich möge das bitte nicht anders und auch nicht falsch verstehen, seine Haltung sei einzig und allein von der Tatsache bestimmt, daß Gerhard Schröder eine Kandidatur beabsichtige, und er könne daran nichts ändern. Er schätze mich sehr, wir seien aber Männer, die in einer solchen Sache freundschaftlich und offen miteinander reden müßten.

Ich antwortete dem Bundeskanzler, er möge meine Situation und meine Rolle in dieser Sache nicht falsch einschätzen. Ich hätte mich nicht selbst als Anwärter auf eine Kandidatur für das Amt des Bundespräsidenten ins Gespräch gebracht. Ich hätte lediglich den Erörterungen, in die ich einbezogen worden sei, ohne Gegenrede von mir ihren Lauf gelassen. Das gebiete mir die Disziplin meiner Partei gegenüber. Ich sei nicht einmal fünfzig Jahre alt und hätte bisher der Vorstellung wenig Raum gegeben, daß jemand in diesem Alter in unserem Lande ernsthaft daran denken könne, Bundespräsident zu werden. Ich sei aber davon überzeugt, daß meine Partei, die SPD, zu Recht darauf bestehe, daß der nächste Bundespräsident aus ihren Reihen komme. Wenn die Regeln der Fairneß zwischen den Koalitionspartnern gewahrt würden, könne sie auch erwarten, daß die CDU/CSU sich dieser Erwartung nicht verschließe. Deshalb ginge es nicht zuerst um meine Person. Für die SPD ginge es darum auszuloten, wie die CDU sich verhalte, wenn von der SPD eine Kandidatur erwogen werde, die von der Person des Kandidaten her für die CDU akzeptabel sei.

Herr Kiesinger sagte darauf, es ginge nicht um meine Person, sondern ausschließlich darum, daß Gerhard Schröder entschlossen sei zu kandidieren und daß er als Vorsitzender der CDU die eigene Partei in dieser Frage nicht spalten könne.

Damit war die Sache für mich klar. Ich sagte Herrn Kiesinger zum Schluß noch, ich dürfe wohl annehmen, daß er das Thema ganz bis zu Ende bedacht hätte. Die Weigerung der CDU, einen sozialdemokratischen Kandidaten mitzutragen, sei ein für die SPD ebenso bedeutsamer Sachverhalt, wie die eventuelle Wahl eines sozialdemokratischen Präsidentschaftskandidaten mit den Stimmen der FDP es werden könne. Eine solche Wahl würde wahrscheinlich Folgerungen haben, die auch die Regierungszusammensetzung nach der Bundestagswahl beeinflussen könnten. Ich sei verwundert, wie sehr Herr Kiesinger nur von den Ambitionen des Herrn Schröder her sich seine Auffassung bilde und seine Interessen als Kanzler dabei übersehe.

Der Bundeskanzler meinte dazu, das beurteile er etwas anders. Das werde man dann schon sehen, wenn die Zeit da sei. Ich vermutete, daß er sich seiner Sache deshalb so sicher war, weil er damit rechnete, bei der kommenden Bundestagswahl eine absolute Mehrheit zu erhalten, die er 1969 ja auch fast erreichte.

Dann ging alles seinen Gang. Gustav Heinemann war als Kandidat für die FDP wählbar, und er wurde gewählt.

Wenige Monate später, nach der Bundestagswahl, gingen SPD und FDP ein Regierungsbündnis ein, und Willy Brandt wurde Bundeskanzler. Die CDU/CSU ging in die Opposition.

Seit 1969 auch Bundespostminister

Mir wurde 1969 außer dem Verkehrsministerium auch das Postministerium übertragen.

Mit der Zusammenführung beider Ministerien in einer Hand hatte ich die Verantwortung für den personalreichsten Komplex. In den großen Einrichtungen von Bahn, Post, Luft-, Wasser- und Landverkehr waren mehr als eine Million Menschen tätig. In dieser Phase ereignete sich etwas, das unter den vielen Dingen, die täglich geschehen, herausragt, und das wegen seines besonderen Erfahrungswertes verdient, festgehalten zu werden.

Schwierige Konjunkturpolitik

Das Ereignis hatte seinen Ursprung im Anfang des Jahres 1967, nachdem die Regierung der großen Koalition ihre Arbeit aufgenommen hatte. Um die schwach gewordene Wirtschaftstätigkeit zu beleben, erhöhte die öffentliche Hand ihre Ausgaben für investive Zwecke. Sie bot aber auch der Wirtschaft Anreize und Vergünstigungen, um die unternehmerische Investitionstätigkeit zu verstärken. Dann kam eine Phase des Abwartens in der Konjunkturpolitik. Es war ähnlich wie in der Zeit, als Ludwig Erhards Regierung die Konjunktur dämpfte.

Auch damals wirkten die zur Dämpfung angesetzten Mittel nicht sofort, sondern nur mit Zeitverzug. Statt abzuwarten, bis die volle Wirkung eintrat, wurde weiter gedämpft, und damit »dämpfte« man sich nun in die Rezession und in die Krise der Regierung.

Nun wurde das Gegenteil, der Aufschwung, erwartet, aber er kam nicht sofort auf Kommando. Es brauchte seine Zeit, bis die in zwei Programmen zur Belebung der Konjunktur angesetzten Mittel griffen. Es entstand Unsicherheit. Das Wort von den Pferden, die nicht saufen wollten, ging in dieser Zeit mit mancher neuen Wortschöpfung um. Das führte zu der Absicht des Wirtschaftsministers, ein drittes Programm zur Konjunkturbelebung vorzulegen. Nach langer Debatte stimmte ich gegen diese Absicht; damit ergab sich in der Regierung keine Mehrheit dafür.

Das war unser Glück, wie sich bald herausstellen sollte. Konjunkturpolitik muß, wenn sie die richtigen Quanten angesetzt hat, mit einer entsprechend ausreichenden Entwicklungszeit rechnen, bis ihr Erfolg sich in der Praxis einstellt. Eine solche Phase muß vor allem mit Geduld und guten Nerven durchgestanden werden, ähnlich wie eine Schwangerschaft. Das Immer-noch-einmal-Nachhelfen beschleunigt nichts.

Das zweite Ereignis in diesem Zusammenhang stellte sich mit der Haltung der Gewerkschaften ein. In der guten Absicht, der Regierung in ihrem Bemühen zu helfen, die Konjunktur wieder flottzumachen, und weil die Sorge um die Sicherung der fragwürdig gewordenen Vollbeschäftigung hervorgetreten war, begnügten sich Arbeitnehmer und Gewerkschaften 1967 mit geringen Verbesserungen der Einkommen. In einzelnen Bereichen wurde überhaupt darauf verzichtet. So auch in der Stahlindustrie. Die Wiedergewinnung der Stabilität hatte ersten Rang. Man hielt still!

Der dritte Kristallisationspunkt bildete sich bei den Unternehmen der gewerblichen Wirtschaft. Die Unternehmer bissen sehr wohl an, sie nahmen die ihnen von der Regierung gebotenen Vergünstigungen wahr, planten, trafen ihre Entscheidungen und steuerten so in den Aufschwung.

Bei der Beratung der beiden ersten Programme zur Belebung der Konjunktur hatte ich auf eine bestimmte Wirkung unseres Bemühens hingewiesen, in der ich eine Gefahr sah. Wir wollten die Konjunktur beleben. Die vielen Milliarden, die wir dafür einsetzten, mußten, wenn sie von den Unternehmern angenommen wurden, irgendwo zu Einkommen führen und sich irgendwo am Ende auch in Eigentum niederschlagen. Die Arbeitnehmer hatten unter dem Eindruck der Flaute auf Lohnerhöhungen verzichtet oder waren sehr kurz getreten. Sie würden, wenn meine Vermutung richtig war, aber dann, wenn die Bilanzen für 1967 und 1968 vorliegen würden, überrascht und enttäuscht sein oder sich gar betrogen fühlen, wenn sie dann sehen würden, wie hoch die Gewinne ausgefallen und wie die Dividenden aus den Ergebnissen des Aufschwungjahres gestiegen sein würden.

Weil sie nur auf diesem Wege die Konjunktur beleben konnte, hatte die Regierung den Unternehmen über ihre Konjunkturhilfen Gewinn- und Vermögenszuwachs beschert, die auf die Eigentümer durchschlagen würden, während die Arbeitnehmer stillhielten. Ich hatte daher 1967 angeregt, den Arbeitnehmern statt einer Erhöhung ihrer Bareinkünfte eine vermögenswirksame Zuwendung zukommen zu lassen, die in Tarifverträgen hätte vereinbart werden können, wie wir es im Baugewerbe begonnen hatten. Ich fand dafür keine Zustimmung. Man maß auch meiner Begründung keine Bedeutung bei und war nachsichtig: Ich hatte halt meine alte Idee von der Vermögensbildung der Arbeitnehmer wieder einmal hervorgekehrt. Dafür hatte man Verständnis.

Was dann geschah, sollte nicht in Vergessenheit geraten, sondern mit dem jetzt eingetretenen Abstand einmal wissenschaftlich aufgearbeitet werden, denn das, was daraus folgte, hatte wichtige Nachwirkungen.

Im Frühjahr 1969 wurden die Bilanzen veröffentlicht. Bilanzen sind heute keine Verschlußsachen mehr, sondern sie werden öffentlich bekannt, sie sind auch für viele Arbeiter nicht mehr Bücher mit sieben Siegeln, mit denen man nichts anzufangen weiß. In den Bilanzen konnte man sehen, daß in weiten Bereichen der Wirtschaft starke Zuwachsraten entstanden waren. Die Vorstände großer Industrieunternehmen wiesen hohe Gewinne aus, und es wurden zweistellige Dividenden vorgeschlagen. Dann kam der Sturm.

Wilder Streik in der Stahlindustrie

Es begann in der Stahlindustrie, dort, wo wegen der Rezession gerade in dem Jahr, in dem sich die hohen Gewinne ergeben hatten, überhaupt auf eine Lohnerhöhung verzichtet worden war.

Bei Hösch in Dortmund brach ein wilder Streik aus, der nicht nur ohne die Industriegewerkschaft Metall eingefädelt worden war, sondern der sich sogar gegen die Gewerkschaft richtete. Die Gewerkschaft wurde von vielen Arbeitern angeklagt, weil sie auf eine Lohnerhöhung in der Stahlindustrie verzichtet hatte. Nun konnte ja jeder sehen, welch hohe Gewinne und Dividenden entstanden waren. Die Arbeiter fühlten sich betrogen und von der Gewerkschaft im Stich gelassen, und es fielen harte Worte an die Adresse der Gewerkschaftsführung. Sie kam in eine schwierige Lage. Die Unternehmensleitung verlor bald die Courage. Sie einigte sich rasch mit der Belegschaft auf betrieblicher Ebene und vereinbarte an der Gewerkschaft vorbei eine hohe Lohnerhöhung.

Das war ein schlimmes Ereignis. Eine Gewerkschaft, die zu verantwortungsbewußtem Handeln bereit ist, kann dabei den Boden unter den Füßen verlieren; er schwankte damals auch. Dann folgten Lohnrunden mit Erhöhungen, wie es sie seit dem Bestehen der Bundesrepublik noch nicht gegeben hatte, nicht nur einmal, sondern über viele Jahre hinweg.

Ich erinnere mich gut, daß ich in dieser Zeit plötzlich einen Anruf aus dem Unternehmerlager der Bauwirtschaft erhielt. Die Bauunternehmer waren sehr in Sorge. Sie wollten die Löhne erhöhen. Dazu brauchten sie im Baugewerbe die Gewerkschaft. Der Vorstand der Gewerkschaft war aber zu einer Konferenz im Ausland. Er war für die Unternehmer nicht erreichbar. Ich wurde gebeten, meine alten persönlichen Verbindungen zu nutzen und wenigstens einige Vorstandsmitglieder zu bitten, nach Hause zu kommen, damit man mit ihnen eine dicke Lohnerhöhung vereinbaren konnte. So voll hatten die Unternehmer die Hosen schon lange nicht mehr.

Diese Welle machte natürlich auch vor den Toren des öffentlichen Dienstes nicht halt. Ich war Dienstherr unter anderem von Post und Bahn. Wir mußten über Jahre hinweg hohe zweistellige Lohn- und Gehaltskostenerhöhungen verkraften. Es waren mehr als einmal über zwanzig Prozent. Post und Bahn sind in besonderem Maße personalkostenintensiv. Die Kosten für Löhne und Gehälter machten damals bei Bahn und Post mehr als siebzig Prozent der Aufwendungen aus.

Daß Personalkostensteigerungen von zwanzig Prozent und mehr das gesamte Tarif- und Preisgebäude solcher Unternehmungen sprengen müssen, ist unvermeidlich und kann auch – insbesondere, wenn eine solche Entwicklung sich nicht nur in einem Jahr ereignet – nicht durch noch so gescheites Gerede über Rationalisierungen ausgeglichen werden. Zu allem Unglück kam im weiteren Verlauf der Hochlohnphase noch etwas von außen dazu. Die Ölpreise und die Preise für die Rohstoffe, die wir im Ausland kaufen müssen, gingen stark in die Höhe und verstärkten und verschlimmerten den schon vorhandenen Zustand und erschwerten die Bemühungen zur Dämpfung der hohen Preissteigerungen und zur Normalisierung der Einkommenszuwachsraten.

Das, was aus den verschiedenen Quellen kam, wirkte nicht nur in das Feld von Preisen und Löhnen. Es griff nach der Solidität der öffentlichen

Finanzen und griff mit seiner Sprengkraft bis zu der Rentenformel. Der Anfang trägt den Stempel »Made by Great Koalition«. Das war schade!

Der Sturm hat sich wieder gelegt, und die lange anhaltenden Gewitter von damals sind abgeklungen. Vielleicht sind sie auch nur weitergezogen, denn hinter unseren Grenzen wetterleuchtet es noch sehr. Wir hatten noch einmal Glück gehabt, denn aus dem, was ich hier aufgezeigt habe, hätte sich leicht etwas Schlimmeres entwickeln können. Aber es war nicht nur Glück, was wir hatten. Ich habe mir vorgenommen, der Regierung, der ich fast zwölf Jahre angehört habe, mit dem, was ich hier aufschreibe, nicht billige Lorbeeren auf den Weg zu streuen. Aber dessen bin ich sicher: Das, was sich aus der Konjunkturpolitik der großen Koalition heraus auf dem Gebiet der Preise und der Löhne an Instabilität entwickelt hatte, trug die Gefahr in sich, unser Land wie in einem Wirbelsturm dorthin zu tragen, wo andere Länder bis heute heftigst geschüttelt werden. Daß es nicht dazu gekommen ist, daran hat vieles seinen Anteil, und es hat Erfahrungen eingetragen. Die Unternehmer hatten begriffen, was es in einer wachen Gesellschaft bedeutet, einmal viel Geld zu verdienen, wenn alle anderen kurztreten. Die Arbeitnehmer und die Gewerkschaften haben sich vernünftigen Argumenten nicht verschlossen und nicht darauf bestanden, hohe Preissteigerungen schließlich immer wieder mit noch höheren nominalen Lohnsteigerungen zu überlagern und sich damit dem Teufelskreis zu überantworten.

Für jemand, der sich gleich mir bemüht, nicht in billige parteipolitische Karos abzugleiten, muß sich die Frage stellen, ob es nicht ein großes Glück für unser Land war, daß von 1969 an eine solche Regierung unser Land regierte, die das Vertrauen vor allem derjenigen hatte, die als arbeitende Menschen am meisten in den Strudel gezogen worden waren. Sie war sich dessen bewußt, und sie hat es als ihr Kapital über Jahre hinweg voll in die Waagschale geworfen, um wieder auf festen Grund zurückzuführen, was abzurutschen drohte.

Ich habe oft Gelegenheit gehabt, in diesen Jahren Willy Brandt zu beobachten, wenn es um diese Fragen ging. Er war von Hause aus zunächst kein Fachmann in Fragen der Wirtschaft, und er spielte sich auch nicht so auf. Er war seinem ganzen Werdegang nach mehr den Fragen der Außenpolitik oder der sogenannten »großen Politik« zugewandt gewesen. Nun aber, da er spürte, daß von der Bewältigung dieses Ereignisses vieles für das Land und seine Wirtschaft abhängig sein würde, vertiefte er sich selbst in die Probleme, verschaffte sich eigene Urteilsfähigkeit und griff mit Geduld und zäher Beharrlichkeit als Bundeskanzler immer wieder ein. Ich habe gespürt, daß er mindestens einmal auch tief enttäuscht und lange verletzt war, weil er getäuscht worden war, wo er gehofft hatte vertrauen zu können.

Helmut Schmidt war von 1972 an Finanz- und Wirtschaftsminister. Er hatte schwierige Kärrnerarbeit zu leisten. Wenn er später einmal auf die »Flutkatastrophen« zurücksieht, die er bewältigt oder an deren Bewältigung er Anteil hatte, dann wird diese Kärrnerarbeit von ihm einmal sicher nicht als seine unbedeutendste Arbeit eingeschätzt werden.

Als er Finanz- und Wirtschaftsminister wurde, erhielt ich den Auftrag, das Verteidigungsministerium zu übernehmen.

Damit war wieder ein Kapitel meiner eigenen Arbeit abgeschlossen, auf das ich gern zurücksehe, besonders auf das gute Verhältnis zu den vielen, mit denen ich auf guter Grundlage in sauberer menschlicher Atmosphäre zusammengearbeitet habe.

Kleines Nachspiel in der Eisenbahn

Die Verkehrspolitik hatte in diesen Jahren in der Öffentlichkeit einen hohen Stellenwert erhalten. Es gab nicht immer Beifall, sondern über lange Strecken auch heftige Kritik. Aber auch Kritik trägt zur Popularität eines Politikers bei.

Drei Jahre, nachdem ich aus dem Verkehrsministerium in das Verteidigungsministerium hinübergewechselt war, besuchten mich meine beiden Enkel. Ich hatte mir für sie Zeit genommen, weil sie hin und wieder auch Anspruch darauf haben.

An einem Sonntag fragte ich nach ihren Wünschen. Sie erklärten mir übereinstimmend, ohne lange nachzudenken, sie hätten den Wunsch, einmal mit der Eisenbahn zu fahren. Das war für mich überraschend, denn ich hatte nicht daran gedacht, daß Kinder mit acht oder sechs Jahren noch nicht mit der Eisenbahn gefahren sein könnten. Aber so ist das wohl im Zeitalter des Personenkraftwagens. Wir begaben uns zum Bahnhof in Bonn. Ich löste Fahrkarten nach Köln, denn dorthin wollten sie fahren. Vorsichtshalber löste ich auch eine Fahrkarte für mich, weil ich mir die Unbequemlichkeit nicht aufladen wollte, auf die Fragen zu antworten, warum ich als Abgeordneter keine Fahrkarte brauchte. Ich wurde aber von den Kindern gefragt, warum man eine Fahrkarte braucht und warum man bezahlen muß, wenn man mit der Eisenbahn fährt. Ich versuchte, das alles zu erklären und kündigte an, daß man unterwegs kontrolliert würde. Wenn man keine Fahrkarte besäße, dann sei das schlimm.

Als wir in den Zug stiegen, hoffte ich darauf, daß nach dieser Ankündigung der Kontrolleur auch wirklich kommen würde. Wir hatten Glück. Er kam und rief: »Fahrkarten, bitte!«, wie ich es gesagt hatte. Worauf Dirk, der ältere, aufsprang und mit großem Ernst dem Schaffner die drei Fahrkarten übergab. Plötzlich sah der kontrollierende Eisenbahner mich über seine Brille hinweg an und rief: »Oh, Herr Minister, das ist aber eine große Freude für uns Eisenbahner, daß unser höchster Chef mit der Eisenbahn fährt.« Welcher Politiker freut sich nicht, wenn er im Lande erkannt wird. Ich gestehe, ich freute mich auch.

In diesem Augenblick neigte sich der achtjährige Dirk zu mir und flüsterte mir zu: »Opa, er weiß nicht, daß Du schon lange Verteidigungsminister bist.« Die Unterhaltung ging weiter. Wir hörten, daß der Kontrolleur nach der Ankunft in Köln seinen Dienst für diesen Tag beenden würde. Er war in der nahen Eifel zu Hause und wollte bei dem schönen Wetter Heu ernten. Er mußte noch in ein paar anderen Wagen kontrollieren und verabschiedete sich. Er sagte: »Auf Wiedersehen, Herr Seebohm.« So ist das mit der Popularität!

Wechsel in das Verteidigungsministerium

8. KAPITEL

Die Leitlinie des Bundeskanzlers

Als der Bundeskanzler mir das Verteidigungsministerium übertragen hatte, fragte ich ihn, ob er mir eine Leitlinie mitzugeben hätte, an der ich mich in meiner Arbeit orientieren könne. Er antwortete mit dem Satz: »Am besten ist es, wenn wir alles tun, daß es nie dazu kommt, daß der Oberbefehl über die Streitkräfte einmal an den Bundeskanzler übergehen muß.«

Das ist die knappste Formel, mit der man die Zielsetzung unserer Sicherheitspolitik beschreiben kann. Der Oberbefehl geht im Kriege vom Verteidigungsminister an den Bundeskanzler über. Aufgabe der Politik muß es sein, den Frieden zu sichern und Krieg zu verhindern.

Bundeswehr und Gesellschaft

Als ich mein Amt übernommen hatte, wurde ein General von einem Journalisten gefragt, ob das gutgehen könne, daß nun ein ehemaliger Gewerkschaftsführer an der Spitze der Armee stehe. Der General hatte geantwortet, er und seine Kameraden seien zum Gehorsam erzogen. Auch in dieser Antwort drückte sich etwas aus, was ich als Leitlinie aufzunehmen hatte. Es war das noch nicht genügend geklärte Verhältnis der Bundeswehr zur Gesellschaft, vielleicht auch nur zu dem Teil der Gesellschaft, aus dem ich kam. Ich mußte erreichen, daß der General einmal auf eine solche Frage eine andere Antwort geben würde.

Aus den Gewerkschaften wurde ich gefragt, ob es denn gerade dieses Ressort sein mußte, das ich bei dem Wechsel übernahm. Das erinnerte mich daran, daß Gustav Noske vierundfünfzig Jahre früher auf die gleiche Frage geantwortet hatte: »Einer muß der Bluthund sein.« Verteidigungsminister sein wird von vielen mit Kriegführen und weniger mit Friedensichern identifiziert. Das paßte zu dem, was den General veranlaßt hatte, einem Journalisten so zu antworten, wie er geantwortet hatte; dies war nun »die andere Seite«. Auch hier lag Arbeit.

Ein paar Wochen, nachdem ich in der neuen Aufgabe ersten Boden unter die Füße bekommen hatte, reiste ich nach Amerika, um auch einen ersten dienstlich-persönlichen Kontakt mit dem Verteidigungsminister des wichtigsten Bündnispartners aufzunehmen. In einer Zeitung hatte ich gelesen: Ob das wohl gut gehen könnte, wenn der Maurer von der Hardthöhe seinem amerikanischen Kollegen gegenübertreten würde.

Ich kannte Melvin Laird, wir brauchten uns also nicht kennenzulernen. Nach unserer Besprechung hatte er ein Mittagessen im kleinen Kreis arrangiert. Dazu hatte er meinen Freund George Meany, den Präsidenten der amerikanischen Gewerkschaften, und den Verkehrsminister John Volpe, mit dem ich jahrelang eng und erfolgreich zusammengearbeitet hatte, eingeladen.

Im Verlauf der Unterhaltung fragte Georg Meany den amerikanischen Verteidigungsminister, wie oft sie wohl miteinander telefonieren würden. Laird meinte, im Durchschnitt wohl einmal in der Woche. Meany bestätigte das mit dem Zusatz: »Im Durchschnitt einmal in der Woche«, das sei wohl nicht falsch. Aber manchmal seien es in einer Woche auch mehr Gespräche. Dann sagte Meany zu mir gewandt: »Der Melvin ruft mich an, wenn er Geld braucht. Er hat keine Mehrheit im Kongreß, aber ich habe eine. Ich helfe ihm, wenn ich einsehe, daß das, wozu er Geld braucht, vernünftig ist. Wir sind für sozialen Fortschritt und für eine starke Verteidigung, deshalb helfe ich ihm.«

In Amerika waren Gewerkschaften und Armee in über hundert Jahren kontinuierlich aufeinander zu gewachsen.

Meany hatte den sozialen Fortschritt und die Verteidigung in einen Zusammenhang gebracht: man müsse dafür sorgen, daß ein Land in den Augen seiner Bürger verteidigungswürdig sei, und man müsse auch bereit sein, es zu verteidigen, wenn man sich in Frieden weiter entwickeln wolle.

Verteidigungspolitische Richtlinien

Helmut Schmidt hatte in den zweieinhalb Jahren als Verteidigungsminister manches angestoßen. Wir waren gegenseitig Stellvertreter im Ressort des anderen gewesen, so daß ich einen gewissen Kontakt zu seiner

Arbeit gehabt hatte und darauf aufbauen konnte.

Die Zeit war reif, einiges von Grund auf zu überdenken und manches zu beginnen, was sich als notwendig erwies. Dazu waren Untersuchungsaufträge erteilt und Kommissionen gebildet worden.

Eine der ersten Arbeiten, mit denen ich begann, war die Formulierung der verteidigungspolitischen Richtlinien.

Darin wurden der Auftrag des Grundgesetzes, die einschlägige Gesetzgebung und die Bündnisverpflichtungen, die das Land eingegangen war, zur Synchronisation gebracht und die Grundlagen für die Arbeit klar herausgearbeitet. Es war hochinteressant, wieviel Hinweise für die kommende praktische Arbeit im Detail sich durch das nähere Eindringen in diese Auftragsgrundlagen ergaben. Eine solche Arbeit gab es bis dahin nicht. Sie war lohnend. Darauf baute ein militärstrategisches Konzept auf. Das war die Umsetzung dessen, was die verteidigungspolitischen Richtlinien als Auftrag in die verteidigungspolitische und militärische Praxis gegeben hatten.

Die Bundeswehr darf sich und die Art, wie sie ihre Aufgaben bewältigt, nicht statisch sehen. Sie muß sich als eine Einrichtung der staatlichen Daseinsvorsorge verstehen, die in einen Prozeß mit hoher Dynamik eingebettet ist. Dies macht von Zeit zu Zeit auch Veränderungen, Anpassungen an veränderte Bedingungen und Einschnitte notwendig. An einer solchen Schnittstelle war sie nach fast zwanzigjährigem Bestehen angelangt. Das gab die Chance zur Gestaltung.

Bei den konzeptionellen Vorarbeiten war mir bewußt geworden, daß wir nicht nur auf das Wieviel zu achten, sondern uns auch besonders mit der Ausformung des konkreten Inhaltes zu befassen hatten.

Es hatte doch wohl einen Grund, daß es nicht mehr den Titel Kriegsminister gab, wie es in früheren Zeiten üblich gewesen ist. Ich war Verteidigungsminister. Mit dem Bohren in diesem Sachverhalt kamen wir zu den Fragen, um die wir uns zu mühen hatten.

Wir mußten versuchen, den Befehl des Grundgesetzes »Der Bund stellt Streitkräfte zur Verteidigung auf«, so auszuführen, daß seine Besonderheit deutlich wurde und daß man die Bundeswehr daran erkennen konnte.

Es war eine Kommission eingesetzt worden, die den Auftrag hatte, Modelle für eine neue Wehrstruktur zu entwickeln, zu untersuchen und zu bewerten. Sie setzte sich aus unabhängigen Persönlichkeiten aller gesellschaftlichen Gruppen zusammen. Ihr Vorsitzender war Karl Mommer.

Ein Hauptziel, das der Kommission zur Untersuchung aufgegeben war, lautete, mit einem möglichst geringen Aufwand auszukommen, ohne die Bundeswehr zu schwächen. Die Kommission kam zu der Empfehlung, bei einem zu stabilisierenden Anteil der Verteidigungsausgaben an den Staatsausgaben das Feldheer so umzustrukturieren, daß die Aufstellung von 36 voll ausgerüsteten Brigaden möglich würde. Mit dem Festhalten an der Zahl aktiv dienender Soldaten, die 1971 rund 466 000 betrug, sollten Betriebskosten gespart und damit Geld für Investitionen frei werden.

Bestimmte, im Frieden nicht dringend erforderliche Funktionen sollten dann, wenn es notwendig würde, durch »verfügungsbereite Soldaten« besetzt werden, die ihren Wehrdienst erst kurz vorher beendet hatten und die man in einem Spannungsfall wieder holen könnte. Auf diese Weise wäre der Personalaufwand im Frieden geringer geworden. Die Bundeswehr hätte in einer Spannungszeit aber auf ihren vollen Friedensumfang aufgefüllt werden können.

Das löste besorgte Diskussionen in der Truppe aus. Es trug uns auch Anfragen verbündeter Regierungen ein. In der Verwirklichung einer solchen Absicht hätte man eine Verkleinerung der Bundeswehr gesehen.

Dazu kam aber noch etwas:

Die Stärke der Bundeswehr hatte rund 465 000 Mann betragen. Im Jahre 1971 wurde vorgeschlagen, die Dauer des Wehrdienstes von achtzehn auf fünfzehn Monate herabzusetzen. Um zu verhindern, daß die Leistungsfähigkeit der Bundeswehr wegen der organisatorischen Umstellung auf fünfzehn Monate Wehrdienst zu stark absank, war sie für die Zeit der Umstellung, also vorübergehend, etwas verstärkt worden.

Das war die Ausgangslage.

Wir sahen die wachsende militärische Stärke im Warschauer Pakt. Der Bundeskanzler wies in seiner Regierungserklärung Ende 1972 ausdrücklich mit Besorgnis darauf hin. Daraus zogen wir Konsequenzen für die Entscheidungen, die damals zu fällen waren.

Unsere Sicherheit konnte und kann von uns allein nicht gewährleistet werden. Sie stützt sich auf das Bündnis, dem wir angehören. Diesem Bündnis hatte die Bundesrepublik Deutschland unter Konrad Adenauer versprochen, 36 Heeres-Brigaden zur Verfügung zu stellen. Die Bundesrepublik hatte aber nur 33 Brigaden aufgestellt. Durften wir bei der gestiegenen Bedeutung, angesichts der gewachsenen konventionellen Kräfte, bei unserer besonderen Lage und bei unserer Abhängigkeit vom Schutz des Bündnisses von unseren Verbündeten eigentlich mit gutem Gewissen deren vollen Beitrag verlangen, ohne unsere Bündnisleistung selber voll erbracht zu haben?

Unsere Aufgabe ist es, mit militärischer Vorsorge dazu beizutragen, Krieg zu verhindern. Wer das will, der darf nicht erst eine Armee aufstellen, wenn eine Gefahr da ist, sondern er muß seine militärische Vorsorge durch ausreichende präsente Streitkräfte deutlich machen. Dazu gehört ein modern ausgestattetes und ausgebildetes sowie aktiv anwesendes Heer, in wenigen Minuten einsatzfähige, moderne Luftstreitkräfte und unseren Sicherheitsbedingungen entsprechende Seestreitkräfte, die in angemessenem Umfang unterhalten werden müssen.

Auf die ausreichende Stärke am Anfang eines sich abzeichnenden Konfliktes muß es ankommen. Wenn man Krieg verhindern will, darf man sich nicht zu sehr auf das einlassen, was man glaubt, nach dem Beginn eines Krieges noch an Kraft auf die Beine bringen zu können. Das hilft möglicherweise den Krieg weiter zu führen, aber sein Anfang kann so kaum mehr verhindert werden. Dazu braucht man ausreichend einsatzbereite Kräfte.

Entscheidungen zur Struktur der Streitkräfte

Von diesen Prämissen wurden die Entscheidungen, die damals getroffen wurden, abgeleitet:

1. Der Friedensumfang der Bundeswehr wurde von 465 000 auf 495 000 Soldaten erhöht und in dieser Höhe festgeschrieben.
   Das war eine Vergrößerung des Friedensumfanges um 30 000 Soldaten.
2. Mit diesem Friedensumfang hatten wir eine entscheidende Voraussetzung dafür gewonnen, dem Bündnis die fast zwei Jahrzehnte vorher

zugesagte und von dort erwartete volle Stärke eines Feldheeres mit 36 Brigaden zur Verfügung zu stellen. Die Aufstellung von drei neuen Brigaden wurde befohlen.

3. Wir hatten eine Luftlandedivision. Daran waren schon vor meiner Amtszeit Änderungen vorgenommen worden. Wozu brauchten wir nach Maßgabe unseres Verteidigungsauftrages eine solche Division? War das nicht sogar eine Verzettelung der Kräfte? Ein Angreifer würde uns mit Panzern gegenübertreten. Hier profilierten wir erstmalig den besonderen Charakter des grundsätzlichen Auftrages, unser Land zu verteidigen, heraus.
Die Luftlandedivision wurde in der alten Form nicht beibehalten. Ihre drei Brigaden wurden umgebildet, umgerüstet und als Korpsreserve mit hoher Beweglichkeit und Feuerkraft zum Einsatz an Brennpunkten gegen eindringende Panzer vorgesehen.
Dazu erhielt sie neue Großhubschrauber und moderne Panzerabwehrwaffen. Dagegen regte sich gedämpfter Widerspruch in der Truppe. Das Fallschirmspringen war zu einer Art militärischem Volkssport geworden. Es blieb bei der Änderung, aber dem begrenzten Springen wurde stattgegeben.

4. Wir hatten eine Gebirgsjägerdivision. Sie übte sich in ihrer Aufgabe im Gebirge und Hochgebirge. Die Männer, die ihr angehören, sind mit den Bergen verwachsen. Sie tragen das Edelweiß stolz an ihrer Mütze. Hatte das aber bei genauer Betrachtung unter der Auflage, unser Land zu verteidigen, einen wirklichen Wert? War nicht auch das eine Verzettelung und eine Schwächung unserer Kraft? Waren wir über die Kämme der Alpen her von Süden bedroht? Würden wir, diese Männer und ich, voreinander bestehen können, wenn ich sie fragen würde, ob sie ihre Aufgabe erfüllen könnten? Würden sie nicht mit hoher Wahrscheinlichkeit in einem Ernstfall bei einem Angriff auf unser Land nicht im Hochgebirge, sondern im Tal angreifenden Panzern entgegengestellt werden? Dazu waren sie nicht genügend ausgerüstet und ausgebildet. Auch in diesem Falle stießen wir auf Emotionen. Sie wurden nicht zuletzt von »Ehemaligen« genährt. Wir fanden einen Kompromiß, bei dem Aufgabe und Gemüt in der Waage blieben. Die Gebirgsjäger behielten ihren Namen, sie behielten ihr Edelweiß und auch eine Anzahl ihrer Mulis, aber sie bekamen Schützenpanzer und Panzerabwehrwaffen. Als ich dann noch das Geld zusagte, mit dem den treuen

Tragtieren in Mittenwald ein Denkmal gesetzt wurde, waren auch die meisten Gemüter wieder beruhigt.

Das sind einige Beispiele für die Einschnitte in das Heer. An ihnen wird sichtbar, wie wir den vom Grundgesetz aufgegebenen Verteidigungsauftrag in seiner konkreten Ausprägung deuteten. Sich im besonderen Sinne zur Verteidigung fähig machen, das heißt nach meiner Auffassung nicht, weniger stark sein. Das heißt zwar, auf die Fähigkeit zur Offensive gegen eine andere hochgerüstete Macht zu verzichten. Es heißt aber zugleich, sich die notwendige Fähigkeit zu schaffen, einer erkannten und vorhandenen militärischen Bedrohung so entgegentreten zu können, daß ein Angreifer sich ohne hohes Risiko keine Chancen für einen Erfolg ausrechnen kann. Dafür muß man sich genügend stark machen. *Wer in unserer Lage konkret auf die volle Ausführung des Verfassungsauftrages hinarbeitet, der schwächt nicht, sondern macht stärker, weil er sich in der Ausgestaltung seiner Fähigkeit nicht verzettelt und sich auch von Mißdeutungen freier macht.*

Diese Leitlinie legten wir für die Organisation, die personale Ausstattung und die Ausrüstung an. Die weitere Ausgestaltung der Heeresstruktur im Detail mußte erst erprobt werden. Sie wurde deshalb zurückgestellt.

Neue Ausrüstung

Die Waffen und Geräte der Bundeswehr waren zum großen Teil bei ihrer Entstehung beschafft worden. Sie unterliegen auch im Frieden einem fortwährenden Verschleiß. Der Aufwand für ihre Instandhaltung wird mit zunehmendem Alter immer höher. Er überschreitet an einem bestimmten Punkt eine Grenze, ab der er unwirtschaftlich wird. Wenn ein großer Teil der Geräte nicht betriebsbereit ist und sich fortwährend in Werkstätten befindet, beeinträchtigt das auch die Präsenz, die Kraft und die Funktionsfähigkeit einer modernen Armee über einen längeren Zeitabschnitt mehr als ein zeitweilig auftretender hoher Krankenstand der Soldaten.

Dazu kommt, daß die technische Entwicklung in der Welt nicht stillsteht, sondern immerfort neue Tatbestände schafft. Im Wettrüsten der Mächte sind die Ingenieure und Konstrukteure unter Umständen häufiger die Treiber als die Politiker. Jede neue Entwicklung stellt den Politiker vor eine Entscheidung. Bedient er sich ihrer nicht, riskiert er, in der Ausrüstung zurückzubleiben und unterlegen zu werden, wenn andere sich der Neuerung bedienen. Greift er danach, dann bleibt er zwar im Strom der Bewegung, aber er mutet seinem Lande auch die Kosten zu, die sich daraus ergeben. Greift er aber als erster danach, dann wird er selber zum Treiber und drängt die anderen zum Griff in die Kasse ihrer Nation.

Natürlich geht der Anstoß nicht immer und nur von den Ingenieuren aus. Die Politiker verlangen von den Wissenschaftlern und Ingenieuren Entwicklungsarbeit, und sie stellen ihnen Forderungen, die diese zu erfüllen suchen. Dazu werden in den industrialisierten Ländern hohe Entwicklungsfonds unterhalten. Bei der Langfristigkeit militärischer Entwicklungen, die oft ein Jahrzehnt weit überschreiten, kann ein Land in Verlegenheit geraten, wenn es nicht rechtzeitig und ausreichend genug in den Laboratorien und Konstruktionsstätten ansetzt. Darauf muß der Politiker achten.

Die Entwicklung des Radars im Zweiten Weltkrieg und die unterschiedliche Bedeutung, die der nuklearen Forschung eingeräumt wurde, sind nur zwei Beispiele von vielen dafür, zu welchen Folgen es führen kann, wenn auf dem Gebiet von Forschung und Entwicklung die Weichen falsch gestellt werden.

Das ist ein Teil der Begründung, aus der heraus der kostspielige, an den Sozialprodukten der Völker zehrende und gefährliche Teufelskreis des Wettrüstens in der Welt entsteht. Ihm kann nur durch den Willen aller Beteiligten Einhalt geboten werden, zu allgemeinen Begrenzungen zu kommen, um auf einem niedrigeren Niveau für alle gleiche Sicherheit zu erreichen.

Wer als einzelner aber zurückbleibt, riskiert, in die Hinterhand und in Unterlegenheit zu geraten. Er begräbt damit wahrscheinlich auch die Chance und die Hoffnung, unter Wahrung seiner Sicherheit zu einer allgemeinen und ausgewogenen Verminderung der Rüstungen zu kommen. Der schwächer Gewordene zwingt mit seinem Beispiel den anderen vermutlich nicht, ihm zu folgen, sondern es ist wahrscheinlich, daß er ihn verleitet, seine so gewonnene Stärke politisch für sich umzumünzen.

Deshalb liegt es gar nicht im freien Ermessen eines Landes, wie hoch der Aufwand für seine Armee wird, wenn es auf seine Sicherheit bedacht ist.

Natürlich muß immer auf Sparsamkeit geachtet werden. Es ist aber nicht so, daß der Politiker in einer Regierung nach eigenem Ermessen aus dem Vollen wirtschaften kann, wie viele glauben. In der funktionierenden Demokratie gibt es mehr Hürden, Sperren, Prüfungen und Kontrollmechanismen, die außer dem Willen der Regierung zu sparen, sie mehr zum Haushalten drängen, als ein Außenstehender zu denken geneigt ist.

Die Verantwortung gebietet aber, dabei nicht zu übersehen, daß ein wenig weniger ausgeben für das, was die Sicherheit vor vorhandener militärischer Bedrohung verlangt, ab einem bestimmten Punkt nicht mehr Sparsamkeit ist, sondern zur Verschwendung wird. Das liegt daran, daß es eben ein wenig Sicherheit in der Welt, so wie sie ist, nicht gibt. Ein zu geringer Aufwand kann leicht zum bloßen Schein und zur Selbsttäuschung führen.

Wir, besonders wir, müssen uns aus vielen Gründen davor bewahren, Vorreiter und Treiber im Rüstungswettlauf zu sein. Wir dürfen uns aber auch kein Ausscheren aus der Mitte leisten und uns ins Abseits der militärischen Vorsorge begeben.

Probleme der materiellen Mobilmachung

Auch bei der Erneuerung der Ausstattung für die Bundeswehr hatten wir die Chance, an der Ausprägung eines bundeswehr-spezifischen Profils zu modellieren. Das galt für alle Bereiche, sogar für die Fahrzeuge.

Die Fahrzeuge der Bundeswehr waren 1973 überaltert. Ein Privatmann behält sein Auto kaum sechzehn oder achtzehn Jahre. Dann ist es anfällig, unzuverlässig und teuer. Der überwiegende Teil des Fuhrparks bestand aus Spezialkonstruktionen und geländegängigen Fahrzeugen. Sie waren wohl nach den Erfahrungen des Zweiten Weltkrieges beschafft und besonders konstruiert worden. War das notwendig und war das richtig? War da nicht etwas anders geworden? Hatten wir denn den Auftrag, in der Lage zu sein, auch in unausgebauten Landschaften und in Steppen Krieg zu führen? Gaben nicht unser Verfassungsauftrag und das ausschließlich auf Verteidigung angelegte Bündnis der NATO, in die wir unsere Streitkräfte integriert hatten, einen Hinweis, dem wir etwas zu entnehmen hatten?

Unser Auftrag lautet, unser Land zu verteidigen und dies so gut zu können, daß wir es nicht eines Tages praktizieren müssen.

Die Vorbereitung und das Führen eines Angriffskrieges sind nach unserer Verfassung verboten.

Unser Land und Westeuropa sind erschlossen und in einem Maße ausgebaut, daß mir als Verkehrsminister oft vorgeworfen worden war, ich ließe es zubetonieren.

Dazu kamen weitere Überlegungen: Die Sanitätsoffiziere hatten mir zum Beispiel berichtet, daß wir natürlich eine ausreichende Zahl geländegängiger Sanitätsfahrzeuge brauchten, um Verwundete in offenem Felde zu bergen. Nach der Bergung würde die Beförderung eines Verwundeten in den hart gefederten, geländegängigen Fahrzeugen aber oft zur Qual und es entstehe eine zusätzliche Gefährdung für den Verwundeten.

Die Industrie entwickelte neue Fahrzeuge, die die Bundeswehr im Sinne ihres Auftrages zu der Verteidigung unseres Landes braucht.

Diese Fahrzeuge würden für die Zwecke der Bundeswehr voll geeignet sein. Sie wären, da sie zum großen Teil nicht Spezialfahrzeuge wären, in der Anschaffung und im Betrieb billiger. Sie würden in Serie hergestellt, auch auf dem freien Markt angeboten und von der Verkehrswirtschaft gekauft werden. Hier eröffnete sich etwas Neues.

Wenn es je zu einem Krieg käme, müßte die Bundeswehr Reservisten einziehen. Dafür wäre ein zusätzlicher Fuhrpark notwendig. Die Bundeswehr kann im Frieden nicht so viele Fahrzeuge zur Verfügung halten. So wie man früher auf die Pferde im privaten Besitz zurückgriff, müßte sie, wenn wir mit Krieg überfallen würden, auf die Fahrzeuge, vor allem auf die Lastkraftwagen im privaten Besitz, zurückgreifen. Das Gesetz dazu ist beschlossen, und man kann annehmen, wenn unser Land von außen von einer bewaffneten Macht angegriffen würde, würden den Soldaten diese Fahrzeuge von der Verkehrswirtschaft auch zur Verfügung gestellt werden.

Wir hatten im Herbst 1972 in einem begrenzten Rahmen erstmalig in Hessen zu einer Mobilmachungs-Vorführung mit zivilen Fahrzeugen aufgefordert. Die Aufgeforderten kamen bis auf wenige Ausnahmen, bei denen die Lastwagen unterwegs, im Ausland oder nicht betriebsfähig waren. Wir erhielten dabei einen Eindruck von der Vielfalt und dem Zustand des Bestandes. Wenn zukünftig der Teil der neuen Fahrzeuge der Bundeswehr, der aus der Serienfertigung nach neuer Entwicklung gekauft würde, im Lande einer großen Zahl gleichartiger Fahrzeuge in zivilem Besitz gegenüberstünde, wäre in einem Ernstfall die Vielfalt geringer. Unser Land hätte einen großen Reservefahrzeugbestand zur Verfügung.

Es kommt noch ein Vorteil hinzu. Wenn die Bundeswehr Fahrzeuge aus der Serienfertigung kauft, braucht sie nicht zugleich auch alle Ersatzteile mitzukaufen, die in großen Arsenalen gehortet und mit Kosten verwaltet werden. Sie kann ihren Ersatzteilbedarf laufend aus dem Verteilernetz der Industrie decken, sogar auf manche eigene Werkstatt verzichten und mit der Wirtschaft kooperieren.

Dadurch entsteht im ganzen ein Mehr an Verteidigungsfähigkeit, obwohl die Ausgaben geringer werden. Es wird Geld gespart, das für andere Aufgaben frei wird.

Dieser Vorgang zeigt, daß nicht einfach »drauflosgewirtschaftet« wird, und deutet an, wie eine Entscheidung von solcher Tragweite heranreift.

Es wäre in vielerlei Hinsicht gut, wenn Sicherheitspolitik mit größerer Offenheit vor dem Bürger getrieben würde, damit er hineinsehen kann, auch um sie vor Mißdeutungen und Verdächtigungen zu bewahren. Sie kann ohne Risiko auf manchen Geheimstempel, der auf ihre Akten geprägt wird, verzichten, sich freier machen von dem Geruch geheimer Kammern und sich vor dem Bürger, dem sie zu dienen hat, mehr offenbaren, damit er mehr Einblick erhält.

Solche Gedanken, die sich am Beispiel der Beschaffung für einen neuen Fahrzeugpark ausdrücken, mußten natürlich erst recht bei der Erneuerung und Modernisierung der Waffen zugrunde gelegt werden.

Modernisierung der Waffensysteme

Eine Armee, die eine Verteidigungsaufgabe wahrzunehmen hat und die Krieg verhindern helfen soll, muß Waffen besitzen, die sie dazu fähig machen. Sie muß die Rolle eines Walles haben, der von einem Angreifer ohne ein unverhältnismäßiges Risiko nicht überwunden werden kann. Der Versuch, es zu wagen, muß für ihn unvernünftig sein. Dazu braucht die Armee moderne Panzer, mit denen sie sich gegen die Panzer eines Angreifers verteidigen kann und mit denen sie zum Gegenstoß auf dem Gefechtsfeld fähig ist. Die Panzer müssen von hoher Qualität sein. Mit den Panzern aus der Leopard-Familie hat unser Heer einen vorzüglichen Kampfwagen zur Verfügung.

Wir wissen, daß der Warschauer Pakt starke Panzerkräfte besitzt. Wir können nicht daran denken, dieser Panzerarmada des Ostens eine gleich hohe Panzermasse entgegenzustellen. Sollte der Westen das erwägen, würde der Charakter der NATO verändert und sie geriete in den Verdacht, sich auf eine Offensive vorzubereiten. Wir wollen keinen Zustand, in dem der Osten sich wegen unserer Waffen aus objektiven Gründen von dem Westen bedroht fühlen könnte. Wir brauchen aber die ausreichende Fähigkeit, uns gegen ihn, auch gegen seine Panzer, zu wehren. Diese Fähigkeit können wir uns damit geben, daß wir uns zusätzlich zu den Panzern, die wir haben und brauchen, mit besten Panzerabwehrwaffen in ausreichender Zahl ausstatten. Dadurch kommt auch der besondere Auftrag unseres Grundgesetzes nicht ins Rutschen. In dieser Beziehung haben wir vorgesorgt und damit für unseren Teil im Rahmen der westlichen Allianz getan, was notwendig ist.

Ende 1972 erbat der Inspekteur des Heeres von mir die Zustimmung zur Beschaffung von 375 Abschußgeschützen des Typs Milan und einer entsprechenden Anzahl von Raketen für jedes Geschütz. Die Milan ist das Ergebnis einer gemeinsamen deutsch-französischen Entwicklung. Sie gehört zu den modernsten und besten Raketenwaffen zur Bekämpfung angreifender Panzer.

Ich stimmte der Bitte des Generals nicht ohne weiteres zu. Ich bat ihn um eine Erklärung, wie das Heer zu der Zahl 375 gekommen sei. Ein guter General darf nicht leicht in Verlegenheit geraten. Er bewies mir eindrucksvoll, daß er mit weniger nicht auskommen könne. Er hatte den Hintergrund meiner Frage falsch gedeutet und wahrscheinlich angenommen, ich halte seine Forderung für zu hoch. Mir war die Zahl nicht zu hoch, sondern aus meiner Sicht der spezifischen Ausformung der Verteidigungsfähigkeit zu niedrig.

Ich sagte dem General, wenn er mehr neue Panzer erbeten hätte, als wir vorsehen wollten, wäre er auf meine Ablehnung gestoßen. Das wollte er nicht. Er möge daher sehr gewissenhaft prüfen lassen, ob das, was er fordere, nach Maßgabe meiner Vorstellung von der Rolle der Bundeswehr als Verteidigungsarmee auch ausreichend sei. Ich wollte, daß wir zu unserem Teil genug tun, um trotz der Panzer im Osten ruhiger schlafen zu können. Diese Panzerabwehrwaffen sind außerdem auch viel billiger als neue Panzer, die man Panzern entgegenstellt.

Der General überdachte den Sachverhalt mit seinen Stäben. Wir betteten die Waffe in unser Gesamtkonzept ein und gaben ihr mit anderen, ebenfalls der Panzerabwehr dienenden neuen Waffen den Rang, den wir ihr in der Gesamtvorstellung eingeräumt hatten.

Ein amerikanischer General, der sich mit einem sowjetischen General unterhalten hatte, berichtete mir, sein Gesprächspartner habe sich darüber beklagt, daß der Leber die Bundeswehr mit so vielen Panzerabwehrraketen ausstatte. Das zeuge von bösen und hinterhältigen Gedanken der Westdeutschen, denn mit soviel neuen Raketen könne man die schönen neuen Panzerchen der Sowjetunion zu Schrott schießen.

Ich habe den amerikanischen General nicht danach gefragt, welche Antwort er darauf gegeben hat. Meine Meinung dazu habe ich aber dem Deutschen Bundestag gesagt: Das, was der sowjetische General beklagt, das wollen wir können, und wir verheimlichen das auch nicht. Wenn dieser General nie den Befehl erhält, uns mit seinen schönen neuen Panzerchen anzugreifen, dann wird diesen Panzern von uns nie etwas geschehen.

Für die Neuausstattung der Bundeswehr in zweiter Generation und zur besseren Erfüllbarkeit ihres spezifischen Auftrages wurden für das Heer – unter anderem – vorgesehen:
- der neue Panzer Leopard 2
- Modernisierung eines Großteils veralteter Panzer
- Panzerabwehrraketen Milan, Hot und Tow
- Panzerabwehrhubschrauber
- der Flugabwehrpanzer Gepard
- der neue Raketenpanzer Roland
- der neue Spähpanzer Luchs
- neue Kanonen für die Artillerie.

Für die Luftwaffe unter anderem:
- das neue Kampfflugzeug Tornado (MRCA)
- neue Flugzeuge des Typs Phantom
- der Alpha Jet
- neue Flugabwehrkanonen
- eine Modernisierung des HAWK-Raketen-Gürtels für die Luftverteidigung.

Für die Marine unter anderem:
- neue Fregatten
- neue Flugkörper-Schnellboote

- neue Unterseeboote
- neue Minenjagdboote
- neue Marine-Kampfflugzeuge Tornado (MRCA)
- neue Minenabwehrsysteme.

Das waren die Hauptelemente einer neuen Ausstattung der Bundeswehr. Wir konnten in einer Unzahl von Sitzungen, Besprechungen und Zusammenkünften die Zustimmung des Finanzministers, der Abgeordneten der Regierungsfraktionen und in den meisten Fällen auch die der Opposition im Verteidigungs- und im Haushaltsausschuß des Deutschen Bundestages finden.

Das gab der Bundeswehr Auftrieb. Soldaten brauchen die Gewißheit, daß sie von ihrem Lande, dem sie zu dienen haben, in den Stand gesetzt werden, ihrer Aufgabe gerecht zu werden.

Es war auch gut für das Gewicht der Bundeswehr im Rahmen des Bündnisses und für die deutschen Interessen im Konzept der Mächte.

9. KAPITEL

Wofür Soldat sein?

Für eine Armee, die ihre Aufgaben erfüllen soll, muß im Mittelpunkt der Verantwortung das Bemühen um den Menschen stehen.

Für den Menschen in der Armee, der Teil einer freien Gesellschaft ist, der selber freier Bürger ist, muß der Moral des Auftrages ein hoher Wert beigemessen werden. Davon geht vieles aus, was den Soldaten trägt und leitet. Es ist auch entscheidend für das Verhältnis zwischen der Gesellschaft und dem Soldaten.

In früherer Zeit war auf den Koppelschlössern eingraviert: »Mit Gott für König und Vaterland.« Der Mittelpunkt war der König. Der liebe Gott wollte den Gehorsam gegenüber dem König, und der Wille des Königs, das war der Wille des Vaterlandes. Wenn unsere Soldaten Aufschriften auf ihren Koppelschlössern trügen, dann müßte man lesen können: Für die Freiheit des Volkes! Den Frieden vermag der Soldat allein nicht zu erhalten, aber wenn er von außen gebrochen wird, muß der Soldat bereit sein, mit dem Einsatz seines Lebens dafür zu kämpfen, daß sein Volk nicht die Freiheit verliert und nicht in Abhängigkeit und Unterwerfung gerät. Sein Souverän ist der Bürger des freien Landes. Der Soldat hat vor der Freiheit des Bürgers Posten zu beziehen. Dafür ist er Soldat.

Wir brauchen eine Bundeswehr, die zusammen mit unseren Verbündeten vor unserem Volke steht, damit es sich in Freiheit entfalten und sein Leben nach seiner eigenen Vorstellung gestalten kann. Etwas anderes wollen wir nicht und brauchen wir nicht; etwas anderes wollen wir auch nicht können, aber diesen Schutz brauchen wir.

Unsere Soldaten sind daher auch nicht Soldaten gegen irgend jemand in der Welt. Sie sind Soldaten für etwas; sie sind es dafür, daß der Teil unseres Volkes, der in Freiheit lebt, ohne Angst und Furcht vor der Sorge, sie verlieren zu können, leben kann. Das ist der Wille der Demokraten in unserem Lande. Dementsprechend ist unsere Bundeswehr ausgerüstet und nur in diesem Sinne wird sie ausgebildet.

Der Sozialdemokrat August Bebel hat das, was uns heute aufgegeben ist, im Jahre 1907 einmal fast visionär in die Worte gefaßt:

»Wenn wir wirklich einmal das Vaterland verteidigen müssen, so verteidigen wir es, weil es unser Vaterland ist, als den Boden, auf dem wir leben, dessen Sprache wir sprechen, dessen Sitten wir besitzen, weil wir dieses, unser Vaterland zu einem Land machen wollen, wie es nirgends in der Welt in ähnlicher Vollkommenheit und Schönheit besteht.«

Wenn August Bebel sehen könnte, was aus dem Teil unseres Landes geworden ist, in dem wir leben, wir könnten ihm die Mängel, die es noch gibt und die es immer geben wird, offen aufzeigen. Was wir ihm und denen, die damals lebten, vorzuzeigen hätten, das dürfte nicht so weit von der Erfüllung der Vision entfernt sein, die Bebel von der Zukunft hatte, die unsere Gegenwart ist.

Kein Haß gegen andere

Wir brauchen unsere jungen Männer nicht zu lehren, andere zu hassen, um ihnen den Sinn ihres Dienstes zu vermitteln und sie abzurichten und scharf zu machen wie Tiere, damit sie entschlossen genug sind, andere zu beißen, wenn es ihnen befohlen wird. Haß, den man im Frieden sät, bestimmt auch ohne Kriegszustand das Verhältnis der Völker zueinander.

Im Januar 1974, anläßlich der Vorstellung eines Weißbuches, hatte ich öffentlich mitgeteilt, daß es in der Bundeswehr verboten sei, Feindbilder aufzubauen, mit denen unsere Soldaten zum Haß gegen irgend jemand in der Welt erzogen würden.

Das löste in der Bundesrepublik eine lange Diskussion aus und führte zu zahlreichen Anfragen. Es kam auch zu einer Reaktion im Ostberliner Fernsehen, in dem sich der Herr von Schnitzler in mehreren Sendungen mit mir auseinandersetzte und behauptete, das sei ein Trick des »westdeutschen Kriegsministers« gewesen, um unsere wirklichen Absichten zu verbergen.

Wir wollen Frieden haben und ihn behalten und auch keinen Krieg mit anderen Völkern, die anders leben und regiert werden als wir.

Wir wollen, daß unserer Jugend und den jungen Männern unter ihnen, die Uniform tragen, wenn sie nach Osten sehen, kein Zweifel in den Sinn kommt, daß dort auch Menschen leben wie sie, Menschen aus Fleisch und Blut, mit Hoffnungen und Sehnsüchten, die den unseren ähnlich sind, und wir wollen nicht, daß unsere Jugend danach »lechzt,« sich einmal im Kriege gegen sie zu bewähren.

Wenn wir an die Moral unseres Auftrages denken, brauchen wir keinen Haß gegen andere zu säen, weil das, wofür wir einzutreten haben und was uns zu schützen aufgetragen ist, uns mehr bindet und verpflichtet, als Haß gegen andere es könnte.

Die Kraft, die aus der Freiheit wächst, das Vertrauen darauf, daß sie nicht mißbraucht wird, das Wissen um den Wert, den wir uns für unser Leben mit eigener Arbeit geschaffen haben, nicht Übermut und Überheblichkeit, aber begründeter Stolz darauf, das sind keine schlechten Kräfte, die unsere Soldaten und ihre Moral zu tragen vermögen. Sie nicht nur unseren Soldaten, sondern der ganzen Jugend bewußt zu machen, muß die Aufgabe all derer sein, denen die Bildung der Jugend anvertraut ist. Das muß aber auch die Aufgabe der Bundeswehr sein. Das ist nicht die Erziehung zu Konformismus und unkritischer Haltung, aber auch keine Erziehung, die sich in zersetzendem und herunterreißendem Kritisieren erschöpft, sondern Arbeit zur Formung von Staatsbürgern.

Kein Platz für Landsknechte

Nach den Regeln, die in der Bundeswehr gelten, wird dem militärischen Führer für die Art und Weise, in der er den ihm erteilten Auftrag auszuführen hat, viel eigener Spielraum eingeräumt. Der taktische Führer soll in Kenntnis seines Auftrages und der Umstände »vor Ort« seine Fähigkeit in relativer Freiheit und Verantwortung entfalten können. Das setzt Vertrauen in ihn und Sachkenntnis, Führungskunst und Selbstvertrauen bei ihm voraus.

Das Vertrauensverhältnis, wie es in den Führungsregeln der Bundeswehr zum Ausdruck kommt, ist den Beziehungen vergleichbar, wie sie im freiheitlich verfaßten und organisierten Staat in vielerlei Hinsicht zwischen Staat und Bürger angelegt sind.

Eine solche Praxis läßt keinen Raum mehr für den Handwerker in Uniform, der wie ein gedungener Landsknecht nach erteiltem Befehl seinen Auftrag übernimmt. Sie setzt voraus, daß die Führungsperson ein zweifelsfreies Verhältnis zum demokratischen Staat und zu seiner Verfassung hat, von dortaus also gebunden ist.

Dazu bedarf es der Erziehung und Ausbildung des militärischen Führers zu eigenständigem Denken und Entscheiden.

Wenn der militärische Führer seiner Aufgabe gerecht werden will, muß er nicht nur zu einer richtigen Einschätzung seiner eigenen Lage fähig sein, sondern auch eine möglichst gute Vorstellung von den Fähigkeiten und Absichten des Gegners haben. Bei vielen Fragen muß die Lagebeurteilung über das Militärfachliche hinausreichen. Deshalb ist es die Aufgabe des Soldaten, bei seiner Lagebeurteilung das Politische mitzusehen. Ohne auch das Politische miteinzukalkulieren und mitzuwägen, kann vor allem der höhere militärische Führer in der Gegenwart zu keiner richtigen Betrachtung, ganz bestimmt zu keiner richtigen Beurteilung des Gesamtkräfteverhältnisses kommen. Darauf wird in anderem Zusammenhang noch besonders eingegangen.

Der Soldat ist Staatsbürger

Der Soldat ist Bürger des Staates. Es ist sein selbstverständliches Bürgerrecht, sich am politischen Leben zu beteiligen, mitzuwirken und Verantwortung zu übernehmen. Außerhalb seines Dienstes ist er dazu frei. Dieser Zusatz »außerhalb seines Dienstes« ist im Vergleich mit der Mehrzahl der Bürger, die keine Soldaten sind, keine Einschränkung. Sie gilt für die Arbeiter und Angestellten in der Wirtschaft nicht viel anders und ist im Betriebsverfassungsrecht ausdrücklich bestimmt.

Im Betriebsverfassunggesetz von 1972 heißt es:

»§ 45: Die Betriebs- und Abteilungsversammlungen können Angelegenheiten einschließlich solcher tarifpolitischer, sozialpolitischer und wirtschaftlicher Art behandeln, die den Betrieb oder seine Arbeitnehmer unmittelbar betreffen; die Grundsätze des § 74 Abs. 2 finden Anwendung ...«

§ 74 Abs. 2: »... Arbeitgeber und Betriebsrat haben Betätigungen zu unterlassen, durch die der Arbeitsablauf oder der Frieden des Betriebes beeinträchtigt werden. Sie haben jede parteipolitische Betätigung im Betrieb zu unterlassen ...«

In der ausführlichen Rechtssprechung der Arbeitsgerichte zu diesem

Thema werden diese Begrenzungen mit dem Toleranzgebot und der besonderen Situation des Arbeitslebens im Betrieb, das ist die Zusammenarbeits-Gemeinschaft und das Zusammenleben auf engem Raum, begründet.

Die Betriebe sollen keine Stätte parteipolitischer Konfrontation und Auseinandersetzung sein. Auch für den öffentlichen Dienst und die Angehörigen vieler freier Berufe gibt es solche Regeln oder eine beachtete Praxis.

Soldaten unterscheiden sich von anderen Bürgern unter anderem durch zwei Besonderheiten. Sie tragen Waffen, die der Staat ihnen in die Hand gibt, mit denen sie in der Lage sind, über andere Gewalt auszuüben, und sie üben einen Dienst aus, der im Ernstfall von ihnen die Hergabe ihres Lebens fordert, und sie gegebenenfalls verpflichtet, auf Befehl zu töten.

Vor allem deswegen darf das Verhältnis zwischen den Organen des Staates und der Gesellschaft auf der einen Seite und dem Soldaten auf der anderen Seite nicht unnötig und mutwillig gestört werden. Deshalb muß auch das Vertrauensverhältnis zwischen den Soldaten und denen, die im Ernstfall über ihren Einsatz zu gebieten haben, von Störungen freigehalten werden. Die deswegen gezogenen Linien hat vor allem der militärische Führer, der aus eigener, freier Entscheidung Soldat ist, im Dienst zu beachten. Er ist in einem gewissen Sinne auch als Bürger ohne Uniform – also auch außerhalb des Dienstes – nicht völlig frei davon. Darunter ist in der Hauptsache eine angemessene Zurückhaltung von der ungezügelten, öffentlichen politischen Auseinandersetzung zu verstehen, eine Zurückhaltung, wie sie auch von anderen Gruppen in der Gesellschaft, wenn auch zum Teil aus anderen Gründen, geübt wird.

Das sind notwendige Begrenzungen, die man falsch auffaßte, wenn man sie nur als Beschränkungen gegen ihn und nicht auch als Schutzlinie für den Soldaten verstände. Sie sind in keinem Falle als eine Auflage zu politischer Abstinenz, zu unkritischem Verhalten oder als eine Verweisung des Soldaten nur auf sein Fach zu verstehen. Die Grenze, die es hier gibt, ist im wesentlichen eine Linie, die den Stil und den Takt betrifft.

Hin und wieder wird darauf verwiesen, unsere Soldaten seien zu konservativ, sie müßten progressiver sein. Ich will nicht verschweigen, daß ich vor mißverstandener Progressivität Angst habe.

Die Armee hat für den Schutz vor Gefahren von außen einzustehen und Bürger und Staat vor ihnen zu schützen: den Bürger, die Gesellschaft und den demokratischen Staat, so wie sie in dem Augenblick, in dem sie bedroht werden, gerade sind. Davor darf kein Wenn und Aber stehen, nicht: »Ich bin bereit, wenn im demokratischen Staat alles so ist, wie ich es will!« Und nicht: »Aber es ist ja vieles noch nicht so, wie es eigentlich sein sollte.«

Deshalb hat die Bundeswehr als Institution sich aus der Politik herauszuhalten und zu dienen, wie es ihre Pflicht ist. Wenn sie den Pfad dieser Tugend einmal verließe, könnte sie leicht auf Abwege kommen.

Wenn man den inneren Zustand einer Armee und ihrer Angehörigen unter den Umständen, wie sie bei uns gegeben sind, näher betrachtet, kommt man aber in diesem Zusammenhang noch auf ein Problem.

Die Natur moderner militärischer Macht ist etwas sehr Reales und doch wohnt ihr zugleich etwas sehr Abstraktes inne.

Diese Macht reicht nicht nur aus, um im überkommenen Sinne Krieg zu führen. Sie ist fähig zu vernichten und auszurotten – mit dem Risiko der eigenen Vernichtung und Ausrottung.

Durch ihr bloßes Vorhandensein hat diese Macht das Risiko für einen möglichen Angreifer darzustellen, der uns mit seiner militärischen Macht bedrohen will. Ihre Existenz ist also nach unserer Auffassung in erster Linie gerechtfertigt mit dem Krieg, der nicht stattfindet.

Kann dabei aber nicht eine Stimmung entstehen, die dem soldatischen Dienst deswegen ein negatives Charakteristikum einbringt?

Wer wollte schon einer Feuerwehr angehören, wenn es nicht doch auch einmal richtig brennt?

Je länger der Zustand des erstrebten Friedens andauert, desto leichter kann eine solche Stimmung aufkommen. Darauf muß insbesondere deshalb mit Sorgfalt geachtet werden, weil es nur noch wenige Jahre dauert, bis in der Bundeswehr kein Soldat mehr ist, der die Erfahrungen und die Schrecken des letzten Krieges und die Prägung, die er als Mensch dabei erfahren hat, noch besitzt.

Sorgfalt ist auch geboten, weil der Bundeswehr in einer langen Friedenszeit nicht Schaden dadurch entstehen darf, daß ihr nicht mehr genügend Kräfte zuwachsen, ohne die sie ihren Auftrag nicht erfüllen kann.

Das sind Aufgaben, vor denen die Bundeswehr steht, und Fragen, die sie am Menschen zu beantworten hat.

Dazu kommen die praktischen Aufgaben, die vom Soldaten in seinem täglichen Dienst gefordert werden.

Die technische Entwicklung schreitet fort und stellt immer höhere Forderungen an den Soldaten und den militärischen Führer.

Die Kommandozentrale eines Kriegsschiffes ist eine moderne Großcomputer-Anlage, vollgestopft mit Elektronik und Fernsehschirmen, in der fast kein Wort gesprochen wird.

Der Flugplatz eines Einsatzgeschwaders ist einer hochmodernen, rechnergestützten Fabrik vergleichbar. Fluggerät, Nachrichtentechnik, Führungsapparat und viele Bestandteile, bis zum blitzschnell arbeitenden Fotolabor, ähneln einer elektronisch gesteuerten Hochleistungsanlage. Der Flugbetrieb im Zweiten Weltkrieg nimmt sich dagegen aus wie ein Handwerksbetrieb. Das gilt für alle Waffengattungen.

Hochschulen für die Bundeswehr

Die Zeit ist vorbei, in der in einem Verband in der Regel nur der Militärarzt und der Militärseelsorger über akademische Bildung verfügten. Zur Technik kommt der Mensch. Die Jugend wächst in Freiheit heran. Die Armee kann zwar nicht auf Disziplin, auf Befehl und Gehorsam verzichten, aber die Erkenntnisse der Wissenschaft auf den Gebieten der Psychologie und der Pädagogik dürfen dem militärischen Führer, dem Offizier und dem Unteroffizier, doch nicht verschlossen bleiben. Sie haben junge Männer – wertvolles Gut der Nation –, die sich in einer schwierigen Phase ihres Lebens befinden, zu führen. In dem Maße, in dem der militärische Führer auch das pädagogisch richtige Umgehen mit dem Menschen im militärischen Alltag beherrschen lernt, wird sich das vermindern, was unter dem Begriff »Kommiß« verstanden wird.

Unter solchen Überlegungen gründeten wir 1973 zwei Hochschulen der Bundeswehr, in denen der Offiziernachwuchs herangebildet wird. Es sind Hochschulen mit dem Niveau und dem Lehrstoff ziviler Hochschulen und Universitäten. Die Prüfungen und Examen werden nach deren Forderungen und Maßstäben vorgenommen. Die Bundeswehr-Hochschulen gehen aber auch auf die besonderen Belange ihrer Studenten ein, die dabei sind, Offiziere zu werden.

Der Altersaufbau des Offizierskorps war nicht gut strukturiert. Die Zahl der Offiziere mit begrenzter Dienstzeit war viel zu gering. Dagegen war die Zahl der Offiziere, die sich als Berufsoffiziere mit lebenslangem

Dienst verpflichtet hatten, zu hoch. Das hat ungute Wirkungen. Es führt dazu, daß die Kompaniechefs und Bataillonskommandeure immer älteren Jahrgängen angehören und sich im Lebensalter damit zu sehr von den Soldaten entfernen, die sie zu führen haben.

Daraus entstand ein Beförderungsstau, der in den sechziger Jahren seinen Anfang nahm. Der Stellenkegel wird mit jedem höheren Dienstgrad enger. Damit vermindern sich für einen entsprechenden Anteil der Offiziere die Aussichten, in die nächsthöhere Stufe befördert zu werden. Wenn dagegen eine größere Zahl von Offizieren nach etwa zwölfjährigem Dienst die Bundeswehr verläßt, bleiben die unteren Truppenführer jung und ihre Beförderungschancen sind naturgemäß besser. Die ganze Struktur verbessert sich.

Die Bundeswehr-Hochschule soll aber auch einen Anreiz schaffen, Offizier zu werden. Sie soll qualifizierten Nachwuchs anziehen.

Durch die Hochschulausbildung wird nicht nur die Leistungsfähigkeit der Bundeswehr gesteigert. Die akademische Ausbildung des Offiziers, der nach begrenzter Dienstzeit wieder aus der Bundeswehr ausscheidet, kommt zum Beispiel auch der Wirtschaft zugute. Mit der akademischen Ausbildung, mit den Erfahrungen als Truppenführer im Umgang mit Menschen und mit seinen technischen Erfahrungen wird der ausscheidende Offizier einen leichteren Übergang in einen zivilen Beruf haben und dort nicht von vorn beginnen müssen, wie das früher vielfach unumgänglich war.

Verbesserte Unteroffizierausbildung

Auch die Ausbildung der Unteroffiziere wurde neu geregelt. Durchlässigkeit und Aufstiegsmöglichkeit in höhere Bildungsbereiche wurden geöffnet oder verstärkt.

Durch diese und andere Schritte im Bereich von Bildung und Ausbildung wurden Voraussetzungen geschaffen, die dem Soldaten helfen, nicht nur seinen Aufgaben gerecht zu werden, sondern sie auch mit festem Fuß auf dem Boden im freien Staat zu erfüllen.

10. KAPITEL

Ein europäischer Gedanke

Der europäischen Entwicklung würde es sicher nützen, wenn auch in den Fragen der Verteidigung Europas und in der Organisation seiner Sicherheit Schritte mit integrierender Wirkung getan werden könnten. Überlegungen und Versuche, die sich dem Institutionellen zuwenden, gibt es eine ganze Reihe. Es wäre daher bedeutsam, wenn sich ein Weg finden ließe, der den Soldaten, den Menschen im Dienste dieser alle Europäer betreffenden Sicherheit anginge.

Die europäischen Länder haben sehr unterschiedliche Wehr-Systeme, sie reichen von der Freiwilligenarmee bis zur allgemeinen Wehrpflicht für alle. Diese Vielfalt behindert die Möglichkeiten sehr, einen für alle gemeinsamen Nenner zu finden. Dort aber, wo gleiche oder vergleichbare Voraussetzungen vorliegen, müßte es leichter sein, gemeinsame Schritte zu versuchen, um zu mehr europäischer Gemeinsamkeit zu kommen.

Ein Deutscher hat so wie ein Franzose nach den Gesetzen seines Landes seine Wehrpflicht zu leisten. Wäre es nicht denkbar, daß ein junger Deutscher seine ihm nach deutschem Gesetz obliegende Pflicht – wenn er es selber wollte – nicht in Wetzlar, sondern in Lyon erfüllen könnte? Wäre das nicht ein Schritt hin nach Europa, wenn ein junger Franzose seine Pflicht nach französischem Recht außerhalb seines Landes in einer anderen europäischen Armee einlösen könnte?

Es gibt eine Fülle von Verbindungen und Partnerschaften von Armee zu Armee. Die Zahl der Truppenbesuche, gemeinsamen Übungen und sonstigen Verbindungen ist groß. Aber ein junger Deutscher, der seinen Wehrdienst in der Kompanie eines anderen Landes leisten würde, das wäre mehr als ein Bataillon, das über Wochen hinweg mit dem Bataillon eines anderen Landes übt. Natürlich müßten die Knoten des nationalen Rechts durchgehauen und der Weg für einen solchen Schritt freigemacht werden.

Der Gedanke stieß in Bonn auf Sympathie. Ich war nicht dafür, eine europäische Initiative zu versuchen. Die europäischen Bedingungen sind so unterschiedlich, daß eine Lösung sehr schwierig wäre. Die Systeme der Franzosen und der Deutschen sind formal sehr ähnlich. Es wäre gut, wenn zwei Länder beginnen, einen Anfang machen und einen Versuch unternehmen würden, und es wäre gut, wenn die Bundesrepublik und Frankreich diese beiden Länder wären.

Der Gedanke fand in Frankreich sehr freundliche Aufnahme. Wenig später wurde mir aber mitgeteilt, daß sich bei der konkreten Prüfung doch erhebliche Schwierigkeiten herausgestellt hätten. Es waren gar nicht so sehr politische Einwände, die Schwierigkeiten bereiteten, sondern vielmehr einige nationale Besonderheiten, die Bedenken auslösten. Wir haben in den letzten hundert Jahren mehrmals von vorn begonnen, eine Armee aufzubauen, Frankreichs Armee ist demgegenüber von Kontinuität gekennzeichnet. Das ist die Ursache dafür, daß sie noch vieles mit sich trägt, was nicht abgestreift worden ist, während bei uns neu begonnen wurde.

Der Soldat in der Gesellschaft

Die Bundeswehr wurde seinerzeit im Streit zwischen Regierungsmehrheit und Opposition geboren. Hinter der Opposition stand die Mehrheit der Arbeiter, standen die Gewerkschaften. Das war weder ein Glücksfall für den jungen Staat, noch für die Parteien oder für die Gewerkschaften. Es war erst recht kein Glück für die Bundeswehr, als Geschöpf des Streites ins Leben zu treten und sich zugleich als eine Armee des Volkes zu verstehen.

Ein Kern des Streites war die politische Frage, ob die Wiedervereinigung Deutschlands mit einer neuen Armee in der Bundesrepublik erschwert oder gar verhindert würde oder nicht. Das war ein neuer Stein im alten Gebäude der Disharmonie zwischen Arbeiterschaft, Gewerkschaften, Sozialdemokratie und bewaffneter Macht. Daran änderte auch die Tatsache nicht viel, daß in der SPD Männer wie Fritz Erler, den ich stellvertretend für andere nenne, sich bemühten, zu einem Ausgleich zu kommen.

In der Monarchie wurden die freien Arbeiter als »vaterlandslose Gesellen« abqualifiziert. Wer Sozialdemokrat war, konnte kaum einmal Unteroffizier werden, und wer als Soldat mit dem »Vorwärts« in der Kaserne angetroffen wurde, hatte mit drei Tagen verschärftem Arrest zu rechnen. Die Antwort der Arbeiter lautete: Diesem Staat, in dem sie so behandelt wurden, keinen Mann und keine Patrone! Für den Staat, den sie erstrebte, forderte die Arbeiterbewegung nicht nur freies und geheimes Wahlrecht für alle, sondern auch die Einführung der allgemeinen Wehrpflicht.

Am Ende des Ersten Weltkrieges stand der Sattlergeselle Friedrich Ebert an der Spitze des Staates. Als er von den Arbeitern die Bereitschaft forderte, den so veränderten Staat zu schützen, hätte die neue Parole lauten müssen: Diesem Staat – wenn es sein muß – jeden Mann und jede Patrone!

Es kam anders! Die Arbeiter- und Bauernsöhne blieben der Reichswehr fern. Diese wurde ohne sie und in einem gewissen Sinne auch gegen sie aufgebaut. Das führte zu einer bedenklichen und zum Teil grotesken Entwicklung. Vielleicht gehört es zu den schwersten Fehlern der Sozialdemokraten, daß sie die Möglichkeit nicht ergriffen haben, auch nach dem Abgang von Gustav Noske die Reichswehr von einem sozialdemokratischen Reichswehrminister zu einem auch und gerade für die Arbeitnehmer in der Weimarer Republik vertrauenswürdigen Machtinstrument der deutschen Demokratie auszugestalten.

So wurde ein großer Teil des Volkes in seiner Einstellung zur bewaffneten Macht hin- und hergeschüttelt.

Es war eine schlimme Einlage der Geschichte, daß die Diktatur, die dann folgte, dem ganzen Volk mit ihrer Kommandostimme abverlangte, was man vorher in Freiheit dem demokratischen Staat zu seinem Schutz versagt hatte. Dabei hätte die freie Arbeiterschaft einer neuen Armee vieles mitzugeben gehabt. Ihre Fahnen waren eingefärbt mit den Idealen des Ringens um Freiheit und Recht, und sie hätte den Soldaten das Gefühl vermitteln können, der Sache des ganzen Volkes zu dienen.

Die Bundeswehr hat sich zum Glück anders entwickelt, als es nach dem Verlauf der Geschichte und ihrer Geburt im Streit hätte geschehen können. Die Sozialdemokraten schrieben 1959 in ihr Godesberger Programm den Satz: »Zwischen Soldaten und allen demokratischen Kräften des Volkes muß ein Verhältnis des Vertrauens bestehen. Der Soldat bleibt auch in Uniform Staatsbürger.« Sie suchten ein vernünftiges Verhältnis zu dem, was im Staat entstanden war. Auch in den Gewerkschaften begann sich Bereitschaft zu regen.

In der Bundeswehr fand gleichermaßen ein Prozeß statt. Auch hier waren Männer, die ihre Hand ausstreckten, auch wenn es – wie in den Gewerkschaften – hier und da noch knirschte, wie aus Anlaß des sogenannten Gewerkschaftserlasses.

Mit Theodor Blank stand am Anfang ein Mann aus den Gewerkschaften an ihrer Wiege. Er kam aus den früheren christlichen Gewerkschaften.

Mit Helmut Schmidt kam im Dezember 1969 erstmals ein Sozialdemokrat in diese Verantwortung.

Im Sommer 1972 wurde mir der Auftrag zuteil. Ich kam gewissermaßen von innen heraus »aus dem anderen Lager« und war als Gewerkschaftsmann abgestempelt. Als ich auf der Hardthöhe einzog, wurde noch viel von der Integration der Bundeswehr in die Gesellschaft gesprochen – in und außerhalb der Bundeswehr. Dieser Aufgabe mußte ich mich stellen, so wie ich war, mit allem, was mein Herkommen dazu helfen oder vielleicht auch hindern konnte. Laute Erklärungen und große Reden konnten hier nicht weiterhelfen, sondern stille Arbeit und beharrliches Bemühen.

Es entstand Bewegung aufeinander zu, keine Umarmung, die war weder erstrebt, noch erforderlich. Es waren die freien Gewerkschaften mit ihrem millionenfachen Hintergrund und die bewaffnete Macht, die sich auf dem Geleise der gemeinsamen Verfassung begegneten.

Die Bundeswehr machte deutlich, welche Rolle sie hatte und daß sie keine andere Rolle wollte, als ihrem Auftrag zu dienen, so selbstverständlich, wie die Post und die Eisenbahn.

Es ist nicht leicht, die vielen Einzelheiten aufzuzeigen, die oft nur als kleine und unscheinbare Elemente einen solchen Prozeß bewirken. Manche lösen keine Aufmerksamkeit aus, andere dafür mehr. Aufsehen und zum Teil auch heftigen Widerspruch erregte es, als ich mir einen General als Staatssekretär holte. Der General genoß als Person wie auch als Befehlshaber über die alliierten Streitkräfte Europa Mitte hohes Ansehen. Aber einen General zum Staatssekretär, also zum höchsten Beamten in der Hierarchie eines Ministeriums zu machen, das würde doch das ganze Gebäude von der strengen Trennung zwischen der politisch-zivilen Oberverantwortung über das Militärische in Gefahr bringen. Meiner Meinung nach war das nichts anderes, als ein Festgeklemmtsein in der eigenen Befangenheit und ein Zeichen dafür, wo etwas noch nicht normal war.

Zuerst kommt es auf die Person und ihre Qualitäten und die spezifische Eignung für die Aufgabe an. Wenn es darüber keinen Zweifel gibt, dann muß es möglich sein, einem Bürger ein solches politisches Amt zu übertragen, auch wenn er General ist, so wie man jedem anderen Bürger, der die Voraussetzungen dazu besitzt, ein politisches Amt übertragen kann. Natürlich muß der General dann aus der Armee ausscheiden und die Uniform ausziehen.

Gäbe es diese Möglichkeit nicht, dann wäre das ein Ausdruck dafür, daß etwas nicht normal wäre. Wenn wir unbefangen genug sind, auch eine solche Lösung zu wählen, dann erweist sich ein solches Handeln als ein kleiner Schritt zur Integration in das Ganze.

Frauen in der Armee

Dienst in der Armee war im landläufigen Sinne immer Männersache. In Wirklichkeit sind im inneren Getriebe einer modernen Armee aber an nicht wenigen Stellen auch Frauen tätig. Sie wirken mit Geschick und Erfolg in der Verwaltung, im Nachrichtenwesen und in der Erfüllung mannigfacher Aufgaben bis zur medizinischen Versorgung der Soldaten. Es ist bekannt, daß eine Frau gerade auf diesem Gebiet nicht minder gute Arbeit leisten kann als ein Mann. Sie bringt sogar noch etwas mit, was ein Mann an der gleichen Stelle nicht in gleichem Maße zu vermitteln vermag. Es ist ein größeres Gefühl der Wärme und der Geborgenheit, das den Soldaten umgibt, gerade dann, wenn er besonders hilfsbedürftig ist.

So erzählte mir einmal eine Ärztin, was sie in ihrer Tätigkeit in einer Musterungskommission erlebt hatte. Einmal hatte sie in ihrem Zimmer durch das geöffnete Fenster eine Unterhaltung mitangehört, die ein Rudel junger Männer vor dem Gebäude führte, ehe sie es betraten. Es wurde gegenseitig nocheinmal das Versprechen abgegeben, fest zu bleiben und dem Doktor mit diversen Tricks und Kniffen Wehrdienstuntauglichkeit vorzuschwindeln.

Dann öffnete sich die Tür, und die Männer kamen herein. Sie waren anscheinend überrascht, daß sie nicht einem älteren Arzt gegenüberstanden, dem sie etwas vorgaukeln wollten, sondern einer noch jungen Ärztin. Sie wurden von der Frau Doktor freundlich begrüßt und mußten ihre Oberkörper freimachen. Als die Musterungsärztin dann sagte, so stattliche und kräftige junge Männer habe sie schon lange nicht mehr gesehen, und fragte, ob vielleicht einer von ihnen nicht gesund sei, vergaßen sie alle Schwüre, die sie einige Minuten vorher noch untereinander geleistet hatten und quittierten mit fast vorwurfsvollen Gesichtern, was sie gefragt worden waren. Natürlich waren sie gesund!

Der Dienst, den eine Anzahl Ärztinnen in der Bundeswehr leisten, ist auch bei ihren männlichen Kollegen anerkannt. Wenn sie ihren weißen Kittel tragen, sind sie auch äußerlich ziemlich gleich. Wenn sie ihn ablegen, dann trägt der Mann seine Uniform und ist Sanitätsoffizier. Die Ärztin ist eine zivile Bedienstete, und zwar im Angestellten- oder in besonderen Fällen im Beamtenverhältnis.

Das war immer so. Mußte das aber auch künftig so bleiben? Mir leuchtete das nicht ein. Wenn man schon Frauen einstellte und sie mit gleichen Aufgaben betraute, mit denen auch Männer betraut waren, dann mußte es doch auch logisch sein, sie zu Sanitätsoffizieren zu berufen. Das rührte die Gemüter auf. Frauen in Uniform mit den Dienstgradabzeichen eines Offiziers in einer deutschen Armee, das war für manche nicht leicht zu verkraften.

Es war aber ein Punkt, der mit der Integration der Bundeswehr in die Gesellschaft zusammenhing. Die Bundeswehr nahm den Dienst dieser Frauen, in diesem Falle der Ärztinnen entgegen, wie es an anderen Stellen in der Gesellschaft auch üblich ist. Die Bundeswehr unterschied sich aber dadurch, daß sie dem Manne die besondere »Salbung« als Sanitätsoffizier gewährte, die der Frau vorenthalten wurde. Dieser Unterschied mußte meiner Meinung nach nicht sein.

Dort wo ein Unterschied nötig war, wurde er bestimmt: Die Frau darf auch als Sanitätsoffizier nicht zum Dienst mit der Waffe herangezogen werden, und sie kann nur Sanitätsoffizier werden, wenn sie es will.

Es gab eine Anzahl Ärztinnen in der Bundeswehr, die sich bewarben. Wir luden einige namhafte Modeschöpfer zu einem Wettbewerb ein. Das Ergebnis wurde dann nicht von Beamten des Bundeswehrbeschaffungsamtes, sondern von einem Kreis von Frauen aus den verschiedensten Bereichen – auch von Ärztinnen, die die Uniform einmal tragen sollten – als Jury begutachtet. Als alle Vorbereitungen getroffen waren, wurden den ersten Frauen Urkunden mit ihrer Berufung zum Sanitätsoffizier überreicht. Es gibt keine Diskussionen mehr über das Thema. Der erste Schritt ist getan und er hat sich bewährt. Es gibt viele Aufgaben in der

Bundeswehr, die Frauen bisher verschlossen sind, die sie aber voll ausfüllen können. Ihre Rolle muß nicht auf die der Krankenschwester begrenzt sein.

Die Gewerkschaften und die Bundeswehr

Wenn man in die letzten hundert Jahre unserer Geschichte sieht, dann war es ein Ereignis, das verdient, vermerkt zu werden, daß der Vorsitzende des Deutschen Gewerkschaftsbundes vom Generalinspekteur der Bundeswehr eingeladen wurde, daß er die Einladung annahm und auf einer Tagung der Kommandeure der Bundeswehr eine Rede hielt, Truppenbesuche machte und sich in Garnisonen so mit den Soldaten an den Tisch setzte, wie er es in den Betrieben der Wirtschaft auch tat.

Die Besuche von Mitgliedern der Gewerkschaften und regionalen und lokalen Gewerkschaftsdelegationen in den Kasernen und Einrichtungen der Bundeswehr verschafften Einblicke und führten zu Verständnis.

Die Vorstände großer Gewerkschaften kamen, so wie sie mit anderen Ministern Gespräche führten, auch in das Verteidigungsministerium. Dort wurden dann die Fenster geschlossen, und sie erhielten die Möglichkeit, etwas mehr in das hineinzusehen, was der Natur der Sache nach nicht öffentlich dargeboten werden kann. Man saß miteinander am Tisch und dachte nach über das, was der gleiche Staat ihnen gemeinsam aufgegeben hatte.

Die Gewerkschaftsführer versuchten, die Soldaten kennenzulernen und herauszufinden, was sie dachten, und die Generale waren gespannt, welche Antworten sie erhalten und welche Fragen an sie gestellt würden. Das war nicht immer so gewesen, daß nicht nur danach gefragt wurde, ob und wo man sparen könne, sondern daß auch die Frage gestellt wurde, ob das auch ausreichte, was die Bundeswehr zur Verfügung gestellt bekomme.

Nach einem solchen Treffen standen wir in einem persönlichen Gespräch zusammen, und es trat etwas ein, was ich später einmal in einem besonderen Zusammenhang vor dem Plenum des Bundestages geschildert habe. Ein Gewerkschaftsvorsitzender hatte gesagt, er habe während der Sitzung an den Gründungskongreß des Deutschen Gewerkschaftsbundes denken müssen, auf dem Hans Böckler gesagt hatte: Wenn dieser demokratische Staat jemals in Gefahr kommen sollte, würden die Gewerkschaften für ihn auf die Barrikaden gehen. Der damalige Generalinspekteur der Bundeswehr, Admiral Armin Zimmermann, der dabeistand und zugehört hatte, wandte sich dann an den Vorsitzenden der Industriegewerkschaft Metall und sagte: »Herr Loderer, wenn jemals etwas eintreten sollte, was Sie veranlassen müßte, für unseren demokratischen Staat auf eine Barrikade zu gehen, dann würden Sie, Herr Loderer, dort nicht allein stehen, sondern ich, Armin Zimmermann, würde dann neben Ihnen stehen.«

Darauf hatte ich gesagt: »Wenn das zwischen Ihnen so klar ist, dann braucht in unserem Lande in der Zukunft niemand mehr in Sorge um den demokratischen Staat auf eine Barrikade zu gehen, denn gegen die Kraft der freien Gewerkschaften und der bewaffneten Macht im Staate kann niemand Barrikaden errichten.«

Es ist wichtig, daß Männer und Frauen aus der Spitze solcher Einrichtungen Kontakt zueinander haben und normalen Umgang miteinander pflegen, aber das wäre allein nicht genug. Die Bewegung und das Mitgehen in der Breite ist das eigentlich Entscheidende. Die Bewegung führte aufeinander zu.

Das Wort von der Notwendigkeit, die Bundeswehr in Staat und Gesellschaft zu integrieren, ist in wenigen Jahren aus unserem Sprachgebrauch geschwunden. Unsere Soldaten erfüllen ihren Dienst. Sie sind vom Rande her auf die Mitte hingerückt, dorthin, wo die anderen wichtigen Einrichtungen staatlicher Daseinsvorsorge im Bewußtsein der Bürger auch angesiedelt sind.

11. KAPITEL

Durchsichtigkeit der Finanzen

Die Gelder für die Verteidigung waren von Anfang an immer in mehreren verschiedenen »Kästchen« des Bundeshaushaltes untergebracht. Für jemand ohne Kenntnis einer solchen Haushaltsstruktur war es deshalb nicht leicht zu erkennen, wie hoch die Gesamtausgaben auf dem Gebiet der äußeren Sicherheit wirklich waren. Wir wollten Klarheit und verständigten uns mit Finanzministerium und Haushaltsausschuß über die Zusammenfassung aller Ausgabesparten unter einem Titel.

Wenn es notwendig ist, daß wir uns gegen militärische Gefahren schützen, dann ist dazu auch Geld nötig. Dann müssen wir es dem Bürger, ohne es zu verbrämen oder zu vertuschen, auch offen sagen können. Entweder sind unsere Aufwendungen gerechtfertigt und nötig, dann sind sie auch vor jedermann zu begründen. Sind sie aber nicht zu begründen, dann sind sie entweder zu hoch, oder es fehlt uns am notwendigen Geschick, oder sie sind nicht gerechtfertigt.

Das ging gut. Es gehörte auch kein Mut dazu, aber viel Arbeit. Es machte auch Freude. In vielen öffentlichen Versammlungen und Veranstaltungen im Verlaufe der Jahre rückte ich diese Aufgaben nach vorn und erläuterte vor jedem Zuhörerkreis, was wir taten und warum wir soviel Geld für unsere Verteidigung ausgeben.

Die mit solchen Dingen weniger befaßten Zuhörer verstehen die schwierigen Zusammenhänge, wenn sie ihnen in ihrer Sprache verständlich und logisch dargeboten werden. Sie sind auch dankbar für einen Blick in einen solchen Bereich. Leider drücken manche Politiker sich bei ihren öffentlichen Aussagen vor diesem Thema. Es gilt in den Augen der meisten als nicht sonderlich geeignet, Bürger- und Wählersympathie zu gewinnen. Deshalb wird über vieles geredet, darüber jedoch nicht oder fast nicht.

Ich habe oft beobachtet, wie ein solcher Abend auch für Soldaten, die in eine solche Veranstaltung gekommen waren, zu einem Erlebnis wurde.

Sie erlebten plötzlich, wie ihre Arbeit und ihre Sache auf Bürgerinteresse stieß, wenn sie ihnen nur vor Augen geführt wurde. Wenn man sich über Jahre hinweg lange genug diese Mühe macht, findet man Verständnis, und in dem Maße, in dem der Bürger einen eigenen Überblick gewinnt, wird er urteilsfähig, und sein Urteil ist in der Regel nicht Abneigung und Ablehnung. Aus seiner Einsicht fließt Billigung und Zustimmung. Das ist der Boden und die Basis, die der demokratische Staat für die Erfüllung auch so unbequemer Aufgaben suchen muß, wie es die Verteidigungspolitik und das für sie erforderliche Geld sind.

Je besser und normaler das Verhältnis zwischen Armee und Gesellschaft ist, in die die Armee eingebettet ist, desto reibungsloser und freier von negativen Einflüssen kann sie ihre Aufgabe erfüllen.

Dispute mit Gegnern der Verteidigungskosten

Ehe ich Verteidigungsminister war, hatte ich eine Lektion erhalten, die mir in Erinnerung bleibt.

Es war im April 1968 in Freiburg. Das war die Zeit der Unruhen, der Außerparlamentarischen Opposition (Apo) und der gestörten Versammlungen. In der überwiegend von Studenten und jüngeren Teilnehmern voll »besetzten« Halle war es in den Wochen vorher schon mehrfach zu stürmischen Tumulten und gesprengten Veranstaltungen gekommen.

Zunächst wollte man mich nicht reden lassen. Es sollte nur diskutiert werden. Unter den fast zweitausend Teilnehmern wurde abgestimmt und mir erlaubt, ein kurzes »Statement« als Einführung zu geben.

Ich begann meinen Vortrag. Die Unruhe legte sich nach und nach. Etwa nach fünf Minuten erhielt ich sogar ersten, vereinzelten Beifall. Der Saal wurde ruhig, und als ich auf meine Uhr sah, bemerkte ich, daß ich mehr als eine Stunde gesprochen hatte. Ich beendete meinen Vortrag und entschuldigte mich dafür, daß ich die Zeit, die mir durch Beschluß der Versammlung gesetzt worden war, weit überschritten hatte.

Der erste Redner, wohl einer der Wortführer, sagte, ich möge mir ja nichts einbilden, ich sei ihm höchst unsympathisch. Man sei deshalb auch in der Absicht gekommen, mich zu stören, habe es aber unterlassen, weil ich der Versammlung nicht vorgegaukelt hätte, wie gut die Regierung sei, sondern ich hätte von den Problemen gesprochen, vor denen sie stünde.

Ein Problem hätte der Verkehrsschorsch (ich war noch Verkehrsminister) aber ausgelassen und dazu müsse er sich nun bekennen: Ob man nicht fast alle akuten Probleme lösen könne, wenn man den Sch . . .verteidigungshaushalt zusammenstreichen und das viele Geld für andere Zwecke verwenden würde – ob ich dazu Auskunft geben wolle, aber »Blabla« wollten sie nicht hören, dann gäbe es Krach.

Ich sagte, ich sei dazu bereit, aber die Zuhörer müßten mir dazu etwas Zeit lassen. Das sei in drei Sätzen nicht möglich. Das wurde mir zugestanden. Dann führte ich etwa folgendes aus:

»Ich war vor ein paar Jahren mit einer Gruppe in Amerika. In dieser Zeit war eine Krise um Berlin im Gange. Wir kamen auch nach Detroit und besuchten eine Autofabrik. In der Fabrik wurden wir gefragt, ob wir auch einmal mit den Arbeitern sprechen wollten. Das wollten wir gerne, wenn es Herrn Ford nicht ruinieren würde, wenn das Band für ein paar Minuten stillstehe. Das Band wurde stillgestellt. Vor mir stand ein junger Arbeiter, der Tag für Tag immer das rechte Vorderrad auf ein Auto zu montieren hatte. Er drehte sich um. Nachdem er seinen Namen genannt und gesagt hatte, er wisse, wir seien Gewerkschaftsleute, fragte er ohne jeden Übergang: ›Sagen Sie mir, Mister Leber, muß ich bereit sein, für Berlin zu sterben?‹

Meine Antwort lautete: ›Ja!‹

Er fragte: ›Warum?‹

Darauf sagte ich: ›Sie sind ein freier Amerikaner. Auch in Berlin-West leben die Menschen frei. Die Westberliner können ihre Freiheit nicht allein schützen. Wenn die Westberliner ihre Freiheit verlieren und wir alle, die wir frei sind, es nicht verhindern können, dann ist auch Ihre Freiheit hier in Detroit nicht mehr so viel wert, wie sie jetzt wert ist. Wenn unter den Menschen, die frei sind, einmal das Vertrauen verlorengeht, daß sie sich gegenseitig helfen, um frei zu bleiben, dann ist die Gefahr groß, daß für alle die Freiheit verlorengeht.‹

Der amerikanische Arbeiter sagte darauf: ›Ich verstehe das, ich muß bereit sein. Sagen Sie mir, Mister Leber, denken die jungen deutschen Arbeiter auch so?‹

Ich hoffe, daß ich den amerikanischen Arbeiter nicht belogen habe, ich habe ihm geantwortet: ›Ja, sie denken auch so.‹

Glauben Sie, meine Damen und Herren, es wäre denkbar, daß dieser junge Mann aus Detroit etwa wie folgt denken könnte:

›Die Deutschen haben den Krieg verloren. Wir Amerikaner müssen bereit sein, notfalls mit unserem Leben dafür einzutreten, daß ihnen ihre Freiheit erhalten bleibt.

Die Deutschen haben noch so viel zu tun, um ihr Land auszubauen. Sie brauchen dazu viel Geld. Hier bei uns in Amerika ist auch vieles noch nicht so, wie ich als Arbeiter es erwarte. Aber wir Amerikaner sollten damit noch warten, damit die Deutschen ihr Land vollkommen machen können. Dazu brauchen sie Geld, das sie dann natürlich nicht für militärische Dinge ausgeben können. Wenn den Deutschen eine Gefahr drohen sollte, werden wir Amerikaner sie schon schützen.‹

Können wir wirklich annehmen, daß ein Amerikaner so denken kann?

Wenn das aber nicht von ihm zu erwarten wäre, dann könnten die Berliner und wir uns vielleicht an unseren Fingern abzählen, wielange wir noch frei bleiben, auch wielange wir noch in Freiheit arbeiten oder studieren können. Wir müssen als Partner der USA auch unseren angemessenen Beitrag zur gemeinsamen Last tragen, um unsere Freiheit gemeinsam zu schützen.«

Die Versammlung ging in Ruhe ohne Störung zu Ende.

Ich hatte an diesem Abend im April 1968 etwas Wichtiges gelernt: daß wir miteinander noch mehr Geduld haben und uns miteinander noch mehr Mühe geben müßten.

Absender

Name, Vorname

Straße

PLZ/Ort

Diese Karte entnahm ich dem Buch

Seewald Verlag
Postfach 6
7000 Stuttgart 70

Bitte als Postkarte frankieren

Ich bestelle über die Buchhandlung

folgende Bücher aus dem Seewald Verlag:

____ Expl. ______________________________

____

____ Expl. ______________________________

____

____ Expl. ______________________________

____

Datum und
Unterschrift: ______________________________

Informieren Sie mich bitte kostenlos und unverbindlich über Ihre Neuerscheinungen!
Ich interessiere mich für:

- ☐ Sachbücher
- ☐ Meinungsbücher
- ☐ Wissenschaft
- ☐ Wirtschaft
- ☐ Politik
- ☐ Zeitgeschichte und Geschichte
- ☐ Gesellschaft
- ☐ Ratgeber
- ☐ Weinbücher
- ☐ Geschenkbände

12. KAPITEL

Olympische Spiele, München 1972: »Ein besonderes Vorkommnis«

Am elften September 1972 gingen die Olympischen Spiele in München zu Ende. Die Wettkämpfe der Sportler, die so festlich und strahlend begonnen hatten, waren von dem Überfall überschattet, den Palästinenser auf das Quartier der israelischen Mannschaft unternommen hatten. Sie hatten die Sportler und ihre Betreuer gefangengenommen. Der Überfall endete nachts mit einem schrecklichen Massaker auf dem Flugplatz in Fürstenfeldbruck.

Ich hatte geplant, an der Abschlußfeier teilzunehmen und bei dieser Gelegenheit auch den vielen tausend Soldaten zu danken, die mit ihrer Arbeit wesentlich zum Gelingen der Spiele beigetragen hatten. Wegen des Überfalles auf die Israelis wurden die Spiele um einen Tag verlängert. Wegen anderer Verpflichtungen, die ich schon eingegangen war, wurde meine Anwesenheit am Tage der Schlußfeier in München unmöglich.

Wie ich später erfuhr, war am Nachmittag dieses letzten Tages, es war der elfte September, in München eine Lagebesprechung der Sicherheitsbehörden abgehalten worden. In der Besprechung war damit gerechnet worden, daß versucht werden könnte, die Schlußfeier zu stören.

Ich saß am Abend dieses Tages in meinem Büro in Bonn. Vor mir lag ein Stapel Akten, die in den hektischen letzten Tagen liegengeblieben waren. Hinter dem Tisch stand ein kleines Fernsehgerät, in dem ich bei meiner Arbeit den Beginn der Schlußfeier der Spiele mitverfolgen konnte.

Fünf Minuten nach zwanzig Uhr trat mein Adjutant ins Zimmer und meldete mir, vom Chef des polizeilichen Leitungsstabes bei den Olympischen Spielen sei soeben mitgeteilt worden, daß vor wenigen Minuten in Stuttgart von Terroristen ein einmotoriges Flugzeug gestohlen worden sei. Man habe Erkenntnisse darüber, daß versucht werden sollte, aus dem gestohlenen Flugzeug über dem Olympiastadion in die Schlußfeier hinein Bomben zu werfen. Das Flugzeug befinde sich auf dem Weg nach

München. Von der Polizei in München werde gebeten, die Luftwaffe zur Abwehr eines solchen Vorhabens einzusetzen. Willi Daume als Präsident des nationalen, wie auch Avery Brundage als Präsident des internationalen Olympischen Komitees seien informiert. Man habe auch den dort anwesenden Bundeskanzler informiert, der eine Abwehr des befürchteten Verbrechens durch die Luftwaffe für notwendig halte, die Herren aber an den Verteidigungsminister verwiesen habe.

In die Atmosphäre, die durch den Überfall auf die Israelis geschaffen worden war, paßte die Meldung über eine solche Absicht fraglos hinein. Unter den Augen von wahrscheinlich einer Milliarde Menschen, die in aller Welt an den Fernsehschirmen saßen, eine solche Tat vollführen, eine größere Aufmerksamkeit kann man kaum mehr erhalten.

Auf meine Frage, ob die Meldung und der Meldeweg gesichert seien, antwortete mir der Oberst, die Meldung habe er von dem Verbindungsoffizier der Bundeswehr bei den Olympischen Spielen im Auftrage des dortigen verantwortlichen Polizeipräsidenten soeben erhalten.

Es war keine Zeit zu verlieren. Der Vorgang war ungewöhnlich, und gleichzeitig schaffte er einen zeitlichen Zwang, der langes Nachdenken ausschloß. Daß jede Entscheidung, die zu treffen war, eine Fülle staatsrechtlicher und politischer Probleme in sich barg, war mir sofort völlig klar. Ich durfte auch keinem Kommandeur einen Auftrag erteilen und die Sache damit auf eine andere Ebene verlagern, sondern mußte die Fäden in der Hand behalten, weil ich auf jeden Fall politisch dafür geradezustehen haben würde.

Ich gab den Befehl, unverzüglich eine Überprüfung des gesamten Meldeweges bis zu seinem Ursprung in Stuttgart vorzunehmen. Es war klar, daß das mit den Möglichkeiten, die uns zur Verfügung standen, Zeit brauchte, aber es mußte versucht werden. Gleichzeitig wurde eine direkte Verbindung zu dem regional zuständigen Führungsgefechtsstand der Luftwaffe hergestellt. Von dort kam ohne Verzug die Meldung, daß seit 20.03 Uhr ein nichtidentifiziertes Flugobjekt erkannt sei. Es befände sich gegenwärtig etwa elf Meilen nordwestlich von Ulm in zweitausend Meter Höhe, langsam fliegend, mit Kurs nach Osten.

Das paßte zu der Meldung, die wir aus München erhalten hatten, und schien sie zu bestätigen. Wir warteten noch drei Minuten ab, bis die nächste Meldung von der Radarkontrolle eintraf. Als feststand, daß das Flugzeug den angegebenen Kurs in Richtung München fortsetzte, gab ich den Befehl zum Start einer Alarmrotte des nächstgelegenen JG 74 mit scharfen Waffen, den erfolgten Start zu melden, in 2 000 Meter Höhe über dem Flugplatz Neuburg/Donau zu kreisen und weitere Befehle abzuwarten.

Die Organisation der Luftwaffe klappte vorzüglich. Ich begann aber zu spüren, daß ich mit jeder Minute, die verging, immer dringender vor eine ungeheuer schwierige Entscheidung gestellt wurde. Es war für mich in diesem Augenblick sehr fraglich, in welchem Maße ich auf dem Weg war, gegen die Verfassung, gegen andere Gesetze und gegen eingegangene Verpflichtungen dem Bündnis gegenüber zu verstoßen.

Gleichzeitig war es mir unvorstellbar, daß der deutsche Verteidigungsminister es zulassen durfte, daß über dem Olympiastadion in München vor den Augen der halben Welt von Terroristen eine Bombe abgeworfen werden konnte. Selbst wenn es nur ein paar Handgranaten gewesen wären, sie hätten neben dem Schaden, den sie angerichtet hätten, eine Panik ausgelöst, deren Folgen nicht auszudenken waren.

Zwei Minuten nach dem Startbefehl kam von der eigenen Luftraumüberwachung die Meldung, das unbekannte Flugzeug sei außer Kontrolle. Die inzwischen in meinem Büro anwesenden Luftwaffenoffiziere vertraten die Auffassung, das Flugzeug sei wahrscheinlich zum Tiefflug übergegangen, um der Radarüberwachung, die es vermuten müßte, zu entgehen. Es konnte ja nicht verschwunden sein.

Die Alarmrotte erhielt den Befehl, den Luftraum über München aufzusuchen, 2 000 Meter über dem Olympiastadion zu kreisen, eigene Luftraumbeobachtung vorzunehmen und weitere Befehle abzuwarten.

Ich gab Anweisung, den gesamten Luftraum im Umkreis von München von allen Luftfahrzeugen freizumachen. Alle, auch die zivilen Stellen der Flugsicherung reagierten prompt darauf.

Als das geschehen war, kam die Meldung der Radarkontrolle über ein unbekanntes Flugobjekt in Höhe Augsburg, das sich in 2 000 Meter Höhe nach Osten bewege. Unsere Schlußfolgerung lautete: Das Flugzeug hatte seinen Gleitflug aufgegeben, hatte wieder mehr Höhe genommen und setzte nun bald zum Anflug auf München an.

Der Augenblick, der nun gekommen war, war im Ablauf des ganzen Ereignisses der schwierigste. Wenn ich zu diesem Zeitpunkt den Einsatzbefehl an die beiden Abfangjäger gegeben hätte und das unbekannte Flugzeug hätte sich nicht einfach von seinem Ziel abdrängen lassen, dann hätte es an dieser Stelle zum Waffeneinsatz kommen müssen. Das Flugzeug war um diese Zeit noch in einiger Entfernung vom Olympiastadion. Der Vorgang hätte somit von den Olympiagästen und den vielen Fernsehkameras nicht wahrgenommen werden können.

Ich hatte aber Glück, ich wartete noch einen Augenblick mit dem Befehl. Es waren zwei, drei sehr lange Minuten. Es drängte mich auch niemand von meinen anwesenden militärischen Beratern. Ich kann aber auch nicht ausschließen, daß der eine oder andere unter ihnen mich in diesem Augenblick für einen Zauderer gehalten hat.

Kurz vor dem Punkt, an dem ich nach meiner Einschätzung nicht mehr warten durfte, wenn der Waffeneinsatz nicht in der Nähe des Olympiastadions erfolgen sollte, kam die Meldung, das unbekannte Flugzeug habe sich als ein finnisches Zivilflugzeug zu erkennen gegeben. Seine Radaranlage an Bord sei eine Zeitlang ausgefallen gewesen. Es habe sich deshalb verirrt und bitte um die Erlaubnis zur Landung in München-Riem.

Höchstens zwei Minuten später hätte dieser Vorgang, der sich jetzt wie eine Episode anhört, einen anderen Verlauf genommen. Das finnische Passagierflugzeug war reichlich besetzt. Auch meine eigene Welt hätte drei Minuten später ganz anders ausgesehen. Ich habe in meinem Leben nicht immer so viel Glück gehabt wie an diesem Abend des elften September 1972.

Übrigens: Die Meldung über den Diebstahl eines Flugzeugs hat sich bei späterer Klärung nicht bestätigt.

Seit diesem Tag sind Jahre vergangen. Von dem Vorfall blieb vieles im dunkeln. Es wäre aber gut, wenn er einmal juristisch und politisch aufgearbeitet würde. Niemand kann ausschließen, daß er sich in ähnlicher Form wieder einmal ereignet. Wieder wäre derjenige, der dann – ohne sich in der Kürze der Zeit mit Krisenstäben beraten zu können – zu entscheiden hätte, neben der Last der direkten Verantwortung in der Sache auch noch mit einer außerordentlich komplizierten Rechtslage konfrontiert.

Als ich im sechsten Jahr meiner Amtstätigkeit aus dem Verteidigungsministerium ausgeschieden war, erhielt ich zahlreiche Zuschriften. Es war auch ein Brief von einem ehemaligen General dabei, der wegen der Erreichung seiner Altersgrenze im Ruhestand war. Er kritisierte mich, weil ich wegen eines Grundes, den er nicht als ausreichend genug anerkennen könne, meinen Abschied genommen habe und fügte hinzu, er habe gern unter mir gedient. Wir hatten nie ein Wort darüber gewechselt. Es war der General, der nach der Aufnahme meines Dienstes gesagt hatte, er sei zum Gehorsam erzogen. Er war nicht nur gehorsam, wir hatten uns auch schätzen gelernt.

Frieden in einer gespaltenen Welt

13. KAPITEL

Bewegende Kräfte im Osten

Wer in der Welt, in der wir leben, die militärischen Faktoren übersehen oder sie gering schätzen würde, müßte wahrscheinlich zu ebenso falschen Schlußfolgerungen kommen wie jemand, dessen Betrachtung sich nur auf das Militärische beschränkt.

Das Militärische ist Teil des Politischen. Es ist nicht der Ausgangspunkt. Deshalb muß die Einschätzung der militärischen Kräfte sich vom politischen Ganzen her ergeben, sie muß das Militärische dabei in einer seiner Potenz angemessenen Weise einbeziehen.

Zu einer richtigen Einschätzung kann man außerdem nicht kommen, wenn man die Welt nur einseitig aus der eigenen Lage mit den eigenen Augen sieht. Man muß sich bemühen, sich auch in die Lage des anderen zu versetzen, sich »in seine Haut« zu begeben und versuchen, seinen Motiven und Triebkräften auf die Spur zu kommen. Wer das tut, hat nicht nur die Chance, den anderen richtiger zu sehen, er bewahrt sich selber vor unrichtigen Entscheidungen, Handlungen oder auch Unterlassungen. Da die Wahrheit an sich nicht weh tut, sondern nur dann, wenn sie einen Glauben zerstört, wehren sich manche Leute gegen den Versuch zur Objektivität, weil sie mit ihrem vertrauten Bild von der Welt, mit sich selber und mit ihrer seelenverwandten Umwelt besser und leichter im reinen bleiben, auch wenn es oft nur Voreingenommenheit ist, die zu fehlerhaften Schlüssen führt. Wer sich auf diesem Gebiet um Objektivität bemüht, darf sich daher nicht daran stören, daß ein solches Bemühen als ein Versuch der Verharmlosung oder gar als Hilfe für den Gegner abqualifiziert wird.

Wer nicht will, daß er an der falschen Stelle Stärke oder Schwäche, Gefahr oder Gefahrlosigkeit vermutet, muß sich frei machen von Voreingenommenheiten, die den Blick verstellen.

Auf die Frage, warum die Sowjetunion in diesem Maße rüstet, gibt es nicht nur die Antwort, daß sie sich damit die Stärke verschafft, gegen den

Westen Krieg zu führen. Daß sie große Energien darauf verwendet, diese Fähigkeit zu besitzen, daran ist kein Zweifel. Dieses Motiv ihrer Rüstung ist unzweifelhaft vorhanden. Der Sachverhalt ist aber damit allein und so einfach bei weitem nicht zu erklären.

Ich bin dem Kommunismus in meinem Leben oft genug entgegengetreten und bleibe auch dabei. Ich habe in meiner Arbeit aber auch genügend Eindrücke erhalten, die bei mir Anhaltspunkte für ein Bild von dem gefügt haben, was die Sowjetunion bewegt und was ihre Führung antreibt.

Mit dem, was ich im folgenden festhalte, schöpfe ich nicht aus fremden Quellen, sondern gebe wieder, was sich bei mir aus vielen Eindrücken, Erlebnissen, Erkenntnissen und Erfahrungen zusammengefügt hat. Wie man sehen wird, komme ich am Ende nicht zu der Feststellung, daß die Sowjetunion harmlos und ungefährlich ist, sondern daß wir alle Veranlassung haben, sehr wachsam zu sein.

Furcht

Ein Sowjetrusse fragte mich einmal, was man bei uns den Kindern sage, um ihnen ein wenig Angst zu machen, damit sie bereitwilliger ins Bett gingen. Ich antwortete ihm, das werde neuerdings ohne Einschüchterung von einem Sandmännchen im Fernsehen erreicht, aber ich könne mich noch an meine Kindheit erinnern. Damals habe es noch das Liedchen gegeben: »Bet' Kindlein, bet', morgen kommt der Schwed'.« Darauf sagte mein russischer Gesprächspartner, das sei sehr interessant. Bei ihm zu Hause sage man zwar nicht mehr »Die Schweden kommen«, sondern immer noch: »Die Franzosen kommen.« Man sage noch nicht: »Die Deutschen kommen.« Das mag man als harmloses Brauchtum abtun. Das ist es wohl auch; aber es ist doch mehr. Nach den Franzosen unter Napoleon waren die Deutschen noch zweimal in Rußland, und die Franzosen, Engländer und Polen waren auch noch dort.

Auf meine Frage an einen französischen Verteidigungsminister, der gerade in der Sowjetunion gewesen war und dort Gespräche geführt hatte, warum die Sowjetunion ihre Rüstung so in die Höhe treibe, antwortete er mir ohne zu zögern: »Ich bin davon überzeugt, die haben Angst vor Euch Deutschen!« Ich weiß, daß andere westliche Verteidigungsminister diesen Grund für die sowjetische Rüstung auch nicht klein veranschlagen.

Als ich einmal einen hochgestellten Russen fragte, ob er mir eine für mich verstehbare Erklärung geben könne, warum sein Land so starke Panzerkräfte in Osteuropa versammelt habe, sagte er mir, es falle einem Russen nicht leicht, darauf eine ganz bestimmte, richtige Antwort zu geben. Er fragte mich, ob ich wisse, wieviel Panzer Hitler zur Verfügung gestanden hätten, als er 1941 den Angriff auf die Sowjetunion begonnen habe. Als ich mit meiner Antwort zögerte, weil ich seine Meinung kennenlernen wollte, sagte er mir, Hitler habe 3 200 Panzer zur Verfügung gehabt, als er den Angriff begann. Keiner von diesen Panzern hätte am Kriegsbeginn eine Kanone gehabt, mit der die starke Panzerung des sowjetischen Panzers T 34 hätte durchschlagen werden können. Dazu habe man dann die schwere Flak mit ihrer vorzüglichen 8,8 cm-Kanone nach vorne holen müssen. Die Sowjetunion habe den 3 200 angreifenden deutschen Panzern damals 15 000 Panzer entgegengestellt. Die Deutschen seien trotzdem bis an den Stadtrand von Moskau gekommen. Die Sowjetunion habe Glück gehabt, daß frühzeitig ein strenger Winter eingebrochen sei, auf den Hitler nicht vorbereitet war. Er sagte dann weiter: »Wir wissen, daß in der Bundesrepublik jetzt 6 500 Panzer stehen, und Sie sagen, daß wir 20 000 in Osteuropa dagegenstehen hätten. Das wäre etwa das Verhältnis 1:3. Damals war das Verhältnis 1:5, und Sie kamen bis Moskau. Bei uns gibt es Leute, die behaupten, daß wir noch nicht genug Panzer hätten, und wir wissen, bei Ihnen gibt es Leute, die behaupten, Sie hätten nicht genug Panzer.«

Unsere eigene militärgeschichtliche Dokumentation hat die Zahl der Panzer, die Hitler am Beginn seiner Offensive zur Verfügung standen, nicht wesentlich abweichend von den sowjetischen Annahmen bestätigt. Sie hat aber Zweifel an der Angabe, daß die Sowjetunion 15 000 Panzer gehabt habe. Sie kommt zu dem Ergebnis, daß Stalin am Beginn des Feldzuges etwa 10 500 Panzer zur Verfügung gestanden haben. Wenn das so war, dann geht kein Weg daran vorbei, und es helfen auch keine verbalen Klimmzüge: Selbst wenn die deutsche Annahme über die Zahl der Panzer richtiger ist als die sowjetischen Angaben darüber, dann standen dem deutschen Angreifer 1941 am Beginn der Offensive nur knapp ein Drittel der Panzer, verglichen mit der Zahl derer des Verteidigers, zur Verfügung. Der Angreifer kam damit bis in die Vororte von Moskau und bis an die Wolga, und er hatte außerdem noch Krieg mit den meisten und reichsten Industrieländern des Westens, die heute die stärksten Verbündeten der Bundesrepublik sind.

Mißtrauen

Es gibt einen weiteren Punkt, der zumindest in den Hinterköpfen der älteren Sowjetbürger Gewicht hat und nicht untergegangen ist, auch wenn kaum darüber geredet oder geschrieben wird.

Kurz vor dem Angriff Hitlers auf Polen kam am 23. August 1939 das Molotow-Ribbentrop-Abkommen zustande. Stalin hatte die Engländer und Franzosen abblitzen lassen, die sich bei ihm um ein Abkommen bemüht hatten.

Hitler hatte 1940 vor Beginn des Angriffs auf Frankreich Generalen in der Reichskanzlei in Berlin erklärt, das Deutsche Reich sei von vielen Feinden umgeben, er sei aber sicher, daß von der Sowjetunion unter Stalin keine feindselige Handlung zu befürchten sei. Kein Wunder, beide hatten gerade einen Vertrag miteinander abgeschlossen und hatten Polen unter sich aufgeteilt. Die Fotos mit deutschen und sowjetischen Soldaten in schöner Eintracht an der Demarkationslinie waren wochenlang durch die deutschen Zeitungen gegangen.

Ein Jahr später überfiel Hitler die Sowjetunion. Ich erinnere mich gut an die Parolen, die unter uns in den Wochen umliefen, während wir in Bereitstellung an der Grenze zur Sowjetunion lagen. Wir waren ja nicht über die Geheimnisse Hitlers informiert, und kaum jemand kam es in den Sinn, daß wir die Sowjetunion angreifen sollten. Die ganze Atmosphäre, die von der gesteuerten Presse und vom Rundfunk geschaffen worden war, ließ den Gedanken an einen Krieg gegen die Sowjetunion gar nicht aufkommen.

Stalin hatte Hitlers Raubzug auf Polen sanktioniert, hatte das Land mit ihm geteilt und wurde schließlich selber von ihm überfallen. Hitler versuchte Stalin seinen Anteil der Beute aus dem gemeinsamen Raub wieder abzujagen und ihn zu unterwerfen. Er unterlag dabei. Manche »Ecke« dieses Weltkrieges ist von den Völkern noch nicht aufgearbeitet worden, und über so manchen Winkel dieses Teils der jüngsten, nicht aufgearbeiteten Geschichte wird nicht gesprochen, obwohl es dort manche offene Frage gibt.

Zwischen der Bundesrepublik und keinem Staat, mit dem Hitler Krieg geführt hatte, gibt es bisher einen Friedensvertrag. Die Bundesrepublik wurde als neuer Staat 1949 errichtet; so wie sie neu entstanden ist, wurde sie anerkannt. So ähnlich ist es eigentlich auch um Polen bestellt, das es in den heutigen Grenzen früher auch nicht gab.

Skrupel

Die Sowjetunion hat sich nach Westen ausgedehnt. Sie hat Polen vor sich her geschoben. Damit ist man bei den Grenzen, die mit militärischer Gewalt errichtet wurden. Es ist denkbar, daß dieser Landraub, der nicht deshalb moralisch legitimiert ist, weil Hitlers Krieg und Raubzüge auch mit keiner Moral zu legitimieren sind, den Führern der Sowjetunion einen Teil ihres Schlafes raubt. Wenn diejenigen, die in der Sowjetunion Macht ausüben, auch nur noch halbwegs so denken, wie sie oder ihre Vorgänger in der Sowjetunion früher gedacht und gehandelt haben, dann müssen sie vermutlich fürchten, daß die Deutschen auf den Augenblick lauern, in dem sie sich mit Waffen wieder zurückholen, was ihnen 1945 verlorengegangen ist.

Von Stalin hat sich die Sowjetunion seit der berühmten Parteitagsrede Chruschtschows abgesetzt, nicht aber von dem, was er der Sowjetunion an Zugewinn eingebracht hat. Es gibt in der Sowjetunion Unbehagen und Mißtrauen, das aus diesem jüngsten Abschnitt der Geschichte genährt wird. Von dem Teil des Mißtrauens, der durch eigene sowjetische Handlungen gezeugt ist, kann sie von außen her niemand befreien, auch wir nicht.

Der Zweite Weltkrieg hat in Osteuropa neue Grenzen geschaffen. Wir wissen, daß wir mit diesem Zustand leben müssen. Wir haben erklärt, daß wir darauf verzichten, Gewalt anzuwenden, um daran etwas zu ändern. Wir müssen uns aber nicht unseren Kopf zerbrechen, wenn die Sowjetunion in diesem Tatbestand eine politische Hypothek sieht, die nicht genügend deutlich gelöscht ist. An uns hat sie dafür keine Zinsen zu bezahlen. Sie werden ihr im eigenen Inneren abverlangt und tragen als Zertifikat die Aufschrift »Mißtrauen«.

Von diesem Punkte aus muß man sich einmal die zahlreichen unmittelbaren Nachbarn dieses sowjetischen Imperiums ansehen und ohne Voreingenommenheit die Frage prüfen, zu wem von ihren vielen Nachbarvölkern die Sowjetunion eigentlich wirklich Vertrauen haben kann, das sich aus Freundschaft nährt. Die Bundesrepublik zählt nicht zu den unmittelbaren Nachbarn der Sowjetunion. Ihr größter Nachbar ist die Volksrepublik China. Aus dem Mißtrauen zwischen der Sowjetunion und China ergibt sich ein weiterer Grund für die Unterhaltung einer starken sowjetischen Armee in Osteuropa. Wenn die Sowjetunion einen Krieg mit China in ihren Kalkulationen nicht ausschließt, wird sie für den Fall einer solchen Auseinandersetzung wohl auch an ihre Westflanke denken.

Dies ist die Erklärung, die einem Sowjetmenschen einem Europäer gegenüber noch am leichtesten über die Lippen kommt, wenn er nach einer Begründung für den hohen Rüstungsaufwand in Osteuropa gefragt wird. Das sei alles gar nicht gegen Westeuropa gerichtet, um uns damit zu bedrohen. Es sei nur nötig, um Westeuropa für den Fall eines Krieges zwischen China und der Sowjetunion davon abzuhalten, die Sowjetunion anzugreifen und die alten Grenzen wiederherzustellen. Dazu müsse die Sowjetunion über eine den Westen abschreckende Macht verfügen, die mit dem ihr vorgelagerten Sicherheitsgürtel als Risikoschwelle für westliche Gelüste ausreichend hoch sein müsse. Da der Kapitalismus expansiv sei, müsse die Sowjetunion damit rechnen, daß die imperialistischen Kräfte im kapitalistischen Lager des Westens sich in einer solchen Lage durchsetzen und die Sowjetunion überfallen könnten. Den Deutschen traue man eine solche Einstellung sowieso zu. Auch die Franzosen und Engländer hätten im Gefolge des Ersten Weltkrieges schon einmal einen Versuch gemacht, die Errungenschaften der Sozialistischen Revolution wieder zu beseitigen.

Wieviel Schubkraft von jedem solcher und anderer möglicher Beweggründe tatsächlich für die sowjetische Rüstung ausgeht, ist nicht zu bestimmen. Aus welchen Motiven ihre Rüstung auch immer geschaffen wird: Wenn sie erst vorhanden ist, ist sie ein Machtinstrument in der Hand derjenigen, die über sie gebieten.

Der Westen muß sich nach Maßgabe der Bedrohung, die sich gegen ihn in Bewegung setzen kann, schützen.

Wenn wir aber dabei nicht auch die Kraft hätten, uns aus einer eigenen engen, subjektiven Einschätzung möglicher Beweggründe der anderen Seite zu lösen, dann bliebe nur wenig Spielraum, um nicht zu der Gewißheit zu gelangen, das Ganze sei nur darauf angelegt, den Westen tatsächlich zu einem geeigneten Zeitpunkt mit Krieg zu überfallen. Dazu kann es kommen, aber wir müssen auch zu der Annahme fähig sein, daß der Osten Gründe für sein Verhalten hat, die nicht identisch sind mit der Absicht, diese Mittel vorbedacht und tatsächlich zum Zwecke eines Angriffskrieges gegen uns einzusetzen. Dieser Abstand von der berechtigten eigenen Sorge ist notwendig, um nicht in Nervosität und Furchtsamkeit zu verfallen und andere Gefahren zu übersehen.

Die Sowjetunion als militärische Großmacht

Die Sowjetunion ist die größte Landmacht auf der Erde. Durch geographische Ausdehnung wird ein Staat jedoch noch nicht zur Großmacht. Sie führte bis zum Beginn des Zweiten Weltkrieges ein von der übrigen Welt sehr distanziertes Dasein. Sie hatte sich weitgehend abgeschottet, isoliert. Im Innern wurde sie von den immer wieder auftretenden Nachbeben der Revolution geschüttelt, die Mißtrauen erzeugten, und dazu hatte sie ständig mit den Mängeln einer nicht zur Effizienz kommenden Wirtschaft zu ringen. Draußen sah sie den »imperialistischen Klassenfeind«, von dem sie sich fortwährend dem eigenen Volk gegenüber abgrenzen mußte. Mit der Ausweitung des Zweiten Weltkrieges durch den Angriff auf die Sowjetunion wurde diese zum Kriegskameraden der USA und Großbritanniens. Die revolutionäre kommunistische Sowjetunion kämpfte auf der Seite der westlichen Demokratien, die kurz vorher noch im sowjetischen Hausgebrauch dem eigenen Volke als kapitalistische Imperialisten vorgeführt worden waren. In der Folge brauchten sich beide. Die westlichen Demokratien brauchten die Sowjetunion, um militärisch zum Erfolg zu kommen. Die Sowjetunion brauchte die westlichen Demokratien und ihre Hilfe. Aus eigener Kraft und durch die wesentliche Hilfe der westlichen Demokratien ging die Sowjetunion als militärische Großmacht aus dem Zweiten Weltkrieg hervor.

Das Zweckbündnis, das der Krieg zusammengebracht hatte, hielt zwar nicht lange über das Ende des Krieges hinaus; aber die militärische Macht, die der Sowjetunion zugewachsen war, blieb und wurde von ihr erhalten und erweitert. In den Jahren nach dem Zweiten Weltkrieg, in denen die alten Kolonialreiche zusammenbrachen, baute die Sowjetunion ihre Machtposition aus. Sie half dem Kommunismus in den Ländern Ost- und Südosteuropas bis an die Linie, an der die Rote Armee und die alliierten Truppen mitten in Deutschland eine Demarkationslinie bildeten, unter dem Schutz ihrer Waffen politisch in den Sattel und zwang den Staaten ihr eigenes Ordnungssystem auf. So wurde die Sowjetunion eine militärische Großmacht zu Lande, die von der Mitte Deutschlands aus bis an den Großen Ozean reicht.

Aber Großmacht ist man nicht schon dann, wenn man eine große Landmacht ist, sondern erst, wenn man fähig ist, weltweit Macht zu präsentieren und gegebenenfalls weltweit Macht auszuüben.

Dazu braucht die Sowjetunion trotz ihrer mangelhaften Zugänge zu den Weltmeeren eine Seemacht. Der Aufbau einer respektablen Flotte ist eine große sowjetische Leistung, und der Name des sowjetischen Admirals Gorschkow, der diese maritime Entwicklung geleitet hat, wird in der westlichen Welt von den Fachleuten mit Respekt ausgesprochen. Seemacht sein, ist ein wesentlicher Bestandteil des Großmächtestatus. Eine Großmacht muß auch heute noch über demonstrierbare Präsenz auf allen Meeren verfügen. Deshalb wird dieser maritime Ausbau von der Sowjetunion fortgesetzt werden, auch wenn er sich in seinem Tempo verlangsamen wird.

In der Seemacht drückt sich, ähnlich wie im Besitz nuklearer Streitkräfte mit internationaler Reichweite, aber nicht nur das Wesen der militärischen Großmacht, sondern auch die Bipolarität von USA und UdSSR aus. Dennoch haben wir natürlich als Europäer darüber nachzudenken, wie die Seemacht Sowjetunion die europäischen Sicherheitsinteressen beeinträchtigt und welche Schlußfolgerungen wir Europäer unserer Sicherheit wegen daraus zu ziehen haben, nicht aber, wie wir uns als drittes Element den maritimen Großmächten zugesellen können.

Großmacht mit Schwächen

Der militärischen Großmacht Sowjetunion mangelt es an wichtigen Faktoren, die über das Militärische hinaus zum Bilde einer Großmacht gehören. Ihre militärische Großmacht ist wirtschaftlich nicht entsprechend abgestützt. Sie ist nach über 60 Jahren kommunistischer Herrschaft noch immer allenfalls ein großes wirtschaftliches und industrielles Entwicklungsland. Hier offenbaren sich die Mängel und die geringen Fähigkeiten des Systems am deutlichsten. Die militärische Stärke der Sowjetunion war politisch gewollt, und sie konnte durch die Kommandogewalt des Staates geschaffen werden.

Der erste Sputnik, der in eine Umlaufbahn um die Erde gebracht wurde, hat damals die Welt aufhorchen lassen. Diese herausragende Leistung ist nicht der Ausfluß miteinander gewachsener wissenschaftlicher und ökonomischer Leistungsfähigkeit. Die zentrale Kommandogewalt des Staates zweigt vielmehr von der nicht entsprechend mitwachsenden wirtschaftlichen Leistungskraft den Teil ab, der für die Bewältigung politisch gesetzter Prioritäten erforderlich ist. Dazu ist das System fähig. Es kann auf diese Weise auf bestimmten Gebieten auch internationale Maßstäbe setzen. Es kann aber mit seiner zentralen Kommandogewalt nicht die wirtschaftliche Produktivität erzwingen, die erforderlich ist, damit solche Entwicklungen dem Volke am Ende nicht vom Munde abgespart werden müssen.

Die Sowjetunion hat im militärischen Bereich und auf bestimmten Gebieten der Technologie Beachtliches geleistet. Es hat sich aber auch gezeigt, daß die Ergiebigkeit des Wirtschaftens der sowjetischen Gesellschaft unter dem Strich im Vergleich mit dem Westen erheblich geringer ist. Sie bleibt zurück, und die Schere kann durch ökonomisches Aufholen von innen her kaum geschlossen werden.

Die Sowjetunion ist Führungsmacht im Warschauer Pakt, sie hebt sich jedoch von den meisten Ländern der NATO durch geringere Wirtschaftlichkeit ab. Es gibt keine ökonomische Ausgewogenheit zwischen Ost und West, weil es einen großen Unterschied in der Produktivität gibt. Die ökonomische Unterlegenheit der Sowjetunion ist im eigenen System begründet, und sie kann aus eigener Kraft in diesem System nicht überwunden werden.

Das hat Wirkungen auf die Länder des Warschauer Paktes. Einige von ihnen hatten vor dem Zweiten Weltkrieg einen hohen wirtschaftlichen Standard. Sie können im eigenen Lande einen Vergleich zwischen ihrer Wirtschaftlichkeit von damals und heute ziehen. Das können die Menschen in der Sowjetunion nicht. Auch wenn es nicht immer nach draußen dringt, diese unterschiedliche Leistungsfähigkeit führt im Inneren des Warschauer Paktes immer wieder zu politischen Spannungen und zu psychologischen Problemen.

Solche Folgen, die sich im Warschauer Pakt einstellen, weil die militärische Führungsmacht keine ökonomische Großmacht ist, stellen sich natürlich auch als Folgen für die politische Rolle der Sowjetunion in der Welt ein. Auf einen Teil dieser Völker macht die Sowjetunion mit ihrer Militärmacht keinen Eindruck, es sei denn, daß sie von ihr Waffen haben wollen. Waffen kosten Geld. Wenn man kein Geld dafür auf den Tisch legen kann, wird man abhängig. Das haben manche Staaten schon erfaren, die sich an die Sowjetunion gewandt haben. Die meisten Völker, die Hilfe suchen, wollen freier und besser leben. Die frei gewordenen Völker wollen sich in der Regel nicht von alten Abhängigkeiten befreien und sich in neue begeben. Wer ihnen helfen will, braucht selbst solide ökonomische Voraussetzungen.

Ideologien und Waffen für ihre Regierungen machen diese Völker nicht satt. Die Sowjetunion ist bei der Befreiung dieser Völker aus ihrer wirtschaftlichen und sozialen Not ein sehr unbedeutender Faktor. Die Bundesrepublik Deutschland allein gewährt diesem Teil der Welt weit mehr Hilfe für seine Entwicklung als die Sowjetunion und alle ihre Partner im Warschauer Pakt zusammengenommen. Dabei würde es zu der Rolle der Sowjetunion als Großmacht gehören, in der Gewährung von Hilfe mit den Vereinigten Staaten von Amerika die Balance zu halten.

Aber auch für den Fall, daß die Sowjetunion wirtschaftlich in der Lage wäre, den Ländern der Dritten Welt zu helfen, wie die westlichen Länder sich bemühen, ist anzunehmen, daß sie nicht besser helfen würde. Es würde nicht zu ihrer politischen Absicht passen, zu helfen, um Not zu überwinden. Die Sowjetunion will, daß der Klassenkampf in der Welt Fortschritte macht. Ihn muß sie unterstützen. Ihre Hilfe reicht daher von der finanziellen Unterstützung kommunistischer Parteien in hochentwickelten Ländern bis zu kommunistischen Aufständen in Entwicklungsländern, von der kommunistischen Partei Frankreichs bis nach Afghanistan. Für sie gilt es nicht, solchen Ländern zu helfen, die sich bemühen, in Freiheit nach eigenen Vorstellungen einen Weg in eine bessere soziale und wirtschaftliche Zukunft zu gehen. Solchen Staaten zu helfen, liegt nicht auf der Linie des internationalen Klassenkampfes.

Die geringere Wirtschaftlichkeit der Sowjetunion hat auch Wirkungen nach innen. Das Sozialprodukt pro Kopf der Bevölkerung ist niedriger als in den Industrienationen des Westens. Von diesem an sich schon geringeren volkswirtschaftlichen Einkommen, das auf den Kopf des Bürgers in der Sowjetunion erarbeitet wird, wird durch das zentrale Kommando des Systems der höhere Anteil abgetrennt, der nach den gesetzten politischen

Prioritäten notwendig ist, um militärische Großmacht zu sein. Bei diesem militärischen Aufwand muß an den Vereinigten Staaten von Amerika Maß genommen werden, ohne im Inneren die gleiche wirtschaftliche Kraft zu besitzen. Das, was das sowjetische System dem Volk zumutet, ist für den einzelnen Sowjetbürger eine Blockade seiner sozialen Entfaltung und eine harte Beschränkung seiner individuellen, ökonomisch bedingten Lebenserwartungen. Der militärische Aufwand zehrt in jedem Lande der Welt an den Sozialprodukten. Wo aber die Sozialprodukte geringer sind, muß ein höherer militärischer Aufwand noch viel tiefer eingreifen, weil im ganzen weniger zur Verfügung steht.

In den sechziger Jahren sah diese Problematik im Inneren der Sowjetunion noch anders aus. Damals herrschten dort zwar auch Enge und Mangel. Aber es war Kalter Krieg. Die Konfrontation zwischen den beiden Blöcken wuchs, und die Auseinandersetzungen verschärften sich. Der Kalte Krieg schaffte in den Staaten des Ostens im Inneren Bedingungen, unter denen man den Völkern große Rüstungslasten zumuten kann.

Angst und Furcht vor dem bösen Feinde, den Diktaturen ihren Völkern täglich an die Wand malen, bereiten den Boden dazu.

In der Zwischenzeit haben Ost und West aber begonnen, sich an einen Tisch zu setzen und miteinander zu sprechen. Die Tatsache allein, daß miteinander geredet wurde, mußte auch im Osten seine Wirkung auf die Völker haben. Das System konnte im Inneren nicht mehr wie früher daran festhalten, daß es täglich dem eigenen Volk den bösen Feind draußen in Erinnerung brachte und damit sowohl die Notwendigkeit hoher Rüstung, wie auch die Mängel in der eigenen Versorgung erklärte. Mit jedem Quantum, um das sich die Propaganda gegen den Westen verringerte, wurde auch ein gleiches Quantum Ablenkung von den eigenen inneren Beschwernissen und Belastungen abgebaut.

Dazu kam eine, wenn auch zaghafte größere Öffnung des Blickes für die Menschen hinaus in den Westen. Auch das nur geringe Öffnen der heruntergelassenen Jalousie legt eigene Schwächen bloß. Die Menschen im Osten sind zwar nicht zum Konsumieren erzogen wie wir im Westen, aber sie können doch auch sehen, daß die Arbeiter im verschrienen kapitalistischen System nicht ausgebeutet werden, wie es behauptet worden war. Das, was im Westen geschieht und was für das Leben der Menschen im Osten wichtig ist, läßt sich ohnedies auf die Dauer vor ihnen nicht verheimlichen. Die moderne Technik gibt auch ihnen die Möglichkeit, sich zu informieren. Dabei kommt zum Vorschein, was sich aus folgenden Zahlen über die Entwicklung in der Bundesrepublik ergibt. Es ist eine Gegenüberstellung der Ausgaben der öffentlichen Hände in den Jahren 1963 und 1973 für Verteidigung, soziale Sicherheit und Schulwesen in Milliarden D-Mark.

	Verteidigung	Soziale Sicherheit	Schulwesen
1963	19,433	24,152	8,187
1973	27,342	52,123	28,064

Die Ausgaben für die Verteidigung stiegen in diesen zehn Jahren um 40,7 Prozent, die Aufwendungen für die soziale Sicherung dagegen um 115,8 und für das Schulwesen gar um 242,8 Prozent.

Diese Tendenz drückt sich noch deutlicher aus, wenn man den Aufwand auf diesen drei Gebieten umgerechnet auf den Kopf der Bevölkerung betrachtet. Auf den Kopf der Bevölkerung gerechnet wurden ausgegeben

	Verteidigung	Soziale Sicherung	Schulwesen
1963	337,– DM	419,– DM	142,– DM
1973	441,– DM	841,– DM	453,– DM

Das Wachstum der Ausgaben in den zehn Jahren betrug für die Verteidigung 30,86 Prozent, für die soziale Sicherung 100,7 Prozent und für das Schulwesen 219 Prozent.

Aus diesen Zahlen wird deutlich, daß in unserem Lande die soziale Entwicklung durch den Verteidigungsaufwand nicht blockiert worden ist, sondern daß sie beachtlich am Verteidigungshaushalt vorbei expandiert hat.

Natürlich sind diese Zahlen, von denen die Entwicklung in der Bundesrepublik gekennzeichnet wird, nicht in jedem westlichen Lande gleich.

Für die Sowjetunion stehen solche Zahlen exakt gar nicht zur Verfügung. Hier liegen aber Probleme, die bloßgelegt werden, wenn durch mehr Öffnung die Lebensbedingungen im Westen für die Menschen im Osten erkennbarer werden.

Dazu kommt das Maß an politischer Freiheit, das die öffentliche kritische Auseinandersetzung mit den eigenen Machthabern einschließt. Es ist anzunehmen, daß die Führung der Sowjetunion diese Probleme sieht.

Sie hat einige Systemkritiker aus dem Lande gehen lassen. Damit wurde innerer Druck abgelassen. Ob sie auch hinausgedurft hätten, wenn sie sich zehn Jahre früher so verhalten hätten, oder ob sie dann nicht einfach nach Sibirien verfrachtet worden wären, ist eine Frage für sich. Es ist auch eine Frage, warum Solschenizyn in die Bundesrepublik entlassen wurde, in die er doch gar nicht wollte.

14. KAPITEL

Die Rolle der sowjetischen Armee

Nichts ist bei der Beurteilung militärpolitischer Probleme zwischen Ost und West wichtiger als eine eingehende Betrachtung der Rolle, die die Rote Armee in der und für die Sowjetunion spielt. Sie unterscheidet sich erheblich von dem, was man im Westen normalerweise als die Rolle der bewaffneten Macht anzusehen gewohnt ist. Streitkräfte haben im herkömmlichen Sinne zunächst rein militärische Aufgaben, bei uns die der Verteidigung. In der Gewichtung von Land zu Land und von Betrachter zu Betrachter verschieden, werden ihnen auch erzieherische und staatspolitisch stabilisierende Bedeutung zugewiesen. Sie werden aus der parteipolitischen Auseinandersetzung weitgehend herausgehalten, es gibt keine politische Indoktrination, und ihre politische Erziehung beschränkt sich im wesentlichen darauf, ihr staatsbürgerliches Bewußtsein zu vertiefen und Einsichten zu schaffen, die ihre Bereitschaft zur Verteidigung von Volk und Staat stärken.

Die Rolle der Roten Armee geht über all das weit hinaus und ist nur durch eine sorgfältige Analyse der sowjetischen Politik in Europa und in der Welt offenzulegen.

Fähigkeit zur militärischen Offensive

Die Rote Armee ist eine große und hochmoderne Armee. Sie ist ohne Zweifel zur Offensive nicht nur im begrenzten Sinne, sondern auch im größeren Rahmen fähig. Das Streben des Warschauer Paktes nach militärischer Offensivfähigkeit ist nachweisbar. Es muß daher von der Führung der Sowjetunion auch gewollt sein.

Etwas anderes ist es aber, ob die Führung der Sowjetunion auch bereit ist, die kalkulierbaren und die nicht kalkulierbaren Risiken einer Offensive gegen den Westen einzugehen.

Es ist nicht wahrscheinlich, daß ein Angriff auf den Westen zur Zeit sowjetischen Interessen entspringen kann. Es gibt gegenwärtig keinen von außen erkennbaren Anlaß und keinen Grund, der die Sowjetunion zu solcher Risikobereitschaft drängen könnte. Das Risiko, das eine der beiden Großmächte durch einen Krieg gegen die andere Großmacht oder gegen einen ihrer Verbündeten eingeht, ist so extrem und müßte sich auf so außergewöhnliche politische Umstände gründen, daß man sicher sein kann, eine solche Konstellation nicht zu übersehen.

Wir haben im Westen allen Anlaß, mit Sorgfalt und Sorge auf eigene Mängel in unserer militärischen Sicherung hinzuweisen und darauf zu drängen, daß sie beseitigt werden. Die Stärke, die der Westen aber trotz vieler Mängel einem Angreifer aus dem Osten entgegenzusetzen hat, ist so groß und so unkalkulierbar, daß es gegenwärtig keinen vernünftigen politischen Grund gibt, dem Osten die Übernahme des Risikos zuzutrauen. Wenn die Rote Armee zur Offensive fähig ist, wenn sie dazu aber in der Gegenwart und in der überschaubaren Zukunft nicht eingesetzt wird, wozu dann?

Politische Polizei der Sowjetunion

Die Rote Armee hat auch dann, wenn sie keinen großen Krieg zu führen hat, auf dem Felde der Politik wichtige Funktionen und große Aufgaben. Sie sind zunächst nach innen, in das sozialistische Lager gerichtet. Ohne ihre Existenz wäre die Breschnew-Doktrin ein weniger beachtenswertes Faktum. Die Rote Armee der Sowjetunion ist im eigenen Lager und im Warschauer Pakt die politische Polizei der Führungsmacht Sowjetunion.

Diese Tatsache macht auch ein Dilemma deutlich. Es ist die Frage, wieviel sowjetische Divisionen bei einem Angriff auf Westeuropa in Polen, in der DDR, in der CSSR oder in Ungarn gebunden wären. Wieviel Soldaten dürften und könnten nicht zum Angriff gegen uns eingesetzt werden, weil die Sowjetunion sicher sein müßte, daß in diesen Ländern während eines Angriffskrieges gegen den Westen keine Aufstände entstehen. Das ist auch im Frieden die Mission eines Teiles der dort stationierten Kräfte der Roten Armee. Sie sind ja tatsächlich auch in fast jedem Lande schon mindestens einmal zur kommunistischen Machterhaltung eingesetzt worden: In Ungarn, Polen, der CSSR und der DDR.

Das Dilemma besteht darin, daß die Sowjetunion diese Rolle eines Teiles ihrer Streitkräfte in diesen Ländern dem Westen gegenüber nicht gut zugeben kann. Sie sind Bestandteil ihres militärischen Potentials und werden deshalb naturgemäß vom Westen mitgezählt. Im Westen gibt es kein Gegenstück, durch das dieser Teil des östlichen Potentials ausbalanciert würde. Nicht ein einziger Soldat aus Amerika ist in Deutschland oder in irgendeinem Lande Europas, um sicherzustellen, daß wir auch ja Demokraten und auf der Seite des Westens bei der Stange bleiben. Zu keiner Zeit, seit die NATO besteht, ist je einmal ein einziger Soldat für eine das politische System eines Bündnislandes sichernde politische Polizeiaufgabe eingesetzt oder vorgesehen worden. Das ist ein Punkt, der zu den Schwachstellen des Ostens und zur Stärke des Westens gehört.

Wir wissen natürlich, daß in einigen Ländern des Warschauer Paktes sogenannte Betriebskampfgruppen unterhalten werden. Es ist angemessen, zu unterstellen, daß sie zum Teil für die psychologische Festigung des Systems geschaffen worden sind. Sie haben natürlich auch einen quasi-militärischen Wert, sind aber weit eher mit dem deutschen Volkssturm aus dem Ende des Zweiten Weltkrieges vergleichbar als mit einer modernen Armee. Für den Fall eines Angriffskrieges gegen uns bedeuteten die Betriebskampfgruppen kaum eine zu erwähnende Gefahr. Auch in einem Kriegsfall würden die Frauen und Männer, die im Frieden an Wochenenden im Umgang mit Schießgewehren ausgebildet werden, wahrscheinlich an ihren Werkbänken gebraucht. Sie könnten dort für den Objektschutz eingesetzt werden und würden aktive Truppen von dieser Aufgabe entbinden. Es ist, wenn wir an unsere Verteidigung denken, wenig sinnvoll, ihnen mehr militärischen Wert beizumessen.

Sperrklinke zur Sicherung des kommunistischen Besitzstandes

Es gibt keine Koexistenz in kommunistischen Staaten. Es gibt demnach dort auch keinen Pluralismus. Wo immer ein Widerspruch zur offiziellen Lehre aufgekommen ist, wurde er zurückgewiesen. Die als Breschnew-Doktrin bekanntgewordenen Erklärungen lassen keinen Zweifel daran, daß die kommunistischen Staaten es für ihre Aufgabe und für ihre Pflicht halten, die »revolutionären Errungenschaften« nicht wieder verlorengehen zu lassen. Das wird als die Aufgabe der »ganzen sozialistischen Gemeinschaft« und als die historische Verantwortung der kommunistischen Parteien und Völker bezeichnet.

Leonid Breschnew formulierte es im November 1968 in Polen so: ». . . Wenn die inneren und äußeren, dem Sozialismus feindlichen Kräfte die Entwicklung irgendeines sozialistischen Landes auf die Restauration der kapitalistischen Ordnung zu wenden versuchen, wenn eine Gefahr für den Sozialismus in diesem Land, eine Gefahr für die ganze sozialistische Staatengemeinschaft entsteht, ist das nicht nur ein Problem des betreffenden Landes, sondern ein allgemeines Problem, um das sich alle sozialistischen Staaten kümmern müssen . . .«

Diese Erklärung ist durch zahlreiche andere Äußerungen und gemeinsame Erklärungen so erhärtet, daß kein Zweifel daran besteht, daß es sich um eine feste Linie mit dogmatischem Gehalt handelt.

Das bedeutet nicht nur, daß es Koexistenz und Pluralismus in einem kommunistischen Lande nicht gibt. Es bedeutet auch, daß die nationale Souveränität eines Landes kein Hinderungsgrund ist , von außen einzugreifen, auch ohne ausdrücklich von einer bedrängten kommunistischen Partei oder Regierung gerufen worden zu sein.

Der Begriff der nationalen Souveränität wird eingeschränkt. Die üblichen Normen des Völkerrechts werden den übergeordneten Gesetzen des Klassenkampfes untergeordnet. Die Doktrin wurde sehr gründlich in der Prawda am 26. September 1968 erläutert. Dort heißt es unter anderem: »Man kann die Souveränität einzelner Länder nicht den Interessen des Weltsozialismus, der revolutionären Bewegung der Welt entgegenstellen.« Das bedeute, daß sie ihr unterzuordnen sei. Man dürfe sich nicht durch formaljuristische Bedenken beschränken lassen, weil man sich sonst des einzig richtigen, klassenmäßigen Kriteriums für die Einschätzung der Rechtsnormen begeben würde.

Es ist dabei unzweifelhaft, daß die Sowjetunion als Führungsmacht bestimmt, wann ein Interesse des Sozialismus vorliegt und wann demgemäß nach den Grundsätzen der sozialistischen Selbstbestimmung auch über die Souveränität eines anderen Staates hinweg vorgegangen werden muß. Das sind Regeln für die innere Disziplin des Warschauer Paktes.

Hinter den so eingezogenen Korsettstangen für die Sicherung der kommunistischen Systeme steht unübersehbar der sowjetische Hegemonialanspruch mindestens über die europäischen Länder, in denen der Kommunismus Fuß gefaßt hat.

Aus kommunistischen Parteien außerhalb des Warschauer Paktes gibt es dagegen Einwendungen. Sie verweigern der Breschnew-Doktrin den Anspruch auf Intervention von außen gegen ihren Willen, solange sie noch von der Übernahme der Macht entfernt sind. Ob sie, wenn sie einmal staatliche Macht übernommen haben, im Falle einer von innen her kommenden Systemgefährdung nicht auch das Eingreifen der sozialistischen Solidarität veranlassen oder billigen würden?

Vor dieser Frage steht auch der sogenannte Eurokommunismus, wenn er einmal Regierungsgewalt übernehmen sollte. Erst wenn er regiert, erst wenn er die Macht im Staate übernommen hat, muß er bekennen, wie er es in der Praxis mit Koexistenz und wirklichem, nicht scheinbarem Pluralismus im Staate hält. Würde diese Toleranz nicht verweigert, wäre das wohl kein Kommunismus mehr, und der Name wäre irreführend. Würde nach einer Regierungsübernahme die Pluralität beseitigt, bestünde der Name zu Recht. Dann wären auch alle diejenigen aufgeklärt, die Zweifel haben, ob es sich bei dem Eurokommunismus um richtigen Kommunismus handelt oder nicht. Nach der Breschnew-Doktrin gilt jedenfalls die Regel, daß in einem Lande, das sich zu den Errungenschaften des Sozialismus durchgerungen hat, die Sperrklinke des Sozialismus eingreift. Ein Zurück daraus gibt es nicht, weil die Sperrklinke im Zweifelsfall die Rote Armee ist.

Das beweisen alle Vorgänge dieser Art, die Europa nach dem Zweiten Weltkrieg beschert worden sind: Berlin, Ungarn, Polen und die Tschechoslowakei. Eine weitere politische Probe, wie die Breschnew-Doktrin sich unter dem Gesichtspunkt ihrer Dominanz über die nationale Souveränität auch solcher Länder anläßt, die nicht zum Warschauer Pakt gehören, wird sich vielleicht in Jugoslawien ereignen.

Jugoslawien ist durch folgende wichtige Merkmale gekennzeichnet:

1. Es läßt selber keinen Zweifel daran zu, daß es ein richtiges kommunistisches Land ist. Es wird von einer Partei, vom Bund der Kommunisten beherrscht und erlaubt keine konkurrierende andere Meinung und keine Opposition. Es gibt also keine Koexistenz und keinen Pluralismus.
2. Jugoslawien hat sich nach seinen Vorstellungen und Gegebenheiten eine andere Form des Kommunismus »nach den Verhältnissen im eigenen Lande« gegeben. Es ist zwar ein richtiges kommunistisches Land, es weicht aber damit, wie es seine kommunistische Praxis entspre-

chend den spezifischen jugoslawischen Bedingungen ausgestaltet, vom Dogma der sowjetischen Ideologie ab. Insofern ist es also vom Standpunkt der reinen Lehre, die in Moskau gehütet wird, im Schisma befindlich.

3. Jugoslawien ist aus geographischen Gründen für die Sowjetunion von außergewöhnlichem Interesse. Es ist eine Mittelmeermacht mit einer langen Küste und mit guten Häfen. Die sowjetische Flotte ist durch die Dardanellen zwar mit ihrer Heimatbasis im Schwarzen Meer verbunden, sie kann wegen der Enge der Dardanellen aber auch leicht davon abgeschnitten werden. Die NATO und die Sechste Flotte der USA haben im Mittelmeer viele Küsten und Landstützpunkte zur Verfügung, nicht so der Warschauer Pakt und die Eskadra der Sowjetunion. Für eine langfristig kalkulierende Sowjetunion ist Jugoslawien aber auch noch in anderer Hinsicht von Bedeutung. Über Jugoslawien würde der Arm der Roten Armee über Istrien bis an die italienische Grenze reichen. Rote Armee und Rote Flotte würden gegenüber der Südflanke der NATO im gesamten Mittelmeerraum eine andere Position gewinnen.
4. Jugoslawien hat sich durch eine geschickte Führung unter Ausnutzung seiner geographischen Lage und anderer Vorteile bisher mit Erfolg den sowjetischen Hegemonialansprüchen entzogen. Es hat Perioden gegeben, in denen es von der Sowjetunion unter heftigsten Druck gesetzt und bedroht wurde. Wegen dieser Gefährdung hat Jugoslawien zeitweise einen so hohen Anteil seines Sozialproduktes für seine Verteidigung aufgewandt, wie kaum ein anderes Land in Ost oder West es sich je zugemutet hat. Ob das ausgereicht hätte, eine sowjetische Besetzung zu verhindern, ist trotzdem zweifelhaft. Jugoslawien hätte aber vermutlich, seiner historischen Praxis folgend, nach einer Besetzung im Lande den Widerstand organisiert.

Zum besseren Verständnis der Regeln, die nicht nur Jugoslawien betreffen, sondern den Umgang der Sowjetunion mit der ganzen kommunistischen Verwandtschaft kennzeichnen, ist es hilfreich, den jugoslawischen Staatspräsidenten Josip Broz-Tito zu Worte kommen zu lassen. Er ist Beteiligter und kaum zu übertreffender Sachkenner. Tito hat zu diesem Thema anläßlich des sowjetischen Einmarsches in Ungarn im Haus der Volksarmee auf Brioni am 11. November 1956 vor einem geladenen Kreis unter anderem folgendes ausgeführt:

»Sie wissen im wesentlichen, welche Ursachen zu den Ereignissen in Polen und in Ungarn geführt haben. Wir müssen bis zum Jahre 1948 zurückgehen, als Jugoslawien als erstes Stalin energischen Widerstand leistete und erklärte, es wolle unabhängig bleiben und wünsche, sich sein Leben und den Sozialismus nach den besonderen Verhältnissen im eigenen Lande aufzubauen und gestatte niemandem, sich in seine inneren Angelegenheiten einzumischen. Natürlich ist es damals nicht zu einer bewaffneten Intervention gekommen, denn Jugoslawien war einig. Da wir den Reaktionären ihre Hauptkraft im Volksbefreiungskampf liquidiert hatten, konnten sie keine Provokationen verüben. Zum zweiten hatten wir eine sehr starke und einheitliche, in sich geschlossene kommunistische Partei, die in der Vorkriegszeit und während des Befreiungskrieges fest zusammengeschmiedet wurde; wir hatten auch eine starke und feste Armee, und was das wichtigste war, wir besaßen eine Einheit des Volkes, die all das verkörperte ...«

»... Als die Wahrheit über unser Land gesiegt und der Zeitraum der Normalisierung der Beziehungen zu den Ländern eingesetzt hatte, die die Beziehungen zu uns nach jener berüchtigten Resolution vom Juni 1948 abgebrochen hatten, da äußerten die führenden Persönlichkeiten der östlichen Länder den Wunsch, wir möchten nicht mehr erwähnen, was man uns angetan habe, wir möchten das Gewesene vergessen ...«

»... Wir haben unsere Beziehungen zur Sowjetunion auf deren Wunsch und Anregung normalisiert. Als Stalin starb, haben die neuen sowjetischen Staatsmänner erkannt, daß die Sowjetunion dank Stalins Verrücktheiten in eine sehr schwierige Lage und in eine Sackgasse geraten war, und zwar in der Außenpolitik wie auch in der Innenpolitik und ebenso auch in den übrigen Ländern der Volksdemokratie dadurch, daß sie sich als Papst aufspielte und ihre eigenen Methoden durchsetzte. Sie erkannten, wo die Hauptursache für alle diese Schwierigkeiten lag und verurteilten auf dem XX. Kongreß Stalins Vorgehen und seine bisherige Politik. Sie faßten jedoch die ganze Angelegenheit fälschlich als eine Frage des Persönlichkeitskultes und nicht als eine des Systems auf. Der Persönlichkeitskult ist aber eigentlich ein Produkt des Systems. Sie bekämpften nicht das System ...«

»... Was uns angeht, so sind wir in den Beziehungen mit der Sowjetunion ziemlich weit vorangekommen ... Es wurden auch zwei Erklärungen veröffentlicht, die eine in Belgrad und die andere in Moskau. Diese beiden Erklärungen müßten eigentlich eine Bedeutung nicht nur für unsere gegenseitigen Beziehungen, sondern auch für die Beziehungen zwischen allen sozialistischen Ländern haben. Leider wurden sie aber nicht so aufgefaßt. Man meinte: Na schön, wenn die Jugoslawen so hartnäckig sind, dann werden wir diese Erklärungen achten und durchführen, aber die anderen gehen sie nichts an, denn dort ist immerhin die Lage etwas anders als in Jugoslawien. Jugoslawien ist ein organisierter und disziplinierter Staat. Die Jugoslawen haben ihren Wert erwiesen, denn es ist ihnen in schwerster Stunde gelungen, sich zu halten und nicht zuzulassen, daß es zu einer Wiederherstellung des kapitalistischen Systems kommt. Sie sind also etwas anderes als Ihr in den Ostländern, in denen wir Euch an die Macht gebracht haben ...«

»Viele Leute fragen jetzt, warum es zu der zweiten sowjetischen Intervention gekommen ist. Es ist klar, wir haben gesagt und werden immer sagen, daß wir gegen eine Einmischung und gegen den Einsatz einer fremden Militärmacht sind. Was ist nun das kleinere Übel? Entweder das Chaos, der Bürgerkrieg, die Gegenrevolution und ein neuer Weltkrieg oder das Eingreifen der Sowjettruppen, die dort standen? Das eine ist eine Katastrophe, das andere aber war ein Fehler. Und wenn das den Sozialismus in Ungarn rettet, dann werden wir, meine Genossen, sagen können, obgleich wir gegen eine Einmischung sind, daß die sowjetische Einmischung notwendig war. Hätte man dort vorher alles unternommen, was notwendig war, dann wäre es zu keiner militärischen Intervention gekommen. Zu diesem Fehler ist es deswegen gekommen, weil sie leider immer noch meinen, militärische Macht löse alles. Sehen Sie sich doch einmal an, wie leidenschaftlich sich ein unbewaffnetes oder schlecht bewaffnetes Volk wehrt, wenn es ein Ziel hat, sich frei zu machen und unabhängig zu sein. Es interessiert es überhaupt nicht mehr, wie diese Unabhängigkeit sein wird, ob im Lande die Bourgeoisie und das reaktionäre System wiederhergestellt werden, wenn es nur national unabhängig ist. Davon war sein Denken ganz ausgefüllt. Selbstverständlich kann ich jetzt nur sagen, daß das erste das Schlimmste ist, was geschehen konnte, daß aber dieses andere, die Intervention der Sowjettruppen, auch schlimm ist. Wenn sie aber dazu führt, daß der Sozialismus in diesem Lande und der Weltfriede erhalten werden, dann wird dies eines Tages positiv werden, vorausgesetzt, daß sich die Sowjettruppen in dem Augenblick zurückziehen, da sich die Verhältnisse in diesem Lande ordnen und beruhigen. Wir haben das den sowjetischen Genossen auch gesagt, wir haben kein Blatt vor den Mund genommen. Die sowjetischen Genossen haben gesagt, ihre Truppen würden dann gehen ...«

Auch der im Umgang mit sowjetischen Partnern so erfahrene Tito hatte sich geirrt.

Die Verhältnisse in Ungarn haben sich im kommunistischen Sinne längst geordnet und beruhigt, aber die Sowjetunion hat ihre Truppen nicht zurückgezogen.

Die Intervention in Ungarn war auch nicht die letzte. Ihr folgte der Einmarsch in die Tschechoslowakei, als sich dort Abweichungen von der reinen Lehre anzeigten. Der Grund für den Einmarsch der Sowjettruppen in dieses Land war der gleiche, der auch Tito veranlaßt hatte, das Eingreifen der Roten Armee in Ungarn zu rechtfertigen.

Wenn eines Tages in Jugoslawien bei einem Wechsel in der Spitze Veränderungen eintreten, die in Moskau als Abkehr von der reinen Lehre konstatiert werden, dann wird sich zeigen, ob unter der Führung der Sowjetunion vom sozialistischen Lager her der Anspruch erhoben wird, die Errungenschaften der jugoslawischen Revolution in die Obhut der internationalen sozialistischen Gemeinschaft zu nehmen. Die Regeln dazu sind mit der Breschnew-Doktrin jedenfalls schon lange aufgestellt.

Wenn das dem Warschauer Pakt angehörende kommunistische Ungarn dann bei einer Intervention von außen zur Bewahrung des reinen Gutes der Revolution Jugoslawien gegenüber die gleiche Haltung einnähme, wie Tito sie eingenommen hat, als die Rote Armee in Ungarn intervenierte und der »richtigen Revolution« gegen die Konterrevolutionäre zum Sieg verhalf, dann wäre auch der Weg, den die Rote Armee zu nehmen hätte, nicht schwer zu erraten.

Diese Regeln liegen sicher nicht nur im Interesse der Sowjetunion, die sie zur Festigung ihrer hegemonialen Macht in der Verkleidung als sozialistische Tugendwahrerin braucht. Sie liegen auch im Interesse eines jeden Systems, das sich im eigenen Volk nicht ausreichend fundiert fühlt. Deshalb wurde die Breschnew-Doktrin auch unverzüglich, nachdem sie in die Welt gesetzt worden war, von Ulbricht und Gomulka akzeptiert.

Die Verpflichtung zur Sicherung des Sozialismus gilt nach der Theorie, die im Osten erarbeitet worden ist, nicht nur gegenüber den Staaten, die dem Warschauer Pakt angehören. Es gehört zur Rolle der Roten Armee, den politischen Besitzsstand auch im internationalen Klassenkampf zu sichern und wie eine Sperrklinke dafür zu sorgen, daß sich am Ergebnis des durchgestandenen revolutionären Kampfes nichts mehr zurückentwickelt oder revidiert.

Aus dieser Sicht betrachtet, ist es verständlich, daß Herr Breschnew von Zeit zu Zeit auf die Stärke der Roten Armee hinweist und von ihrer Überlegenheit spricht. Das gehört zur Politik, die auf der Breschnew-Doktrin fußt. Die Rolle der Roten Armee ist aber noch weitergehend zu verstehen.

Absicherung des internationalen Klassenkampfes

Es liegt im Interesse der Sowjetunion und der Staaten des Warschauer Paktes mit den kapitalistischen Ländern des Westens Beziehungen zu unterhalten, mit ihnen Handel zu treiben und auf mannigfachen Gebieten mit ihnen zu kooperieren. Das liegt auch im Interesse des Westens. Im Westen darf sich aber niemand eine falsche Vorstellung davon machen, was im Osten unter »Koexistenz« verstanden wird.

Auf dem Parteitag 1956 hat Chruschtschow zwar die Lehre von der friedlichen Koexistenz zur bleibenden Generallinie erklärt und damit die Leninsche Lehre von der Unvermeidbarkeit des Krieges als veraltet zurückgewiesen. Aber friedliche Koexistenz bedeutet für die kommunistische Lehre und Politik nicht die Anerkennung und das Sich-damit-Abfinden, daß es Pluralismus, also kommunistische Länder und Länder mit anderen Gesellschaftsordnungen, in der Welt gibt. Dem Westen wird zugemutet, sich damit abzufinden, daß es das kommunistische Gesellschaftssystem gibt, und ihm wird im Zweifelsfalle das Waffenarsenal der Roten Armee vor Augen geführt, um ihn davon abzuschrecken und abzuhalten, daran etwas zu ändern. Das sind nach der Auffassung der Kommunisten historische Entscheidungen zugunsten des Kommunismus, die gefallen sind und die unabänderlich sind. Der internationale Kommunismus erklärt es aber für ebenso legitim, daß die Welt, soweit sie noch nicht kommunistisch ist, in seinem Sinne revolutionär geändert werden muß.

Es gibt daher keinen Zweifel: Koexistenz ist nur das zeitweise Zusammenleben verschiedenartiger Gesellschaftssysteme, es ist eine Art Leben im Übergang bis zu dem vom Kommunismus erwarteten und nach seiner

Auffassung von der Geschichte vorgezeichneten Sieg über den Kapitalismus. Koexistenz ist auf keinen Fall Verzicht auf expansiven Klassenkampf, keine Annäherung verschiedenartiger Systeme, sondern sie ist ausdrücklich Kampf der Systeme gegeneinander unter Vermeidung von Krieg.

Wir im Westen können uns sehr wohl vorstellen, daß wir in der Welt leben können, so wie sie ist, ohne daß wir sie nach unserem Geschmack verändern. Wir, die wir frei sind, blieben frei, hätten unseren Frieden und wären unabhängig. Der Kommunismus dagegen ist auf Verbreitung angelegt. Der Klassenkampf als Kernelement der kommunistischen Lehre kennt keine nationalen Grenzen, er ist seiner Natur nach international. Er ist mit dem Geiste der Unfehlbarkeit behaftet, und sein Sendungsbewußtsein drängt ihn zur Expansion. Er wendet Druck an und greift zum Mittel der Nötigung, wenn er eine Chance sieht, sich auszudehnen.

In der Verfolgung dieser Aufgabe überschreitet die Sowjetunion die Linie nicht, hinter der ein direktes Kriegsrisiko für sie beginnt, auch wenn sie schon hart bis an diese Linie gegangen ist und den Raum bis zur direkten Konfrontation voll ausgenutzt hat. Die Sowjetunion weicht aus oder geht zurück, wenn sie vor ein eigenes, zu hohes Risiko gestellt wird.

Sie hat noch in keinem Falle ihre Rote Armee außerhalb des Warschauer Paktes direkt in einem Kriege engagiert. So war es auch, als ihre Schiffe auf dem Weg nach Kuba waren. Sie machte einen Rückzieher, als ihr klar wurde, daß die USA entschlossen waren, sie vor das volle Risiko einer direkten Konfrontation zu stellen. Die Sowjetunion begab sich hart bis an die Linie, die von den USA gezogen war, aber sie bewegte sich nicht darüber hinaus. Die Rote Armee hatte den Raum für eine offensive sowjetische Politik bis zur äußersten Grenze ausgelotet, hinter der sie mit militärischen Reaktionen der herausgeforderten USA hätte rechnen müssen.

Das bedeutet, daß der Roten Armee bisher im internationalen Klassenkampf keine Rolle als Speerspitze der Revolution zugewiesen worden ist. Die Lehre des Kommunismus wird nicht mit dem Feuer und dem Schwert der Roten Armee der Sowjetunion verbreitet, wie es im Zeichen des Islam einmal geschah.

Ich erinnere mich gut an ein Gespräch, das ich im Mai 1945 in einem Lazarett in Österreich hatte, in dem nach dem Ende des Krieges auch sowjetische Soldaten behandelt wurden. Ein älterer russischer Major hatte mich nach meiner Vorstellung vom weiteren Fortgang der Geschichte gefragt. Ich hatte geantwortet, nach meiner Ansicht werde die Sowjetunion den Versuch machen, Westeuropa zu erobern, wenn die westlichen Alliierten das nicht verhindern. Die Sowjetunion habe nun etwa die Hälfte Europas gewonnen. Sie werde versuchen, auch Westeuropa unter kommunistische Herrschaft zu bringen, um so ihren Machtbereich auszudehnen. Sie werde sich nicht scheuen, dazu auch die Rote Armee einzusetzen, die als Sieger aus dem Zweiten Weltkrieg hervorgegangen sei. Der sowjetische Offizier, der viel älter war als ich, gab sich dann Mühe, mir zu erklären, daß ich mich in einem Irrtum befände. Ich könne die Sowjetunion und die Gedanken und Pläne ihrer Führung nicht verstehen, wenn ich nicht bereit sei, mich in ihre Haut zu versetzen.

»Nehmen wir einmal an, Sie wären ein armer junger Mann, vielleicht sind Sie das sogar. Nehmen wir an, Sie hätten eine Tante, sie wäre 93 Jahre alt, und die Dame läge mit offener Lungentuberkulose im Bett. Unterstellen wir, sie hätte ein großes Vermögen und Sie wären der alleinige Erbe. Wenn nicht eine unvorhersehbare Besserung einträte, werde ihre Tante nicht mehr lange zu leben haben. Was würden Sie tun, wenn Sie klug wären? Würden Sie abwarten, bis sie eines baldigen Tages stirbt und dann die Erbschaft antreten, oder würden Sie sich Gift besorgen und die Dame umbringen, damit sie früher in den Besitz der Erbschaft gelangen?«

Ich antwortete ihm, es sei gar keine Frage, daß ich abwarten würde, auch wenn ich arm sei und die Erbschaft gut gebrauchen könnte. Unabhängig davon, daß man wegen seines eigenen Nutzens keinen Menschen töten dürfe, sei es auch unklug wegen der Erbschaft. Es könnte ja entdeckt werden, daß ich die Frau getötet hätte, dann käme der Staatsanwalt und mit der Erbschaft würde es nichts.

Darauf sagte mir der russische Offizier, in der Sowjetunion denke man kosmopolitisch und in internationalen Kategorien. Man sei von der Überlegenheit des Kommunismus ebensosehr überzeugt, wie man davon überzeugt sei, daß der Kapitalismus in sich zerfaulen und zerfallen, also sterben werde. Daher sei es unklug, die Weltrevolution mit Krieg weiter voranzutreiben. Mit Krieg sei allenfalls zu erreichen, daß der revolutionäre Prozeß sich beschleunige, aber dafür könne man Kriege auch verlieren. Ein solches Risiko dürfe man nicht eingehen.

Ich habe später oft über diesen russischen Offizier und über diese Zusammenhänge nachgedacht. Es gab Zeichen, die in eine andere Richtung deuteten, und Zeiten, in denen die Entwicklung anders zu verlaufen schien. Aber die von dem russischen Major vertretene Auffassung ist nach meinen Beobachtungen durch die Jahrzehnte doch mehr bestätigt als in Frage gestellt worden.

Ein rundes Drittel der Erdbevölkerung lebt heute schon unter kommunistischer Herrschaft. Wenn auch zwischen China und der Sowjetunion – wie auch an anderen Stellen im kommunistischen Machtbereich – Gegnerschaft oder Mißtrauen herrscht, so besteht doch kein Anlaß, daran zu zweifeln, daß China in jeder Hinsicht ein kommunistisches Land ist und daß es, wo immer es kann, an der Ausbreitung der kommunistischen Ideologie arbeitet. Für alle Völker, die unter kommunistischer Herrschaft leben, ist nach der kommunistischen Lehre die »historische Entscheidung« gefallen.

Dieser Teil der Erdbevölkerung ist heute schon wesentlich größer als der Teil der Menschheit, der in freiheitlich organisierten und verfaßten Staaten lebt und als aktive Kraft der Expansion des Kommunismus gegenübertritt. Ein anderer Teil der Erdbevölkerung kann nicht einfach dem Westen zugerechnet werden, weil er nicht kommunistisch ist. In den Augen der Kommunisten ist er noch in Bewegung, für ihn ist die »historische Entscheidung« noch nicht gefallen.

Schild der Weltrevolution

Aus allen erkennbaren Symptomen und aus dem Verlauf vieler Ereignisse ist zu schließen, daß die Rote Armee eine Schildfunktion hat. Das ist für den Westen und für die weitere Entwicklung in der Welt nicht minder bedeutsam, als es die Speerfunktion sein könnte.

Friedliche Koexistenz wird nach kommunistischer Definition als eine Form des internationalen Klassenkampfes ohne Krieg verstanden. In diesem Gedankengebäude ist es logisch, daß der »nationale Befreiungskrieg« vom Verzicht auf Krieg ausdrücklich ausgenommen ist.

Der nationale Befreiungskrieg ist nicht nur als Bürgerkrieg erlaubt; als bewaffneter Aufstand gegen die herrschende Klasse ist er ein erlaubtes, selbstverständliches und natürliches Mittel des revolutionären Kommunismus, die bestehende Ordnung zu überwinden; er ist gerechter Krieg zur Befreiung und notwendiges Instrument des Klassenkampfes.

Als Träger des internationalen Klassenkampfes beanspruchen die sozialistischen Staaten und ihre Führungsmacht als ihr legitimes Recht, den Aufstand zu entfachen, ihn zu schüren. Sie definieren als ihre Pflicht, den bewaffneten nationalen Befreiungskrieg zu unterstützen. Sie verlangen zugleich vom »kapitalistischen Imperalismus« Enthaltsamkeit. Wenn die »kapitalistischen Staaten«, gegen die der Klassenkampf gerichtet ist, sich einzuschalten versuchen, um den Verteidigern freiheitlicher Bestrebungen zu helfen, wird ihnen vorgeworfen, sie griffen in die inneren Angelegenheiten eines anderen Staates ein, weil sie den erlaubten gerechten Befreiungskampf behinderten. Das Feld, auf dem solche Entwicklungen sich ereignen können, ist groß und sehr vielfältig. Es handelt sich

um Länder, die sich aus der Oberhoheit anderer zu befreien suchen,
um Mehrheiten, die von Minderheiten beherrscht werden,
um unterentwickelte Länder mit sozialem Elend,
um Länder, die vom »reichen Westen« enttäuscht sind,
oder um Völker, die Rechtsdiktaturen abstreifen wollen.

Es sind viele Zustände, aus denen heraus sich revolutionäre Aufstände, Bürger- oder Befreiungskriege entwickeln können, und es gibt in den letzten Jahrzehnten vielfältige Belege und praktische Beispiele dafür.

Der internationale Klassenkampf lebt vom Spannung-Erzeugen, vom Feueranzünden und vom Feuerschüren, und er spricht den westlichen Demokratien das Recht ab, entstandene Feuer zu löschen und einzugreifen, wo Brände entstehen können. Es ist eine Frage besonderer Art, wie sich das mit der Balance der Kräfte in der Welt und mit dem generellen Thema des Abbaus von Spannung verträgt.

Die Sowjetunion bildet revolutionäre Kräfte bei sich aus, sie schickt ihnen Waffen und Instrukteure. Sie hat sich in einigen Fällen für die direkte militärische Intervention in einem revolutionären Bürgerkrieg kubanischer Truppen als Stellvertreter bedient. Fidel Castro hätte auf eigene Veranlassung keine Soldaten nach Angola entsenden können, und ein so kleines Land hätte über eine so lange Zeit keine so erhebliche Streitmacht im Ausland unterhalten. Die Kubaner waren dort und führten die Klinge im nationalen Befreiungskampf. Das geschah im vollen Akkord mit der Sowjetunion und den Ländern des Warschauer Paktes. Darüber, daß kubanische Soldaten dort interveniert hatten, hat sich die eine Hälfte der Welt nicht aufgehalten, weil sie es begrüßte. Die westliche Welt hat es nur mäßig oder kaum kritisiert, und viele hätten es am liebsten überhaupt mit Schweigen übergangen. Hätte sich die nichtkommunistische angolanische Seite im Bürgerkrieg an den Westen um Hilfe gewandt und die USA oder einer ihrer Verbündeten hätten der Aufforderung entsprochen, dann wäre es – man kann sicher sein – zu einem weltweiten Aufschrei und zu einem heftigen Propagandafeldzug gegen die USA gekommen. Der Propaganda wäre vermutlich auch eine sowjetische Anklage der USA mit Aufsehen erregenden Veranstaltungen im Sicherheitsrat der Vereinten Nationen gefolgt, und es wäre vielleicht zu sowjetischen Drohungen gegen die USA gekommen. Die USA wären des imperialistischen Vorgehens bezichtigt worden, und wegen ihres bewaffneten Eingreifens von außen in einen Befreiungskampf wären ihr unter dem Beifall der halben Welt und unter dem Schweigen großer Teile der übrigen Welt schwere Vorwürfe gemacht worden. Es ist anzunehmen, daß die Sowjetunion für den Fall einer westlichen Intervention gewarnt und gedroht hätte, die Rote Armee einzusetzen, um westliche »Usurpatoren« davon abzuhalten, in Angola in Erscheinung zu treten. Das wäre dann der hingehaltene Schild gewesen.

Die USA hielten sich zurück. Sie hatten Vietnam noch in der Erinnerung.

Die Schildfunktion der Militärmacht des Ostens besteht in ihrer Fähigkeit, durch ihr bloßes Vorhandensein revolutionäre politische Entwicklungen in der Welt so abzuschirmen, daß sie sich ohne Behinderung oder Störungen durch eine Intervention von außen voll auf ihr Ziel hin entfalten können.

Vietnam war ein Beispiel dafür. In diesem Lande war ein Bürgerkrieg ausgebrochen. Zwei vietnamesische Armeen kämpften gegeneinander. Die USA unterstützten das nichtkommunistische Vietnam. Als die Gefahr bestand, daß Südvietnam unterliegen könne, schickten die USA eine stolze und erfolgsbewußte Armee nach Vietnam.

Die Sowjetunion warnte die USA. Sie drohte ihrerseits mit einem militärischen Eingreifen für den Fall, daß die USA die Entscheidung durch einen Angriff gegen Nordvietnam herbeiführen wollten. Die Sowjetunion hielt den USA den Schild der Roten Armee entgegen. Sie schützte so die Nordvietnamesen vor der Unterwerfung durch die USA.

Die USA waren vor die Alternative gestellt: Sieg über die revolutionären Kräfte Ho Tschi Mins durch Intervention in Nordvietnam und damit eine eventuelle direkte Konfrontation mit der Sowjetunion oder begrenzter Krieg gegen die Truppen Nordvietnams in Südvietnam, der praktisch auf die Unmöglichkeit eines militärischen Erfolges für die eigene Armee hinauslief. Dieser Krieg, der so nicht zu gewinnen war, dauerte lange und gab einen idealen Nährboden für eine lange, weltweite Propaganda gegen die USA ab.

Ein solcher Krieg muß auf die Dauer eine jede Armee auch demoralisieren und sie stumpf machen. Die USA zogen ihre Truppen zurück. Die revolutionären Truppen Nordvietnams unterwarfen Südvietnam. Der »nationale Befreiungskrieg« war zu Ende.

Das war ein Ereignis, bei dem der Schild zur Abschirmung des revolutionären Kampfes in einem Lande der Revolution zum Erfolg verhalf. Die Spielarten sind verschieden, aber diese Abschirmung von Revolutionen ist eine Hauptfunktion der Roten Armee.

Hier liegt eine wichtige Antwort auf die Frage, warum die Sowjetunion nicht nur eine starke militärische Landmacht braucht. Sie braucht ihrer Politik wegen auch eine große und furchtgebietende Marine. Sie braucht den Auslauf aus ihrer relativen Abgeschiedenheit von den Weltmeeren, damit sie in der Lage ist, die Brennpunkte der politischen Entwicklung mit ihrem Schirm abzudecken. Solche Operationsgebiete werden für eine lange Zeit neben dem Mittelmeer wohl der Indische Ozean und die afrikanischen Küsten sein. Dort sind Bewegungen und Unruhen im Gange, von denen die Sowjetunion politisch zu gewinnen hofft. Dort fließt vor allem das Öl, auf das der Westen angewiesen ist.

Die im Osten nicht seltenen Hinweise, daß die Sowjetunion eine militärische Großmacht ist, sind sicher zum Teil nach innen, ins eigene Land, in den Ostblock und an unsere Adresse im Westen, aber mit besonderem Nachdruck auch an die Ohren der dritten Welt gerichtet. Es hat seinen Grund, wenn die Führung der Sowjetunion hervorhebt, die Rote Armee sei ein Instrument der Politik. Unter Politik sind in diesem Falle der internationale Klassenkampf und seine Absicherung zu verstehen. Mit der militärischen Absicherung dieser offensiven Politik sollen aber nicht nur Revolutionen abgeschirmt werden, dadurch sollen auch Revolutionäre zum Aufstand ermutigt werden. Man braucht nur »Vietnams« zu inszenieren und sie abzuschirmen, dann nimmt die Welt ihren Verlauf im Sinne des kommunistischen Uhrzeigers auch ohne daß die SU einen großen Krieg riskiert.

So erfüllt die sowjetische Armee eine von kommunistischen Staaten hoch veranschlagte Aufgabe. Sie erfüllt diese sich politisch hoch rentierende Mission ohne Krieg. Der Osten kann sich für die Verschleierung dieser Absicht eigentlich nichts Besseres wünschen, als daß wir im Westen wegen der Rüstung des Warschauer Paktes fortwährend die Gefahr eines Krieges gegen uns als Schreckgespenst an die Wand malen.

Kurzsichtige Scharfmacher mit Scheuklappen, mit ihrem Geschrei vom Wolf, der bald kommt, lenken von der Gefahr ab, die viel realer droht. Es wäre schlimm, wenn diese andere aktuelle Gefahr – die von der Roten Armee abgeschirmten Veränderungen in der Welt, die ohne großen Krieg ablaufen –, nicht richtig eingeschätzt würde. Es wäre gefährlich, wenn es nicht hoch genug veranschlagt würde, daß die Weltkarte auf diese Weise Punkt für Punkt zu ungunsten des Westens verfärbt werden soll.

Es wäre auch falsch, eine solche Entwicklung zum Nachteil des Westens nur in der Dritten Welt zu sehen. Die kommunistische Ideologie versucht auch in Europa den Fuß in die für sie vielerorts nicht nur um einen Spalt geöffnete Tür zu stellen.

Jugoslawien ist ein kommunistisches Land. Es hat sich bisher vor der sowjetischen Hegemonie bewahrt. In Portugal haben die Kommunisten versucht, eine Rechtsdiktatur abzulösen. Sie waren nahe an ihrem Ziel. In Italien und in Frankreich versuchen sie, durch Wahlen zur Mehrheit zu gelangen. Wenn die Kommunisten in diesen Ländern einmal Regierungsgewalt und staatliche Macht besäßen, könnten sie nicht leicht gezwungen werden, die Macht wieder herzugeben, wenn die Sowjetunion und das sozialistische Lager es nicht wollten, es sei denn um den Preis eines großen direkten Krieges zwischen Ost und West. Eine solche Lage ergäbe sich etwa dann, wenn eine kommunistische Partei die Regierungsmacht übernommen hätte und den Schutz der Roten Armee erbäte. Nach der Breschnew-Doktrin müßte die Sperrklinke aber auch dann einrasten, wenn Hilfe von außen nicht gerufen würde, weil im internationalen Klassenkampf gewonnenes Terrain nicht wieder aufgegeben werden darf.

Die sowjetischen Mittelstreckenraketen wären als Drohung an die übrigen Europäer, sich aus dem revolutionären Prozeß eines europäischen Landes herauszuhalten, unübersehbar.

Es gibt im Zusammenhang mit dem internationalen Klassenkampf eine Hypothese, über die in der Sowjetunion nachgedacht wird. Darin wird ein Krieg zwischen Ost und West nicht ausgeschlossen. Er wird vielmehr zu den vielleicht nicht vermeidbaren Zwangsläufigkeiten gezählt, die sich dann ereignen, wenn die Geschichte einen Verlauf nimmt, wie ihn die Sowjetunion will: Die kommunistische Revolution macht weltweit Fortschritte. Die Welt verändert sich zunehmend zugunsten der Ideologie des Ostens. Der Westen wird mehr und mehr eingeengt. Die Sowjetunion sucht in diesem Stadium ihrerseits keinen Krieg. Er liegt gar nicht in ihrem Interesse. Die Weltrevolution verwirklicht sich ja ohne Krieg in ihrem Sinne. Sie fürchtet aber, daß der Krieg vom kapitalistischen Westen in dem Augenblick entfesselt wird, in dem dieser den weltweiten Sieg des Kommunismus kommen sieht. Weil die Sowjetunion die weltweite Ausbreitung des Kommunismus will, wenn auch ohne großen Krieg, aber eine präventive Aktion des Westens aus ihrer eigenen Denkweise heraus nicht ausschließen kann, stellt sie sich vermutlich auf einen solchen Verlauf der Geschichte ein.

Im Westen wird niemand eine solche sowjetische Vermutung vom Verlauf der Geschichte für eine denkbare Wahrscheinlichkeit oder gar für eine Zwangsläufigkeit ansehen. Eine solche Vermutung würde bedeuten, daß vor der »Erlösung der Menschheit aus den Fesseln des Kapitalismus« und vor ihrer »Befreiung durch den klassenlosen Kommunismus« das durch den Westen ausgelöste, mit Atomwaffen inszenierte jüngste Gericht über die Menschheit abgehalten würde.

Im kommunistischen Lager gibt es aber Denker, die mit dieser Reaktion des Westens rechnen, wenn die Weltrevolution auf dem gewollten Weg weiter voranschreitet. Daraus wird gefolgert, daß die Sowjetunion eine Militärmacht braucht, die auch eine hohe Defensivfähigkeit besitzt, um sich gegen eine solche Offensive des Westens zur Wehr setzen oder davor abschrecken zu können. Ob die Sowjetunion in dem gedachten Fall die angenommene Offensive des Westens abwarten oder ihrerseits ihr mit einem raschen Präventivschlag zuvorkommen würde, ist nicht so wichtig, weil beides tödlich wäre. Viel wichtiger ist, daß der Westen mit Politik verhindern muß, daß die Entwicklung dahin treibt, daß am Ende aus Hypothesen Wirklichkeit wird.

15. KAPITEL

Die Nordatlantische Allianz

Die NATO ist ein Bündnis unabhängiger Staaten, die ihm aus freier Entscheidung angehören. Kein europäisches Land ist in der Lage, seine Sicherheit gegenüber der militärischen Macht der Sowjetunion und dem Warschauer Pakt aus eigener Kraft ausreichend zu gewährleisten. Es ist die Aufgabe dieses Bündnisses zwischen den Vereinigten Staaten von Amerika und den ihm angehörenden europäischen Ländern, diesen Schutz zu ermöglichen. Die NATO ist also ein Zweckbündnis, das den ausschließlichen Auftrag hat, mit den militärischen Mitteln, die seine Mitglieder ihm zur Verfügung stellen, ein ausreichendes Gegengewicht zu den militärischen Kräften zu bilden, über die der Warschauer Pakt verfügt. Sie hat nach dem Willen der ihr angehörenden Staaten einen reinen unmißverständlichen Verteidigungsauftrag. Die NATO ist so strukturiert und verfaßt, daß sie keinen Krieg als Angreifer gegen andere Staaten führen kann. Ihre Militärdoktrin und ihre Planung sind daher nicht auf Angriff, sondern auf Verteidigung eingestellt.

Wenn das anders wäre, befänden Auftrag und Aufgabe der NATO sich im Widerspruch zu unserem Grundgesetz, und die Zugehörigkeit der Bundesrepublik Deutschland zur NATO wäre nicht möglich.

Es wird immer wieder darüber nachgedacht, geredet und geschrieben, ob Krieg zwischen entwickelten, industrialisierten und hochgerüsteten Staaten noch denkbar ist. Meine eigene Antwort darauf lautet: Ja!

Krieg, auch ein Krieg in Europa, ist auch künftig denkbar und möglich, wenn sich unterschiedliche Interessen zwischen den Staaten auftun, wenn hohe Spannungen zwischen ihnen entstehen und wenn ein Angreifer damit rechnen kann, daß er fähig ist, einen Krieg mit einem kalkulierbaren und nach seiner Einschätzung angemessenen Risiko zu gewinnen.

Die der NATO zugewiesene Rolle besteht zuerst darin, einen solchen Krieg zu verhindern. Um dieser Erwartung entsprechen zu können, muß sie über Mittel verfügen, deren Verteidigungskraft sich an den jeweils erkannten militärischen Kräften des Warschauer Paktes orientiert.

Für den Angreifer muß zweifelsfrei sein, daß die NATO entschlossen ist, diese Kräfte bei einem Angriff auf das Territorium eines zur Allianz gehörenden Landes auch tatsächlich rechtzeitig einzusetzen.

Wer die NATO angreift, muß sich vor ein Risiko gestellt sehen, das tief hineingreift in die Substanz der Nation des Angreifers; dieses Risiko darf nicht in einem vernünftigem Verhältnis zu einem erwarteten Gewinn aus einem solchen Angriff stehen.

Wenn das nordatlantische Bündnis diese militärische Kraft besitzt, erfüllt es seinen Zweck.

Weil militärische Macht in unserer Zeit in einem hohen Maße das Produkt eines Prozesses von besonderer Dynamik ist, bedarf die Erhaltung dieser Voraussetzungen ständiger Wachsamkeit, Flexibilität und der Bereitschaft aller Nationen, die das Bündnis bilden.

Ein Blick auf die knapp drei Jahrzehnte seit Bestehen der NATO weist das aus.

Europa und Amerika

Daß Europa und Amerika in vielerlei Hinsicht miteinander verwandt sind, daß wir eine gemeinsame Kultur besitzen, daß es in Geschichte und Gegenwart viele Fäden sind, die hinüber und herüber gesponnen sind, das ist gewiß nicht unwichtig.

Es reicht aber nicht aus, um einen tragenden Grund für eine feste Allianz abzugeben. Wenn sie herausgefordert würde und wenn es zur Einlösung des Schwures käme, dann bestände in unserer Zeit nicht die Gefahr, daß »der König eine Bataille« verlöre, wie es 1806 vom preußischen König seinen Landeskindern gesagt wurde. In einem solchen Kriege ginge es auf beiden Seiten um die Substanz der Nationen.

Europa braucht Amerika, weil es ohne Amerika nicht unabhängig und in Freiheit existieren kann. Amerika braucht ein unabhängiges, ihm zugewandtes, freies Europa. Wenn dieses Europa sich dem Osten zuwenden würde oder in dessen Abhängigkeit geriete, würden die USA trotz ihrer Macht ohne dieses Europa nicht mehr sein, was sie vorher waren.

Eine Sowjetunion im Besitz der personellen, technologischen, industriellen und ökonomischen Potenz Westeuropas würde auch die USA ins zweite Glied zu verweisen suchen. Wenn diese Gefahr für die Europäer wie für die USA einmal nicht mehr bestehen sollte, brauchte man die NATO nicht aufzulösen, sie würde von sich aus vermutlich ihren Wert verlieren.

Vertrauen

Wie schon früher, kam die Diskussion um diese Problematik erneut auf, als im Juni 1973 das sogenannte Nixon-Breschnew-Abkommen »Über Gewaltverzicht und zur Verhinderung von Atomkriegen« abgeschlossen wurde. Über eine längere Zeit brachte die europäische Presse auf den ersten Seiten ihre Fragezeichen an. Es wurde unterstellt, die USA und die Sowjetunion könnten sich untereinander verständigt haben, keinen nuklearen Krieg gegeneinander zu führen. Daraus wurde die Gefahr einer Abkoppelung der strategischen Verteidigungskräfte abgeleitet. Breschnew hatte noch Öl in dieses Feuer europäischer Unsicherheit mit der Bemerkung gegossen, das Abkommen löse die Abschreckung ab. Es entstanden ernstzunehmende europäische Besorgnisse. Wir reisten nach Amerika, setzten uns mit dem amerikanischen Verteidigungsminister James Schlesinger und seinem Stab in Camp David an den Tisch und nahmen uns Zeit. Das brachte Klärung. Was wir nach der Rückkehr der Presse mitzuteilen hatten, beendete die öffentliche Aufregung in Europa.

Ziel des Abkommens war es, nukleare Kriege zu vermeiden. Das Abkommen hatte nicht den Sinn, den Krieg mit nuklearen Waffen zwischen den USA und der Sowjetunion von der Möglichkeit eines Krieges in Europa abzukoppeln, sondern die Kriegsgefahr allgemein, also die Gefahr eines Krieges mit nuklearen oder konventionellen Waffen zu vermindern. Es schaffte Regelungen für Friedens- und Spannungszeiten und nicht bilaterale Bindungen für die Zeit nach dem Ausbruch eines Krieges. Ein Angriff auf die NATO oder auf das Territorium eines NATO-Landes würde das Abkommen verletzen und die USA jeder Verpflichtung daraus entheben. Dieser Vorgang ist ein Hinweis darauf, daß das Sicherheitsbewußtsein unter den Bedingungen unserer Zeit nicht gedeihen kann, ohne daß die Vorgänge den betroffenen Menschen bis an die äußerste Grenze des Geheimzuhaltenden offengelegt werden.

Diese Frage stellt sich nicht nur in der Bundesrepublik, und sie wird nicht nur anderen von uns gestellt, sondern sie wird auch von anderen an uns gerichtet.

Ich war 1977 in Norwegen und besuchte zusammen mit dem norwegischen Verteidigungsminister den Norden seines Landes. In Kirkenes spürte ich den Druck, der dort auf der norwegischen Bevölkerung lastet. Es gab nur ein einziges norwegisches Bataillon, das an einer langen Grenze stationiert war. Ihm gegenüber befindet sich in Sichtweite die sowjetische Halbinsel Kola. Die norwegische Bevölkerung weiß, daß dort so starke sowjetische Kräfte massiert sind, daß sie von ihnen buchstäblich erdrückt werden könnte. In einer Pressekonferenz wurde ich gefragt, wie ich über die Sicherheit in diesem Teile Nordnorwegens denke und ob die Verteidigung dort nicht zu schwach sei. Das war keine Routinefrage. Dahinter verbarg sich der ganze Ernst, der die Leute, die dort leben, bewegt. Meine Antwort lautete: »Wieviel norwegische Soldaten hier auch immer anwesend sind, Sie müssen davon ausgehen, daß jemand, der mit Waffen in Ihr Land eindringt und mit militärischer Gewalt norwegischen Boden betritt, vom ersten Augenblick an mit allen Ländern Europas und Amerikas, die dem gleichen Bündnis angehören, im Kriege ist.«

Die nächste Frage lautete: »Ist jemand, der uns hier angreift, auch mit der Bundesrepublik Deutschland im Kriege?«

Meine Antwort: »Ja! Es gibt keinen Unterschied, ob jemand versucht, in einem Handstreich Hamburg oder Kirkenes in Besitz zu nehmen. Darüber dürfen wir alle im Bündnis nie einen Zweifel aufkommen lassen!«

Vertrauen in diesem Zusammenhang entsteht aber für die Europäer nicht nur aus dem, was sie den verbündeten Amerikanern glauben dürfen. Ebenso entscheidend ist das, was sie selber tun, was sie dem Hauptverbündeten USA zumuten und was man ihm auch unter Verbündeten unter Anlegung der Maßstäbe von Treu und Glauben nicht zumuten kann.

Diese Fragen spielen immer eine Rolle. Sie werden natürlich auch in besonderer Weise davon beeinflußt, wer für die Länder des Bündnisses handelt. In meiner Amtszeit als Verteidigungsminister hatte ich fünf amerikanische Kollegen, die sich als Verteidigungsminister abwechselten. Ich habe mit allen Kollegen gut zusammengearbeitet.

Die Zusammenarbeit mit James Schlesinger war darunter die längste. Ich habe in diesen Männern nicht nur ungewöhnliche Persönlichkeiten mit herausragendem Intellekt und Erfahrungen kennen- und schätzengelernt, sondern ich habe selber auch erfahren, in welchem Maße ein Papier, auf das ein Bündnis zwischen Staaten geschrieben ist, von Menschen ausgefüllt werden kann, wenn die, die für ihre Länder zu handeln haben, eine persönliche Vertrauensbasis zueinander finden.

Vertrauen zwischen den Politikern ist in der NATO eine der wichtigen Grundlagen ihres Wertes.

Die NATO ist keinem Gesangverein zu vergleichen, in dem alle Lieder nach gemeinsamen Noten gesungen werden. Im Gegenteil, die Partner des Bündnisses befinden sich auf vielen Gebieten zum Teil in harten Widersprüchen und schroffen Gegensätzlichkeiten. Sie stehen im Wettbewerb zueinander auf den Weltmärkten. Vom Erfolg in diesem Ringen hängt viel für den Lebensstandard ihrer Völker ab. Es sind Länder aus zwei Kontinenten, die das Bündnis bilden. Die amerikanische Weltkarte ist eine andere als die europäische. Auf ihr ist nicht in der Mitte Europa und links davon Wasser und hinter dem Wasser Amerika, und rechts von der Mitte sind nicht die Sowjetunion und Asien gezeichnet. Auf amerikanischen Weltkarten ist in der Mitte Amerika, rechts davon ist Wasser, und hinter dem Wasser ist Europa und dahinter die Sowjetunion. Links von Amerika ist zunächst Wasser und sehr nahe die Sowjetunion, hinter dem Wasser ist Asien. Es ist nützlich für Europäer, darüber von Zeit zu Zeit einmal nachzudenken.

Es muß als natürlich gelten, daß zwischen den einzelnen Ländern des Bündnisses nicht nur gemeinsame, sondern auch sehr unterschiedliche Interessen bestehen, daß darüber miteinander gestritten wird und daß es möglich ist, darüber zu streiten. Das vom lieben Gott anscheinend auf Perfektion bis in jedes Detail eingerichtete deutsche Gemüt gerät leicht in Wallungen, wenn es mit seinen weit ausgefahrenen Antennen einmal einen solchen Streit unter Bündnispartnern registriert und vernimmt, daß in einer Sache miteinander gerauft wird. Dieses Miteinander-auch-einmal-Streiten ist so wichtig, wie das Am-gemeinsamen-Seil-Ziehen, wenn es wirklich um eine Sache der äußeren Sicherheit geht. Wenn es zwischen den Bündnispartnern verschiedene Interessen gäbe, die nicht ausgetragen würden, dann müßten sie sich stauen und würden dem Bündnis am Ende zum Verderben werden. Das, was wie eine Schwäche des Bündnisses aussieht, kann sogar eine Stärke der Allianz sein.

Interkontinentale Waffen

Nach dem Ende des Krieges verminderten die Westmächte ihr konventionelles militärisches Potential im Gegensatz zur Sowjetunion erheblich. Die Vereinigten Staaten verfügten über Atomwaffen und über die Macht der Bomber ihres strategischen Luftkommandos. Dieses Monopol Amerikas war zusammen mit den reduzierten konventiellen Kräften Gegengewicht genug gegenüber den stärkeren konventionellen Kräften des Ostens. Aus dieser überwältigenden Abschreckungsstellung ergab sich für die USA eine einmalige strategische Überlegenheit. Für alle Zweifler am wirklichen Sinn westlicher Sicherheitspolitik ist das ein Tatbestand, über den nachzudenken sich lohnt.

Die Vereinigten Staaten haben sich damals in keiner Weise und in keinem Zusammenhang dazu verleiten lassen, mit der nuklearen Übermacht, die sie zweifelsfrei besaßen, Politik zu machen und die Welt durch Druck oder Drohung zu verändern.

In dem sowjetischen Lehrbuch »Soldat und Krieg« heißt es: »Die aggressiven Kreise des heutigen Imperialismus, vor allem in den USA und in der BRD, haben die Hoffnungen nicht aufgegeben, die historischen Schlachten des 20. Jahrhunderts noch einmal zu schlagen, Revanche zu nehmen, den weltweiten Einfluß des Sozialismus zurückzudrängen und den Kolonialismus in neuen Formen wiederzuerrichten ...

... Der Imperialismus verzichtet nicht freiwillig auf den direkten bewaffneten Kampf gegen den Sozialismus ...«

Es wäre nicht uninteressant, einmal darüber nachzudenken, ob die Welt heute auch so aussehen würde, wie sie aussieht, wenn nicht die USA, sondern Josef Stalin zeitweilig ein solches nukleares Monopol gehabt hätte. Man braucht nicht Beispiele in fremden Kontinenten für einen solchen Gedankengang zu suchen, sondern sich nur zu fragen, ob Berlin noch frei wäre, gegen das Stalin eine Blockade verhängte, um es dem Westen aus den Händen zu hungern, wenn Stalin allein Atomwaffen besessen hätte, mit denen er die USA existenziell hätte bedrohen können, ohne selber einer solchen Bedrohung ausgesetzt gewesen zu sein?

Dann kam die zweite Phase. Die Sowjetunion verschaffte sich den Zugang zur nuklearen Entwicklung, sie brach mit ihrer ersten Versuchsexplosion das Monopol der USA auf, wuchs nicht nur in den Besitz nuklearer Waffen hinein, sondern entwickelte Trägerwaffen von interkontinentaler Reichweite. Sie hatte noch nicht gleichgezogen, setzte aber bereits in ihren politischen Operationen darauf. Das Berlin-Ultimatum von 1959, die Schiffe, die mit nuklearen Trägerwaffen nach Kuba auf den Weg geschickt wurden, sind Beispiele dafür.

Der Beginn der dritten Phase der Entwicklung ist um die Zeit des Abschlusses von SALT I (Strategic Arms Limitation Talks) zu sehen. Beide Großmächte vereinbarten erstmalig eine Obergrenze für bestimmte, im Abkommen genannte strategische nukleare Waffen und Trägersysteme mit interkontinentaler Reichweite. Dieser Abschnitt ist vor allem durch zwei Tatbestände gekennzeichnet:

Die Vereinigten Staaten bauten ihren technischen Vorsprung im Bereich der strategischen Nuklearwaffen im Rahmen der von dem Abkommen gesetzten Obergrenzen weiter aus. Die Trägerwaffen wurden mit Mehrfachsprengköpfen versehen. Damit wurde die Waffenwirkung der durch das Abkommen eingefrorenen Anzahl an Trägerwaffen vervielfacht. Das schaffte für die USA einen tatsächlichen Vorsprung ohne Verletzung der im Abkommen festgelegten Grenzen.

Aus den einzelnen Daten der Einführung und der Entwicklung strategischer Waffensysteme bei den beiden militärischen Großmächten ergibt sich ein Vorsprung der USA, der von der Sowjetunion bei allen Anstrengungen bisher zu keiner Zeit eingeholt worden ist.

Als die Vereinigten Staaten und die Sowjetunion 1974 in Wladiwostok eine Verständigung erzielten, deuteten sie ihren Willen zur weiteren Begrenzung im strategischen Nuklearbereich an und legten eine Grundlage für ein zweites SALT-Abkommen, dessen Abschluß 1979 erfolgt ist. Darin wird auch unter Berücksichtigung der seit dem Abschluß von SALT I eingetretenen technologischen Entwicklungen eine neue Obergrenze festgelegt.

Es war schon 1974 beim Abschluß der Vereinbarung in Wladiwostok abzusehen, daß mit der Fixierung auf bestimmte neue Obergrenzen und eine engere Fassung des bei SALT I gefaßten Rahmens die Entwicklung vor allen Dingen auf drei Gebieten weitergetrieben würde:

Es würde versucht werden, die Treffgenauigkeit zu verbessern, die Schwere der Waffengewichte auszubalancieren und die eigenen Abschußbasen unzerstörbar zu machen.

In der Treffgenauigkeit hatten die USA einen beachtlichen Vorsprung. Sie konnten sich dafür kleinere Sprengköpfe leisten, weil sie sicher sein konnten, sie in das gewollte Ziel zu bringen. Die Sowjetunion war in der Treffgenauigkeit zurückgeblieben. Sie setzte auf schwerere Sprengköpfe. Der präziser treffenden US-Rakete stand über mehrere Jahre die schwerere Waffe der UdSSR gegenüber, die eine größere Fläche vernichtet und damit in der größeren Fläche das eigentlich gewollte Ziel auch erreicht.

Es liegt auf der Hand, daß der höhere militärische Wert bei der größeren Zahl kleinerer Sprengköpfe liegt, die von einem Mehrfachträger in die Nähe des Zieles gebracht, dort »abgekalbt« und mit hoher Treffgenauigkeit einzeln in ihr Ziel geführt werden können.

Die USA verfügen über eine größere Anzahl von Mehrfachsprengköpfen, die der geringeren Zahl sowjetischer Sprengköpfe mit allerdings höherem Gewicht je Sprengkopf gegenüberstehen.

Die Sowjetunion verfügt mit ihren schweren Sprengkörpern im ganzen über eine größere Sprengkraft als die USA.

Was bringt SALT II?

Es schafft unter anderem eine für beide Supermächte gleiche und verbindliche Obergrenze für ihre Waffen mit interkontinentalen Trägermitteln. Die Obergrenze ist mit 2 250 Trägersystemen festgelegt.

Unterhalb dieser Obergrenze ist eine Art Zwischendecke eingezogen worden. Sie begrenzt für jede Seite die Zahl der Trägersysteme, die Mehrfachköpfe haben dürfen, auf 1 320.

Es wird weiter bestimmt, daß die landgestützten interkontinentalen Träger nur bis zu 10, die seegestützten bis zu 14 Köpfe haben dürfen.

Bis 1985 darf jede Macht nur einen neuen Raketentyp testen und in Dienst nehmen. Mobile Raketen mit interkontinentaler Reichweite, die für die andere Seite nicht leicht zu orten sind, dürfen vor 1982 nicht in Dienst gestellt werden.

Diese so festgelegte sogenannte Obergrenze vermindert nicht die Potentiale an Sprengköpfen auf beiden Seiten. Sie ist so hoch angesetzt, daß beide erst hineinwachsen müssen. Das wird wahrscheinlich in der Mitte der achtziger Jahre der Fall sein. Die Zahl der Sprengköpfe und Mehrfachköpfe wird bis dahin erheblich vermehrt, aber ihre Zahl wird dann auf beiden Seiten gleich sein. Es ist aus diesem Grunde kaum möglich, das, was vereinbart worden ist, als Abrüstungsabkommen zu bezeichnen. Man könnte es mit besserer Begründung sogar ein Aufrüstungsabkommen nennen. Aber es hat doch seinen hohen Wert und stellt einen echten Fortschritt dar.

Die Tatsache, daß das Abkommen überhaupt zustandegekommen ist, beweist, daß die Menschheit fähig ist, sich auf einem so schwierigen und für beide Seiten bedeutungsvollen Gebiet zu verständigen und der Maßlosigkeit eine Obergrenze zu setzen.

Das beweist, daß der nukleare Rüstungswettlauf zwischen den Vereinigten Staaten von Amerika und der Sowjetunion sich noch nicht verselbständigt, daß er noch nicht den Charakter eines Rüstungsfiebers angenommen hat, das die beiden Mächte in ihrer Beweglichkeit lähmen müßte, so wie hohes Fieber die Willenskräfte und die Handlungsfähigkeit eines Menschen vermindern oder ausschalten kann.

Es ist auch nicht gering zu bewerten, daß das Abkommen die Ungewißheit auf beiden Seiten verringert. Sein Inhalt fordert zwar die beiden Mächte heraus, zunächst einmal bis zur gesetzten Obergrenze tatsächlich aufzurüsten, aber es verbietet, daß sie während der Laufzeit über die gesetzten Obergrenzen hinausgehen. Das ist nicht nur militärisch, sondern auch ökonomisch ein nicht zu unterschätzender Punkt. Einen solchen ungehemmten Wettlauf könnten sich die Vereinigten Staaten mit ihrem um das Dreifache höheren Sozialprodukt zwar eher leisten als die Sowjetunion, aber auch in den USA würde er tief einschneiden und wäre eine starke Inanspruchnahme.

Es ist gegenwärtig, da das SALT II-Abkommen zu Ende ausgehandelt ist, schon erkennbar, daß die Entwicklung an den Tatbeständen, die das Abkommen setzt, vorbeigeht und sie überholt. Das mindert keineswegs seinen hohen Wert, aber es kennzeichnet die Dynamik, die der Sache innewohnt. Das bedeutet auch, daß im Westen und im Osten schon vor dem Abschluß von SALT II Gedanken auf Verhandlungen zu einem mit SALT III bezeichneten Abkommen gerichtet gewesen sind.

Die bisherigen SALT-Bemühungen waren auf Eindämmung im sogenannten strategischen Bereich – das ist die gegenseitige Erreichbarkeit der beiden Supermächte – gerichtet. Aus der Entwicklung ergeben sich aber zwingende Folgerungen gerade für die Europäer bei weiteren Verhandlungen. Bisher waren sie durch Information und Konsultation durch die USA am Verhandlungsverlauf beteiligt. Durch die von SALT II ausgehende interkontinentale Parität und die fortschreitende sowjetische Entwicklung von Raketen mit mittlerer Reichweite und hoher Beweglichkeit wird ein neues Faktum gesetzt, das die europäischen Interessen direkt berührt.

Auf dem Gebiet der strategischen Rüstung und damit der Fähigkeit zur interkontinentalen Kriegführung ist ein Zustand eingetreten, in dem jeder der beiden Mächte ein Potential zugewachsen ist, das sie zu mehrfacher kontinentaler Zerstörung fähig macht. Es erhebt sich immer dringlicher die Frage, wie weit sie dieser Entwicklung noch Raum geben wollen und wie sinnvoll es ist, diesen Wettlauf des Noch-mehr-zerstören-Könnens auf lange Sicht fortzusetzen. Die Überkraft, über die jede der beiden Mächte verfügt, ist schon so gewaltig, daß die Mächte sich schlüssig werden müssen, wie oft sie den Friedhof, in den sie einen Kontinent verwandeln können, danach auch noch wollen umackern können. Darin und in dem ungeheuren Kostenaufwand auf beiden Seiten liegt auch der Sinn der SALT-Verhandlungen.

Bei dieser Sachlage ist das größere Problem auf längere Sicht daher nicht die bloße Menge an Zerstörungsfähigkeit, sondern das, was beide Supermächte davon abhält, diese Waffen tatsächlich einzusetzen, also das, was den Krieg und die Vernichtung in diesen Dimensionen verhindert. Das ist zur Zeit noch die Möglichkeit zum Zweitschlag.

Unter Zweitschlag versteht man die Fähigkeit einer Nuklearmacht, auch nach einem erlittenen Angriff mit nuklearen Waffen auf das eigene Territorium, sogar im Zustand der eigenen Vernichtung, dem Angreifer noch vernichtend antworten zu können.

Das ist dann möglich, wenn die eigenen Abschußbasen so angelegt sind, daß sie von einem Angreifer nicht durch einen Überfall vernichtet und ausgeschaltet werden können. Eine solche nukleare Entwaffnung einer Großmacht ist dann nicht möglich, wenn ihre Abschußbasen unzerstörbar oder unerreichbar sind. Das sind sie dann, wenn sie in ausreichend gehärteten Silos eingebaut sind, sich unter Wasser auf lange tauchfähigen und nicht leicht zu ortenden Unterseebooten befinden, ständig ihre Standorte verändern oder sich durch andere Möglichkeiten schützen lassen.

Solange beide Seiten ihre Fähigkeit zum Zweitschlag behalten, schrekken sie sich gegenseitig ab, ihre interkontinentalen Waffen gegeneinander einzusetzen. Ginge aber die Fähigkeit zum Zweitschlag für eine Seite verloren, so wäre sie der Gefahr ausgesetzt, die sich aus der Fähigkeit der anderen Seite zum Erstschlag ergibt. Der große nukleare Krieg wird also nicht einfach dadurch verhindert, daß beide Seiten sich gegenseitig unermeßlich schaden können, sondern dadurch, daß der Angegriffene im

Zustand der eigenen Vernichtung noch die Vernichtung des Angreifers bewirken kann.

Das Streben nach der Fähigkeit zum Erstschlag durch eine Seite wäre demnach ein Vorgang von ungeheurer Tragweite. Wenn eine solche Absicht von der anderen Seite erkannt würde – und sie wäre bei den Möglichkeiten, über die beide Seiten verfügen, nicht zu verbergen –, könnte es zu unkalkulierbaren Reaktionen, bis hin zu präventiven Handlungen führen, um die befürchtete eigene Unterlegenheit abzuwenden.

In diesem Zusammenhang ergeben sich Bedenken und entzündete sich Kritik im Kongreß der Vereinigten Staaten in den Diskussionen über die Ratifizierung von SALT II. Die Sowjetunion hat erheblich schwerere nukleare Köpfe auf ihren Raketen. Nun hat sie auch ihre Treffgenauigkeit erheblich verbessert. Sie kann somit ihre schwereren Köpfe mit Exaktheit auf die landgestützten interkontinentalen Abschußbasen der USA richten. Das löst bei den Mitgliedern des Senats und des Repräsentantenhauses die Sorge aus, die Sowjetunion könnte die Fähigkeit erlangen, mit einem überraschenden Erstschlag die landgestützten strategischen Interkontinentalraketen der USA auszuschalten und mit ihrer Vernichtung eine strategische Teilentwaffnung der USA vorzunehmen. Die Raketen-Silos der USA sind zwar gehärtet, und ihre strategische Macht beruht keineswegs nur auf unbeweglichen landgestützten Raketen. Die sowjetische Fähigkeit zur teilweisen strategisch-nuklearen Entwaffnung Amerikas wäre aber eine ernsthafte Störung der Balance, die es gegenwärtig noch gar nicht gibt, sondern die erst um das Jahr 1985 erreicht werden soll.

Nukleare Waffen mit kontinentaler Reichweite

Seit Anfang der sechziger Jahre verfügt die Sowjetunion über Raketen mit einer mittleren Reichweite bis zu etwa 4 000 Kilometern. Es waren Raketen dieses Typs, die Chruschtschow damals nach Kuba bringen und den Amerikanern gewissermaßen vor ihre Fensterbank stellen wollte. Sie befinden sich seit vielen Jahren im westlichen Bereich der Sowjetunion und in Sibirien. Ihre Zahl wurde 1969 schon mit rund 700 angegeben. Davon waren damals 630 auf Westeurpa gerichtet. Es war auch bekannt, daß die Sowjetunion daran arbeitete, Raketen mit mehreren Sprengköpfen zu entwickeln. Seit der Mitte der siebziger Jahre wird eine neue

Mittelstreckenrakete unter der Bezeichnung SS 20 hergestellt. Sie unterscheidet sich von den älteren Raketen mit dieser Reichweite, die nicht außer Dienst gestellt worden sind, dadurch, daß sie nachgeladen werden kann. Man muß also jede Abschußanlage mit der Zahl der Nachladungen multiplizieren. Die Rakete trägt nicht einen, sondern bis zu drei Köpfe. Jeder Kopf kann getrennt auf sein Ziel geführt werden.

Diese neue Mittelstreckenrakete hat auch eine größere Treffgenauigkeit und ist nicht ortsfest eingebaut. Weil sie beweglich ist, kann sie selber weniger leicht zerstört werden.

Die alten Mittelstreckenraketen mit einem Kopf haben eine Zerstörungskraft von einer Megatonne.

Zum Vergleich: Während des ganzen Zweiten Weltkrieges wurde – alles zusammengenommen – eine Bombenlast von ca. 1,6 Millionen Tonnen (= 1,6 Megatonnen) herkömmlichen Sprengstoffs über Deutschland abgeworfen. Wenn nur von den älteren Mittelstreckenraketen, die seit langem in der westlichen Sowjetunion stehen, 400 Raketen auf Westeuropa abgefeuert würden, hätten diese bereits die 250fache Sprengkraft aller Bomben, die im Zweiten Weltkrieg auf das Deutsche Reich geworfen wurden.

Ein anderer Vergleich: Die Bombe von Hiroshima hatte eine Gewalt von 20 Kilotonnen. Eine »alte« sowjetische Mittelstreckenrakete hat also die fünfzigfache Wirkung der Hiroshima-Bombe von 1945.

Das ist nicht neu! Die Raketen gibt es seit zwei Jahrzehnten, und die Entwicklung der SS 20 ist dem Westen so wenig entgangen wie die Einführung dieser neuen, beweglichen Rakete in der Mitte des gegenwärtigen Jahrzehnts.

Vor dem Abkommen zu SALT I (Strategic Arms Limitation Talks) und auch nach seinem Inkrafttreten hatten die Vereinigten Staaten von Amerika auf dem Gebiete der interkontinentalen strategischen Waffen noch ein Übergewicht, bei dem die Westeuropäer davon ausgehen konnten, daß es ausreichen würde, das Gewicht der sowjetischen kontinentalen Mittelstreckenraketen in Europa mit aufzuwiegen.

Die Situation änderte sich im Oktober des Jahres 1974, als Präsident Nixon und Generalsekretär Breschnew die Parität der interkontinentalen strategischen Waffen unter Einbeziehung der entwickelten neuen Technologien verabredeten. Der Vorsprung in der Technologie hatte den USA bis dahin – ohne gegen SALT I zu verstoßen – einen Spielraum erlaubt, und ihr damit ein Übergewicht über die Sowjetunion gegeben, weil die USA die Technologie der Raketen mit mehreren Köpfen früher beherrschten als die Sowjetunion. In dem Maße, in dem die Verhandlungen zu SALT II vorankamen, wurde klar, daß es tatsächlich zu einem Gleichstand bei den strategischen Waffen kommen und somit der strategische Überhang der USA, mit dem sie die auf Europa gerichtete sowjetische Übermacht im Mittelstreckenbereich ausgeglichen hatten, abgeschliffen und verlorengehen würde.

Nicht weil die alten und die neuen Raketen mit kontinentaler Reichweite da sind, entsteht eine neue Lage; sie wird vielmehr durch SALT II geschaffen und stellt sich als tatsächliche Wirklichkeit ein, wenn die strategischen Arsenale der beiden Supermächte etwa in der Mitte des nächsten Jahrzehnts so aufeinander zu gewachsen sind, daß auf dieser Ebene praktische Ausgeglichenheit herrscht.

Das zweite Abkommen zur Begrenzung strategischer Nuklearwaffen (SALT II) ist ein für alle Seiten wichtiger und guter Schritt. Wir konnten aus unserer Interessenlage nur hoffen, daß es zustande kommt. Es macht für die Europäer aber zugleich auch den Schutz der USA gegen die sowjetischen Mittelstreckenraketen fragwürdig. Das sei an einem Beispiel mit einfachen, angenommenen Zahlen erläutert.

Wenn die Sowjetunion 1 000 interkontinentale Raketen und außerdem 300 auf Europa gerichtete Mittelstreckenraketen besäße und die USA verfügte demgegenüber über 1 300 interkontinentale Raketen, dann könnte man von Ausgewogenheit reden, weil ein Überhang der USA auf einem Gebiet einen Mangel auf einem anderen ausgliche.

Wenn aber jede Seite 1 000 interkontinentale Raketen hätte, die Sowjetunion aber außerdem noch 300 Mittelstreckenraketen besäße, dann könnten die USA diesen Mangel nicht mehr mit interkontinentalen Raketen zugunsten der Europäer ausgleichen, ohne die für sie selber wichtige interkontinentale Balance zu ihren Ungunsten zu zerstören. Sie würden ihre eigene Sicherheit zu Hause in Amerika in dem gleichen Maße verringern, in dem sie der aus der Sowjetunion auf die USA gerichteten Bedrohung nicht mehr das volle interkontinentale Gegengewicht entgegenstellen könnten. Das könnten die USA den Europäern deshalb billigerweise nicht zusagen, weil das eigene amerikanische Volk einen solchen Wechsel nicht querschreiben würde, auch wenn ihre Regierung ihn den Europäern auszustellen bereit wäre.

Damit wird deutlich, daß hier eine Bedrohung von besonderem Gehalt im Entstehen ist. Sie zeigt wie ein Eisberg ihre Spitze, die durch die Angleichung der Waffen im interkontinentalen Bereich herausgewachsen ist. Sie hat solche Bedeutung, daß sie – wenn auch nicht direkt in der unmittelbaren Gegenwart, aber voraussehbar im nächsten Jahrzehnt – die strategische Konzeption des Westens erheblich in Frage stellen kann. Das muß offen ausgesprochen werden. Es darf nicht unter dem Vorwand verschwiegen werden, daß der Osten nicht auf diese entstehende Schwäche des Westens aufmerksam gemacht werden dürfte. Wir können sicher sein, daß die Strategen im Osten einen solchen Sachverhalt nicht übersehen und daß sie längst damit kalkulieren.

Es muß im Westen darüber geredet werden, damit im Westen alle wissen, in welche Gefahr wir geraten können, und daß eine Lösung nötig ist, um das komplizierte System europäischer Sicherheit nicht fragwürdig zu machen.

Der auslösende Faktor und der Ausgangspunkt der Betrachtung ist also nicht das Vorhandensein von Mittelstreckenraketen im Osten, sondern das zweite Abkommen zur Begrenzung der strategischen Waffen zwischen den USA und der UdSSR, mit dem ein Gleichstand der strategischen Kräfte vereinbart wird, der in Ausführung des Abkommens im nächsten Jahrzehnt praktisch verwirklicht wird.

Der Umfang dieses sowjetischen nuklearen Übergewichts in Europa kann heute noch nicht bekannt sein, weil niemand vorhersehen kann, wieviel neue SS 20 und wieviel Sprengköpfe für diese Rakete bis zum Vollzug von SALT II in der Sowjetunion noch gebaut sein werden. Wieviel es auch sein werden, sie müssen den Mittelstreckenraketen hinzugerechnet werden, die sich heute schon in sowjetischem Besitz befinden, soweit diese älteren Systeme nicht ausrangiert und vernichtet werden. Welche Wirkungen können unter diesen Prämissen eintreten?

Die Strategie der NATO beruht auf dem Gedanken der flexiblen Reaktion. Das heißt zunächst einmal: Wenn die Wucht eines konventionellen Angriffes so stark wäre, daß er mit konventionellen Mitteln der Verteidigung nicht aufgehalten werden könnte, ist der Westen entschlossen, taktische Nuklearwaffen einzusetzen, um den Angriff zu stoppen. Er setzt dazu vielleicht zunächst ein nukleares Signal, um dem Angreifer anzuzeigen, daß er von diesem Augenblick an mit dem Einsatz von Nuklearwaffen durch den Verteidiger zu rechnen hat, wenn er seinen Angriff nicht aufgibt. Damit wäre auch die Entschlossenheit des Verteidigers angezeigt, zu immer stärkeren Mitteln zu greifen, um den Angriff abzuwehren. Dazu steht der NATO eine große Zahl taktischer Nuklearwaffen in einer vielgestaltigen Form zu Verfügung. Ihr Hauptmerkmal ist ihre begrenzte Reichweite, mit der sie die Sowjetunion nicht erreichen können. Das ist so gewollt. Die Sowjetunion besitzt aber außer den taktischen Nuklearwaffen noch die Mittelstreckenraketen mit europäischer Reichweite. Sie könnte sich entschließen, nach dem nuklearen Signal, das der Westen als Warnung gesetzt hat, um eine Beendigung des Krieges herbeizuführen, diese Raketen auf Westeuropa abzuschießen. Sie könnte sich zunächst darauf beschränken, mit einer Mittelstreckenrakete auch nur ein Signal zu setzen, oder sofort durch die Zerstörung der Abschußbasen für taktische Nuklearwaffen und der Flugplätze in der Bundesrepublik, eine nukleare Entwaffnung Europas versuchen. Dazu ist die Sowjetunion ohne lange Vorbereitung aus dem Stand heraus jederzeit fähig. Bei der dichten Besiedelung der Bundesrepublik wäre die Schadenswirkung verheerend.

Frankreich und Großbritannien besitzen eine begrenzte Anzahl Mittelstreckenraketen. In diesen Ländern, die mit uns verbündet sind, würde man die Wirkung der sowjetischen Mittelstreckenraketen in der Bundesrepublik sehen. Ob diese beiden europäischen Verbündeten angesichts der Zerstörung, die mit nur einem Teil der sowjetischen Mittelstreckenraketen in der Bundesrepublik schon angerichtet wäre, sich dann entschließen würden, ihre Mittelstreckenraketen auf die Sowjetunion zu richten, das sollte besser eine offene Frage bleiben. Frankreich und England müßten unter diesen Umständen zweifellos damit rechnen, daß die Sowjetunion ihnen mit ihren SS 20 antworten würde. Die beiden Länder gingen nach einem Schlag auf die Bundesrepublik das Risiko der Verwüstung auch ihrer Länder mit ungeheuren Verlusten ein.

Die USA stünden angesichts einer solchen eingetretenen Lage vor einer ebenfalls außerordentlich schwierigen Entscheidung. Sie besitzen zur Zeit keine Mittelstreckenraketen in Europa. Ihr eigenes Territorium wäre bis zu diesem Augenblick noch vom Kriege unberührt. Sie hätten zu entscheiden, ob sie nach einem sowjetischen Angriff mit Mittelstreckenraketen auf die Bundesrepublik oder auf ganz Westeuropa ihrerseits die Sowjetunion mit interkontinentalen Waffen angreifen und einen Erstschlag gegen die Sowjetunion führen sollten. Sie würden damit das Risiko eines Zweitschlages der Sowjetunion auf die USA eingehen. Bei einer solchen Annahme drängt sich die Frage auf, welchen Einfluß die Regierungen von Großbritannien und Frankreich in dieser Situation auf die Entscheidungsbildung in den USA nehmen könnten, wenn ihre Länder bis zu diesem Augenblick noch unversehrt wären und der Angriff der Sowjetunion sich nur auf die Bundesrepublik bezogen hätte.

Wäre es aber denkbar, daß die Vereinigten Staaten sich entschließen könnten, nach einem konventionellen Angriff der Sowjetunion auf Westeuropa, der mit konventionellen Waffen nicht in seine Schranken gewiesen werden könnte, unverzüglich, unter Verzicht auf taktische Nuklearwaffen, mit strategischen Waffen einen präventiven Schlag gegen die erkennbaren Stellungen der sowjetischen Mittelstreckenraketen zu führen, um sie auszuschalten, ehe sie auf Europa abgeschossen würden?

Die USA müßten auch in diesem Falle damit rechnen, daß ihr Angriff auf die sowjetischen Mittelstreckenraketen, die auf sowjetischem Boden stehen, den großen strategischen Schlagabtausch herbeiführen würde. Einer solchen Annahme in Gedanken Raum geben, hieße die Möglichkeit unterstellen, die USA könnten entschlossen sein, sich selber vernichten zu lassen und im Gegenzug die Sowjetunion zu vernichten, um Westeuropa oder die Bundesrepublik Deutschland vor der Vernichtung durch die Sowjetunion zu bewahren.

Die Sowjetunion könnte ihre Mittelstreckenraketen dazu verwenden, ihre mit konventionellen Waffen angreifenden Divisionen abzudecken, wie man beim Schachspiel den angreifenden eigenen Bauern mit einem eigenen Turm abdecken kann. Geht man davon aus, daß der Westen dieses ihm bekannte höhere Risiko scheuen würde, dann würde diese Rakete mit kontinentaler Reichweite nach dem Abschluß von SALT II den konventionellen Krieg wieder »machbarer« machen.

Man muß nicht einmal nur an den Einsatz dieser Raketen denken. Angesichts der sowjetischen Überlegenheit in diesem partiellen Bereich würde allein die glaubwürdige Drohung ihres Einsatzes zum Zwecke der politischen Erpressung des Westens, je nach der Situation, in der das geschehen könnte, eine ernst zu nehmende Wirkung haben.

Das alles mag manchem Leser als grausames Gedankenspiel erscheinen. Diese Fähigkeit zu zerstören, zu vernichten und auszurotten ist aber da. Wir leben unter ihr, und sie ist in der Verfügungsgewalt von Menschen. Sie würde zur entfesselten Urgewalt, wenn der Mensch sie nicht auch zu bändigen vermöchte.

Die hier aufgezeigten Annahmen lassen sich vermehren. Sie zeigen aber schon deutlich genug, wie sehr vieles von diesem einen Punkt an fragwürdig werden kann, was bisher den inneren Gehalt der Strategie des Westens und seine Glaubwürdigkeit ausgemacht hat.

Das löst die folgenschweren Entscheidungen aus, vor denen der Westen steht. Die Sowjetunion besitzt diese Raketen, und sie wird sie noch vermehren. Sie hat außerdem Flugzeuge und U-Boote in der Ostsee zur Verfügung, die auf Westeuropa gerichtet sind.

Mit dem Maßstab der Balance gemessen, ist die Rakete mit kontinentaler Reichweite eine Figur auf dem Schachbrett der Kräfte, für die es im Westen gegenwärtig nichts Vergleichbares gibt.

Wenn man die Arsenale beider Seiten miteinander vergleicht, dann nehmen sie sich aus wie zwei Leitern, auf denen beide Seiten eskalieren können. Auf der westlichen Leiter fehlt aber eine wichtige Sprosse, die von den Sprossen darunter oder darüber nicht ersetzt werden kann.

So würde sich ein Risiko, das Europa bedroht, sprunghaft auf die USA verlagern. Das kostet Glaubwürdigkeit.

Die Europäer sollten es sich nicht leisten, zu übersehen, daß die Atlantische Allianz sich neben ihrer Rolle als Verteidigungsgemeinschaft auch als Risikogemeinschaft bewähren muß.

Die Allianz muß damit rechnen, daß sie entsprechend herausgefordert und vom Osten auf ihren inneren Gehalt abgeklopft werden wird. Das bedeutet in diesem Falle, daß man ein Risiko, vor das Europa von der Sowjetunion gestellt wird, nicht ohne zu zögern einfach als Risiko in die USA tragen kann, um Europa davon freizustellen. Das Bündnis wird durch andere Ereignisse, in denen die einzelnen Länder nicht zwangsläufig gleiche, sondern auch wichtige unterschiedliche Interessen haben, noch genügend belastet werden. Energie, Öl und Rohstoffe sind neben Wettbewerb, Währungen und Zahlungsbilanzen nur ein paar Stichworte für das, was ansteht. Wieviel Belastungen dieser Art man sich zu dem, was Europa für seine Sicherheit auf jeden Fall von den USA erwarten muß, noch vorstellen darf, ist eine Frage, die der sorgsamen Betrachtung bedarf.

Die einseitige Existenz der Rakete mit europäischer Reichweite in der Hand der Sowjetunion mit der existentiellen Bedrohung für ganz Westeuropa kann auf die Dauer zu einer so engen Bindung der Sicherheit Westeuropas an den Schutz durch die USA führen, daß die Europäer sie in ihrer Empfindsamkeit bald auch als Abhängigkeit mit hegemonialen Zügen empfinden würden.

Andernfalls würde es auf längere Sicht zur Überlegenheit der Sowjetunion über Westeuropa führen, wenn Westeuropa sich nicht ausreichend auf die USA stützen könnte und die Sowjetunion erkennen würde, daß die USA nicht bis zur eigenen Vernichtung zum Schutze Europas entschlossen wären.

Diese Zusammenhänge hat die Sowjetunion vermutlich bedacht. Aus ihren Handlungen kann jedenfalls geschlossen werden, daß sie den dargestellten Zustand erhalten, beziehungsweise vollzogen haben möchte:

1. Wenn von den Quoten, die durch SALT II festgelegt werden, auf einer Seite ein Teil zur Abdeckung einer Gefährdung auf einer anderen Ebene abgezogen werden müßte, könnte die auf Gegenseitigkeit beruhende Wirkung von SALT II im strategischen Bereich wieder erschüttert werden. SALT II schafft nicht nur einen wünschenswerten Ausgleich, sondern es bindet zugleich die von ihm erfaßten Kräfte im strategischen Bereich und erlaubt kaum einen Abzug von dort. Ein Abzug wäre dann denkbar, wenn die Obergrenzen von SALT II so hoch angesetzt wären, daß auch nach dem Abzug eines gehörigen Quantums von Kräften aus der strategischen Ebene dort noch ausreichend Potential vorhanden bliebe, um der anderen Supermacht zwar nicht zahlenmäßig Balance entgegenzuhalten, wohl aber ihr vernichtenden Schaden zuzufügen.

   Aus der Sicht der europäischen Sicherheitsinteressen ist ein solches Gedankenspiel zu Lasten der USA nicht leicht zu verantworten. Die Sicherheit Europas durch sein Bündnis mit den USA bleibt nur dann solide, wenn sie die ungeminderte Sicherheit der Vereinigten Staaten von Amerika voraussetzt und sie nicht gefährdet. Das bleibt auch so, wenn die USA den Europäern erklären sollten, daß ihnen nach SALT II rechnerisch noch genügend bleibt, um alle notwendigen Ziele abzudecken. Es ist wahrscheinlich, daß die Sowjetunion bewußt die bilateralen nuklearen Kräfte im vorgeschilderten Sinne binden wollte, damit die militärische und politische Wirkung des eigenen Mittelstreckenpotentials verstärkt hervorgehoben wird.

   Wenn es sich um einen auf beiden Seiten nicht angestrebten, aber ungewollt so eingetretenen Vorgang handelt, dann bringt er dem Westen nicht geringere Probleme. So politisch richtig und wünschenswert SALT II ist, man darf die Herausforderung der USA, die sich aus seinen Folgen ergibt, und den langen Schatten, den es auf Westeuropa wirft, nicht übersehen.

2. Nach der Vereinbarung von Wladiwostok und während der Verhandlungen über SALT II ist sehr deutlich geworden, welchen Wert die Sowjetunion auf ein Verbot der Entwicklung von Marschflugkörpern (Cruise Missiles) legt. Die Cruise Missiles könnten vom Westen mit mittlerer Reichweite ausgelegt werden und damit zwar kein gleichwertiges, aber doch eine Art Gegengewicht gegen die sowjetischen Mittelstreckenraketen bilden. Die Sowjets wollen die Cruise Missiles im Westen verhindern.
3. Leonid Breschnew hat in einer Rede am zweiten März 1979 eine sehr deutliche Mahnung an die Bundesrepublik gerichtet, keine Stationierung von Mittelstreckenraketen auf dem Territorium der Bundesrepublik zuzulassen. Der Staats- und Parteichef nannte das SALT-Abkommen, über das damals noch verhandelt wurde, einen vernünftigen und guten Kompromiß und eine große Sache. Ohne das sowjetische Mittelstreckenpotential zu erwähnen, sagte er, daß in jüngster Zeit immer häufiger Meldungen erschienen, wonach das Pentagon die Bundesrepublik Deutschland unter Druck setze, um entsprechende Schritte als Ergänzung zu den schon vorhandenen Angriffsbasen zu tun.

Die drei Ziele: gegenseitige Bindung der interkontinentalen Kräfte durch volle Parität, ungehinderter Ausbau der eigenen Waffen mit kontinentaler Reichweite und Verhinderung des Einsatzes vergleichbarer Gegenkräfte in Westeuropa, lassen die Vermutung zu, daß die Sowjetunion eine Entwicklung anstrebt, die im nächsten Jahrzehnt zu einer Unterlegenheit Europas führt. Die westlichen Länder müßten an den Fakten ablesen können, was die Uhr geschlagen hat.

Es gibt keine Hinweise dafür, daß Herr Breschnew Krieg mit dem Westen will. Er hat andere Sorgen und braucht deswegen aus der gegenwärtigen Interessenlage Ruhe mit dem Westen. Aber wir dürfen unsere Sicherheit nicht auf das gründen, was wir Personen an der Spitze anderer Staaten zutrauen oder nicht zutrauen. Sie können ihre Ansichten ändern, und an ihre Stelle können bald andere Männer treten. Wie sie denken, wissen wir nicht.

Man muß überhaupt nicht zuerst an Krieg denken. Die Gefahr, unterhalb der Schwelle eines Krieges erpreßt zu werden, liegt viel näher, und die Gefahr der Erpreßbarkeit ohne Krieg könnte rasch zu einer ernsten Bedrohung unserer Unabhängigkeit werden.

Aber auch im rein Militärischen würde manches erschüttert. Das strategische Verteidigungskonzept der NATO beruht auf dem Willen zur flexiblen Reaktion und der für den Gegner unkalkulierbaren Eskalation. Diese Vorstellung geht davon aus, daß der Westen entschlossen ist, eskalatorisch zum stärkeren Knüppel zu greifen, obwohl eine wichtige Sprosse auf der Leiter fehlt, auf der er eskalieren kann.

Muß der Westen angesichts dieses neuen Sachverhaltes, den das Raketenloch in seiner Vorsorge schafft, nicht beginnen, mehr darüber nachzudenken, daß es zum Angriffskonzept des Ostens gehören könnte, mit den ihm zur Verfügung stehenden Möglichkeiten auch im Angriff zu eskalieren und den angegriffenen Westen rasch vor Alternativen mit existentiellem Gehalt zu stellen?

An den Fragen, die sich hier aufdrängen, ist deutlicher noch als in anderen Zusammenhängen erkennbar, daß Ost und West gegenwärtig an einem Punkte stehen, an dem die Weichen für eine gewisse Frist gestellt werden. Es ist damit auch möglich, sie in vernünftige Richtung, auf Mäßigung des Rüstungswettlaufs zu stellen.

Der Sowjetunion muß deutlich gemacht werden, vor welche Situation sie Westeuropa durch die Verbindung von SALT II mit ihren vorhandenen Mittelstreckenraketen und die weitere Produktion ihrer SS 20 stellt. Wenn Sicherheit, die man selber will, auch abhängig davon ist, daß der andere sich sicher fühlen kann, dann ist hier ein Punkt erreicht, an dem die Sowjetunion dem Sicherheitsbedürfnis der Westeuropäer Rechnung tragen müßte.

In seiner Rede vom 2. März 1979 hat Leonid Breschnew gesagt: »Was die Sowjetunion betrifft, so hat sie schon mehr als einmal erklärt, daß sie nicht für die Steigerung, sondern für die Begrenzung der Raketenwaffen und anderer Waffen durch eine Vereinbarung auf der Grundlage der vollen Gegenseitigkeit eintritt. Dies gilt auch für Mittelstreckenraketen in Europa – selbstverständlich unter Einbeziehung der dort vorhandenen amerikanischen Militärstützpunkte.«

Darüber sollte in Verhandlungen versucht werden, eine Verständigung herbeizuführen. Das wird, selbst wenn beide Seiten viel guten Willen mitbringen, nicht leicht sein. Es muß aber versucht werden, für Raketen und andere nukleare Trägermittel mit kontinentaler Reichweite eine Lösung herbeizuführen, die der Verständigung im Bereich der interkontinental wirkenden Nuklearwaffen entspricht. Dem SALT II (Strategic Arms Limitation Talks) muß ein MRLT I (Middle Range Arms Limitation Talks) oder ein SALT III, das diese Frage mit einbezieht, folgen. Das Gute, das in SALT II steckt, darf nicht als Nebenprodukt für die Europäer eine so unübersehbare Minderung ihrer Sicherheit erzeugen.

Die Sowjetunion muß sich darüber klar sein, daß der Westen damit nicht leben kann und daß diese Lage auch für die Sowjetunion, wenn sie an Frieden denkt, nicht förderlich sein kann. Das wäre kein Frieden, wenn die Westeuropäer auf die Dauer im Zustand einer größeren Gefährdung leben müßten.

Wenn aber keine Verminderung dieser seiner Besorgnis vor einseitiger Gefährdung zu erreichen ist, dann muß der Westen bereit sein, einen Ausgleich durch ein ausreichendes Gegengewicht zu suchen. Das können Raketen sein. Sie müssen von Westeuropa aus die Sowjetunion so bedrohen, wie Westeuropa sich von der Sowjetunion durch Raketen bedroht fühlen muß. Was der Westen dagegenzusetzen hat, muß in der Gegengewichtung ausreichend sein, aber es müssen natürlich nicht unbedingt Raketen oder nur Raketen sein.

Die Westeuropäer müssen ihre Haltung in dieser Frage klären. Sie dürfen die Stationierung einer Waffe in Westeuropa nicht scheuen, die in die Sowjetunion reicht. Wenn das nicht geschieht, müssen sie sich auf ein Leben unter der Furcht vor einer einseitigen Bedrohung durch diese Waffen aus dem Osten einrichten. Wenn durch die Einrichtung eines Gegengewichtes in Westeuropa die Balance der Furcht hergestellt werden müßte, weil die Sowjetunion nicht auf ihre Raketen verzichtet, dann wäre ein Leben im Zustand ausbalancierter Gewalt und ausbalancierter Furcht jedenfalls wohl leichter zu ertragen, als ein Leben, in dem die Furcht einseitig für eine lange Zeit nur Westeuropa aufgelastet wäre.

Die Westeuropäer müssen miteinander begreifen, daß eine Stationierung nicht in einem europäischen Land allein erfolgen darf. Die Bundesrepublik ist wegen ihrer geographischen Lage in einer besonders prekären Situation. Als herausragende Wirtschaftsmacht ist sie für die Sowjetunion von besonderem Interesse. Deshalb darf eine Stationierung nicht allein in der Bundesrepublik erfolgen. Aus einer zu starken Bündelung von Risiken bei ihr könnte auch die Gefahr ihrer Isolierung von ihren westeuropäischen Bündnispartnern erwachsen, so wie das Bündnis vor zu vielen amerikanisch-deutschen Akzenten bewahrt werden muß.

Von europäischer Seite wurde im Jahre 1970 verlangt, die USA sollten versuchen, anstelle der »schmutzigen« Nuklearwaffen etwas zu entwickeln, was sich für einen Verteidiger besser handhaben lasse. Die USA entwickelten die Nuklearwaffen weiter und nannten diese Fortentwicklung Neutronenwaffen.

In Europa und in den USA entstanden Verwirrungen und Widerstand, und es kamen Drohungen aus dem Osten. Präsident Carter gab keine Anweisung zur Produktion von Neutronenwaffen. Man kann nur hoffen, daß die Amerikaner und die Europäer aus diesem Vorgang ihre Lektion gelernt haben und daß dies bei der Behandlung der noch ungelösten Mittelstreckenproblematik sichtbar zum Ausdruck kommt.

Im Oktober 1977 wurde vom deutschen Bundeskanzler öffentlich auf die Grauzonenproblematik aufmerksam gemacht und eine Lösung verlangt. Nachdem die Diskussion darüber in Gang gekommen war, fragten die Amerikaner die Europäer, ob sie denn eine Mittelstreckenrakete in Europa haben wollten oder wie sie sich eine Lösung vorstellen. Die Sache fordert eine Antwort an die USA, und sie fordert Klarheit bei den Europäern.

Man kann sich gegenwärtig nicht des Eindrucks erwehren, als suche mancher europäische Zeitgenosse volle Deckung, wenn er von den Amerikanern um Rat für die Antwort auf Fragen gebeten wird, die in Europa selber aufgeworfen worden sind.

Die Europäer brauchen für ihre Sicherheit in diesen Fragen nicht nur den Mut der USA, sondern eine Portion eigene Entschlossenheit, und sie haben alle Veranlassung, das der Sowjetunion auch zu zeigen. Es handelt sich um die Beseitigung einer Sorge, die den Frieden der Europäer mehr betrifft als den der Amerikaner, auch wenn der Frieden der Amerikaner und der Frieden der Europäer sehr voneinander abhängig und aufeinander angewiesen sind.

So schrecklich ein solcher Gedanke sich anhört: Beide Seiten müssen bereit sein, unter der Drohung des anderen zu leben und die ausreichende eigene Drohung aufrechtzuerhalten.

Dazu gehört nicht nur die Wachsamkeit, daß der anderen Seite nicht die Fähigkeit zu einem im Risiko tragbaren Erstschlag zuwächst, sondern wahrscheinlich sogar der Verzicht auf den Schutz des eigenen Landes und des eigenen Volkes vor der Gefahr eines großen Atomschlages, selbst wenn ein solcher Schutz praktisch möglich wäre.

Es gibt weder im Warschauer Pakt noch in der NATO bisher ein Land, das wirkliche Anstrengungen unternommen hat, sich durch entsprechende Vorsorge vor den Gefahren eines nuklearen Krieges zu bewahren. Wer das wollte, müßte Einrichtungen schaffen, die es möglich machen würden, daß ein ganzes Volk über eine längere Zeit tief unter der Erde leben könnte, um nicht nur die Gewalt und die Hitze nuklearer Explosionen zu überstehen, sondern auch vor den Gefahren nachwirkender Strahlen bewahrt zu bleiben. Ob das ohne Rücksicht auf die Umwelt und den hohen Aufwand in einem dichtbesiedelten Lande überhaupt möglich wäre, ist eine Frage für sich.

Es geht um noch etwas anderes. Wenn eine der beiden militärischen Großmächte damit begänne, sich gegen die Gefahren eines Atomkrieges zu schützen und Anstalten träfe, sich in die Erde einzugraben, wie es von den Chinesen berichtet wird, müßte das für den anderen ein bedeutendes Signal sein. Wer versuchte, seine Bevölkerung gegen die Folgen eines Atomschlages zu schützen, würde damit auch versuchen, sich in die Lage zu versetzen, das Leben des anderen auszurotten und den Gegenschlag mit der geschützten Substanz des eigenen Volkes zu überleben.

Das ist grausame Theorie, die sich jeder humanitären und vernünftigen Betrachtung entzieht. Aber ist denn der Gedanke an einen großen Atomkrieg, zu dem die beiden Supermächte sich jährlich mit einem ungeheuren Aufwand fähig machen und fähig erhalten, noch etwas, was ein Mensch zu begreifen vermag? Ist die Überlegung weltfremd und undenkbar, daß das, was an Mitteln zur Vernichtung vorhanden ist, sich auch entladen kann? Es ist unvorstellbar, wenn es mit den Maßstäben gemessen wird, die uns Kultur, Glaube und unser Menschsein aufgeben.

Ist es aber sichergestellt, daß die Menschheit, die über solche Kräfte gebietet, immer auch solchen Bindungen unterliegt? Es ist Wirklichkeit, daß der Mensch sich die Fähigkeit zu solcher Vernichtung geschaffen hat und sie in der Hand hat. Und es ist weiter eine Realität, daß Politiker und Militärs tagtäglich mit dieser Wirklichkeit konfrontiert sind und mit ihr umzugehen haben. Diese Mittel stehen ihnen zu Gebote!

Da es die Möglichkeit zu gegenseitiger Vernichtung gibt, müßte die Fähigkeit einer Seite, sich gegen die Vernichtung durch die andere Seite zu schützen, als neue und erhöhte Gefahr gedeutet werden: Wer sich schützt, könnte sich instand setzen wollen, seine Mittel gegen den anderen zu entfesseln.

Balance wahren kann demnach nicht nur bedeuten, auf die Ausgewogenheit der Waffen zu achten, mit denen man zerstören kann, sondern auch die ausgewogene Verletzbarkeit der Völker nicht aufzuheben, indem eine Seite sich einseitig zu schützen trachtet.

Die Bundesrepublik Deutschland besitzt keine Kernwaffen und sie hat keine Verfügungsgewalt darüber. Es ist verständlich, daß bei der besonderen geographischen Lage unseres Landes an der Nahtstelle beider Paktsysteme die Frage des Schutzes der Bevölkerung immer wieder aufgeworfen wird. Der Zivilschutz ist auch ein beliebtes Thema für die Partei, die jeweils in der Opposition ist. Die Gründe dafür sind naheliegend. Die Problematik bedarf aber der gewissenhaften Betrachtung. Wenn die Bundesrepublik begänne, ein nennenswertes Schutzsystem für die Bevölkerung zu errichten, würde das mit Sicherheit Signalwirkung haben und alarmieren. Es ist zu vermuten, daß mit dem lauten Hinweis auf das, was hier geschähe, und seiner Ausdeutung im Warschauer Pakt, dort entsprechende Aktivitäten entfacht würden. Diktaturen gewinnen im Inneren, wenn sie den eigenen Völkern einen »bösen äußeren Feind« vorführen können. Sie können leichter als frei verfaßte Staaten ihre Völker in Bewegung bringen.

Sie wären fähiger als wir, die Bevölkerung in ihrer freien Zeit mit einfachen Werkzeugen zum Buddeln zu bewegen, weil »die kapitalistischen Deutschen in der Bundesrepublik« ja damit begonnen hätten und damit wohl etwas Feindliches im Schilde führten.

Was wäre gewonnen? Es würde ein Wettbuddeln und ein Wettverbunkern einsetzen in Ost und West, von dem sich eigentlich niemand ausnehmen könnte, wenn er sich nicht dem Vorwurf des eigenen Volkes aussetzen wollte, weniger sorgsam zu sein als die anderen.

Zum Wettrüsten käme das Wettschützen, und niemand könnte vorhersagen, wo dieser Wettlauf einmal enden würde, denn jede neue und stärkere Waffe würde den bestehenden Schutz fragwürdig machen und müßte eingeholt oder überholt werden. Würde die Welt, in der wir leben, nicht so verunstaltet werden, daß die Folgen des Schutzes vor der Zerstörung die Folgen der Zerstörung zu einem Teil schon vorwegnähmen?

Das alles sollte man mitbedenken, wenn diese Frage immer wieder aufgeworfen wird, ohne sie zu Ende zu diskutieren.

Beide Seiten müssen gezwungen sein, im ausgewogenen Maße unter der Furcht vor dem anderen und unter der Drohung durch den anderen zu leben. Daher darf sich auch keine Seite weiter aus dem Risiko dieser Drohung entfernen als die andere.

Unter der Voraussetzung der Ausgewogenheit der Kräfte ist der Gedanke an einen strategischen Krieg zwischen den beiden Supermächten mit interkontinental wirkenden Nuklearwaffen nicht realistisch. So ist auch nicht zu vermuten, daß ein Krieg zwischen Ost und West mit interkontinentalen Nuklearwaffen beginnen kann.

Die konventionellen Kräfte

Die konventionellen Kräfte des Warschauer Paktes sind zahlenmäßig stärker als die, welche der NATO in Europa zur Verfügung stehen. Den 21 000 Panzern des Ostens stehen 7000 westliche Panzer; etwa 2300 Flugzeugen der NATO stehen etwa 4000 Flugzeuge des Warschauer Paktes gegenüber.

Daraus wird in vielen westlichen Äußerungen eine nicht zu verantwortende Unterlegenheit des Westens abgeleitet. Das deckt sich mit Äußerungen höchster Persönlichkeiten im Osten, die bei manchen Gelegenheiten von der Überlegenheit der Roten Armee sprechen. Beides bedarf der näheren Betrachtung.

Zunächst einmal braucht sich im Osten, in dem wichtige Personen so deutlich ihre Überlegenheit hervorheben, niemand darüber zu beklagen, daß es im Westen Stimmen gibt, die von Unterlegenheit sprechen und Klage wegen der zu starken Kräfte des Ostens führen. Herr Breschnew wird vermutlich Gründe dafür haben, daß er den eigenen Völkern gegenüber bei vielen Gelegenheiten die militärische Überlegenheit des Warschauer Paktes verkündet oder verkünden läßt, daß er dem Westen gegenüber diese Stärke dann aber abschwächt oder leugnet.

Das einfache Spiel mit Zahlen führt dann leicht zu noch weiteren Schlüssen, ohne daß die Umstände, die für die Beurteilung solcher Zahlen wichtig sind, genügend gewichtet sind. So oberflächlich und leichtfertig es wäre, den Zahlen nicht gehörige Bedeutung beizumessen, so falsch ist es, sie ausschließlich zum Maßstab für die militärische Bewertung der Kräfte zu machen und von daher Überlegenheit oder Unterlegenheit abzuleiten. Hier ist größere Sorgfalt nötig. Man kann die Kraft von Streitkräften im ganzen nicht von dem Gewicht eines Teiles her bestimmen. Das ist so wenig möglich, wie man umgekehrt von zu allgemeinen Einschätzungen her den oft ausschlaggebenden Details nicht gerecht wird. Auch einen Bach, der im Durchschnitt vierzig Zentimeter tief ist, darf man nicht für ungefährlich halten, weil man an bestimmten Stellen, an denen er viel tiefer ist, in seinem Wasser ertrinken kann. Um zu einer richtigen Einschätzung zu gelangen, muß man differenzierter sehen, auch wenn das unbequem ist und Schablonen gefährdet, an die manche sich gewöhnt haben.

Besondere Gefahren

Der Warschauer Pakt ist eine in sich geschlossene euro-asiatische Landmacht. Die USA und Kanada sind durch einen Ozean von ihren europäischen Verbündeten getrennt. In Europa selber erweisen sich die bündnisfreien Staaten Schweiz und Österreich als ein Riegel zwischen dem zentraleuropäischen Teil der NATO und ihrer Südflanke, die nur unter Umgehung der Schweiz, auf dem Wege über Frankreich Verbindung zueinander haben.

Der Warschauer Pakt hat diesen natürlichen, räumlichen Vorteil noch weiter ausgebaut.

1. Vermehrung schwerer Waffen

Die Zahl der modernen sowjetischen Panzer in ihrem osteuropäischen Vorfeld ist beachtlich vermehrt worden. Für den Transport wurde überwiegend der Seeweg entlang der Ostseeküste gewählt.

Der Warschauer Pakt unterhält in Osteuropa zwar nur etwa ein Sechstel mehr Soldaten, er hat aber dreimal soviel Panzer wie der Westen. Seine Verbände verfügen über eine höhere Panzerausstattung als die Verbände der NATO. Das spricht für ihren offensiven Charakter. Ein Großteil der Kampfwagen übersteigt den Bedarf der in Osteuropa anwesenden Truppen. Es gibt also ein beachtliches Mehr an Großkampfgerät, das für offensive Aufgaben geeignet ist. Es braucht in einem Konfliktfall nicht in langwierigen und anfälligen Transporten aus der Tiefe des sowjetischen Raumes zusätzlich nach Osteuropa gebracht zu werden, sondern es steht schon griffbereit zur Verfügung. Der Zweck, den die militärische Führung der Sowjetunion mit dieser Reserve verfolgt, ist nicht eindeutig zu definieren. Sie kann jedenfalls mehr als nur eine Absicht damit verbinden.

Sie könnte diesen, über den Bedarf der Truppen im Frieden hinausgehenden Bestand als echte Auffüllreserve für den Ersatz von Verlusten zur Verfügung halten, die bei einem ersten Ansturm eintreten, und fast an Ort und Stelle in kurzer Zeit die ausgefallene Kampfkraft wieder herstellen. Das schafft ihr einen beachtlichen Vorteil.

Der Westen ist auf dem europäischen Territorium gegenwärtig zu einem so schnellen Ersatz nicht in der Lage. Schon vor dem Eintritt in Kriegshandlungen gibt es ein konventionelles Ungleichgewicht zwischen Ost und West, das sich aus der unterschiedlichen Ausstattung mit bestimmten schweren Waffen ableitet. Es würde sich im Verlauf von Kampfhandlungen rasch weiter zuungunsten des Westens entwickeln, je weniger schnell er in der ersten Phase eines konventionellen Krieges seine Ausfälle ersetzen könnte. Um so eher wäre der Westen gezwungen, in einem frühen Stadium eines Krieges zum nuklearen Potential zu greifen.

2. Hohe Luftbeweglichkeit

Der Transport von schweren Waffen und schwerem Gerät über weite Strecken ist schwierig und langwierig. Das gilt besonders für Panzer und Artillerie.

Die Sowjetunion hat eine große Lufttransportkapazität zur Verfügung, die sie in den letzten Jahren beachtlich ausgebaut hat. Ihr steht nicht nur das Fluggerät zur Verfügung, das sich im unmittelbaren Besitz der Roten

Armee befindet. Die Aeroflot ist die größte Zivilfluggesellschaft der Welt. Zusammen mit der Produktion von zivilem Fluggerät, dem Personal und seinen Schulen bis zur Forschung und Entwicklung untersteht der ganze Bereich dem Minister für die zivile Luftfahrt. Er ist ein vorzüglicher Fachmann und zugleich General der sowjetischen Luftwaffe. Wenn man in seinem Arbeitszimmer vor der riesigen Karte der Sowjetunion mit dem darauf verzeichneten Netz der Aeroflot steht, ist man beeindruckt.

Wir wissen, daß die Sowjetunion zweimal im Jahr eine routinemäßige Ablösung ganzer Großverbände in Osteuropa vornimmt. Ohne Beschränkung des großen zivilen Flugnetzes der Aeroflot werden die Soldaten einiger Divisionen in wenigen Tagen bewegt.

Die UdSSR kann also auch eine rasche Vermehrung der Truppen in Osteuropa vornehmen und in kurzer Zeit eine ins Gewicht fallende, veränderte Lage schaffen. Die nicht leicht zu transportierenden schweren Waffen und das Großgerät sind über den Friedensbedarf hinaus schon in Osteuropa eingelagert. Die Transportkapazität dazu ist geschaffen worden. Sie könnte in einem Ernstfall durch einen totalen Zugriff auf die zivile Aeroflot noch erheblich vergrößert werden.

Es gibt keine Anzeichen dafür, daß der Warschauer Pakt die Zahl seiner Soldaten in Osteuropa in den letzten sechs oder sieben Jahren vermehrt hat. Insofern hat sich rein von der Truppenstärke her auch keine Veränderung ergeben.

Die in Wien geführten Verhandlungen über eine Anpassung und Verminderung der Truppen in Europa muten daher in einem gewissen Sinne auch wie Theater auf einem Felde an, auf dem es am wenigsten Unbalance gibt.

Man muß sich eigentlich wundern, wenn man sieht, wie die Sowjetunion bei den Verhandlungen über Truppenabbau in Wien taktiert. Die westlichen Vertreter rackern sich seit Jahren ab. Sie versuchen ein Ungleichgewicht auszugleichen, das sich um hunderttausend bis hundertfünfzigtausend Soldaten bewegt. Es ist nicht leicht zu verstehen, warum der Osten dieses Mehr nicht einfach aus dem MBFR-Raum in Mitteleuropa zurücknimmt. Er würde dadurch eine nicht einzuschätzende, politische Manövriermasse in die Hand bekommen, deren psychologisches Gewicht in den Ländern des Westens hoch wäre. Der Osten ginge militärisch nicht das geringste Risiko ein, denn die Sowjetunion könnte die zurückgenommenen Kräfte an einem einzigen Wochenende wieder nach Osteuropa bringen, ohne sich besonders anstrengen oder beschränken zu müssen – sie könnte somit, wann immer sie wollte, die alte Lage sehr rasch wieder herstellen.

3. Vorhandene Rüstungskapazität

Der Zweite Weltkrieg ist ein Modell für eine weitere Gefährdung. Vor allem die USA brauchten mehr als zwei Jahre, um ihre Produktion von Rüstungsgütern so zu steigern, daß sie auf einer Welle von produzierter Überlegenheit in den militärischen Erfolg schwammen. Westeuropa wurde zurückerobert.

Die amerikanische Produktionskapazität an schweren konventionellen Waffen ist in den Jahren nach dem Kriege erheblich zusammengeschrumpft und der sowjetischen weit unterlegen. Auch alle westlichen Kapazitäten zusammengenommen sind der produktionsbereit gehaltenen sowjetischen Kapazität noch nicht gewachsen. Das ist ein Tatbestand, der nicht minder schwer wiegt, als die Zahl der Panzer, die bereits produziert sind. Der Westen brauchte, gemessen an den zeitlichen Abläufen, die denkbar sind, eine sehr lange Zeit, bis seine Rüstungsmaschine zu laufen begänne, die dann allerdings auf Hochtouren käme und die Sowjetunion weit überflügeln würde.

Wenn alle hier aufgezeigten Tendenzen nicht beachtet würden, stellte sich wahrscheinlich die Frage, ob die westeuropäische Industrie dann allerdings noch für den eigenen Bedarf zur Verteidigung gegen den Osten produzieren würde oder ob sie bereits im Auftrage des Ostens stände.

Die Möglichkeit einer Zurückeroberung Europas durch die USA ist angesichts der Entwicklung der militärischen Technologie und der Nuklearmacht der Sowjetunion unter anderen Vorbehalten zu bedenken als 1944.

Die im Osten vorhandenen Vorräte und Reserven, die geographische Nähe, die hohe Luftbeweglichkeit und die bereitgehaltene Produktionskapazität für konventionelle Waffen sind beachtliche Elemente zur Herstellung einer kurzfristig veränderten Ausgangslage. Sie müssen sehr sorgsam im Auge behalten werden.

Was Europa gefährdet, sind also nicht die Soldaten, die sich in Europa gegenwärtig gegenüberstehen, sondern die Tendenzen, die erkennbar sind, und die Fähigkeit, aus der gegebenen Lage eine für uns gefährliche Lage zu machen, ohne daß der Westen es rechtzeitig verhindern oder durch zeitgerecht herbeigeführte eigene Gegengewichte aufwiegen könnte. Der Osten könnte dem Westen eine beachtliche konventionelle Konzentration vor Augen führen. Er sucht also die Fähigkeit, in Europa die militärischen Gewichte so flexibel zu setzen, wie seine politische Logik es ihm aufgibt.

Zu den hier dargestellten bedrohlichen Tatbeständen kommen noch die Mittelstreckenraketen und die Flugzeuge und Schiffe mit kontinentaler nuklearer Mission.

Die auf Sicherheit durch Ausgewogenheit bedachte Politik des Westens wird an diesen Faktoren nicht vorbeikönnen, und es wird nicht zu umgehen sein, daß die Völker der in der NATO verbündeten Staaten diese Tatbestände mit offenen Augen sehen lernen. Sie machen es ihren Regierungen in der Regel nicht leicht, durch eigene Vorsorge Gefahren aufzuwiegen. Nicht wenige Regierungen bringen es oft »mit hängender Zunge« gerade noch fertig, ein Minimum dessen auf die Beine zu bringen, was die vor der Haustüre lauernde Gefahr gebietet, nicht aber noch Vorsorge gegenüber dem zu treffen, was sich dahinter noch befindet und schnell vor die Haustüre bringen läßt.

Das Gefühl der Völker für die Bedrohung darf angesichts dieser Umstände auch in einer langen Friedenszeit nicht verlorengehen. Dies ist die Gefahr in den Demokratien, daß die Bedrohung in einer langen Friedenszeit nicht hautnah empfunden wird und andere Aufgaben der staatlichen Daseinsvorsorge sich stärker nach vorne drängen.

Außerdem kommen aus dem ideologischen Umfeld Gegenkräfte, von denen die Rangfolge der Erfordernisse und ihre Werteinschätzung geändert werden. Daher werden auch die Regierungen, von denen die Probleme klar genug gesehen werden, es nicht leicht haben und viel Mühe aufwenden müssen, um in der Zukunft im Konsens mit ihren Völkern auf solidem Kurs zu bleiben.

Probleme im Westen

Auf der Seite des Westens gibt es wichtige Schwachstellen. Und hier entsteht schon das erste Problem, denn im Gegensatz zum Osten wird im Westen offen darüber geredet. Der Osten verdeckt und verbirgt seine Schwächen. Eine Schwachstelle im Westen ist zum Beispiel die mangelhafte Präsenz in den Bereitstellungsräumen, es ist die Tatsache, daß es in den einzelnen Ländern nationale Regeln und Schwerfälligkeiten gibt, die befürchten lassen, daß in einem Krisenfalle zu lange Zeit benötigt wird, um rechtzeitig kampfbereit zu sein und die Kräfte verstärken zu können.

Um zum Beispiel eine dänische Division aus Jütland nach Schleswig-Holstein zu verlegen, bedarf es eines Beschlusses des dänischen Parlaments mit einer qualifizierten Mehrheit. Die niederländischen Truppen befinden sich in den Niederlanden und haben einen weiten Anmarschweg. Die belgischen Truppen sind überwiegend in ihre Heimat zurückverlegt worden. Das gilt auch für französische Verbände, die früher in der Bundesrepublik stationiert waren. Die britischen Truppen müssen in einem Ernstfall erst auf volle Stärke gebracht werden. Das gilt auch für die Verbände der USA. Ihre beiden in der Bundesrepublik stationierten Korps müssen mit im Lufttransport herangeführten Soldaten aufgefüllt werden. Das wird in jedem Jahr in Reforger-Übungen getestet. Es gibt für die Entscheidungen dieser verbündeten Länder natürlich Gründe. Aber dadurch wird im Frieden die Frage nach ihrer rechtzeitigen Anwesenheit in einem Krisenfalle nicht beantwortet.

Die Sorge entschärft sich aber, wenn man davon ausgehen darf, daß die verbündeten Regierungen im Verlaufe einer sich entwickelnden politischen Krise militärisch zurechtrücken, was im Frieden nicht geschadet hat, was für die Abwendung oder den Verlauf einer militärischen Konfrontation aber entscheidend sein kann.

Auch die geographischen Bereiche, die den einzelnen nationalen Kontingenten zugewiesen sind, kann man sich optimaler vorstellen. Sie sind zu einem erheblichen Teil aus den Besatzungszonen gewachsen, die am Ende des Krieges entstanden waren.

Sorge bereitet auch bei den Militärs, aber nicht nur bei ihnen, ob die politischen Entscheidungen rechtzeitig fallen, ob nicht durch Unentschlossenheit wertvolle Zeit verstreicht, die nicht mehr aufzuholen ist und vielleicht teuer bezahlt werden muß. Diese Sorge bleibt bestehen, weil eine beweiskräftige Antwort darauf aus dem friedensmäßigen Zustand letztlich nicht zu geben ist. In einem von einer Aggression unbedrohten Frieden ist vieles anders als in einer Krise.

Mit der Spannung wachsen naturgemäß die Wachsamkeit, das Bewußtsein der Gefährdung und die Entschlossenheit zur Reaktion auch in demokratischen Staaten – auch wenn sie oft mehr Zeit brauchen, bis sie aus offenkundigen Tatbeständen die erforderlichen Konsequenzen ziehen. Das gilt für die europäischen Regierungen, die die Gefahr vor ihrer Haustür sehen, und es gilt sicher auch für die Vereinigten Staaten von Amerika und für Kanada.

Beide amerikanischen Länder haben Truppen in der Bundesrepublik Deutschland. Im Falle eines Angriffs muß der Angreifer auf sie schießen. Das bedeutet Krieg gegen Nordamerika. Wenn die konventionelle Verteidigung nicht ausreichen würde, läge allerdings eine große zentrale Verantwortung und Gewalt beim Präsidenten der USA. Er hat die Entscheidung über die Freigabe nuklearer Waffen zu treffen. Im Westen wird immer wieder die Frage erörtert, ob der Präsident seine Entscheidung zum Einsatz taktischer nuklearer Waffen nach einem erfolgten Angriff auch frühzeitig und rechtzeitig genug treffen werde.

Im Gegensatz dazu gehen sowjetische Analysen davon aus, daß er sie rechtzeitig treffen wird, weil er von den europäischen Verbündeten, von der amerikanischen militärischen Führung der NATO, vom Pentagon und dem State Department von der Notwendigkeit überzeugt würde.

Manches, was in normalen Zeiten zweifelhaft erscheint, ist in Kenntnis einer anderen Lage und sich aufdrängender Faktoren in der Krise anders. Es gibt deutliche Hinweise darauf, daß in der Sowjetunion, im Gegensatz zu mancher Stimme im Westen, die politische Entschlossenheit der USA und der NATO-Verbündeten, alle ihnen zur Verfügung stehenden Mittel auch rechtzeitig einzusetzen, nicht bezweifelt wird. Die sowjetischen Denker sind in dieser Annahme sicher mehrfach bestärkt worden.

Als im Oktober 1973 festgestellt wurde, daß sich an einem Tag während des Yom-Kippur-Krieges auf sowjetischen Flugplätzen Verbände im Kampfanzug versammelten, trat unverzüglich der Sicherheitsrat der USA im Weißen Haus zusammen.

Der Präsident ordnete weltweiten Alarm für die vorgesehenen Verbände der USA an. Das war ein Beweis für die Fähigkeit zum frühzeitigen Erkennen einer möglichen Gefahr, für die Reaktionsfähigkeit Amerikas und für den politischen Willen der USA, im Falle einer erkannten Gefahr unverzüglich zu handeln. Es war schade, daß die Europäer diesen Vorgang nur unscharf wahrnahmen und sich statt dessen in tagelange öffentliche Querelen darüber verloren, daß die USA vor ihrer Entscheidung ihre Verbündeten nicht konsultiert hatten. Dazu waren die USA unter den besonderen Umständen dieses Falles nicht verpflichtet. Sie wollten auch keine Zeit verlieren. Aber sie informierten die Verbündeten sofort.

Es ist gut, diesem beruhigenden Beweis für die amerikanische Wachsamkeit eine Hypothese gegenüberzustellen, die von einer auf den ersten Blick konstruiert erscheinenden Annahme ausgeht. Sie entwirft folgendes Bild:

Die Sowjetunion bleibt in ihrer wirtschaftlichen Entwicklung weiter zurück. Als Folge der geringeren Produktivität ihrer Zentralverwaltungswirtschaft wird die Schere zwischen ihr und der Entwicklung des Westens noch weiter geöffnet. Die Bemühungen ihrer Führer, vom Westen Kapital zu erhalten, um mit der Entwicklung des Westens Schritt halten zu können, sind erfolglos. Der Abstand vergrößert sich noch. Dieser Zustand wird der Bevölkerung im sowjetischen Machtbereich bewußt. In breiten Schichten entstehen Zweifel am System, und es regt sich Widerstand dagegen.

Eine neue Generation, die an den Schalthebeln der Macht sitzt, sieht die Gefahr. Die Rote Armee steht auch in dieser Situation loyal zur Führung. Sie ist in Jahrzehnten zur Bewährung im Kriege und zum Haß auf den kapitalistischen Westen erzogen.

In den Vereinigten Staaten von Amerika ist der Präsident, der zugleich Inhaber der obersten Kommandogewalt über die Streitkräfte und über alle der NATO zur Verfügung stehenden nuklearen Waffen ist, in eine Affäre verwickelt. Seine Autorität und seine Handlungsfähigkeit sind erheblich beschränkt.

In Frankreich ist der Präsident der Republik lebensgefährlich erkrankt. Er liegt wochenlang handlungsunfähig danieder. Seine Zuständigkeiten und militärischen Verfügungsgewalten sind ähnlich geregelt wie in den Vereinigten Staaten.

Der Premierminister Großbritanniens führt eine Regierung an, die keine Mehrheit im Parlament besitzt.

In der Bundesrepublik Deutschland ist der Bundeskanzler über Wochen politisch gelähmt, weil im Kanzleramt ein Spion entdeckt worden ist.

Die NATO ist militärisch voll intakt. Sie beobachtet und erkennt unbezweifelbare Beweise, die auf einen Überfall des Ostens auf Westeuropa hindeuten. Die politischen Führungen wichtiger Staaten des Bündnisses, die sich in einer Agonie befinden, sind unfähig zum politischen Krisenmanagement. Sie sind also auch nicht in der Lage, sich rechtzeitig auf die Gefahr einzustellen und Entscheidungen zu treffen. Damit bleiben den Militärs die Hände gebunden.

Die Sowjetunion erkennt die Gunst der Lage, die ihr aus der beschränkten politischen Handlungsfähigkeit des Westens zuwächst. Sie schätzt ihr eigenes Risiko deshalb niedriger ein. Sie versucht, nach raschen und kräftigen Vorbereitungen in einem Ansturm Westeuropa zu überfluten. Ihr Ziel ist es nicht, Westeuropa zu zerstören. Im Gegenteil, sie trachtet danach, die europäische Technologie und Industrie, die ökonomische Kraft und die hochqualifizierte Bevölkerung Westeuropas oder Teile davon möglichst unbeschädigt unter ihre Herrschaft zu bringen.

Die Sowjetunion signalisiert den Vereinigten Staaten nach vollzogener Tatsache von dem erreichten Punkt aus das Ende ihrer Operation. Sie stellt die USA vor die Alternative eines großen atomaren Schlagabtausches mit dem Risiko der Vernichtung weiter Teile beider Länder oder der Hinnahme des geschaffenen Tatbestandes.

Das ist eine schlimme Hypothese, die für viele nicht ausdenkbar ist. Sie beruht natürlich auf groben Vereinfachungen zuungunsten des Westens und ignoriert die westliche militärische Entfaltung nach einem Angriff auch bei beschränkter politischer Führungsfähigkeit.

Aber eine Entwicklung in der Sowjetunion, die diesen Staat mit seinem System bis an diesen Punkt bringen kann, darf man nicht völlig von der Hand weisen. Wer Zweifel daran hat, daß der Westen in einen Zustand beschränkter Handlungsfähigkeit geraten könnte, der muß sich an die zeitlich sehr nahe beieinander liegenden Vorgänge erinnern, die es im Westen tatsächlich gegeben hat: In den USA tobte die Watergateaffäre um Präsident Nixon, in Frankreich war Präsident Pompidou schwer erkrankt, in England regierte Premierminister Harold Wilson mit einem Minderheitskabinett, und in der Bundesrepublik gab es eine Spionageaffäre im Kanzleramt mit Folgen von historischem Rang.

Was die militärische Führung der NATO besorgt macht, das ist bei allen Mängeln, die Soldaten zu beklagen haben, nicht mangelndes Selbstvertrauen in die Erfüllbarkeit der ihr gestellten Aufgabe. Sie braucht für jeden denkbaren Fall der Gefahr die Gewißheit, daß die politischen Entscheidungen rechtzeitig fallen. Der Westen muß deshalb auf lange Sicht auch mit solchen Hypothesen kalkulieren und sich dagegen stark machen. Wachsamkeit heißt, auch das Undenkbare für denkbar halten und Vorsorge treffen, damit das Undenkbare nicht Wirklichkeit werden kann.

Verteidigung gegen Angriffe mit konventionellen Waffen

Das Bündnis soll mit den Kräften, die es hat, einen konventionellen Angriff so weit vorn wie möglich abwehren, es soll in einer Krise zusätzliche Kräfte rasch heranführen, flexibel über den Einsatz seiner Mittel verfügen und zu dem jeweils stärkeren Mittel greifen, das nötig ist, um den eingedrungenen Gegner zu stellen.

Es soll auf diese Weise einem Angreifer die volle Entschlossenheit zur Verteidigung und das Risiko seines Vorgehens vor Augen führen, um seine Bereitschaft zur Beilegung des militärischen Konfliktes durch Verhandlungen zu erreichen.

Die öffentliche Diskussion über diesen Auftrag wird wohl nie beendet, und sie wird immer wieder durch Einwände und auch durch Zweifel genährt. Das liegt vor allem daran, daß vieles unwägbar ist. Niemand weiß, was der andere denkt, noch weniger kann er einschätzen, was er künftig denken und beabsichtigen wird.

Wahrscheinlich ist es richtig, daß unter allen Varianten, die man erdenken und entwickeln kann, diejenige von einem konventionellen Angriff auf Westeuropa am meisten ins Kalkül gezogen werden muß.

Die häufigste Annahme, die in den Erörterungen an die erste Stelle gerückt wird, ist die von einem Blitzkrieg, der vom Osten mit dem Mittel der Überraschung gegen Westeuropa geführt wird. Darüber gibt es gerade auch in letzter Zeit mehrere Stimmen, die mit gelehrtem und wissenschaftlichem Anspruch erhoben worden sind. Darin wird unterstellt,

- die konventionellen Kräfte der NATO seien zu schwach und die Heranführung zusätzlicher Kräfte sei zu zeitaufwendig;
- die Mobilisierungssysteme seien zu umständlich;
- es sei nicht möglich, eine zusammenhängende Vorneverteidigung zu organisieren;

– die Fähigkeit der NATO, rechtzeitig politische Entschlüsse zu fassen, sei fragwürdig; deshalb sei sie auch nicht fähig, rechtzeitig und frühzeitig genug über den Einsatz nuklearer Waffen gegen einen eingedrungenen Feind zu entscheiden.

Es wird weiter angenommen, gegen den Einsatz taktischer nuklearer Waffen würden dann so starke Einwände erhoben, daß es wegen ihrer »selbstzerstörerischen« Wirkungen nicht zu einem Einsatz käme.

Aus diesen Gründen sei damit zu rechnen, daß eine überraschend begonnene konventionelle Attacke mit starken Kräften die Vorneverteidigung auflösen, das Heranführen von Verstärkungen verhindern und dazu führen würde, daß die angreifenden Divisionen in kurzer Zeit tief in die Bundesrepublik eingedrungen seien und nach wenigen Tagen schon den Rhein erreicht hätten.

Es ist nicht zu bestreiten, daß an jedem dieser Punkte etwas wahr ist. Deshalb gehören sie auch zum täglichen Brot der westlichen Verteidigungspolitiker. Aber vieles, was in diesem Zusammenhang öffentlich dargeboten wird, ist auch verwirrend und nicht unbedenklich, wenn es unbesehen als bare Münze unterstellt und dem Bürger vorgesetzt wird.

Zu einem strategischen Gesamtbild gehört nicht nur das Militärische, das den Ablauf eines angenommenen Ereignisses betrifft, sondern mehr.

Da ist zunächst der Begriff der Überraschung. Das heißt doch wohl: Wir alle wähnen uns im tiefsten Frieden, wir wissen zwar, daß die Sowjetunion eine starke Armee unterhält, aber das war doch immer so. Wir arbeiten, gehen in Urlaub, stehen jeden Morgen auf und hören plötzlich im Radio, daß starke Armeen des Ostens, die seit einigen Tagen ein Manöver abhielten, nach Westen umgeschwenkt sind und sich unserer Grenze nähern, oder daß sie die Grenze bereits überschritten haben. Das ist ein häufiger Denkansatz dieser Theorien: Aus einem Manöver entsteht unerwartet ein Angriff auf uns.

Das ist entpolitisiertes und unstrategisches Denken. Eine solche Annahme ist genau so unwirklich, wie es nach den Gesetzen der Natur unwirklich ist, daß an einem warmen Sommertag aus einem wolkenlosen, blauen Himmel plötzlich Blitz, Donner und Hagel über eine Landschaft kommen.

Ein Gewitter kann schnell heraufziehen; aber nur für jemand, der schläft, kann es überraschend, unerwartet und unangekündigt kommen. Vor dem Gewitter entsteht Spannung in der Luft, und es wird schwül.

Man spürt, daß etwas in der Luft liegt. Dann ziehen Wolken auf, der Wind wird stärker, wird häufig zum Sturm. Dann wird es dunkler über einem Landstrich, und wenn die Menschen dann selber immer noch nichts merken, sehen sie, daß die Hunde den Schwanz einziehen, dann erst kommt das Gewitter.

Auch ein Krieg entsteht nicht in der klaren Luft einer politisch ungetrübten, spannungslosen Atmosphäre. Bevor er kommt, verschlechtert sich die politische Lage. Die Spannungen wachsen. Es kommt zu Drohungen und harten Vorwürfen. Solche Hochspannungen braucht sogar eine Diktatur als Grundlage für den Befehl an das eigene Volk, von dem ja der Einsatz des Lebens verlangt wird. So war es vor jedem Krieg, auch in diesem und im vorigen Jahrhundert, auch wenn nicht jedem Krieg eine Emser Depesche vorgeschaltet war.

In einer solchen Phase ist es von höchster Bedeutung, daß alles was wesentlich ist, auch tatsächlich erkannt wird. Dazu stehen den Mächten in unserer Zeit früher nie gekannte Möglichkeiten zur Verfügung. Darüber kann man nicht gut Bücher schreiben. Aber die moderne Technologie hat die Augen an den Schaltstellen in der Welt weitsichtiger und die Ohren hellhöriger gemacht. Das ersetzt nicht die Entscheidungen der Politiker, es fordert sie.

Der Soldat hat recht, wenn er darauf hinweist, daß die Erfüllung seiner Aufgabe von rechtzeitig getroffenen politischen Entscheidungen abhängig ist. Er kann seine Rolle nicht losgelöst von der Politik sehen, in die er eingebettet ist, sonst begibt er sich auf ein falsches Gleis.

Die Spannungszeit braucht Politiker, von denen die Zeichen der Zeit richtig gedeutet werden und die Kopf und Hände frei haben, um entscheiden zu können. Ich weiß, daß es eine Sorge von Soldaten ist, es muß sie sein, ob die Politik und die zu späte politische Entscheidung nicht etwas verspielen, was sich ohne Blut nicht wieder zurückgewinnen läßt. Deshalb sollte auch die von wissenschaftlicher Seite in gleichem Sinn vorgebrachte Kritik ernst genommen werden.

Ausgewogene Anstrengungen

Die Wahrung der gemeinsamen eigenen Interessen der beteiligten Nationen hält die Allianz zuerst zusammen. Aber bei einer noch so lebenswichtigen Bedeutung der sie verbindenden Interessen müssen Verbündete sich fragen, was sie sich gegenseitig zumuten können und was man einem Verbündeten nicht zumuten darf, weil es ihn überfordert.

Wir Europäer können nicht annehmen, daß wir uns jedwede Nachlässigkeit in der Erfüllung unserer Pflichten dem gemeinsamen Bündnis gegenüber erlauben und trotzdem erwarten können, daß Amerika es schon auf sich nimmt, sich vor seine zweifelhaften europäischen Schützlinge zu stellen, wenn sie bedroht werden.

Die Europäer dürfen ihre konventionelle Verteidigung nicht verkümmern lassen und hoffen, daß Amerika im Falle einer Krise diese Lücke schon unbesehen ausfüllt und notfalls mit dem Risiko für die Substanz der eigenen amerikanischen Nation Atombomben auf einen Angreifer wirft! Auch wenn die Europäer jeden Tag auf ihre diesbezügliche Frage aus Amerika ein »Ja« als Antwort bekämen, sie müßten Zweifel haben, ob ein solches »Ja« im Ernstfalle Bestand hätte. Deshalb haben wir in der Zeit, in der ich Verteidigungsminister war, notwendige Entscheidungen herbeigeführt, wonach die Bundeswehr eine neue, moderne, optimale Ausstattung erhält. Wir haben ihren Umfang erhöht, neue Verbände aufgestellt und eine Verfügungsbereitschaft durch ein Gesetz des Bundestages in veränderter Form möglich gemacht.

Damit wollten wir nicht, wie es mir manchmal hämisch vorgehalten wurde, Musterknaben Amerikas werden. Wir wollten aber unsere eigene Pflicht dem Bündnis gegenüber so erfüllen, wie es uns angemessen war, um dann in aller Freundschaft mit unseren Verbündeten und auch mit Amerika über deren Pflichten reden zu können.

In vielen Jahren vorher kam mit einer gewissen Regelmäßigkeit aus Amerika die Nachricht, daß wieder einmal ein Antrag im Senat eingebracht worden sei mit der Forderung, amerikanische Truppen aus Europa abzuziehen. Dann wurde immer wieder an manchen deutschen Jacken an den Knöpfen gezählt: Lieben sie uns noch oder lieben sie uns nicht mehr?

Für die Glaubwürdigkeit des Risikos, das die USA als Inhaber der nuklearen Gewalt zu tragen haben, ist es wesentlich, daß die konventionelle Kraft der NATO ausreichend ist. Atomwaffen dürfen nicht als Ersatz für nicht ausreichende konventionelle Kräfte in die militärische Planung der NATO Eingang finden. Das ist eine Forderung, die an alle Verbündeten gerichtet ist.

Wenn die Europäer in ihrer konventionellen Vorsorge nachlässig werden, dann schaffen sie für Europa ein Risiko. Es ist daher auch logisch und richtig, daß die USA die Notwendigkeit ausreichender konventioneller Vorsorge den Europäern immer wieder vor Augen führen. So legitim es für die USA ist, den Europäern so gegenüberzutreten, so berechtigt war es, daß wir in dem Maße, in dem wir uns bemühten, unsere Verpflichtungen dem Bündnis gegenüber zu erfüllen, auch die USA fragten, wie es denn mit ihren eigenen, dem Bündnis in Europa zur Verfügung gestellten konventionellen Kräften bestellt sei. Eine konventionelle Lücke der Europäer würde das Konzept der NATO erschüttern, weil es nicht denkbar ist, daß sie von den USA in jedem Ausmaß nuklear abgedeckt werden könnte. Wenn das richtig sei, dann könne das doch wohl auch durch eine Lücke geschehen, die Amerika selber durch eine Reduzierung seiner konventionellen Kräfte in Europa aufreiße.

Wandel in den USA und Verstärkung in Europa

Das, was sich im Verlaufe vieler Gespräche entwickelte, wurde in Amerika verstanden.

Es trat ein Wandel ein. Im amerikanischen Senat wurde kein Antrag mehr auf eine Verringerung der amerikanischen Truppen in Europa gestellt.

Mit einem Antrag forderte Senator Nunn die Streichung von 18000 überwiegend zivilen Stellen in den rückwärtigen Diensten der US-Army in der Bundesrepublik. In dem gleichen Antrag wurde aber zugelassen, daß im Falle einer Verstärkung des amerikanischen Feldheeres in der Bundesrepublik die Streichungen verringert würden. Hier wurde also nicht bei der Truppe gekürzt, sondern »hinten«, wo es möglich war, geschnitten und eingespart, um Luft zu schaffen, damit »vorne« Kampfkraft aufgestockt werden konnte, ohne den Umfang im ganzen zu vergrößern.

Mit dieser Verschiebung innerhalb des Gesamtrahmens der amerikanischen Kopfstärke wurde es in vielen Gesprächen zwischen James Schlesinger und mir möglich, über die Aufstellung von zwei neuen zusätzlichen amerikanischen Brigaden in der Bundesrepublik eine Verständigung zu erzielen. Damit war der Kurs geändert, Amerika drohte nicht mehr mit Reduzierungen, es stellte parallel zu unseren Anstrengungen zwei neue US-Brigaden auf.

Mindestens das gleiche Gewicht, das der Beschluß zu der Aufstellung dieser Brigaden hatte, mußte auch der Frage zugemessen werden, wo sie räumlich disloziert würden. Es machte mir besonderen Kummer, daß bis dahin keine amerikanischen Kampfverbände in Norddeutschland stationiert waren. Theoretisch hätte sich der Osten in Norddeutschland ein Faustpfand nehmen können, oder er hätte einen Angriff durch die norddeutsche Tiefebene auf das Ruhrgebiet versuchen können, ohne daß er als Angreifer auf dem Boden der Bundesrepublik mit Amerika in direkte Feindberührung gekommen wäre.

Schlesinger und ich verständigten uns darauf, daß eine Brigade, das sind einige tausend amerikanische Soldaten, in Norddeutschland angesiedelt werden sollte. Es wurde schließlich auch Einvernehmen über unseren Wunsch erzielt, daß diese Soldaten ihre Familien mitbringen sollten. Das warf zwar zusätzliche Probleme für ihre Unterbringung auf, sie wurden aber durch Neubauten gelöst. Das Ringen mit Gemeinden, Umweltschützern und Finanzministern ist ausgestanden. Die Amerikaner kamen mit ihren Familien, damit sind sie beständiger da als ohne Familien. Das sind ein paar tausend amerikanische Soldaten mehr. Zählt man die Angehörigen, ist die amerikanische Präsenz noch größer. So werden es die Statistiker sehen, und so wird es von vielen eingeordnet werden. Daß jemand, der unser Land in Norddeutschland angreift und Hamburg oder das Ruhrgebiet erreichen will, sich künftig von der ersten Stunde an faktisch mit Amerika im Krieg befindet, das ist etwas mehr gewonnene Sicherheit, als eine statistische Zahl es auszudrücken vermag.

Die beiden zusätzlichen Brigaden der USA sind aber nicht nur als Verstärkung des US-Kontingents gedacht. Sie gelten als die Korsettstangen eines ganzen Korps, das in einem Spannungsfall über eine Luftbrücke nach Europa gebracht werden kann.

Das ist nur ein Beispiel für die erfolgreiche Zusammenarbeit in diesen Jahren. Ihm könnten nicht wenige andere angefügt werden. Das belegt die Ernsthaftigkeit, mit der der amerikanische Partner zu seinen Verpflichtungen in Europa steht. Durch solche Bemühungen wird die konventionelle Verteidigungsfähigkeit von dem Ruf entlastet, sie sei nur eine Ouvertüre des eigentlichen Krieges. Indem sie für sich besser wird, macht sie die Verteidigungsfähigkeit Westeuropas insgesamt glaubwürdiger und verläßlicher und hält den Krieg von uns fern.

Es gibt Mängel und Schwächen im Westen, aber es ist nicht alles schlechter geworden, wie man vermuten könnte, wenn man manche Äußerungen betrachtet.

Es kann nicht die Absicht des Westens sein, auf jeder Ebene der militärischen Bedrohung eine eigene ausreichende Abschreckungsqualität zu erreichen. Man muß die konventionelle Verteidigung als ein wichtiges Element der Gesamtkraft des Westens verstehen. Das, was der Nordatlantischen Allianz an konventionellen Kräften zur Verfügung steht, stellt unter den gegenwärtigen Bedingungen, auch wenn die Untergrenze nicht weit entfernt ist, eine Schwelle dar, die für einen Angreifer ein beachtliches und ernstes Risiko bedeutet.

Wenn es nicht nötig ist, daß die konventionellen Kräfte aus sich selber volle Abschreckungsfähigkeit besitzen, muß um so mehr darauf geachtet werden, daß sie nicht isoliert und von den übrigen Kräften abgekoppelt werden. Sie dürfen durch eigene Lücken und Schwächen die Glaubwürdigkeit ihrer Bindung an die nuklearen Kräfte nicht unterhöhlen, und ihre Isolierung darf nicht durch Vorgänge bewirkt werden, die sich im nuklearen Bereich ereignen.

Der Westen muß zwar die Tatsache sehen, daß in Osteuropa von der Sowjetunion und dem Warschauer Pakt etwa zwölf bis fünfzehn Prozent mehr Soldaten unterhalten werden als von der NATO in Westeuropa, aber er hat keinen Anlaß, darin allein eine Bedrohung zu sehen, die uns besorgt machen müßte.

Wesentlicher als die Bedrohung, die sich aus der Zahl der anwesenden Soldaten im Osten ergibt, sind, wie wir gesehen haben, andere Faktoren.

16. KAPITEL

Die ideologische Auseinandersetzung

Die ideologische Auseinandersetzung wird – auch wenn sie manchmal zurücktritt – vom Osten mit langem Atem fortgeführt werden. Unsere Sicherheit darf sich daher nicht allein auf militärische Vorsorge gegen existente militärische Gefahren beschränken.

Das, was sich hinter dem Begriff »ideologische Auseinandersetzung« verbirgt, kann die Regierungen eines Tages einengen und sie ihrer notwendigen Handlungsfähigkeit berauben. Die Auseinandersetzungen um die Kraftwerksbauten haben zwar keinen direkten militärischen Bezug, aber sie sind aufschlußreich, wenn man sieht, was Ideologien bewirken können.

Wir wissen, welche Anstrengungen in den Ländern des Ostens unternommen werden, um in der ideologischen Auseinandersetzung bestehen zu können und Boden zu gewinnen. Die Arbeit beginnt häufig im Kindergarten, sie führt unabhängig vom Elternhaus über Schule, Betrieb und Militärzeit durch alle Phasen, in der ein junger Mensch erzogen, geformt und gebildet wird, bis zur Erziehung zum Haß gegen uns. Auch wenn wir wissen, daß dort bei weitem nicht jedes kommunistische Korn aufgeht, das gesät wird, muß man sich doch fragen, was denn bei uns gesät und gesetzt wird und ob das, was geschieht, ausreicht, um in der Auseinandersetzung auf ideologischem Felde bestehen zu können.

Innere Festigkeit des Westens

Die meisten von uns, die jetzt älter sind, waren nach dem Kriege mit sich selber und mit ihrer Arbeit befaßt. Sie haben sich wenig Zeit für ihre Kinder genommen, ihnen etwas von dem zu geben, was man weiterzugeben hat, weil man es aus Wissen und Erfahrung besitzt. Ein Mann, der zur ersten Garnitur der deutschen Geisteswissenschaftler gehört, sagte mir einmal, er sei erschrocken über die Fragen, die seine Tochter ihm stelle. Er hatte sich wenig um sie gekümmert und in seiner eigenen familiären Nähe ein Vakuum entstehen lassen. Das ist kein Einzelfall! Sonst wäre es zum Beispiel nicht zu erklären, daß die Wortführer der unruhigen Studenten Ende der sechziger und Anfang der siebziger Jahre überwiegend aus »wohlbehüteten« bürgerlichen Elternhäusern kamen.

Eine ganze Generation, die nach dem Kriege herangewachsen ist, war weitgehend der Schule überantwortet worden. Diese Schule, das waren damals oft Lehrer, die den letzten Abschnitt ihrer selber gelebten deutschen Geschichte vor den Kindern ausgeklammert hatten. Statt zu erklären und aufzuklären und auch persönlich geradezustehen, ging man darüber hinweg, weil man die Frage fürchtete: Was hast Du denn in dieser Zeit gemacht?

Eine Jugend findet sich nicht damit ab, ohne Antworten zu bleiben. Sie sucht sich ihre Antworten, wo sie sie findet, und gerät damit natürlich in die Gefahr, in Widersprüche und auf Abwege zu geraten.

Es wird dann zu einem bitteren täglichen Brot, wenn man die Mängel in der staatsbürgerlichen Bildung und die entsprechende innere Haltung bei den jungen Männern gewahrt, die geloben sollen, ihren Staat notfalls mit dem Einsatz des eigenen Lebens tapfer zu verteidigen. Die Bundeswehr, die sich auf diesem Gebiet viel Mühe gibt, kann nicht annähernd nachholen, was in vielen Jahren in Elternhaus und Schule versäumt worden ist. Wenn nicht die Einsicht Boden gewinnt, daß alle auf diesem Gebiet gegenüber den Jüngeren Pflichten haben, daß wir die Jugend nicht so sehr sich selber überlassen dürfen; wenn nicht viele es als ihre Sache begreifen, aufzuklären, zu lehren, zu formen, zu bilden und weiterzugeben, dann muß man Zweifel haben, ob unsere kommenden Generationen als Staatsbürger auf ausreichend festen Füßen stehen.

Giscard d'Estaing hat Leonid Breschnew vor ein paar Jahren in Moskau gefragt, ob nicht auf den ideologischen Krieg verzichtet werden könne. Herr Breschnew hat dazu offen und deutlich nein gesagt. Der ideologische Krieg wird weiter geführt, und wenn wir uns nicht darauf vorbereiten, ihn zu bestehen – auch dann, wenn uns der Wind einmal etwas härter und kälter in unser Gesicht weht –, dann fehlt der Sicherung unserer Freiheit die ursprüngliche Kraft, die aus der fest fundierten eigenen Überzeugung des Bürgers kommt und nicht zu ersetzen ist durch eine bequemere Art zu leben.

Wachsamkeit bleibt der Preis für die Freiheit, weil die Freiheit nicht zum Preis für ungenügende Wachsamkeit werden darf.

Militärische Balance

Um in dieser weltweiten Auseinandersetzung unterhalb der Schwelle des Krieges bestehen zu können, muß der Westen auf die Ausgewogenheit der militärischen Kräfte zwischen Ost und West nicht weniger achten, als wenn er direkten Krieg fürchten würde. Die Balance ist nötig, um direkten Krieg zu verhindern und sie ist nötig, um nicht in politische Unterlegenheit zu geraten. Ohne angemessene Balance des militärischen Potentials gibt es auch keine Aussicht auf politische Entspannung und auf Verminderung des Rüstungsaufwands.

Eine wirkliche militärische Überlegenheit des Ostens würde ihn ermutigen, den internationalen Prozeß der Ausbreitung des Kommunismus zu forcieren, ohne viel Rücksicht auf irgend jemand zu nehmen.

Bei einem Verlust der militärischen Balance würde der Schutzwert des Westens für gefährdete Länder vermindert. Ihre Bündnislosigkeit würde zur Schutzlosigkeit. Das könnte leicht zur Lähmung der Widerstandskräfte führen, weil man sich ja kaum auf eine stützende Kraft im Westen verlassen könnte. Parlamentarische Demokratien haben es ohnehin schwerer, sich aufzuraffen, einem Bedrängten in der Welt unter die Arme zu greifen. Diktaturen fällt das leichter. Wir wissen das selber noch gut genug aus der Zeit des spanischen Bürgerkrieges. Damals war die Intervention der beiden Diktaturen von rechts von ausschlaggebendem Wert. Viele Deutsche erfuhren von der Anwesenheit deutscher Soldaten in Spanien erst etwas, als die Entscheidung dort längst gefallen war. Zur natürlichen Schwerfälligkeit westlicher Demokratien darf sich nicht auch noch Schwäche aus verlorengegangener Ausgewogenheit der Kräfte gesellen.

Überlegenheit und Unterlegenheit haben auch zentrale Bedeutung für die Bemühungen um Rüstungsbegrenzung und Rüstungsverminderung. Deshalb geht es seit Beginn der Wiener MBFR-Verhandlungen im Jahre 1973 darum, den politisch vereinbarten Gewaltverzicht nun auch im militärischen Kräfteverhältnis in Europa sichtbar zu machen.

Verminderung der Spannungen

Die europäischen Völker durchleben gegenwärtig eine Spanne ohne Krieg, für die es in der Geschichte des Kontinents keinen Vergleich gibt. Wir haben die Aufgabe, diesen Zustand mit aller Vorsorge, zu der wir in Wahrung unserer Freiheit fähig sind, noch für möglichst viele Generationen zu erhalten und den Frieden besser zu sichern, für den es in den letzten Jahrzehnten auch Gefährdungen gegeben hat und noch gibt.

Der Krieg wird von Menschen gemacht. Er entsteht aus politischen Ursachen. Die Spannungen zwischen Ost und West waren im fünften und sechsten Jahrzehnt dieses Jahrhunderts fortwährend gewachsen. In den ersten zwanzig Jahren seit dem Bestehen der Bundesrepublik Deutschland gab es kaum ein Jahr, in dem sie nicht größer wurden. West und Ost standen sich in Europa fast wie zu Eisblöcken eingefroren gegenüber. Die Linie, die beide Blöcke voneinander trennt, verläuft mitten durch unser Volk. Sie wurde schließlich durch Gräben und Stacheldraht mit dahinter angelegten Minenfeldern markiert. Der Weg der Menschen zueinander war versperrt. Sogar die Telefonkabel waren abgekappt. Die Politik war gelähmt.

Dahinter standen auf beiden Seiten massierte militärische Kräfte in einer Zahl und mit Waffen in der Hand, wie es über einen so langen Zeitraum in der Menschheitsgeschichte im Frieden noch nie der Fall war.

In diesen zwanzig Jahren gab es mehr als einmal auch Situationen, in denen nicht viel mehr als ein politischer Funke genügt hätte, um die auf beiden Seiten aufgestellten Pulverfässer zur Explosion zu bringen. Wenn es dazu gekommen wäre, hätte das der Anfang einer Zerstörung und Vernichtung werden können, die mit dem Wort Krieg nicht mehr zutreffend bezeichnet wäre.

In dem ungehemmten Weiterwachsen und Wuchern der Spannungen hätten irgendwann in der Zukunft den Verantwortlichen die Zügel entgleiten können, und es wäre zu einer militärischen Entladung gekommen, vergleichbar der Naturgewalt eines Gewitters, das aus den Spannungen in der Atmosphäre unaufhaltbar entsteht und über die Erde kommt.

Dieser Zustand, der zwischen Ost und West zu einer starken Eingrenzung der Beweglichkeit und zu einer Lähmung der Politik führte, wirkte sich mit blockierenden Folgen besonders auf die deutsche Außenpolitik aus. Es gab schon Anzeichen in der Allianz, die erkennen ließen, daß nicht jeder in dem Bündnis, dem wir angehören, geneigt war, sich von den Spannungen, die der Zweite Weltkrieg und seine Folgen besonders auf deutschem Boden oder um deutsche Probleme hervorgebracht und hinterlassen hatten, den Rest dieses Jahrhunderts für sein eigenes Volk vergällen und verleiden zu lassen. Eine politische Entwicklung, die sich aus einer solchen Auffassung hätte ergeben können, hätte leicht zu einer Verständigung an den deutschen Interessen vorbei und zu unserer Isolation führen können. Sie hätte zwangsläufig auch für den Zusammenhalt der Nationen in der westlichen Allianz zerstörerische Wirkungen gehabt.

Wenn die Bemühungen, soweit sie von der deutschen Politik ausgingen, zu nicht mehr geführt hätten, als dazu, daß die Spannungen nicht weiter gewachsen wären, das wäre gewiß nicht wenig gewesen. Aber sie haben weiter geführt.

Die Gräben zwischen Ost und West wurden zwar nicht zugeschüttet, aber zwischen den Staaten wurde über sie hinweg begonnen, wieder miteinander zu reden. Damit wurde den Gefahren entgegengewirkt, die dazu hätten führen können, daß aus Gräben eines Tages Gräber werden. Manches ist seitdem in Bewegung gekommen und manches ist erträglicher geworden, auch wenn noch reichlich Unbill in der Welt, in Europa und für das deutsche Volk geblieben ist.

Was in den ersten Anläufen bisher gewonnen wurde, waren jedenfalls Schritte, die herausgeführt haben aus der Vereisung und der Versteinerung der Politik.

Wir, die wir in der Gegenwart Verantwortung tragen, müssen vor den kommenden Generationen bestehen können und vor den Fragen, die sie uns stellen werden. Vielleicht könnten wir gefragt werden, ob in unserer Zeit alles Denkbare getan oder wenigstens versucht worden ist, zu verhindern, daß aus Folgewirkungen des Zweiten Weltkriegs eine noch viel schlimmere dritte Katastrophe für unser Volk und für Europa erwachsen konnte. Vor solchen Fragen wird der wohl besser bestehen können, der sich um die Minderung von Spannungen bemüht hat, von den daraus resultierenden Erleichterungen für die lebende Generation gar nicht zu reden.

Das sind auf unserer Seite wichtige Gründe für den Versuch einer auf Entspannung gerichteten Politik. Es ist möglich, daß sie zum Teil auch auf der Seite des Ostens, auch in der Sowjetunion eine Entsprechung haben. Es ist aber sehr wahrscheinlich, daß die Sowjetunion dazu noch andere, eigene Gründe hat.

Die Sowjetunion will die zweifelsfreie Anerkennung der territorialen Bedingungen und der Grenzen in Osteuropa so, wie der Zweite Weltkrieg sie an seinem Ende geschaffen hat. Wenn sie das völkerrechtlich nicht erreichen kann, will sie das faktische Miteinanderleben in diesem Zustand.

Vermutlich hält die Sowjetunion die Spannungen, die sie in ihrem östlichen Bereich mit der Volksrepublik China hat, für gefährlicher. Sie haben nicht nur territoriale Ursachen, sondern sind mit dem gegenseitigen Vorwurf des Schismas belastet, der unter ideologisch fest eingebundenen, jetzt zerstrittenen ehemaligen Partnern ein großes Gewicht besitzt. Sie dringen deshalb auch tief ins Fleisch der Ideologen in der Sowjetunion.

Es ist anzunehmen, daß die Sowjetunion eine Minderung der politischen Spannungen in Europa auch deshalb erstrebt, weil sie in diesem Teil der Welt nicht zu sehr festgebunden sein will. Vielleicht will sie auf diese Weise die Flexibilität gewinnen, sich an anderer Stelle in der ideologischen Auseinandersetzung um die Ausbreitung des Kommunismus Spannungen leisten zu können.

Der Westen darf sich im eigenen Interesse nicht davon abhalten lassen, zu tun, was die Vernunft gebietet. Freilich muß er dabei sorgsam darüber wachen, daß von der Sowjetunion aus der Entspannungspolitik kein Geschäft mit einseitigen Vorteilen gemacht wird.

Wo bliebe Europa denn und wohin würde es schließlich treiben, wenn nicht trotz allem versucht würde, Wege aus den Spannungen und Konflikten zu finden, wenn solche Versuche keine Chance hätten und wenn sein Friede bei hohen und vermutlich aus sich selbst weiterwachsenden Spannungen auf nichts anderes als nur auf wachsende Rüstungen gegründet werden könnte? Könnte ein solches Europa wirklich Hoffnung haben, eines Tages nicht doch der Vernichtung ausgeliefert zu sein?

Die Spannungen und die aus ihnen kommenden Gefahren für den Frieden müssen von der Politik ernst genommen werden. Sie darf sich keines Versäumnisses schuldig machen und keine Chance außer acht lassen. Wer die Gefahren kennt und es nicht ernsthaft versucht, sie abzubauen, versündigt sich an den Hoffnungen der Menschen auf ein Leben ohne Krieg. Er wäre in Wirklichkeit nicht weniger leichtfertig als jemand, der seine Sicherheit nur auf eine solche Politik gründet und die eigene Vorsorge gegen militärische Gefahren nicht genügend ernst nehmen und sie vernachlässigen würde.

Es ist wichtig, den hohen Rang dieses Teils der Politik für die Bewahrung des Friedens gerade auch aus militärischer Sicht hervorzuheben. Jedes Quantum abgetragener politischer Spannungen zwischen Ost und West ist ein Quantum abgetragener Ursachen, die zu einem Kriege führen können.

Wenn die Bemühungen um eine Verminderung der Spannungen Erfolg haben, kann sich von hier aus auch die Chance eröffnen, dem ungeheuren Rüstungsaufwand und dem an den wirtschaftlichen Kräften aller Nationen zehrenden Wettrüsten Einhalt zu gebieten.

Ob sich eine solche Hoffnung je erfüllt, das bleibt eine offene Frage. Aber ohne dieses Bemühen, auf dem Felde der Entspannung Boden zu gewinnen, und ohne Erfolg in diesem Mühen wäre die Hoffnung auf eine Verminderung oder gar auf ein Ende des Wettrüstens nichts als eine Illusion.

Das, was bisher geschehen ist, muß als Anfang aufgefaßt und es muß nach Wegen geforscht werden, auf denen das Streben fortgesetzt werden kann. Dazu gehören einige Voraussetzungen:

1. Es wäre gut, wenn sich alle staatstragenden politischen Kräfte im eigenen Lande zu dieser Aufgabe bekennen und wenn sie bei allem, was es sonst an unterschiedlichen politischen Auffassungen geben mag, bereit wären, sich über das, was auf diesem Gebiet zu unternehmen ist, zu verständigen.
   Wer für die deutsche Sache das Wort zu führen hat, der hat es ohnedies nicht leicht. Seine Aufgabe wird aber noch schwieriger, wenn er vor sich eine fremde Macht und hinter sich eine an ihm zehrende Kraft zu gewärtigen hat. Das gilt noch viele Jahrzehnte für jede Regierung, die für unser Land und seine vielfachen und besonderen Probleme in der Welt einzutreten hat.
2. Ein Volk, das einen solchen Weg gehen will, muß sich freimachen von übertriebenen Erwartungen, sonst führt eine solche Politik zu Enttäuschungen. Das, was ein schlimmer Weltkrieg und mehr als zwei Jahrzehnte Kalter Krieg an Widrigkeiten geschaffen haben, das läßt sich von niemand in kurzer Frist beseitigen. Zur Entschlossenheit aller

Verantwortlichen, sich einer solchen Aufgabe zuzuwenden, sollte daher auch die Bescheidenheit in der Erwartung des Erfolges gehören. Wer mit sowjetischen Partnern zu verhandeln hat, der muß sich Zeit nehmen und sich in Geduld und Beharrlichkeit üben. Wer im Umgang mit diesem Partner, der neben seiner Mentalität und Taktik jedem im Westen gegenüber auch noch voller Mißtrauen ist, rasche Erfolge erstrebt, der setzt sich selber unter Druck und Zwang und läuft Gefahr, sich Pressionen auszusetzen.

Politik nach Osten, gerade auch Entspannungspolitik, die auf den Osten gerichtet ist, bedarf des besonders guten Kontaktes zwischen den Verbündeten im Westen. Hier muß die alte Regel gelten, die von jeder Seilschaft in schwierigem Gebirge zu beachten ist. Wer sich in gefährliches Terrain begibt, muß über ein Seil mit der übrigen Mannschaft verbunden sein, die ihn so lange sichert, wie er die Sicherung braucht. Alleingänge ohne eine solche Sicherung sind im Gebirge gefährlich für den, der sie unternimmt, und bringen auch die anderen in Schwierigkeiten.

Andere Regeln kann es auch für die Politik der Bundesrepublik Deutschland, die ein Bündnisland des Westens ist, auf diesen schwierigen Gebieten nicht geben.

3. Eine solche Politik setzt den Willen zur Ausgewogenheit der militärischen Kräfte zwischen Ost und West voraus, damit nicht Überlegenheit und Unterlegenheit entstehen. Da es ernsthafte und ihre Interessen wesentlich berührende Fragen sind, die zwischen Ost und West bestehen, ist die Aufrechterhaltung dieser Balance die Voraussetzung für die Fähigkeit, ohne Risiko mit dem Osten an den Verhandlungstisch zu gehen. Das Sprichwort, wonach der Klügere nachgibt, gilt an Ost-West-Tischen noch weniger als überhaupt in der Politik, wenn wesentliche Interessen der Mächte auf dem Spiele stehen. Der Klügere hat in der Geschichte noch selten nachgegeben, wenn er zugleich auch der Stärkere war. Es war in der Regel der Schwächere, obwohl er nicht selten objektiv »im Recht« war. Es war auch nicht immer der Ausdruck von Tugendhaftigkeit, wenn die Niederlage nachher als Klugheit ausgegeben werden mußte, weil der Unterlegene nicht auch noch den Hohn und die Kritik dazu haben wollte. Die Fähigkeit zur Festigkeit ist in den Fragen unerläßlich, die keinen Kompromiß ertragen.
4. Eine solche Politik ist gebunden an die Bereitschaft zum Kompromiß

in den Fragen, in denen ein Kompromiß möglich ist. Das ist die Verständigung irgendwo in der Mitte oder in der Nähe der Mitte zwischen den verschiedenen Standpunkten. Hier unterscheidet sich unsere Zeit von der Vergangenheit. Das Wort »Wir können uns nicht verständigen, also lassen wir die Waffen sprechen!« ist zwischen industrialisierten Ländern, die sich in Blöcken formiert, hochgerüstet gegenüberstehen, vollends in den Bereich der Unvernunft verwiesen. Der Krieg ist daher auch nicht mehr Richter oder Schiedsrichter über die Völker und ihre Probleme. So bleibt nur ein Leben der Völker mit ihren Problemen oder der Versuch, sich zu ihrer Verminderung oder Lösung zu verständigen. Da die Ausgewogenheit der militärischen Kräfte es nicht zuläßt, daß eine Seite Macht über die andere ausüben kann, zwingt sie zum Kompromiß.

5. Es muß Klarheit darüber vorhanden sein, was nicht verhandelbar ist und worüber es auch keine Kompromisse geben kann. Das, was unsere Freiheit und unsere Unabhängigkeit berührt, darf nie Verhandlungsobjekt werden. Es gibt keinen Kompromiß zwischen den Ideologien des Ostens und des Westens, also auch keinen Wandel durch Annäherung im ideologischen Bereich. Es unterliegt keinem Zweifel, daß das auch für den Osten gilt. Es sollte daher auch keinen Zweifel darüber geben, daß jemand, der sich dem Osten in der Absicht nähern wollte, etwas in seinem Inneren zu verändern, nicht Entspannung, sondern das rasche Ende jeder Entspannung bewirken würde. Der Osten wird keine Erschütterung seines Herrschaftssystems riskieren, eher würden die eisernen Jalousien zur Außenwelt wieder geschlossen werden. In jeder Diktatur steht die Sicherung der Macht im Vordergrund. Wer sie erschüttern will, löst zwangsläufig Spannungen mit denen aus, die den Eindruck gewinnen, daß ihre Macht gefährdet werden soll.

Es kann umgekehrt aber auch nicht unsere Aufgabe sein, die Machtverhältnisse und das System in den kommunistischen Staaten des Ostens zu stützen und zu stabilisieren. Weder das eine noch das andere liegt in unserem Interesse. Beide Seiten müssen mit den Problemen, die sich daraus ergeben, daß sie miteinander sprechen und versuchen, miteinander Politik zu machen, zu Hause selber fertig werden. Verbandmaterial oder Knochengips für politische Unfälle gibt es von keiner Seite für die andere, wenn sie wegen des Umganges mit dem anderen im eigenen Lande in Schwierigkeiten gerät. Wir müssen besonders darauf achten, daß es in unserem Lande nicht zu einer Verharmlosung des Kommunismus führt, wenn unsere Regierung mit den Vertretern kommunistisch regierter Staaten am Verhandlungstisch sitzt.

6. Die Kommunisten wollen und werden ihren ideologischen Kampf und ihren Klassenkampf fortführen. Auch gelegentliches Dementieren ändert daran nichts. In der kommunistischen Dogmatik ist die Ausbreitung der Ideologie so hoch eingesetzt, daß sie nicht wirklich gegen andere geringerwertige politische Interessen austauschbar ist.

Darauf ist die Erziehungsarbeit in der ganzen Breite abgestellt.
Etwa zu der Zeit, als in Helsinki die Konferenz für Sicherheit und Zusammenarbeit abgehalten wurde, kam im Osten ein Buch heraus, das 1971 in der Sowjetunion von einem militärpolitischen Autorenkollektiv unter hoher Federführung erarbeitet und 1972 auch ins Deutsche übersetzt wurde. In diesem Buch gibt es ein Kapitel, das die Überschrift »Erziehung zum Haß auf den Feind« trägt. Darin heißt es unter anderem:

»... ohne aktiven Haß auf den Feind kann von einer hohen moralisch-politischen und psychischen Bereitschaft des sowjetischen Soldaten zu Kampfhandlungen keine Rede sein. Der Charakter des Krieges erfordert, die Erziehung des Hasses auf den Feind erheblich zu steigern. Schon in der Friedenszeit muß dieses Gefühl ausgeprägt sein ...... Bei der Erziehung zum Haß gegenüber den imperialistischen Aggressoren muß der Ausbilder den Klasseninhalt der Aggressivität des Imperialismus verdeutlichen ...... Die BRD nimmt einen wichtigen Platz in den aggressiven Plänen des internationalen Imperialismus ein ...... Die Herausbildung des Hasses auf den Feind setzt ebenfalls die Erläuterung des Klassenwesens der imperialistischen Armeen, ihres volksfeindlichen Charakters voraus ...... Zur Anerziehung des Hasses auf den Feind werden in breitem Maße die Werke Lenins genutzt. Die Soldaten studieren vor allem die Arbeiten Lenins, die den Imperialismus entlarven. Eine bedeutende Rolle spielen hierbei die Truppenbibliotheken, die mit den Soldaten Leserkonferenzen zum Thema ›Haß auf den Gegner‹ durchführen ...«

Das sind nur einige kurze Zitate aus dem Buch, das den Titel: »Soldat und Krieg – Probleme der moralisch-politischen und psychologischen

Vorbereitung in der Sowjetarmee« trägt. Es ist nicht irgendein Buch. Es ist von kompetenter Stelle verfaßt und dient, wie wir wissen, seit 1972 in den Armeen des Warschauer Paktes als Grundlage und Handbuch für den Offiziersunterricht vor den Soldaten.

Wer dieses Buch Satz für Satz und Seite für Seite liest, kann leicht resignieren, besonders wenn man an das zeitliche Zusammentreffen mit der Konferenz von Helsinki denkt.

Wenn man in den Völkern Jahrgang für Jahrgang im Frieden hassen lehrt, dann schafft man Nährboden für den Krieg.

Ein Staat, der seine jungen Männer hassen lehrt, schafft sich auch Voraussetzungen, sie mißbrauchen zu können. Die Generation, der ich angehöre, war jung, als ein System es unternahm, in unserem Volke Überheblichkeit und Haß zu säen. Die Welt hat erlebt, wie versucht wurde »degenerierte Völker und Rassen« zu unterwerfen und wie Millionen dabei ihr Leben verloren. Wie soll die Welt wirklich Frieden finden, wenn sie nicht aufhört, Haß zu züchten?

Verteidigungspolitik muß darauf bedacht sein, eigene Vorsorge nach Maßgabe der erkennbaren Bedrohung zu treffen, sonst verliert sie ihren Sinn. Gilt das aber nur für die Waffen, die den Soldaten gegeben werden? Muß es nicht auch für den Menschen gelten? Müssen wir, nachdem wir die Lehrbücher des Ostens kennen, nicht auch daran Maß nehmen?

Das wäre keine gute Reaktion.

Auch wenn wir diese Praktiken im Osten kennen, die nicht in die Richtung eines versöhnlichen Umgehens miteinander zeigen, dürfen wir den Mut zur Vernunft, der angesichts solcher Belastungen notwendig ist, nicht verlieren. Im Gegenteil. Was wir für notwendig halten, ist ja kein Liebesdienst für die Mächte des Kommunismus, sondern Politik, die in Kenntnis aller, auch dieser Umstände aus unseren Interessen geboten ist. Wenn der Osten die Hände von den Waffen läßt, dann muß der Westen sich mit Politik und mit den Möglichkeiten und Instrumentarien, die er zur Verfügung hat, dem Kommunismus überall dort entgegenstellen, wo er seine Metastasen hin verpflanzen will. Von den kommunistischen Staaten darf er sowenig auf einen Verzicht hoffen, wie ein geduldiger Mensch hoffen kann, daß es ihm allmählich gelingt, einen Wolf zum Grasfressen zu erziehen. Die Alternative, die Versuche zur weiteren Verminderung der Spannungen auf begrenztem Felde deshalb aufzugeben, weil der Osten Haß gegen den Westen sät und seinen weltweiten Klassenkampf nicht aufgibt, würde ihn erst recht nicht zur Aufgabe seiner Absichten bringen. Das würde unseren Interessen auch nicht entsprechen und uns dazu auf anderen Gebieten, auch auf dem der Rüstung, möglicherweise stärker herausfordern. Unter diesen Voraussetzungen, die unserem Volke klar sein sollten, bleibt das weitere Bemühen um eine Verminderung der Spannungen eine wichtige Aufgabe der Politik.

Die Allianz

Der Westen braucht die NATO, und er braucht sie vermutlich noch lange. Er braucht sie jedenfalls auch dann als feste Basis für die Erhaltung seiner Unabhängigkeit, wenn er nicht mit einem heißen Schießkrieg rechnen muß. Die weltweite Auseinandersetzung geht weiter und der Westen kann sich ihr nicht entziehen. Sie ist von der Sowjetunion gewollt; sie wird nicht darauf verzichten. Der Westen muß sich ihr also stellen. Er kann sie nur bestehen, wenn er als Abwehrgemeinschaft zusammenbleibt. Aufgespalten könnten die europäischen Länder in dieser Auseinandersetzung mit weltweiten Perspektiven nicht viel ausrichten.

Die Deutschen bedürfen der Allianz auch weiterhin besonders. Wir leben an einem der politischen Brennpunkte in der Welt, an dem sich Ost und West mit militärischer Macht gegenüberstehen. Unsere Wirtschaftskraft ist nichts, was uns schützt, sondern eher etwas, was den Osten locken muß. Mit der deutschen Wirtschaft hat er vieles vor seiner eigenen Haustür liegen, was ihm am meisten fehlt und was er am meisten braucht. Die alte Leninsche These, über Berlin zur Weltrevolution zu kommen, hat in unserer Zeit eine sehr nachhaltige ökonomische Unterstreichung erfahren.

Klarheit ohne Illusionen

Es wäre eine Illusion zu vermuten, daß die Sowjetunion geneigt sein könnte, unter den jetzt gegebenen Umständen einer wie auch immer gearteten Form des Zusammenlebens der Deutschen in einem gemeinsamen unabhängigen Staat zuzustimmen. Die Breschnew-Doktrin schließt die DDR ein. Die Rote Armee hat schon am 17. Juni 1953, bevor es die

Breschnew-Doktrin gab, gezeigt, wie kurz die Zügel sind, an denen sich die DDR bewegen kann. Die Sperrklinke hat auch dort eingehakt.

Ein Zusammenleben der Deutschen in einer staatlichen Gemeinschaft, bei der die Freiheit des Teiles, der in der Bundesrepublik lebt, aufgegeben würde, wollen wir nicht. Die Überwindung der Teilung unseres Volkes ist nur denkbar, wenn sie unter Bewahrung unserer Freiheit zu erreichen ist, wobei unsere Landsleute im anderen Teil Deutschlands ihre Freiheit gewinnen müßten. Es wäre für niemand etwas gewonnen, wenn die Sperrklinke der Roten Armee sich eines Tages nicht mehr vor uns, sondern hinter uns schließen würde. Wir dürfen und können die Teilung unseres Volkes nicht akzeptieren. Wir dürfen sie aber auch weder mit Gewalt noch um den Preis unserer Freiheit beenden.

In diesen Zusammenhang gehört auch der Gedanke einer entmilitarisierten Zone in Mitteleuropa oder einer Neutralisierung der Bundesrepublik.

Militärische Neutralität ist zuerst Bündnisfreiheit. Ein Ausscheren der Bundesrepublik aus der NATO würde mit Gewißheit den Berlin-Status und die Garantien der drei Westmächte für Berlin fragwürdig machen. Für die USA stände der Sinn ihres Verbleibens in Westeuropa zur Debatte. Das wäre auch bei einer Entmilitarisierung Mitteleuropas der Fall. Wenn die USA Mitteleuropa geräumt hätten, dann läge vollends der Ozean zwischen ihnen und uns, und die Sowjetunion bliebe als alles überlagernde Großmacht in Europa. Damit wären die Weichen gestellt.

Wir Deutsche in der Bundesrepublik brauchten angesichts der Lage, wie sie ist, sebst dann eine tragfähige Allianz mit den freien Völkern des Westens, wenn der Warschauer Pakt sich formal auflösen würde. Die bloße förmliche Auflösung des östlichen Paktes könnte für unsere Sicherheit keine besseren Bedingungen schaffen. Auch vor der Errichtung des Warschauer Paktes, durch den lediglich die Satelliten der Sowjetunion zu ihren Verbündeten erhoben wurden, war die Bedrohung Europas aus dem Osten de facto nicht anders, und auch nach einer Auflösung dieses Bündnisses bliebe das so. Es bliebe die militärische Großmacht der Sowjetunion in Europa, es bliebe ihre Hegemonie über diese Länder und es bliebe auch ihre aus der Breschnew-Doktrin herrührende systemgarantierende Oberverantwortung über diese Staaten.

Alle Überlegungen und Pläne, die auf eine Neutralisierung Deutschlands oder auf eine Auflösung der Pakte abzielen, zeigen ihren Pferdefuß, wenn man die Nebel der moralischen Verbrämung verscheucht und die harten Tatsachen sprechen läßt.

Führung und Solidarität

Der Westen braucht die NATO und die Führung durch die westliche Vormacht USA und die Solidarität der Bündnispartner untereinander. Es hat nicht nur den Anschein, sondern dem Westen fehlt es tatsächlich oft genug an Klarheit über die Rolle der Vereinigten Staaten von Amerika und ihren Kurs, und es fehlt andererseits oft an Handlungen der Führungsmacht auf solchen Gebieten, auf denen nur sie zu handeln fähig ist.

Das ist zum Teil darauf zurückzuführen, daß jede parlamentarische Demokratie Phasen hat, in denen sie nicht besonders handlungsfähig ist oder in denen sie es schwer hat, unpopuläre Entscheidungen zu treffen. Die Zeiten vor den Wahlen erweisen sich häufig als Blockade der Politik und die Monate nach erfolgten Wahlen auch, wenn sie Änderungen gebracht haben. Jede Präsidentenwahl in den USA trägt erfahrungsgemäß eine solche Wirkung in sich. Wer gewählt werden will, hat Rücksichten zu nehmen und muß auf vieles achten. Dazu kam in den letzen zwanzig Jahren nicht selten der Zustand, daß der Präsident der USA und seine Administration im Repräsentantenhaus und im Senat keine Mehrheiten hatten.

Das erschwert auch das Führen in der Allianz, die Führung braucht. So hat es zum Beispiel jahrelange Meinungsverschiedenheiten über die richtige und ausgewogene Haltung der USA gegenüber der Türkei und Griechenland gegeben. In den USA gibt es eine starke griechische Lobby, die Einfluß im Parlament hat und für die griechischen Belange eintritt. Die Türken besitzen solchen Einfluß nicht. Es entstand eine Lage, die den Präsidenten verpflichtete, Griechenland zu helfen. Der Türkei gegenüber wurden ihm dagegen die Hände gebunden. Beide Länder gehören aber dem Bündnis an, und es ist von hohem Wert, daß sie beide Mitglieder der NATO bleiben. Dies ist ein Beispiel für Hemmnisse, die sich aus der demokratischen Verfassung in den USA, wie bei uns, ergeben können. Damit müssen die Allianz und die Europäer leben, und es muß versucht werden, die Probleme, die sich immer wieder daraus ergeben, klein zu halten.

Die USA müssen sich ihrer Führungsrolle selber ausreichend bewußt sein und dürfen keine Zweifel bei den Europäern nähren. Sie stehen wegen ihrer Größe und ihres relativ unabhängigen Reichtums bei vielen Europäern sowieso immer ein wenig im Verdacht, daß sie dazu neigen, sich auf die eigenen Interessen zu beschränken.

Umgekehrt ist es nicht zu bezweifeln, daß die amerikanische Führungsmacht auch Größe oder besser gesagt Großmut und gute Nerven im Umgang mit ihren europäischen Bündnispartnern braucht, um manche ihrer Launen zu ertragen. Wenn die Europäer von ihrer westlichen Vormacht Führung verlangen und erwarten, daß die USA diese Rolle weltweit wahrnehmen, dann müssen sie sich aber auch ihrer eigenen Rolle bewußt sein. Sie müssen sich den USA gegenüber in der Pflicht fühlen, ihnen den Rücken freizuhalten, wenn sie sich zur Handlung im gemeinsamen Interesse des Westens entschließen.

Die Vereinigten Staaten haben keinen Stellvertreter, dem sie mit ihrer Deckung an irgendeinem Punkt der Erde Aufgaben überlassen können. Die Sowjetunion hat ihre »Kubaner«. Sie treten wie eine aufgelötete Speerspitze des internationalen Klassenkampfes in Erscheinung. Von der Deckungsrolle der Roten Armee abgesehen, machen sie damit das direkte militärische Intervenieren der Sowjetunion in einer bestimmten Gefahrenzone überflüssig.

Anfang 1970 gab es in 16 afrikanischen Ländern ausländische kommunistische Militärmissionen. Sie waren als Berater und Ausbilder im direkten Truppendienst des betreffenden Landes oder in eigenen entsandten militärischen Verbänden oder Einheiten tätig.

In diesen sechzehn afrikanischen Ländern waren mit solchen Aufgaben betraut:

Militärpersonen aus Kuba	in 14 Ländern
Militärpersonen aus der Sowjetunion	in 13 Ländern
Militärpersonen aus der DDR	in 7 Ländern

In zwei afrikanischen Ländern waren es je mindestens 15 000 Soldaten aus Kuba.

Die USA müssen sich in der Regel selber engagieren und sich als Großmacht ins Handgemenge begeben. Das ist ein Punkt, über den die verbündeten Westmächte nachzudenken haben und über den sie zusammen mit den Vereinigten Staaten Gedankenaustausch pflegen müssen.

Flankenschutz für die USA

Wenn die USA sich, in welcher Form auch immer, an einem Brennpunkt zu einer Intervention entschließen, müssen sie damit rechnen, daß die Sowjetunion und ein auf solche Fälle erdballumspannend eingestimmter Chor, der nicht nur im Warschauer Pakt über eingeübte Singstimmen verfügt, die USA in einer weltweiten Propagandawelle des Eingriffs in die inneren Angelegenheiten eines anderen Staates anklagen. Bei der Pflicht der Bündnispartner der Führungsmacht den Rücken freizuhalten, müssen die USA erwarten können, daß ihre Verbündeten versuchen, dieser Propaganda entgegenzutreten. Die Verbündeten müssen mindestens aber selber ihren Standort bekennen und die Handlung der USA nicht schon »vor dem ersten Hahnenschrei dreimal verleugnen«. Sie müssen sich davor bewahren, durch Einstimmen in die dann einsetzende antiamerikanische Propaganda sich von der Handlung der USA abzusetzen, sie allein zu lassen, sie auch noch die Distanz der eigenen Verbündeten erleben zu lassen. Das ist nicht Theorie. Solche Vorgänge hat es gegeben, und es ist nichts damit gewonnen, sie im einzelnen aufzuzeigen und zu sezieren. Der Tatbestand ist aber so wichtig, weil er mit der Bereitschaft der USA, zu führen und zu handeln, verbunden ist.

Wenn die Sowjetunion es darauf anlegt, unterhalb der Schwelle eines Krieges den internationalen Klassenkampf weiter voranzutragen, dann muß ihr die andere Großmacht entgegentreten. Der Sowjetunion darf vom Westen nicht zugestanden werden, daß sie für ihren internationalen Klassenkampf die für alle gültigen Regeln bestimmt und eine Art eigenes internationales Recht statuiert, das der Westen hinnimmt. Der Westen darf sich nicht damit abfinden, daß unter dem Begriff »Koexistenz« zwar der große Krieg vermieden, dafür aber der Bürgerkrieg um so unbefangener vom Osten mit zum Teil gut überlegt verteilten Rollen geschürt und unterstützt wird, um die Bolschewisierung der Welt herbeizuführen.

Der Westen darf nicht darauf verzichten, in den sogenannten nationalen Befreiungskriegen die Kräfte der Freiheit gegen die Kräfte des revolutionären Kommunismus zu unterstützen. Er darf nicht akzeptieren, daß das sozialistische Lager sich selber legitimiert, aufbegehrende Kräfte der Freiheit in einem Land mit militärischer Gewalt niederzuschlagen, sie matt zu setzen und zugleich dem Westen zu verbieten, nach Freiheit strebenden Kräften Hilfe zu gewähren. Das, was sich im Warschauer Pakt in Berlin, in Ungarn und in der Tschechoslowakei ereignet hat, darf sich in der weltweiten Auseinandersetzung außerhalb des Ostblocks nicht zu oft wiederholen. Der Westen kann es sich um seiner selbst willen nicht leisten, daß von der Sowjetunion allzuviele Schicksale à la Dubček geschaffen werden. Der Westen darf nicht hinnehmen, daß die Sowjetunion die politischen Grenzlinien zu bestimmen versucht, an die der Westen sich dann um des lieben Friedens willen zu halten hat. Hier ist mehr Selbstbewußtsein des Westens und klareres Auftreten geboten, ohne daß dadurch ein Krieg ausgelöst wird, den die Sowjetunion ihrerseits auch nicht riskiert. Ein solcher Krieg ist vielleicht eher einmal zu fürchten, wenn der Westen zu lange zuläßt, daß das Gesetz des Handelns von der Sowjetunion bestimmt wird.

Wer fordert, daß die Vereinigten Staaten an Brennpunkten der ideologischen Auseinandersetzung eine entschlossene, aktive Politik betreiben, der muß selbst entschlossen sein, ihnen zumindest politisch den Rücken zu stärken. Wenn die Europäer dazu nicht bereit sein sollten, dürften sie sich nicht wundern, wenn die USA sich zurückhielten, wo sie eigentlich zu handeln hätten. Die Führungsmacht braucht in diesem Ringen unterhalb der Schwelle des Krieges die Solidarität ihrer Verbündeten, und die Verbündeten brauchen in dieser Frage Solidarität untereinander.

Es muß im Interesse der Sowjetunion liegen, die USA in solchen Fällen von ihren Verbündeten zu distanzieren und die Europäer im internationalen Klassenkampf zu neutralisieren. Sie wird dabei nicht übersehen, daß die besonderen deutschen Probleme eine Art weicher Unterleib des Westens sind. Wenn sie das erreichen würde, müßte das auf längere Sicht auch Folgen für den inneren Gehalt der Allianz haben. Sie hat es in der Hand, solche Proben auf die innere Festigkeit des westlichen Zusammenhaltes durch im Zwielicht angelegte Brände vorzunehmen. Die USA und die Europäer dürfen sich in diesem weltweiten Ringen nicht auseinanderdividieren lassen.

Die europäischen Regierungen müssen bedacht sein, sich in ihren Ländern den Spielraum zu erhalten, der sie vor Handlungsunfähigkeit bewahrt. Bei schwachen Mehrheiten können oft wenige Stimmen in einem Parlament eine Regierung bremsen, blockieren, neutralisieren oder zu einer Haltung verleiten, der sogar Petrus in einer Krisensituation seines Herrn dreimal verfallen ist.

Dazu kommt aber noch eine herausragende Erfahrung der letzten

Jahre. Was gegen die Revolution des Klassenkampfes in Schutz genommen werden soll, muß auch schutzwürdig sein. Der Westen und die USA dürfen nicht zu häufig reaktionäre Systeme, korrupte Führungen verarmter Völker in schlechtesten Verhältnissen gegen die Fahnenträger des internationalen Klassenkampfes schützen. Hier muß aus den Fehlern der Vergangenheit gelernt werden, wenn der Westen nicht in den Ruf kommen will, Verteidiger und Restaurator antiquierter und keineswegs besonders schutzwürdiger Lebensverhältnisse zu sein. Das ist eine Frage vorausschauender und abgestimmter Politik des Westens. Das kann nicht allein der Fürsorge und der Sorge der USA überantwortet werden, sondern hier müssen sich ausreichende westliche Bereitschaft und echtes Hand-in-Hand-Arbeiten ergeben.

Hilfe für Länder in sozialer Not

Ihre Zahl ist nicht klein. Hier ist der Westen zum Teil auf dem richtigen Wege. Mit Sicherheit ist aber eine noch bessere Abstimmung und Kooperation zwischen den Ländern der westlichen Welt und Japan möglich, ohne nationale Zuständigkeiten anzutasten. Die freien Nationen brauchen ein offensives Konzept, um gegen das Elend und den Rückstand von einigen hundert Millionen Menschen in der Welt mit Erfolg anzukämpfen und ihnen Hoffnung auf ein menschenwürdiges Leben in Freiheit zu geben, damit sie sich nicht aus Verzweiflung der Unfreiheit zuwenden.

Auf diesem Gebiet ist der Westen dem Osten überlegen. Der Westen hat die wirtschaftliche Überlegenheit, er kann nicht nur aus ökonomischen Interessen, sondern auch aus humanitären Gründen handeln und auf ideologische Pfandbriefe verzichten. Dabei muß der demokratische Westen sich überwinden. In vielen dieser Länder gibt es keine Demokratie nach westlichem Modell. Vielfach sind autoritäre Herrschaftsformen zumindest als Zwischenstadium gar nicht vermeidbar. Entscheidend ist, in welche Richtung sich unter ihnen die Lage der Völker verändert. Können oder wollen sie Not und Elend nicht abbauen, so schaffen sie Brutstätten für die Keimlinge des drinnen oder draußen wartenden Kommunismus. Einige der Regime erklären aber, sie wollten Reformen herbeiführen, die ihre Existenz überflüssig und den Weg zu einer freiheitlichen Ordnung frei machen sollten. In diesen Fällen dürfen die Demokratien des Westens nicht davor zurückschrecken, auch mit Regimen zu verhandeln, die ihren eigenen politischen Vorstellungen nicht entsprechen, und ihnen zu helfen, wenn sie auf dem richtigen Wege sind. Dazu gehört für manchen feinnervigen Demokraten eine Portion Selbstüberwindung, die aber nicht schwerer aufzubringen sein dürfte als die Überwindung, die später nötig wäre, um mit neuen, kommunistischen Machthabern zu verkehren, die sich auf Dauer einrichten.

Entwickelte Länder als Rückhalt

Wenn der Westen vor der weiteren Ausdehnung des Kommunismus bewahrt bleiben soll, dann darf er seinen Blick nicht nur auf die Teile der Welt richten, in denen die Entwicklung aus tiefster Not gerade erst begonnen hat, er muß auch auf sich selber sehen. Ohne den Halt, den entwickelte Länder zu geben fähig sind, können viele Völker der Dritten und Vierten Welt sich nicht vor dem Kommunismus bewahren. Diejenigen aber, von denen erwartet wird, daß sie helfen anderen Halt zu geben, sind im Innern selber nicht frei von Gefahren. Das gilt nicht nur für bestimmte europäische Länder mit einem seit Jahrzehnten hohen kommunistischen Stimmenanteil. Es gilt im Prinzip für jedes freiheitlich verfaßte Land, das zur Atlantischen Allianz gehört, für die Europäer aber mehr als für die Amerikaner.

In unserer westlichen Welt haben viele noch nicht begriffen – und viele wollen es nicht begreifen –, daß die militärische Sicherung, die wir uns mit unseren Verteidigungsanstrengungen geben, nur ein Schutz gegen die militärische Bedrohung von der Seite des Warschauer Paktes sein kann. Armeen und Waffen helfen nicht gegen Ideologien. Sie schlüpfen wie Samen, die der Wind trägt, durch die Maschen der militärischen Sicherung hindurch und beginnen, in ihrem Rücken aufzugehen und sich zu vermehren, wenn der Boden, auf den sie fallen, sich dazu eignet. Deshalb ist es unbestreitbar, daß für die gegenwärtige Phase der westlichen Sicherheit vieles vom Erfolg der Wirtschafts- und Sozialpolitik in den Ländern des Bündnisses mitbestimmt wird.

Die wirtschaftliche Kraft des Westens

Das Atlantische Bündnis vereinigt fünfzehn Länder. Die Bevölkerung dieser Länder beträgt mit 540 Millionen Menschen etwa 15 % der Weltbevölkerung von 3,6 Milliarden Menschen.

In den Ländern der Allianz werden aber
rund 60 % der Elektrizität,
rund 50 % des Rohstahls,
rund 75 % der Kraftfahrzeuge
der Welt produziert.

Der Handel dieser fünfzehn NATO-Länder umfaßt mehr als 50 % des Welthandels. Ihre Hilfe für die Entwicklungsländer macht etwa 85 % aller Wirtschaftshilfe aus.

Industrielle Produktionskapazität und die Sozialprodukte der Länder der NATO und des Warschauer Paktes stehen etwa im Verhältnis drei zu eins zueinander. Dieser Vorsprung und die ökonomische Überlegenheit des Westens sind für den Osten nicht einholbar.

Sozialer Ausgleich

Der Westen muß aber darauf achten, daß seine leistungsfähigen Wirtschaften nicht soziale Mängel und Ansatzpunkte für die Ideologie der Revolution mitproduzieren. Ein wichtiger Punkt in der sozialen Sicherung ist die Frage der Vermögensbildung und der Vermögensverteilung in den entwickelten Ländern. Mängeln hierin und in den übrigen sozialen Bedingungen wendet sich der Kommunismus zu. Deshalb brauchen die westlichen Staaten den Willen und den Mut zur permanenten Evolution. Sie müssen ihre ökonomischen Fähigkeiten in zeitgemäße soziale Lebensumstände und Lebensinhalte für die Menschen umsetzen, sonst stauen auch sie trotz hoher ökonomischer Leistung die Ansatzpunkte für revolutionäre Umstürze. Nichts ist schlimmer für revolutionäre Ideologien als Evolution und rechtzeitige Reform. Die Veränderungen, die sie bringen, ohne alte und gute Strukturen abzureißen, entziehen der revolutionären Ideologie den Boden, auf dem sie sich entfalten kann, und nichts bereitet ihren Boden mehr als das Konservieren sozialer Mängel und der Verzicht auf Evolution und Reform in einer dynamischen Welt.

Kein Damm läßt sich so hoch und fest genug bauen, daß er auf die Dauer mehr zufließendes Wasser aufnehmen kann, als er abgibt. Je höher man die Staumauer auch baut, irgendwann ist der Punkt erreicht, an dem sie überspült wird oder bricht. Dann reißt die Gewalt der Flut mit sich fort, was ihr im Wege steht, wie gut und bewahrenswert manches auch sein mag. Die freien Völker müssen den Willen aufbringen, nach dem Stand ihrer erreichten ökonomischen Bedingungen sozialen Wandel zu schaffen. Dann schaffen sie sich die Stabilität und die Immunität, die sie gegen ideologische Anfechtungen schützen.

Die westlichen Staaten müssen den auf sie gemünzten Begriff »westlicher, ausbeuterischer Kapitalismus« so aushöhlen und durch sozialen Fortschritt so leer machen, daß auch der Osten ihn nicht mehr verwenden kann, wenn er nicht riskieren will, daß die sogenannten ausgebeuteten Arbeiter im Westen ihn auslachen.

Die Entwicklung in der Bundesrepublik hat gezeigt, daß dieses Ziel erreichbar ist. Sie ist nicht das einzige Land, in dem dieser Beweis erbracht worden ist.

Im anderen Fall werden die westlichen Länder, die sich dieser sozialen Aufgabe nicht stellen, mit dem zunehmenden Unmut der Menschen zu rechnen haben, denen zugemutet wird, sich als Soldaten und Verteidiger vor etwas zu stellen, das ihnen für ihr eigenes Leben nicht so viel an Wert bedeutet, daß man bereit sein müßte, dafür mit seinem Leben einzustehen. Es gab Zeiten, in denen Minderheiten in Wohlstand und Reichtum lebten, in der aber Mehrheiten mit einem Minimum zufrieden und bereit waren, den Wohlstand der Minderheiten zu verteidigen, und in denen es Kirchen gab, die beides segneten. Diese Zeiten gibt es nicht mehr und sie kommen nicht wieder.

Geschlossenheit und Selbstvertrauen

Das, was der Westen am dringlichsten braucht, das ist die auf der Überzeugung der Menschen ruhende Gewißheit, daß das, was ihnen zu schützen anvertraut ist, ihnen selber etwas wert ist. Das aus Wissen und Überzeugung sich nährende Gewissen des Bürgers gibt Selbstvertrauen, Zuversicht, Gelassenheit und den Willen, sich zu behaupten, wie und in welchem Maße er auch immer bedroht und herausgefordert wird. Wenn der Westen wirklich den Willen hat, sich zu behaupten, dann braucht er auch künftig nicht in Sorge um seine Sicherheit zu leben.

Die Sowjetunion unterhält eine starke Armee, deren Fähigkeiten der politischen Führung viele Möglichkeiten eröffnen. Ihre politische Führung will diese Vielfalt an Optionen. Daran muß der Westen für seine militärische Vorsorge Maß nehmen und nicht daran, ob die Sowjetunion gegenwärtig keine offensiven militärischen Absichten gegen uns verfolgt.

Wenn man so alles mit dem Willen zur Unvoreingenommenheit betrachtet und sich bemüht, es richtig einzuschätzen, dann kommt man zu dem Ergebnis, daß die Sowjetunion in der militärischen Macht der nordatlantischen Allianz zu Recht eine Kraft sehen muß, gegen die der Osten sich keine Aggression erlauben darf, es sei denn, er wäre bereit, ein nicht kalkulierbares und extremes, seine eigene Existenz gefährdendes Risiko einzugehen.

Das kann man für die Gegenwart, und wohl auch für die überschaubare Zukunft unterstellen. Das muß nicht immer so bleiben.

Wenn die Sowjetunion unter den gegebenen Bedingungen auch keinen Krieg riskiert, so bleibt ihre Politik doch offensiv und auf Expansion gerichtet. In dieser Politik, die unterhalb der Schwelle eines Krieges ihren Erfolg sucht, hat die Rote Armee wichtige Aufgaben, deren Risiko kalkulierbar ist. Sie ist keine Armee im Wartestand, sondern, wie die politischen Führer des Ostens immer wieder betonen, ein Instrument der Politik, noch deutlicher: ein Instrument zur Abschirmung der Politik.

Hier liegt die eigentliche Gefahr und nicht in der Wahrscheinlichkeit eines baldigen Krieges.

Die Ereignisse im mittleren Osten haben uns vor Augen geführt, daß plötzlich Gefahren hervortreten können, von denen der Westen wie von einem Griff an die Kehle getroffen werden könnte.

Die Sowjetunion hat bisher sorgfältig darauf geachtet, daß sie nicht eine Linie überschreitet, hinter der sie selber in eine militärische Auseinandersetzung hineingezogen werden müßte. Hier gibt es Fragen, auf die noch niemand eine Antwort geben kann. Was könnte geschehen, wenn sie in der Verfolgung ihrer Expansion in ihrem internationalen Klassenkampf Felder erreicht, auf denen sie, ohne Krieg zu führen, Stränge freilegt, die Lebensnerven des Westens sind? Würde sie sich mit ihrer offensiven Politik über eine Linie nicht hinausbegeben, hinter der sie den Westen in existenzielle Bedrängnis bringen, die Hand an seine Gurgel legen und Macht über ihn erhalten könnte? Oder würde sie in einer solchen Situation die Rote Armee auch als Schild und Sperrklinke verwenden? Was dann, wenn sie sich so verhielte?

Verzicht auf Krieg ist für die Sowjetunion nicht Verzicht auf Expansion. Expansion gegen den Westen ohne Krieg ist politische Aggression, bei der die Sowjetunion ihr eigenes Risiko klein hält und es einschätzen kann. Dem muß der Westen sich von Fall zu Fall stellen, wenn er nicht eines Tages erpreßt werden, seine Bewegungsfreiheit verlieren und sich vor die letzte große Alternative gestellt sehen will. Die Eskalation, die an diesen Punkt führt, muß der Westen unterbinden. Das ist die Aufgabe und der Zwang zur Bewährung in Freiheit für einen Frieden, der hoffentlich den Rest dieses Jahrhunderts überdauert und ungebrochen in ein neues Jahrtausend reicht.

NACHWORT

Die Generation, zu der ich gehöre, war im Kindesalter, als die Diktatur in Deutschland ihren Anfang nahm. Als wir herangewachsen waren, begann der Krieg. Er setzte vielen jungen Leben ein vorzeitiges Ende.

Wir hatten die Bedrängnisse erlebt und überstanden, wir wollten ein Leben in Freiheit. Es war fast zwangsläufig, daß wir im Bemühen um die Ausgestaltung und die Sicherung freiheitlicher Lebensräume überall dort anecken mußten, wo sich extreme Erscheinungen zeigten. Die Gegner der Freiheit von links und von rechts unterscheiden sich in vielerlei Hinsicht, aber sie sind in mancher Beziehung auch gleich. Die Freiheit, anders zu sein und anders zu denken, als sie sind und als sie denken, ertragen sie nur wie ein Übel, bis sie die Macht haben, alles Abweichende zu unterdrücken oder zu beseitigen. Deshalb führen sie ihren Kampf auch mit Leidenschaft und mit Haß.

Wer sich des Wertes der Freiheit bewußt ist, wer fest auf ihrem guten Boden steht und wer für die Freiheit streitet, der wird das nicht hassen, was anders ist, auch wenn er hart für die Freiheit kämpfen muß. Über die Behauptung der Freiheit hinaus drängt es ihn nicht zur Überwindung und Vernichtung des anderen, sondern eher zur Toleranz, zum Mit-dem-anderen-leben. Ich habe versucht, es in meinem Leben so zu halten, und so habe ich es auch oft bei anderen erfahren, auch wenn ich dabei nicht selten, auch bei Freunden, auf Unverständnis gestoßen bin. Ich bin so geblieben. So ist auch dieses Buch geschrieben.

Eines Tages saß mir in Bonn aus der Zentrale in Moskau ein Mann gegenüber. Er gehört zu denen, die es in jedem Lande gibt, deren Name in der Regel nicht in den Zeitungen erwähnt wird, die aber um so nachhaltiger im Hintergrund wirken. In den Furchen seines Gesichtes war zu lesen, was in den Jahrzehnten seines Lebens dort eingetragen worden war. Wenn man mit ihm sprach, empfand man, wie tief er in der Erde seines Landes verwurzelt war. Dort war er gewachsen, dafür stand er ein.

Wir hatten lange miteinander gesprochen. Zwischen uns war ein Graben, und jeder stand auf einem anderen Ufer. Wir hatten keine schönen

Redensarten und keine Freundlichkeiten auszutauschen, aber wir achteten auch beide darauf, daß nicht einmal der Schein des Eindrucks entstand, in das, was wir sagten, könnte Gift gemischt sein.

Als wir schließlich an das Ende unserer Unterhaltung kamen, fragte mein russischer Gesprächspartner, ob ich bereit sei, ihm noch eine Antwort auf eine Frage zu geben. Ich war dazu bereit. Dann sagte der Russe, er bäte mich aber, die Antwort unverzüglich zu geben, wenn er die Frage gestellt habe, also ohne erst lange nachzudenken, und ich möge ihm das Ungewöhnliche seines Wunsches nicht übelnehmen. Ich sagte ihm, ich wisse zwar nicht, welche Frage das sei, die er mir zur unverzüglichen Antwort stellen wolle, es könne daher möglich sein, daß ich sie gar nicht beantworten könne, aber er solle sie stellen.

Dann kam seine Frage.

»Herr Minister, wir wissen natürlich, daß Sie als Soldat in der Sowjetunion waren. In der Zwischenzeit sind drei Jahrzehnte vergangen. Welche Antwort geben Sie mir, ohne lange nachzudenken, wenn ich Sie frage, welche Erinnerung an diese Jahre in der Sowjetunion bei Ihnen den bleibendsten Eindruck hinterlassen hat?«

Ich antwortete darauf, ohne zu zögern, und erzählte meinem Partner folgendes Erlebnis:

»Ich war in Heimaturlaub gewesen und mit dem Urlauberzug zurückgekommen. Der Eisenbahnverkehr endete damals in Dno, einem kleinen Städtchen westlich von Wolchow und Ilmensee. Von dort aus mußte sich jeder auf eigene Faust bemühen, zu seiner Einheit zu gelangen.

Es war Abend, als der Zug ankam, und ich begab mich – wie alle Soldaten – zur Frontsammelstelle, um dort zu übernachten. Das Lager war aber überfüllt, und es war kein Schlafplatz mehr zu finden. Während ich noch suchte, traf ich einen Offizier, der zur Leitung der Sammelstelle gehörte. Seiner Erscheinung nach war er wohl ein älterer Reserveoffizier. Auf meine Frage nach einem Schlafplatz sagte er mir, ich solle nicht weiter suchen. Die Baracken seien so überfüllt, daß kaum noch ein Platz auf dem blanken Fußboden frei sei. Er gab mir den Rat, in den Häusern im Dorfe nachzusehen. Dort seien zwar auch kaum Betten, aber ausruhen könne man dort wahrscheinlich besser als in den überfüllten Baracken, in denen einer fast auf den anderen trete.

Ich machte mich auf den Weg. Die Nacht war kalt, und der gefrorene Schnee knirschte unter den Stiefeln. Nach einer Viertelstunde klopfte ich an eine Haustüre. In dem Haus rührte sich niemand, und die Türe war verschlossen. So erging es mir auch bei meinem zweiten Versuch. Als ich an die Tür des dritten Hauses klopfte, hatte ich das Gefühl, daß in dem Haus Menschen waren. Ich klopfte daher nach einer Weile noch einmal etwas energischer und hatte Erfolg. Es waren Schritte zu vernehmen. Von innen wurde ein Riegel zurückgeschoben, und durch den Spalt der geöffneten Tür fragte mich eine Frau im mittleren Alter nach meinem Begehren. Obschon ich nur wenige Worte der russischen Sprache beherrschte, machte ich ihr verständlich, daß ich mit der Eisenbahn gekommen sei. Dort drüben im Lager sei kein Platz mehr, und ich suche nur eine Möglichkeit zu schlafen. Ich würde mich auch mit einem Platz in einer Ecke auf dem Fußboden begnügen.

Die Frau beantwortete meine Bitte mit den Worten: ›Nix gut für Dich‹ und wollte die Türe vor meiner Nase wieder schließen. Das empfand ich als unfreundlich und stellte meinen Fuß in den Spalt der Türe. Die Russin sagte dann noch einmal: ›Nix gut für Dich, geh!‹

Als ich nicht ging und ihr deutlich gemacht hatte, daß ich nichts von ihr wolle als nur einen Platz in einer Ecke auf dem Boden ihres Hauses und hartnäckig blieb, öffnete sie die Türe. Dabei sagte sie nochmal: ›Nix gut für Dich.‹ Die Frau zeigte mir, wo ich meinen Mantel hinlegen konnte, und forderte mich auf, ihr zu folgen.

In einem engen Raum saßen fünf Männer bei Kerzenlicht an einem Tisch, bärtige Russen mit zerzausten Haaren. Auf dem Tisch stand ein Topf. Die Männer waren nicht überrascht. Sie mußten mein Klopfen und mein Drängen an der Türe verfolgt haben. Sie zeigten mir einen Stuhl, luden mich ein, Platz zu nehmen und gaben mir von ihrem einfachen Essen.

Sie unterhielten sich mit gedämpfter Stimme. Ich verstand ihre Unterhaltung nicht. Als das Mahl beendet war, verteilte die Frau Gläser, von denen jedes wohl einen achtel Liter fassen mochte. Sie wurden bis zum Rande mit Wodka gefüllt und dann mit Streichhölzern angezündet. Als der Alkohol in jedem Glase brannte, löschte man das Kerzenlicht, und das Dunkel des Raumes wurde nur noch von den bläulich flackernden Flammen in den Wodkagläsern erhellt. Die Unterhaltung am Tische verstummte, und die Männer erhoben sich. Sie standen schweigend und sahen in die kleinen Flämmchen. Nach einer Weile sagte einer von ihnen ein paar Worte, die ich nicht verstand. Das war wohl das Zeichen, auf das hin jeder sein Glas in die Hand nahm und den noch schwach brennenden Wodka in seinen Mund stülpte. Da man auch für mich ein Glas gefüllt hatte, tat ich es auch so. Dann sah ich aber, daß nicht alle Gläser geleert waren, denn auf einem Glase brannte noch die blaue Flamme.

Unter dem Schweigen der Anwesenden wurde sie kleiner und kleiner, bis sie schließlich ganz verlöschte und es in dem Raum völlig dunkel wurde. An dem Geräusch war zu erkennen, daß Stühle gerückt wurden. Die Kerze wurde wieder angezündet, man setzte sich und trank Wodka.

Nicht lange vor Mitternacht ließ ich mir zeigen, wo ich die Nacht verbringen konnte. Ich deckte mich mit meinem Mantel zu und war nach dem reichlichen Wodkagenuß bald eingeschlafen.

Am nächsten Morgen packte ich meine Sachen zusammen, ich bedankte mich für das Quartier und suchte die Frontsammelstelle auf, um mir einen Becher Kaffee zu holen und nach einer Fahrgelegenheit Ausschau zu halten, mit der ich weiterkommen konnte. Während ich mein Brot auspackte, kam der Offizier vorbei, der mir am Abend vorher den Rat gegeben hatte, mich im Dorf nach einer Schlafgelegenheit umzusehen. Er erkannte mich wieder:

›Na, haben Sie etwas gefunden, Unteroffizier?‹

›Jawohl, Herr Oberleutnant!‹ Und ich erzählte ihm das Erlebnis mit dem Essen und dem Wodka, dessen Sinn ich nicht verstanden hatte.

Als ich ausgeredet hatte, sagte er: ›Mensch, und Sie leben noch? Sie haben unter Partisanen gesessen, und was Sie erlebt haben, das war das Totengedenken der Partisanen für einen gefallenen Kameraden. Wo ist das Haus?‹

›Herr Oberleutnant, ich bin gestern abend lange im Dunkeln gegangen. Ich werde das Haus vermutlich nicht mehr finden. Außerdem, die Männer sind heute morgen nicht mehr dort gewesen.‹

Ich blieb dabei, daß ich mich nicht mehr erinnern könne, und der Oberleutnant, der mich gefragt hatte, wie es seine Pflicht war, bohrte schließlich nicht weiter.

Vielleicht dachte er so wie ich, oder er konnte wenigstens verstehen, wie ich dachte, als mir klar war, in welcher Lage ich mich befunden hatte.

Die Frau hatte nicht zu mir gesagt, sie habe keinen Platz für mich. Sie hatte mich aber wahrscheinlich warnen wollen, als sie mir sagte: ›Nix gut für Dich!‹ Und ich hatte es nicht verstanden. Für die fünf Männer wäre es kein Kunststück gewesen, mich in der Nacht lautlos umzubringen. Ich wäre erst einige Tage später vermißt worden, weil ich mich bei meiner Einheit nicht aus dem Urlaub zurückgemeldet hätte. ›Vermißt‹, so hätte dann auch die Mitteilung nach Hause gelautet. Sollte ich mich dem Offizier gegenüber erinnern können, wo das Haus war, in dem in der Nacht vorher Partisanen versammelt waren, in dem vermutlich mindestens noch die Frau gefunden worden wäre, die in der Nacht Partisanen beherbergt hatte?

Der Krieg war hart und grausam. Ich wußte an diesem Morgen, daß ich in der Nacht einen Beweis dafür erhalten hatte, daß es auch im Grauen des Krieges noch etwas gab, was anzeigte, daß es Menschen waren, die ihn gegeneinander führten.

Dem deutschen Oberleutnant gegenüber konnte ich mich nicht daran erinnern, wo das Haus war, in dem ich die Nacht verbracht hatte, und er mußte verstanden haben, warum ich mich nicht erinnern konnte. Ich werde mich aber immer an dieses Haus, an die Frau, an die fünf russischen Partisanen und an einen deutschen Oberleutnant erinnern, wenn ich an die Kriegsjahre in Rußland denke.«

Georg Leber, geboren am 7. Oktober 1920 in Obertiefenbach (Oberlahnkreis); katholisch; verheiratet, ein Sohn.

Volksschule, Handelsschule. Ausbildung als kaufmännischer Angestellter. 1939 bis 1945 Soldat, einmal verwundet, als Unteroffizier entlassen. Nach Kriegsende Maurer.

Eintritt in Gewerkschaft und SPD. 1949 Geschäftsführer der Baugewerkschaft Limburg (Lahn). Ab 1951 Vorsitzender des Ortsvereins der SPD. 1952 Redakteur der Gewerkschaftszeitung »Der Grundstein«. 1953 Mitglied des Hauptvorstandes der Industriegewerkschaft Bau, Steine, Erden; seit Oktober 1957 erster Vorsitzender. Mitglied des Bundesvorstandes des Deutschen Gewerkschaftsbundes und des Geschäftsführenden Vorstandes des Internationalen Bundes der Bau- und Holzarbeiter. Präsident des Gemeinsamen Ausschusses der Gewerkschaften in der Bau- und Holzwirtschaft in der Europäischen Wirtschaftsgemeinschaft.

Mitglied des Bundestages seit 1957. 1958 bis 1959 Mitglied des Europäischen Parlaments. 1. Dezember 1966 Bundesminister für Verkehr, 22. Oktober 1969 Bundesminister für Verkehr und für das Post- und Fernmeldewesen, 7. Juli 1972 bis 16. Februar 1978 Bundesminister der Verteidigung. Seit 12. September 1979 Vizepräsident des Deutschen Bundestages.